実用韓国語文法 上級

安辰明・宣恩姫

吉本一・中島仁＝訳

実用韓国語文法・上級 by Darakwon, Inc.
Copyright © 2013, 安辰明・宣恩姫
（Ahn Jean-myung, Seon Eun-hee）
All rights reserved.

Japanese print and distribution right © 2022, IBC Publishing, Inc.
This Japanese version is print and distribution rights by arrangement with
Darakwon, Inc.

編　　集　李淑姫・鄭恩暎・韓智熙
レイアウト　咸東春
イラスト　朱榮權
声　　優　李東恩・崔在鎬

ISBN978-4-7946-0696-9

●**無料音声一括ダウンロード**●

本書の朗読音声（MP3形式）を下記URLとQRコードから無料でPCなどに一括ダウンロードすること
ができます。

https://www.ibcpub.co.jp/audio_dl/0696/

※ダウンロードしたファイルはZIP形式で圧縮されていますので、解凍ソフトが必要です。
※PCや端末、ソフトウェアの操作・再生方法については、編集部ではお答えできません。
　製造元にお問い合わせいただくか、インターネットで検索するなどして解決してください。

KOREAN GRAMMAR IN USE

実用韓国語文法

上 級

安辰明・宣恩姫

吉本一・中島仁＝訳

IBCパブリッシング

序文

　최근 한국 문화와 한국에 대한 관심이 커지면서 한국어를 배우는 사람들이 다양해지고 그 수가 많이 증가하고 있습니다. 이에 따라 학습자의 학습 목적에 맞는 다양한 교수법들이 연구・개발되었고 이를 적용한 교재들 또한 많이 출간되고 있어 요즘 한국어를 배우는 학생들은 이전에 비해 좀 더 쉽고 재미있게 한국어를 학습할 수 있게 되었습니다.

　이렇게 한국어 교육이 발전하고 있음에도 불구하고 여전히 많은 학생들이 한국어는 배우면 배울수록 어렵다는 이야기를 합니다. 이는 한국어가 다른 외국어에 비해 어미와 조사가 상당히 많고 그 쓰임이 복잡한 데다가 의미는 비슷하지만 미묘한 어감의 차이를 보이는 것들이 많기 때문으로 보입니다. 그래서 학습 기간이 늘어남에도 기존에 배웠던 문법들과 새로 배우는 문법들을 헷갈려하고 잦은 오류를 만들어 내고 있는 것 같습니다.

　본 책은 '실용 한국어 문법(Korean Grammar in Use)'의 세 번째 시리즈로, 한국 대학의 한국어 교육 기관에서 사용하고 있는 5~6급 교재와 한국어능력시험(TOPIK) 고급 시험에 많이 나오는 문법들을 정리하여 고급 수준의 한국어를 배우기 원하는 학생이나 이미 배운 한국어 문법을 정리하고자 하는 학생들을 위한 교재로 기획되었습니다. 고급 학습자를 대상으로 하는 책답게 문법과 예문은 고급 수준의 한국어를 사용했으며 좀 더 명확한 의미 전달을 원하는 학생들을 위해 일본어 번역도 함께 실었습니다. 또한 기존의 문법책에서는 다루지 않은 그동안 현장에서 가르치면서 학생들이 어려워하거나 많이 틀리는 부분들에 대해서도 언급하여 학생들이나 교사에게 도움을 주고자 하였습니다. 그리고 일반적인 문법책이 가지고 있는 단점, 즉 문법의 의미는 알지만 사용되는 상황을 정확히 알기 힘들다는 점을 보완하기 위해 특정한 상황에서 목표 문법을 사용하여 대화를 만들어 보는 활동도 첨가했습니다. 뿐만 아니라 최근 관심이 집중되고 있는 한국어능력시험(TOPIK)을 대비할 수 있도록 한국어능력시험 유형의 연습 문제도 실었습니다.

　이 책을 통해 한국어를 배우는 많은 학생들이 좀 더 다양하고 고급스러운 한국어를 구사할 수 있기를 바랍니다. 또한 현장에서 한국어를 가르치는 교사들 역시 수업을 진행하고 이끌어 나가는 데 도움을 받을 수 있었으면 합니다.

　이 책의 번역을 맡아 주신 요시모토 하지메 교수님, 나카지마 히토시 교수님과 조언과 기도를 해 주신 모든 분들께 고마움을 전합니다. 특별히 박사 논문을 쓰느라 이번 작업에는 참여하지 못했지만 항상 기도와 격려로 함께해 준 민진영 선생님께 감사와 사랑의 마음을 전하고 싶습니다.

저자 일동

最近、韓国文化や韓国に対する関心が高まるとともに、韓国語学習者が多様化し、その数も増加しています。これにしたがって、学習者の学習目的に合った多様な教授法が研究・開発され、これを適用した教材も多く出版されており、最近韓国語を学ぶ学生たちは以前に比べて易しく面白く学習できるようになりました。

　このように韓国語教育が発展しているにもかかわらず、相変わらず多くの学生たちが、韓国語は勉強すればするほど難しくなると言います。これは、ほかの外国語に比べて韓国語の語尾や助詞がかなり多く、その用法が複雑なのに加えて、意味は似ているけれどニュアンスが微妙に異なるものが多いためと思われます。そのため、学習期間が延びても、かつて学んだ文法と新しく学ぶ文法がこんがらがり、多くの誤用を犯してしまうようです。

　この本は「実用韓国語文法（Korean Grammar in Use）シリーズ」の３冊目で、韓国の大学の韓国語教育機関で使っている５〜６級教材や韓国語能力試験（TOPIK）上級によく出る文法を整理し、上級レベルの韓国語を学ぼうとする学生やすでに学んだ韓国語の文法を整理しようとする学生のための教材として企画されました。上級学習者を対象とする本なので、文型や例文は上級レベルの韓国語を用い、より明確な意味伝達を望む学生たちのために日本語訳も併記しました。また、これまで現場で教えてみて、学生たちが難しがり、よく間違う、既存の文法書では扱わなかった部分についても言及し、学生や教師に役立つようにしました。そして、一般の文法書の持つ短所、すなわち、文法の意味はわかるけれど使われる状況が正確にわかりにくいという点を補うため、特定の状況で目標文法を使って会話を作ってみるタスクも追加しました。のみならず、最近、関心が集まっている韓国語能力試験（TOPIK）に備えられるように、韓国語能力試験類型の練習問題も載せました。

　この本によって、韓国語を学ぶ多くの学生たちがさらに多様で上級らしい韓国語が使えるようになることを願います。また、現場で韓国語を教える教師たちが授業を進めるのにも役立ててほしいと思います。

　この本の翻訳を引き受けてくださった吉本一先生と中島仁先生、助言やお祈りをしてくださったすべての方々に、感謝の意を表します。特に、博士論文執筆のために今回の作業には参加できませんでしたが、常にお祈りと激励をもって共にしてくれた閔珍英先生に、感謝と愛の気持ちを伝えたいと思います。

著者一同

この本の構成および活用

목표 문법 제시
본 단원(Unit)에서 배워야 할 목표 문법을 제시하였습니다.

도입
본격적으로 목표 문법을 학습하기 전의
워밍업(warming-up) 단계로 그 문법이
사용되는 상황과 의미에 대해 미리 추
측해 보도록 그림과 대화를 제시하였습
니다. 대화는 목표 문법의 상황이 가장
잘 나타나는 것으로 선정하였고 상황이
잘 드러나는 그림도 함께 넣었습니다.

문법을 알아볼까요?
목표 문법에 대한 의미적인 설명을 하
고 해당 문법을 품사와 시제별로 활용
할 수 있도록 표와 예문을 제시하였습
니다. 이때 A는 형용사, V는 동사, N은
명사를 나타냅니다.

04 –느니만큼

가 여러분, 드디어 우리 회사가 신도시 개발 프로젝트를
　따냈습니다.
나 사장님, 정말 잘됐네요. 근돈이 걸린 일이니만큼
　경쟁이 아주 치열했잖아요.
가 그렇지요. 모두 그동안 열심히 해 준 여러분 덕분입
　니다.
나 계약을 어렵게 따냈으니만큼 저희도 더 열심히 뛰겠
　습니다.

문법을 알아볼까요?
이 표현은 선행절의 이유나 근거가 뭔을 나타낼 때 사용합니다.
이 표현은, 先行節が後続節の理由や根拠となることを表すときに使います。

	A	V	N이다
과거/완료	–았으니만큼/–었으니만큼		였으니만큼/이었으니만큼
현재	–(으)니만큼	–느니만큼	(이)니만큼

손님들이 돈을 많이 내고 먹으니만큼 서비스에 좀 더 신경을 쓰는 게 좋겠어요.
お客さんたちがお金をたくさん払って食べるんだから、サービスにもう少し気を配ったほうがいいです。

출산일이 얼마 남지 않았으니만큼 준비를 게 많을 거예요.
出産日があまり残ってないから、準備するものが多いでしょう。

회사의 중요한 행사니만큼 직원들 모두 적극 참여해 주십시오.
会社の重要な行事ですから、職員全員、積極的に参加してください。

가 여러분, 그러니까가 뭐래당
나 사장, 본당에 좋았다요. 대놓아킨 단통이도도 없는데, 원동이트니쯤이다이트 니까
　여러분야. 하히부네
애용韓国語文法·上級

더 알아볼까요?
'문법을 알아볼까요?'에서 설명한 문법의 의미
외에 목표 문법의 다른 의미와 형태적인 제약,
사용 시 주의해야 할 점을 제시하였습니다.

더 알아볼까요?
1 이 표현은 큰 의미 차이 없이 '–는 만큼'과 바꾸어 쓸 수 있습니다.
이 표현은, 大きな意味の違いなく '–는 만큼'と言い換えられる。
• 손님들이 돈을 많이 내고 먹는 만큼 서비스에 좀 더 신경을 쓰는 게 좋겠어요.
• 출산일이 얼마 남지 많은 준비를 게 많을어요.

2 이 표현은 같은 명사를 두 번 반복하여 쓰는 경우도 있는데 이때는 그 상황 안에서 명사가 의미하는
바를 강조하여 말하는 것입니다.
이 표현은, 同じ名詞を繰り返して言うこともありますが、この場合はその状況の中で名詞が意味すると
ころを強調して言うものです。
가 친구와 동남아에 가려고 하는데 여름옷을 사러면 어디로 가야 할까요?
나 지금 겨울이잖아요. 계절이 계절이니만큼 어름옷을 구하기가 쉽지는 않을 거예요.
가 영업 일을 하시나요? 사람을 많이 만나시겠네요.
나 네, 직업이 직업이니만큼 사람을 많이 만나게 돼요.

비교해 볼까요?
이 표현은 이유를 나타내는 점에서 '–(으)니까'와 같지만 '–느니만큼'은 선행절의 비중을 고려하여
후행절의 행동이나 상태가 일어나을 의미한다는 점에서 차이가 납니다.
이 표현は、理由を表すという点で–(으)니까と同じですが、–느니만큼は先行節の比重を考慮して後続節の行
動や状態が起こることを表すという点で違いがあります。

–(으)니까	–느니만큼
• 시험날이 가까우 오니까 밥을 먹지 마십시오.	• 시험날이 가까우 온만큼 밥을 먹지 마십시오.
☞ 시험날이 가까운 그리고 의미를 말하고 있습니다. 앞뒤의 관계가 크다는 기능을 갖고 있습니다.	☞ 시험날이 기일이 대비되어 더 밥을을 먹지 마십시오. 즉, 시험날이 가까이 오면 좀 더 밥을 먹지 말아야 하고 시험날이 가까이 아니면 밥을 먹지 않아도 덜 먹어도 된다는 것입니다. 시험의 準備をしっかりするためにはもっと一生懸命にしなければならないという意味です。すると、社長の期待が大きければ大きいほどより一生懸命に仕事をしなければならないことを意味しています。

4. 원인과 이유를 나타낼 때 69

이럴 때는 어떻게 말할까요?

준비해 가야 할 게 있다	자외선이 강하다 / 자외선 차단 제품은 꼭 가지고 가다
조심해야 할 게 있다	아늘발 국가이다 / 노출이 심한 옷은 삼가다
갈 만한 곳이 있다	고대 유적지가 잘 보전되어 있는 곳이다 / 고대 유적지는 꼭 돌아보다

이럴 때는 어떻게 말할까요?

특정한 상황에서 목표 문법을 사용하여 실제로 어떻게 의사소통을 할 수 있는지 연습해 보도록 하였습니다. 목표 문법은 모범 대화문에서 빨간색으로 표시하였고, 모범 대화문은 아래 부분에 제시된 상자 안의 색깔과 동일한 부분을 대체하여 연습할 수 있도록 하였습니다.

연습해 볼까요?

배운 목표 문법을 연습하고 제대로 이해했는지 점검해 보도록 하였습니다. 다양한 상황에서 연습할 수 있도록 대화 및 여러 형식의 문제를 넣었습니다. 각 문제의 (1)번은 〈보기〉에 해당하는 것으로 (1)번과 같이 활용하여 연습할 수 있도록 하였습니다.

확인해 볼까요?

각 단원(Unit)에서 배운 의미와 기능이 비슷한 문법에 대한 문제를 풀어 보면서 한 장(Chapter) 전체를 복습하도록 구성하였습니다. 한국어능력시험(TOPIK) 고급 문제 형식으로 제시하여 시험에 대비할 수 있도록 하였습니다.

この本の構成および活用

目標文法提示
その単元で学ぶ目標文法を提示しました。

導入

本格的に目標文法を学習する前のウォーミングアップ段階で、その文型の使われる状況や意味について予測できるように、絵と会話を提示しました。目標文法の状況が最もよくわかる会話を選び、状況がよくわかる絵も添えました。

文法を理解しましょう

目標文法の意味を説明し、当該文法を品詞や時制ごとに活用できるよう、表と例文を提示しました。Aは形容詞、Vは動詞、Nは名詞を表します。

04 -느니만큼

가 여러분, 드디어 우리 회사가 신도시 개발 프로젝트를 따냈습니다.

나 사장님, 정말 잘됐어요. 큰돈이 걸린 일이니만큼 경쟁이 아주 치열했잖아요.

가 그렇지요. 모두 그동안 열심히 해 준 여러분 덕분입니다.

나 계약을 어렵게 따냈으니만큼 지회도 더 열심히 뛰겠습니다.

문법을 알아볼까요?

이 표현은 선행절의 후행절의 이유나 근거가 될 나타낼 때 사용합니다.

	A	V	N이다
과거/완료	-았으니만큼/었으니만큼		였으니만큼/이었으니만큼
현재	-(으)니만큼	-느니만큼	(이)니만큼

손님들이 돈을 많이 내고 먹느니만큼 서비스에 좀 더 신경을 쓰는 게 좋겠어요.

출산일이 얼마 남지 않았으니만큼 준비를 게 하겠어요.

회사의 중요한 행사니만큼 직원들 모두 적극 참여해 주십시오.

もっと理解しましょう

「文法を理解しましょう」で説明した目標文法の意味以外の意味、形態的な制約、使う際に注意すべき点を提示しました。

비교해 볼까요?

이 표현은 같은 명사를 두 번째 반복하여 쓰는 경우도 있는데 이해는 그 상황 안에서 명사가 의미하는 바를 강조하여 말하는 것입니다.

가 친구가 동남아에 가려고 하는데 어떤 옷을 사려면 어디로 가야 할까요?

나 지금 저쪽이랑이죠, 제철이 계절이나만큼 어떤 옷을 구하기가 쉽지는 않을 거예요.

比較してみましょう

目標文法と形態や意味の似た文法を混同しないように、文法の類似点と相違点を比較しました。

-(으)니까	-느니만큼

4. 원인과 이유를 나타낼 때 69

こんなときはどう言うでしょう

特定の状況で目標文法を使って実際にどのようにコミュニケーションできるか、練習してみるようにしました。モデル会話文の中の目標文法は赤で表示し、モデル会話文と下に示されたボックスの同じ色の部分を入れ替えて練習できるようにしました。

練習してみましょう

学んだ目標文法を練習し、きちんと理解したかチェックできるようにしました。多様な状況で練習できるように、会話やさまざまな形式の問題を入れました。各問題の(1)は<例>にあたるもので、(1)のように活用して練習できるようにしました。

確認してみましょう

各単元で学んだ類似の意味・機能の文法に関する問題を解き、章全体を復習できるように構成しました。韓国語能力試験(TOPIK)上級の問題形式で提示し、試験にも備えられるようにしました。

目次

目次

1장

선택을 나타낼 때
選択の表現

본 장에서는 선택을 나타낼 때 사용하는 표현을 공부합니다. 초급에서는 '(이)나①, −거나'를, 중급에서는 '아무+(이)나/아무+도, (이)나②, (이)라도, −든지 −든지, −는 대신에'를 배웠습니다. 고급에서 배우는 표현들은 이미 배운 문법 표현과 의미가 비슷한 것도 있고 두 가지 동작을 비교하면서 선택하는 것도 있으므로 공통점과 차이점을 잘 유의해서 사용하시기 바랍니다.

この章では、選択を表すときに使う表現を勉強します。初級では(이)나①、−거나を、中級では아무+(이)나/아무+도、(이)나②、(이)라도、−든지 −든지、−는 대신에を学びました。上級で学ぶ表現には、すでに学んだ文法表現と意味の似たものもあり、二つの動作を比較しながら選択するものもあるので、共通点と相違点によく気をつけて使ってください。

01 -느니

가 요즘은 결혼이 필수가 아니라 선택 사항이 된 것 같아요.

나 저도 결혼해서 시댁 눈치 보랴 애들 키우랴 힘들게 사느니 그냥 마음 편하게 혼자 사는 것도 나쁘지 않다고 생각해요.

가 그래도 평생을 혼자 외롭게 지내느니 차라리 힘들더라도 둘이 함께 의지하며 사는 게 더 낫지 않을까요?

나 음……. 그럼 안 하는 것보다 해 보고 후회하는 게 나을까요?

문법을 알아볼까요?

이 표현은 선행절과 후행절의 내용이 둘 다 만족스럽지 않지만 그래도 후행절의 상황이나 행위가 선행절보다 더 나을 때 사용합니다. 후행절에 '차라리'나 '아예'가 자주 어울려서 사용되고 동사에만 붙습니다.

この表現は、先行節と後続節の内容がどちらも満足ではないけれども、後続節の状況や行為のほうが先行節よりましであるときに使います。動詞にのみ付き、後続節にはちらりやあえてなどがよく使われます。

연습도 제대로 못 하고 대회에 참가하느니 아예 다음 기회에 도전하겠다.
練習もろくにできず大会に参加するより、いっそ次の機会に挑戦するつもりだ。

마음이 맞지 않는 사람과 일을 하느니 차라리 밤을 새워도 혼자 하는 게 낫지.
気が合わない人と仕事をするより、いっそ夜を明かしてでも一人でするほうがましだよ。

멀리서 출퇴근하느라 시간을 낭비하느니 집값이 비싸더라도 이 근처로 이사 오는 게 어때요?
遠くから通勤するのに時間を浪費するより、家賃が高くてもこの近くに引っ越しするのはどうですか。

도입 대화문 번역

가 最近は結婚が必須じゃなくて選択事項になったようですね。

나 私も、結婚して旦那の実家に気を使ったり子どもたちを育てたり苦労して暮らすより、ただ気楽に一人で暮らすのも悪くないと思います。

가 でも、一生を一人で寂しく過ごすより、いっそ大変でも二人で支え合って暮らすほうがもっとましじゃないですか。

나 うーん。じゃあ、しないよりしてみて後悔するほうがましでしょうか。

이럴 때는 **어떻게 말**할까요?

살다 보면 쉽지 않은 선택을 할 때가 있지요? 때로는 용기가 필요한데요. 여러분은 어떤 선택을 할 때 용기를 내셨나요?

가 짝사랑을 고백하는 게 쉽지 않았을 텐데 어디서 그런 용기가 났어요?

나 **혼자서 끙끙 앓느니 차라리 거절을 당해도 제 마음을 표현하는 게 나을 것 같았어요.**

> **Tip**
> 끙끙 앓다 うんうん苦しむ   마음을 졸이다 気をもむ
> 벌을 받다 罰を受ける   진행하다 進行する

짝사랑을 고백하다
자기의 실수를 인정하다
거의 다 완성된 일을 그만두다

혼자서 끙끙 앓다 / 거절을 당해도 제 마음을 표현하다
언젠가 알려질까 봐 마음을 졸이다 / 인정하고 벌을 받다
남에게 피해를 주면서까지 일을 계속 진행하다 / 그쯤에서 포기하다

연습해 볼까요?

単語·表現 p.390

1 다음 [보기]에서 알맞은 단어를 골라 '-느니'를 사용해서 대화를 완성하십시오.

[보기]   결혼하다   다니다   되다   기다리다   부탁하다

(1) 가 그 청년이 아주 성실하고 돈도 잘 번다더라. 결혼은 그런 사람이랑 하는 거야.
    나 저는 사랑하지도 않으면서 조건만 보고 <u>**결혼하느니**</u> 차라리 평생 혼자 살래요.

(2) 가 저 집 핫도그가 유명하대. 사람들 줄 서 있는 거 보이지? 우리도 한번 먹어 볼까?
    나 저것 하나 먹겠다고 삼십 분이나 줄을 서서 ＿＿＿＿＿＿＿＿＿ 차라리 안 먹고 말겠어.

(3) 가 이번 프로젝트는 이 분야에 경험이 많은 김 대리와 함께 하는 게 어때요?
    나 유능하지만 책임감 없는 김 대리와 한 팀이 ＿＿＿＿＿＿＿＿＿ 차라리 성실한 신입 사원을 데려다 처음부터 가르치면서 하겠습니다.

(4) 가 일이 많아 보이는데 수현 씨에게 부탁하는 게 어때?
    나 됐어. 수현 씨한테 ＿＿＿＿＿＿＿＿＿ 시간이 걸리더라도 그냥 나 혼자 할래.

(5) 가 요즘 경기도 안 좋은데 기분이 좀 상하더라도 그 회사에 그냥 다니지 그러니?
    나 이렇게 무시당하면서 이 회사에 ＿＿＿＿＿＿＿＿＿ 차라리 당분간 쉬면서 다른 회사를 알아볼래요.

2 다음 그림을 보고 [보기]에서 알맞은 표현을 골라 '-느니'를 사용해서 이야기를 완성하십시오.

> **보기**   이상한 놈   촌스러운 구두   집   구식 휴대 전화   야한 옷

오늘 길에서 이상한 남녀를 보았다. 괴상한 옷차림에 특이한 액세서리들……. 그 커플을 보자 우리 가족들은 한마디씩 하기 시작했다.

언니의 남자 친구는 모두 싫어하는 우리 아빠,
"(1) <u>저런 이상한 놈이랑 사귀느니</u> 차라리 혼자 늙어 죽겠다!"

단정한 선생님 복장을 좋아하는 우리 엄마,
"(2) _____ 차라리 벗고 다니겠어!"

패션의 완성은 구두라고 생각하는 우리 언니,
"(3) _____ 차라리 맨발로 다니겠어!"

출시된 지 3일도 안 된 최신 휴대 전화를 들고 다니는 남동생,
"(4) _____ 차라리 공중전화를 들고 다니겠다!"

하지만 이십 대 중반인데도 아직 남자 친구가 없는 나는 속으로 이렇게 외쳤다.
'주말에도 혼자 외롭게 (5) _____ 차라리 저런 남자 친구라도 있었으면 좋겠다!'

02 -(으)ㄹ 바에야

귀엽다
= 뚱뚱하다

다이어트
= 스트레스

가 요즘 다이어트를 하고 있는데 저는 물만 마셔도 살이 찌니 괴로워요.

나 지금이 어디가 어때서 그래요? 귀엽고 딱 보기 좋은데요.

가 다들 뚱뚱하다는 얘기를 그렇게 돌려서 말하는데 통통해서 귀엽다는 말을 들을 바에야 차라리 말라 보인다는 말이 더 나아요. 전 좀 빼야 해요.

나 여자들은 왜 그런지 모르겠어요. 그렇게 스트레스를 받으면서 다이어트를 할 바에야 살이 좀 쪄도 마음이 편한 게 낫지 않아요?

문법을 알아볼까요?

이 표현은 선행절의 내용이 후행절의 내용보다 매우 못하다고 여겨 최선의 선택은 아니지만 혹은 어쩔 수 없이 후행절의 내용을 선택할 때 사용합니다. 후행절에 '차라리'나 '아예'가 자주 어울려서 사용되고 동사에만 붙습니다.

この表現は、先行節の内容が後続節の内容より非常に劣ると考え、最善の選択ではないけれども、あるいはしかたなく、後続節の内容を選択するときに使います。動詞にのみ付き、後続節に차라리や아예などがよく使われます。

적성에 맞지 않는 일을 하면서 마음고생을 할 바에야 차라리 몸이 힘든 일을 하는 게 낫겠어요.
適性に合わない仕事をしながら気苦労をするくらいなら、いっそ体がきつい仕事をするほうがましですよ。

뭐든지 꾸준히 해야지. 중간에 하다가 그만둘 바에야 아예 처음부터 안 하는 게 나아.
何でも粘り強くしなくちゃ。やって途中でやめるくらいなら、いっそ初めからしないほうがましだよ。

사랑만 해도 시간이 모자랄 판에 그렇게 매일 싸울 바에야 차라리 헤어지는 게 어때?
愛するだけでも時間がたりないのに、そんなに毎日けんかするくらいならいっそ別れるのはどう?

도입 대화문 번역

가 最近、ダイエットをしているんですが、私は水ばかり飲んでいても太るのでつらいです。

나 今のどこが不満でそんなこと言うんですか。かわいらしくて、見た目もちょうどいいのに。

가 みんな太っているということをそんなふうに遠回しに言うんだけど、丸々としてかわいいと言われるくらいなら、いっそやせて見えると言われるほうがいいです。私はちょっとやせなくちゃいけません。

나 女の人たちはどうしてそうなのかわかりません。そんなにストレスを受けながらダイエットをするくらいなら、ちょっと太っても気が楽なほうがましじゃないですか。

이 표현은 큰 의미 차이 없이 '-느니'와 바꿔 사용할 수 있습니다.
この表現は、大きな意味の違いなく-느니と言い換えることができます。

• 적성에 맞지 않는 일을 하면서 마음고생을 <u>하느니</u> 차라리 몸이 힘든 일을 하는 게 낫겠어요.
• 뭐든지 꾸준히 해야지. 중간에 하다가 <u>그만두느니</u> 아예 처음부터 안 하는 게 나아.

💡 〈참조〉 1장 선택을 나타낼 때 01 '-느니'.

요즘 세상 살기가 참 힘들어졌다고들 하는데요. 여러분은 언제 그런 생각이 드시나요?

Track **004**

가 요즘 채소 값이 너무 비싸져서 채소를 사 먹을 수가 없어요.

나 그러게요. 이렇게 채소를 비싸게 주고 사 먹을 바에야 번거로워도 직접 집에서 길러 먹어야겠어요.

Tip
번거롭다 わずらわしい	대출 貸出
집단 따돌림 集団的ないじめ	모험을 하다 冒険をする
대안 학교 オルタナティブ・スクール	
홈 스쿨링 ホーム・スクーリング	

채소 값이 너무 비싸져서 채소를 사 먹을 수가 없다	채소를 비싸게 주고 사 먹다 / 번거로워도 직접 집에서 길러 먹다
전세금이 너무 올라서 전셋집을 구하기가 어렵다	비싼 돈 내고 전세로 살다 / 대출을 받아서라도 집을 하나 장만하다
폭력이나 집단 따돌림 등의 문제가 너무 심각해서 아이를 학교에 보내기가 두렵다	걱정하면서 일반 학교에 보내다 / 모험을 하더라도 대안 학교에 보내거나 홈 스쿨링을 하다

연습해 볼까요?

単語・表現 p.390

1 다음 [보기]에서 알맞은 표현을 골라 '-(으)ㄹ 바에야'를 사용해서 대화를 완성하십시오.

보기	
평생을 함께하다	부당한 대우를 받다
앉아서 걱정만 하다	일을 맡기다

(1) 가 결혼식 날 사라진 신부 이야기 들으셨어요?

나 네, 영화에서나 있을 법한 일이지 않아요? 사랑하지도 않는 남자와 <u>**평생을 함께할**</u> <u>**바에야**</u> 도망가는 게 낫다고 생각한 모양이죠.

(2) 가 다른 사람한테 맡기지 그 일을 혼자 어떻게 하려고 그러니?

　　나 모르는 사람을 믿고 ＿＿＿＿＿＿＿＿＿＿＿＿ 아예 처음부터 저 혼자 하는
　　게 마음이 편해요.

(3) 가 이상하네. 우리 애가 집에 도착할 시간이 훨씬 넘었는데 안 들어오네.

　　나 이렇게 ＿＿＿＿＿＿＿＿＿＿ 차라리 밖에 나가서 찾아 보는 게 낫지 않겠어?

(4) 가 아니 김 과장, 이런 일로 사직서를 내시면 어떡합니까?

　　나 제가 하지도 않은 일 때문에 이런 ＿＿＿＿＿＿＿＿＿＿ 차라리 그만두겠습니다.

2 다음 [보기]에서 알맞은 표현을 골라 '-(으)ㄹ 바에야'를 사용해서 대화를 완성하십시오.

> **보기**　　매번 신경 쓰면서 먹이다　　　　가지고만 있다
> 　　　　　　취직을 보장받지 못하다　　　　죽음을 기다리다

'전업주부, 이유식 사업으로 100억대 매출 대박'

(1) 가 전업주부이면서 어떻게 이유식 사업을 시작하게 되셨나요?

　　나 요즘 음식에 이상한 것을 넣는 사람이 많잖아요. 우리 아기가 먹는 음식인데 **매번
　　신경 쓰면서 먹일 바에야** 손이 많이 가더라도 제가 직접 만들어서 먹여야겠다고
　　생각한 게 계기가 되었어요.

'암 말기 환자, 자전거로 전국 일주 성공'

(2) 가 암 말기 환자이면서 어떻게 국내 일주 여행을 시작하게 되셨나요?

　　나 그냥 가만히 누워서 ＿＿＿＿＿＿＿＿＿＿＿＿＿＿ 위험하더라도 하고
　　싶은 일을 다 해 보고 싶었어요.

'고교 졸업생, 최다 자격증 소유로 한국 기네스북에 올라'

(3) 가 자격증 한 개 따기도 어려운데 어떻게 젊은 나이에 이렇게 많은 자격증을 소유하게
　　되셨나요?

　　나 대학교를 졸업해도 ＿＿＿＿＿＿＿＿＿＿＿＿＿＿ 차라리 고등학교 졸업
　　후에 전문 자격증을 따는 게 낫다고 생각했어요.

'노점상 할머니, 복권 1등 당첨금 전액 기부'

(4) 가 당첨된 돈을 전부 기부하기가 쉽지 않은데 어떻게 그 많은 돈을 기부하게 되셨나요?

　　나 평생 다 쓰지도 못하면서 ＿＿＿＿＿＿＿＿＿＿＿＿＿ 아깝더라도 필요
　　한 사람에게 나눠 주는 게 낫겠다고 생각했어요.

03 -건 -건

Track 005

가 맛집으로 소문난 식당에 간다고 하더니 어땠어요?

나 맛은 있었는데 손님이 들어오건 나가건 종업원들이 신경도 안 쓰고 인사도 제대로 안 하는 거 있죠?

가 그래요? 너무 바빠서 그런 거 아닐까요?

나 그럴 수도 있겠지만 바쁘건 한가하건 손님에게 친절하게 대하는 게 기본 아닌가요?

문법을 알아볼까요?

이 표현은 '-거나 -거나'의 준말로 선행절에 비교 가능한 내용이나 반대되는 내용을 나열하면서 그중 어느 경우를 선택해도 후행절의 상황이나 결과는 같을 때 사용합니다.

この表現は–거나 –거나の縮まったことばで、先行節に比較可能な内容や反対の内容を羅列し、そのうちどれを選択しても後続節の状況や結果は同じであるときに使います。

	A/V	N이다
과거/완료	–았건/었건 –았건/었건	였건/이었건 였건/이었건
현재	–건 –건	(이)건 (이)건

저는 일찍 자건 늦게 자건 매일 같은 시간에 일어나요.
私は早く寝ても遅く寝ても毎日同じ時間に起きます。

지켜보는 사람이 있건 없건 규칙은 지켜야 해요.
見ている人がいようがいまいが、規則は守らなければいけません。

그 일을 스스로 했건 다른 사람의 도움을 받아서 했건 중요한 것은 기한 내에 끝냈다는 거예요.
その仕事を自分でしようがほかの人に助けてもらってしようが、重要なことは期限内に終えたということです。

가 おいしいって噂の食堂に行くって言ってましたけど、どうでしたか。

나 おいしいことはおいしかったんだけど、お客さんが入ってこようが出ていこうが、従業員たちが気にもかけないし、あいさつもろくにしないんですよ。

가 そうですか。忙しすぎるからじゃないですか。

나 そうかもしれないけど、忙しかろうと暇だろうと、お客さんに親切に接するのが基本じゃないですか。

1 이 표현은 뒤에 '간에'나 '상관없이'를 붙여서 뜻을 분명히 할 수 있습니다.

この表現は、後ろに간에や상관없이を付けて意味を明確にすることができます。

- 월급이 많건 적건 간에 맡은 일은 최선을 다해야지요.
- 비가 오건 눈이 오건 상관없이 내일 행사는 계획대로 진행됩니다.

2 '누구(누가), 언제, 어디서, 무엇(무슨), 어떻게(어떤)'와 '-건'을 함께 사용하기도 하는데 이때도 같은 의미로 사용됩니다.

누구(누가)、언제、어디서、무엇(무슨)、어떻게(어떤)と-건を一緒に使うこともありますが、このときも同じ意味で使われます。

- 누가 이 일을 맡건 간에 잘해 낼 수 있을 거라 믿습니다.
- 무슨 일을 하건 자기가 좋아하는 것을 하는 게 중요해요.

3 이 표현은 큰 의미 차이 없이 '-든(지) -든(지)' 또는 '-든가 -든가'로 바꿔 쓸 수 있습니다.

この表現は、大きな意味の違いなく-든(지) -든(지)または-든가 -든가と言い換えられます。

- 저는 일찍 자든지 늦게 자든지 매일 같은 시간에 일어나요.
- 지켜보는 사람이 있든가 없든가 규칙은 지켜야 해요.

4 이 표현은 대립되는 것을 강조하기 위해서 '-건 안 -건', '-건 못 -건', '-건 말건'의 형태로 긍정과 부정을 같이 사용하기도 합니다.

この表現は、対立することを強調するために-건 안 -건、-건 못 -건、-건 말건の形で肯定と否定を一緒に使うこともあります。

- 그 사람이 나오건 안 나오건 일단 약속 장소에 나가서 기다려 봐.
- 제가 먹건 말건 신경 쓰지 마세요.

사람마다 상황을 대하는 방법이 다르지요? 어떤 자세로 자신에게 주어진 상황을 맞이해야 될까요?   Track 006

가   항상 기분 좋게 일을 하시는 것 같아요.

나   **좋건 싫건 간에** 어차피 제가 해야 하는 일이라면 즐기면서 해야지요.

대하다 接する
어차피 どうせ

항상 기분 좋게 일을 하다	좋다 / 싫다 / 어차피 제가 해야 하는 일이라면 즐기면서 하다
작은 일에도 최선을 다하다	중요한 일이다 / 중요하지 않은 일이다 / 제가 맡은 일이니까 최선을 다하다
다른 사람의 평가를 별로 신경 쓰지 않다	사람들이 칭찬을 하다 / 비난을 하다 / 제가 옳은 일을 했다면 신경 쓰지 말다

1 다음 [보기]에서 알맞은 표현을 골라 '-건 -건'을 사용해서 대화를 완성하십시오.

> 보기 계시다 한식이다 재미있다 예쁘다 다 왔다

(1) 가 오늘 부모님도 안 계신데 늦게까지 놀다 들어가도 되지 않아요?

　　나 부모님이 <u>계시건 안 계시건</u> 간에 12시까지는 들어가야지요.

(2) 가 이번 수업은 재미없을 것 같은데 우리 빠지고 놀러 갈까?

　　나 ＿＿＿＿＿＿＿＿＿ 수업은 빠지면 안 되지.

(3) 가 점심으로 한식을 먹을까? 양식을 먹을까?

　　나 ＿＿＿＿＿＿＿＿＿ 느끼하지 않은 음식으로 하자.

(4) 가 아직 사람들이 다 안 온 것 같은데요.

　　나 사람들이 ＿＿＿＿＿＿＿＿＿ 간에 시간이 되었으므로 회의를 시작하겠습니다.

(5) 가 엄마, 제 친구가 예쁜 여자를 소개시켜 준대요.

　　나 난 네가 ＿＿＿＿＿＿＿＿＿ 지혜롭고 겸손한 여자를 만났으면 좋겠구나.

2 다음 이야기를 읽고 '-건 -건 간에'를 사용해서 밑줄 친 문장을 바꾸십시오.

> 　　대학교 4학년생인 김성호 씨는 요즘 한창 취업 준비로 바쁩니다. (1) 수업이 없어도 항상 학교 도서관에 갑니다. 그리고 (2) 전공과목이나 교양 과목이나 관계없이 아주 열심히 공부합니다. 저녁이 되면 (3) 날씨가 나빠도 하루도 빠짐없이 운동을 합니다. 체력이 좋아야 공부도 잘할 수 있다고 생각하기 때문입니다. (4) 식사를 할 때도 운동을 할 때도 MP3를 들으며 영어 공부를 합니다. 다른 사람이 (5) 듣든 안 듣든 상관하지 않고 큰 소리로 따라 해서 사람들의 눈총을 받기도 합니다. 뭐든지 열심히 하는 김성호 씨가 올해 꼭 취직했으면 좋겠습니다.

(1) <u>수업이 있건 없건 간에 학교 도서관에 갑니다</u>　　　　　　　　　　　　.

(2) ＿＿＿＿＿＿＿＿＿＿＿＿＿＿＿＿＿＿＿＿＿＿＿＿＿＿.

(3) ＿＿＿＿＿＿＿＿＿＿＿＿＿＿＿＿＿＿＿＿＿＿＿＿＿＿.

(4) ＿＿＿＿＿＿＿＿＿＿＿＿＿＿＿＿＿＿＿＿＿＿＿＿＿＿.

(5) ＿＿＿＿＿＿＿＿＿＿＿＿＿＿＿＿＿＿＿＿＿＿＿＿＿＿.

04 -(느)ㄴ다기보다는

Track 007

가 강아지 이름이 뭐였죠? 어딜 가나 데리고 다니시는 걸 보면 강아지를 많이 사랑하시나 봐요.

나 하랑이요. 애는 애완동물이라기보다는 제 친구이자 아들이라고 할 수 있어요.

가 주인의 사랑을 많이 받아서 그런지 하랑이 얼굴이 빛이 나네요.

나 그래요? 하지만 하랑이가 제 사랑을 받는다기보다는 제가 하랑이로 인해 더 행복한 삶을 살고 있다고 할 수 있어요.

문법을 알아볼까요?

이 표현은 선행절의 내용보다는 후행절의 내용이라고 표현하는 것이 더 적절할 때 사용합니다.

この表現は、先行節のように表現するより後続節のように表現するほうが適切なときに使います。

	A	V	N이다
과거/완료	-았다기보다는/었다기보다는		였다기보다는/이었다기보다는
현재	-다기보다는	-(느)ㄴ다기보다는	(이)라기보다는

가 요즘 승기 씨 이야기를 자주 하네. 너 그 사람 좋아하는구나?
　最近、スンギさんの話をよくするね。君、その人が好きなんだね。

나 내가 그랬나? 음⋯⋯. 승기 씨를 좋아한다기보다는 존경한다는 표현이 맞을 거야.
　私がそんなに話したっけ。うーん⋯⋯。スンギさんのことが好きというより、尊敬しているという表現が合ってると思うよ。

도입 대화문 번역

가 子犬の名前は何でしたっけ。どこに行くのにも連れて行くのを見ると、子犬をずいぶんかわいがっているようですね。

나 ハランです。この子はペットというより、私の友だちであり、息子だといえます。

가 主人にすごく愛されているせいか、ハランの顔が輝いていますね。

나 そうですか。でも、ハランが私に愛されているというより、私がハランのおかげでもっと幸福な暮らしをしているといえます。

가 이 스카프 어때? 선물 받은 건데 여기에 매면 촌스러워 보일까?
　このスカーフどう？ プレゼントされたものなんだけど、ここに巻いたらダサく見えるかな。

나 촌스럽다기보다는 그 옷에는 좀 안 어울리는 것 같아.
　ダサいというより、その服にはちょっと合わないみたい。

가 시각 장애인을 도와주는 사업을 시작하신 특별한 계기가 있었나요?
　視覚障害者を援助する事業を始められた特別なきっかけがあったんですか。

나 특별한 계기가 있었다기보다는 주위에 앞이 안 보여 고생하는 사람들이 여러 명 있다 보니
　저절로 그쪽으로 관심이 생겼던 것 같아요.
　特別なきっかけがあったというより、目が見えなくて苦労している人たちが周囲に何人もいるので、
　自然にそちらに関心を持つようになったようです。

이럴 때는 **어떻게 말**할까요?

Track 008

부모들이 원하는 대로 자녀들이 잘 자란다면 얼마나 좋을까요? 자녀들이 주위 사람들로부터 칭찬을 받을 때 부모들은 어떻게 대답할까요?

가 그 집 딸이 논술 대회에서 우승을 했다니 머리가 좋은가
　봐요.

나 머리가 좋다기보다는 어려서부터 책을 많이 읽도록 한 게
　도움이 된 것 같아요.

> **Tip**
> 논술 대회 論述大会　　우승 優勝　　경시대회 競試大会
> 경연 대회 競演大会　　대상 大賞　　여기다 感じる

논술 대회에서 우승을 했다니 머리가 좋다	머리가 좋다 / 어려서부터 책을 많이 읽다
수학 경시대회에서 일등을 했다니 천재이다	천재이다 / 어려서부터 아빠랑 숫자를 가지고 놀이를 하다
배운 지 얼마 안 돼서 피아노 경연 대회에서 대상을 받았다니 원래 소질이 있었다	원래 소질이 있었다 / 어려서부터 피아노를 장난감처럼 여기며 놀다

1 다음 [보기]에서 알맞은 표현을 골라 '-(느)ㄴ다기보다는'을 사용해서 대화를 완성하십시오.

보기	춤이다	잘 맞다	맛이 있다	잘생겼다

(1) 가 저 춤이 요즘 젊은 층에서 한창 유행하고 있대.

　　나 뭐? 저건 **춤이라기보다는** 사람들이 그냥 정신없이 움직이는 것 같지 않니?

(2) 가 요즘 야근할 때마다 그 식당에 가는 걸 보니 맛이 있나 봐요.

　　나 ＿＿＿＿＿＿＿＿ 늦은 시간에 문을 연 식당이 거기밖에 없어서 그래요.

(3) 가 지난번에 소개받은 남자는 잘생겼나요?

　　나 ＿＿＿＿＿＿＿＿ 호감이 가는 얼굴이라고 할 수 있어요.

(4) 가 오랫동안 프로젝트를 같이 하는 걸 보면 민주 씨랑 성격이 잘 맞나 봐요.

　　나 성격이 ＿＿＿＿＿＿＿＿ 서로 피해를 안 주려고 조심하는 거예요.

2 다음을 읽고 '-(느)ㄴ다기보다는'을 사용해서 대화를 완성하십시오.

> 기자 이번 영화는 액션 영화인가요?
>
> 배우 (1) **액션 영화라기보다는** 휴먼 스포츠 영화라고 하는 편이 맞을 거예요.
>
> 기자 지금까지 액션 영화나 스포츠 영화를 많이 찍으셨는데 특별히 이런 장르를 고집하는 이유가 있나요?
>
> 배우 (2) ＿＿＿＿＿＿＿＿＿＿＿＿ 새로운 것에 도전하는 것을 좋아해 지금까지 안 해 본 역할을 찾다 보니 그런 것 같아요.
>
> 기자 지난번 발목 부상도 있었고 드라마가 끝나자마자 바로 시작해서 몸이 많이 힘드셨을 텐데요.
>
> 배우 (3) ＿＿＿＿＿＿＿＿＿＿＿＿ 주변 사람들의 기대와 시선이 부담스러운 데다가 실력도 늘지 않아서 마음이 더 힘들었어요.
>
> 기자 그럼 이제 힘들었던 영화 촬영이 다 끝났으니까 홀가분하시겠네요.
>
> 배우 (4) ＿＿＿＿＿＿＿＿＿＿＿＿ 그동안 배우, 스태프들과 가족처럼 정이 많이 들어서 헤어지기 아쉬워요.
>
> 기자 그렇겠군요. 영화가 곧 개봉한다고 하니까 저도 기대해 보겠습니다. 오늘 인터뷰 감사합니다.

単語・表現 p.390

※ 〔1~2〕 다음 (   )에 알맞은 것을 고르십시오.

1 어차피 끝까지 (   ) 처음부터 솔직하게 말하는 게 낫지 않을까?

① 숨기지 못할뿐더러   ② 숨기지 못할 바에야
③ 숨기지 못한다 해도   ④ 숨기지 못하기는커녕

2 가 이번에 해외 영업부로 지원하셨다면서요? 원래 그쪽 일을 하고 싶으셨어요?
      나 (   ) 지원하는 사람이 아무도 없어서 하게 된 거예요.

① 하고 싶었음에도   ② 하고 싶었다고 치고
③ 하고 싶었기로서니   ④ 하고 싶었다기보다는

※ 다음 (   )에 들어갈 수 <u>없는</u> 것을 고르십시오.

3 가 컴퓨터가 또 고장 났네. 수리 센터에 맡겨야겠어.
      나 오래돼서 금방 또 고장 날 게 뻔한데 돈 들여서 (   ) 차라리 새로 사는 게 어때?

① 수리하느니   ② 수리하는 것보다
③ 수리한다기보다는   ④ 수리할 바에야

※ 다음에 제시된 단어를 이용해서 알맞은 형태로 바꿔 쓰십시오.

4   젊었을 때는 모든 일의 결과를 보고 평가를 했다. 그래서 항상 성공해야 한다는 부담감에
나뿐만 아니라 다른 사람에게도 스트레스를 주는 일이 많았다. 이제는 나이가 드니 (성공
하다, 실패하다) 더 중요한 것은 그 일의 결과가 아닌 과정이라는 것을 깨닫게 되었다.
목표를 향해 열심히 노력하는 과정 중에 내가 배우는 것이 많았다면 결과야 어찌됐든 나는
그만큼 성숙되어 있기 때문이다.

      (   )

※ 다음 밑줄 친 부분이 <u>틀린</u> 것을 고르십시오.

5 ① 저는 사람들이 <u>어떤 말을 하건</u> 신경 안 써요.
      ② 이건 <u>선물이라기보다는</u> 제 마음의 표현이에요.
      ③ 과자 같은 걸로 배를 <u>채울 바에야</u> 제대로 된 밥 한 끼를 먹는 게 낫다.
      ④ 혹시 사고라도 났을까 봐 <u>불안하느니</u> 전화해서 직접 확인해 보는 게 어때?

2장

인용을 나타낼 때
引用の表現

본 장에서는 인용할 때 사용하는 표현들을 배웁니다. 인용할 때 사용하는 말은 말하는 사람이 이전에 했던 말을 다시 하거나 혹은 듣거나 읽은 내용을 다시 말할 때 사용하는 것입니다. 초급에서는 직접 인용문과 간접 인용문을 배웠고, 중급에서는 '-(느)ㄴ다고요?, -(느)ㄴ다고 하던데, -(느)ㄴ다면서요?, -(느)ㄴ다니요?'를 배웠습니다. 고급에서 배우는 표현들도 많이 쓰이므로 잘 익혀서 사용하시기 바랍니다.

この章では、引用するときに使う表現を学びます。引用するときに使うことばは、話し手が以前に言ったことをあらためて言ったり、あるいは聞いたり読んだりした内容をあらためて言うときに使うものです。初級では直接引用文と間接引用文を学び、中級では-(느)ㄴ다고요?、-(느)ㄴ다고 하던데、-(느)ㄴ다면서요?、-(느)ㄴ다니요?を学びました。上級で学ぶ表現もよく使われるので、しっかり習得して使ってください。

01 보고

가 회사를 그만둘까 생각 중이에요. 직장 상사들이 저
보고 커피 타 와라, 서류 복사해 와라 하면서 이것저
것 시키는 게 너무 많거든요.

나 신입 사원들한테는 원래 시키는 게 많아요. 소희 씨도
아랫사람이 들어오면 똑같이 그렇게 할걸요.

가 저는 달라요. 나이가 많다거나 선배라고 해서 아랫
사람을 부려 먹지 않을 거예요.

나 에이, 지난번에 보니까 소희 씨도 윤정 씨보고 발표
자료 준비하라고 시키던데요. 윤정 씨가 나이가 어리
니까 그랬던 거 아니에요?

문법을 알아볼까요?

이 표현은 질문이나 부탁 혹은 제안이나 명령 등 말하는 행위가 어떤 사람에게 미칠 때 사용합니다. 인용문에서
쓰이는데 주로 입말에서 많이 사용합니다.

この表現は、質問・依頼・提案・命令など、話す行為がある人に及ぶときに使います。引用文で使われますが、
主に口語でよく使います。

희선 씨가 세훈 씨보고 보고서 쓰는 걸 도와 달라고 하던데요.
ヒソンさんがセフンさんに報告書を書くのを手伝ってほしいと言ってましたけど。

의사 선생님이 아버지보고 담배를 끊으라고 하시더라고요.
お医者さんが父にタバコをやめろとおっしゃったんですよ。

남편이 저보고 보라색이 잘 어울린다고 했어요.
夫が私に紫色がよく似合うと言いました。

도입 대화문 번역

가 会社をやめようかと考えているところです。職場の上司たちが私にコーヒーをいれてこい、書類をコピーしてこいって、
あれこれさせることがすごく多いんですよ。

나 もともと新入社員にはさせることが多いんですよ。ソヒさんも下の人が入ってきたら同じようにそうすると思いますよ。

가 私は違います。年上だとか先輩だからといって、下の人をこき使ったりしませんよ。

나 えー、このあいだ見たら、ソヒさんもユンジョンさんに発表の資料準備しろってやらせてましたよ。ユンジョンさん
が年下だからそうしたんじゃないんですか。

1 이 표현은 큰 의미 차이 없이 '더러'와 바꿔 쓸 수 있습니다.
この表現は、大きな意味の違いなくだれと言い換えられます。

- 희선 씨가 세훈 씨더러 보고서 쓰는 걸 도와 달라고 하던데요.
- 의사 선생님이 아버지더러 담배를 끊으라고 하시더라고요.

또한 '더러'는 대명사 '나', '너' 뒤에서 'ㄹ더러'로도 쓰이는 경우가 많습니다.
また、だれは代名詞なやねの後でㄹ더러の形でもよく使われます。

- 세호가 날더러 동아리 활동을 같이 하자고 하네.
- 누가 널더러 이 일을 하라고 했어?

2 '보고'와 '더러'는 '한테'나 '에게'로 바꿔 쓸 수 있습니다.
보고とだれは한테や에게とも言い換えられます。

- 김 선생님이 저보고 말을 놓으라고 하셨어요.
  = 김 선생님이 저한테 말을 놓으라고 하셨어요.

그러나 인용문이 아닌 경우에는 '한테'나 '에게'를 '보고'나 '더러'로 바꿔 쓸 수 없습니다.
しかし、引用文でない場合には한테や에게を보고やだれと言い換えることができません。

- 요즘 수현 씨보고 무슨 일 있나요? (×)
  → 요즘 수현 씨한테 무슨 일 있나요? (○)

☞ 인용문이 아니므로 '보고'를 사용하면 틀린 문장이 됩니다.
引用文ではないので보고を使うと間違った文になります。

Track 010

다른 사람들이 여러분에게 한 말 때문에 기분이 상할 때가 있지요? 사람들은 보통 어떤 말에 기분이 상할까요?

일 좀 제대로 해.

가 오늘 회의 때 무슨 일 있었어요? 얼굴이 왜 그래요?
나 글쎄, 김 선배가 우리 팀 사람들보고 일 좀 제대로 하라고 그러잖아요. 내가 기분 안 나쁘게 생겼어요?

Tip
글쎄 さあ　제대로 ろくに
상식을 키우다 常識を養う

오늘 회의 때　　　　　김 선배가 우리 팀 사람들 / 일 좀 제대로 하라고 그러다
여기 오다가　　　　　길에서 웬 꼬마가 남자 친구도 없는 나 / 아줌마라고 부르다
오늘 동창회에 간다더니　동창 한 명이 우리 남편 / 상식 좀 키워야겠다고 그러다

다음 그림을 보고 '보고'나 '더러'를 사용해서 문장을 완성하십시오.

(1)

일찍 집에 들어와라.

요즘 아들이 며칠 계속 늦게 들어왔더니
남편이 **아들보고 일찍 집에 들어오라**고 했다.

(2)

수지 씨는 요리 학원에라도 다녀야겠어요.

수지 씨가 열심히 음식을 만들었는데
케빈 씨가 _____고 했다.

(3)

투안 씨, 이 옷을 입으세요.

여성스러운 옷을요?

아사미 씨가 _____고 해서
투안 씨가 매우 곤란해했다.

(4)
소피아 씨, 돈을 헤프게 쓰는 것 같아요.

박태민 씨가 _____고 해서
소피아 씨는 기분이 많이 상했다.

(5)
소희 씨, 더 예뻐졌네요.

여양 씨가 _____고 해서
다른 친구들이 소희 씨를 무척 부러워했다.

(6)

스마트폰 매장

투안 씨, 새로 출시된 은하수2 스마트폰의 기능이 다양해서 좋아요.

아사미 씨가 _____고 해서
투안 씨는 그 스마트폰을 구입할까 생각 중이다.

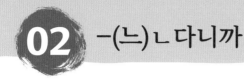

02 -(느)ㄴ다니까

Track 011

가 이 영화가 무척 재미있다니까 소피아 씨에게 같이 보러 가자고 하세요.

나 안 그래도 소피아 씨에게 같이 보러 가자고 물어봤었어요. 그런데 같이 보자니까 이런 영화는 안 좋아한다고 하더라고요.

가 어, 나한테는 이 영화 보고 싶다고 했었는데.

나 그래요? 소피아 씨는 여양 씨와 같이 보고 싶은가 보네요.

문법을 알아볼까요?

이 표현은 '-(느)ㄴ다고 하니까'가 줄어든 말로, 자신의 말 혹은 다른 사람에게서 들은 내용이나 알고 있는 사실을 이유·근거로 해서 그에 대한 반응을 나타낼 때 사용합니다. 이때의 반응은 행동을 하거나 말을 하는 것, 감정적인 것을 다 포함합니다.

この表現は-(느)ㄴ다고 하니까が縮まったことばで、自分の言ったこと、あるいはほかの人から聞いた内容や知っている事実を理由・根拠とし、それに対する反応を表すときに使います。このときの反応とは、行動すること、話すこと、感情的なことなど、すべてを含みます。

		A	V	N이다
평서형	과거/완료	\-았다니까/었다니까		였다니까/이었다니까
	현재	\-다니까	\-(느)ㄴ다니까	(이)라니까
	미래/추측	\-(으)ㄹ 거라니까		일 거라니까
의문형		*\-(으)냐니까	*\-(느)냐니까	(이)냐니까
명령형		–	\-(으)라니까	–
청유형		–	\-자니까	–

★ 형용사의 의문형은 '-으냐니까'와 '-냐니까' 둘 다 가능하고, 동사의 의문형은 '-느냐니까'와 '-냐니까' 둘 다 모두 가능합니다.

도입 대화문 번역

가 この映画がとてもおもしろいそうですから、ソフィアさんに一緒に見に行こうと言ったらどうですか。

나 そうでなくても、ソフィアさんに一緒に見に行こうと聞いてみたんです。でも、一緒に見ようって言ったら、こういう映画は好きじゃないって言うんですよ。

가 え、私にはこの映画見たいって言ってたのに。

나 そうですか。ソフィアさんはヨヤンさんと一緒に見たいようですね。

2. 인용을 나타낼 때 　31

방학 때 지중해로 크루즈 여행을 간다니까 모두들 부러워하더라고요.
休み中に地中海にクルーズ旅行に行くって言ったら、みんなうらやましがっていましたよ。

영국에서 일하게 되었다니까 다들 휴가 내서 놀러 간다고 하더군요.
イギリスで働くことになったと言ったら、みんな休暇もらって遊びに行くって言うんですよ。

친구가 이 책을 읽어 보라니까 읽긴 했는데 무슨 말인지 하나도 모르겠어요.
友だちがこの本を読んでみろと言うから読みはしたんだけど、何のことかまったくわかりません。

이 표현은 선행절과 후행절의 주어가 서로 달라야 합니다.
この表現は、先行節と後続節の主語が異なっていなければなりません。

- 안느 씨가 운동을 하고 싶다니까 윤호 씨가 요가를 해 보라고 했어요.
- 내가 중국에서 공부를 했다니까 지연 씨가 중국어를 해 보라고 했어요.

Track 012

이럴 때는 **어떻게 말**할까요?

다른 사람의 부탁을 잘 거절하지 못하는 사람들이 있지요? 그런 사람들은 어떤 이유로 다른 사람의 부탁을 거절하지 못할까요?

도와주세요.

가 태민 씨의 발표 준비를 또 도와주기로 했다면서요?
    왜 그랬어요?

나 발표 때문에 걱정이 돼서 잠을 못 잔다니까 도와줘야겠더라고요. 사실 저도 그러고 나서 후회했어요.

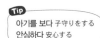

Tip
아기를 보다 子守りをする
안심하다 安心する

태민 씨의 발표 준비를 또 도와주다	발표 때문에 걱정이 돼서 잠을 못 자다 / 도와주다
동호 씨 대신 또 야근하다	아내가 많이 아프다 / 대신 야근해 주다
옆집 아기를 또 봐 주다	나 말고는 안심하고 아기를 맡길 데가 없다 / 봐 주다

'-(느)ㄴ다니까'를 사용해서 문장을 완성하십시오.

(1)

내가 **잘 모르겠다니까** 투안 씨가 가르쳐 주겠다고 했어요.

(2)

아내한테 _____

_____ 아내는 30분째 잠깐만 기다려 달라고 하더군요.

(3)

1시간이나 설명한 뒤에 태민 씨한테

_____

태민 씨는 아무 말도 안 하더라고요.

(4)

엄마한테 _____

_____ 엄마가 화를 많이 내셨어.

(5)

여자 친구에게 _____

_____ 여자 친구가 정말 기뻐 하더라고요.

(6)

여보, 오늘 _____

_____ 우산을 가지고 가세요.

03 -(느)ㄴ다면서

Track 013

가 요즘 투안 씨가 무슨 일이 있나 봐요. 수업이 끝나자마자 늦었다면서 뛰어나가던데요.

나 지난주부터 학교 앞 갈빗집에서 아르바이트한대요.

가 그래요? 얼마 전에 돈이 없다면서 아르바이트를 해야겠다고 하더니 결국 일자리를 찾았군요.

나 네, 투안 씨 일하는 식당에 가면 투안 씨가 많이 먹으라면서 이것저것 더 갖다 주더라고요.

문법을 알아볼까요?

이 표현은 '-(느)ㄴ다고 하면서'가 줄어든 말로, 어떤 말을 하면서 다른 행위를 할 때, 혹은 어떤 말을 하고 나서 뒤이어 또 다른 말을 연결하여 전달할 때 사용합니다. '-(느)ㄴ다며'로도 사용할 수 있습니다.

この表現は-(느)ㄴ다고 하면서が縮まったことばで、あることを言いながら別の行為をするとき、あるいはあることを言った後に別のことばをつなげて伝えるときに使います。-(느)ㄴ다며の形でも使えます。

		A	V	N이다
평서형	과거/완료	−았다면서/었다면서		였다면서/이었다면서
	현재	−다면서	−(느)ㄴ다면서	(이)라면서
	미래/추측	−(으)ㄹ 거라면서		일 거라면서
	의문형	*−(으)냐면서	*−(느)냐면서	(이)냐면서
	명령형	−	−(으)라면서	−
	청유형	−	−자면서	−

★ 형용사의 의문형은 '−으냐면서'와 '−냐면서' 둘 다 가능하고, 동사의 의문형은 '−느냐면서'와 '−냐면서' 둘 다 모두 가능합니다.

가 最近トゥアンさんに何かあったみたいです。授業が終わるとすぐに、遅刻だと言いながら飛び出して行くんですよ。

나 先週から学校の前のカルビ屋でアルバイトしてるんですって。

가 そうなんですか。少し前にお金がないからアルバイトしなくちゃって言ってましたけど、結局働き口を見つけたんですね。

나 ええ、トゥアンさんが働いている食堂に行ったら、トゥアンさんがたくさん食べろって言いながらあれこれ持ってきてくれましたよ。

어떤 남자가 선호 씨를 찾는다면서 사무실을 기웃거렸다.
ある男の人がソノさんを探していると言いながら事務室をのぞきこんだ。

동주 씨는 요즘 건강이 나빠졌다면서 운동을 해야겠다고 하더군요.
トンジュさんは、最近不健康になったから運動をしなくてはいけないと言ってましたよ。

사장님은 신제품의 판매가 왜 이렇게 저조하냐며 새로운 판매 전략을 생각해 보라고 하셨다.
社長は新製品の販売がどうしてこんなに低調なのかと、新たな販売戦略を考えてみるようにおっしゃった。

이 표현은 선행절과 후행절의 주어가 일치해야 합니다. 그리고 주어는 문장 앞에 한 번만 나옵니다.
この表現は、先行節と後続節の主語が一致しなければなりません。また、主語は文頭に一度だけ出てきます。

• 윤호 씨는 복사기에 종이가 또 걸렸다면서 수진 씨가 짜증을 냈다. (×)
  → 윤호 씨는 복사기에 종이가 또 걸렸다면서 (윤호 씨가) 짜증을 냈다. (○)

• 수진 씨는 부장님께 결재를 받으러 간다면서 수진 씨는 5층으로 올라갔다. (×)
  → 수진 씨는 부장님께 결재를 받으러 간다면서 5층으로 올라갔다. (○)

Tip
결재를 받다
決裁を受ける

이 표현은 중급에서 배운 '-(느)ㄴ다면서(요)?'와 형태는 같지만 의미와 쓰임에는 다음과 같은 차이가 있습니다.
この表現は、中級で学んだ-(느)ㄴ다면서(요)?と形は同じですが、意味と用法には次のような違いがあります。

-(느)ㄴ다면서	-(느)ㄴ다면서(요)?
(1) '-(느)ㄴ다고 하면서'가 줄어든 말로 어떤 말을 하면서 다른 행위나 이야기를 연결해서 전달할 때 사용합니다. -(느)ㄴ다고 하면서が縮まったことばで、あることを言いながら別の行為や話をつなげて伝えるときに使います。	(1) 다른 사람에게서 이전에 듣거나 이미 알고 있는 내용을 상대방에게 확인할 때 사용합니다. ほかの人から以前に聞いた内容やすでに知っている内容を相手に確認するときに使います。
(2) 문장 중간에 위치합니다. 文の中間に位置します。 • 수진 씨는 오늘 몸이 안 좋다면서 일찍 퇴근했어요.	(2) 문장 끝에 위치합니다. 文末に位置します。 가 수진아, 방송국 오디션에 합격했다면서? 나 응, 그런데 누구한테서 들었어?

이럴 때는 **어떻게 말**할까요?

여러분은 혹시 관심이 있는 사람이 있나요? 누군가에게 관심이 갈 때 사람들은 어떤 말과 행동을 하게 될까요?

가 태민 씨가 저한테 관심이 있나 봐요.

나 왜요?

가 며칠 전에 내 생각이 나서 샀다면서 스카프 하나를 주더라고요.

며칠 전에 내 생각이 나서 샀다 / 스카프 하나를 주다
어제 우리 집이 어디이다 / 집까지 태워다 주겠다고 하다
좀 전에 졸리면 마시다 / 나한테만 커피를 갖다 주다

연습해 볼까요?

◀ 単語·表現 p.390

1 다음 그림을 보고 '-(느)ㄴ다면서'를 사용해서 문장을 완성하십시오.

〈지난주〉　　　　　　　　　　　〈오늘〉

(1) 시험에 떨어졌어요. → 투안 씨는 **시험에 떨어졌다면서** 우울해했어요.

(2) 친하게 지냅시다. → 케빈 씨가 ＿＿＿＿＿＿＿＿＿ ＿＿＿＿＿ 손을 내밀었어요.

(3) 그 책 재미있어요? → 여양 씨가 ＿＿＿＿＿＿＿＿＿ ＿＿＿＿＿ 내 옆에 앉았어요.

(4) 특종이다.

→ 태민 씨가 _____
_____ 뛰어나갔어요.

2 다음 그림을 보고 '-(느)ㄴ다면서'를 사용해서 문장을 완성하십시오.

(1) 배가 고파요.

밥 주세요.

아들이 배가 <u>고프다면서 밥을</u> <u>달라고 했어요.</u>

(2) 여행이 재미
있었어요.

다음에는
같이 가요.

소피아 씨가 _____
_____
_____ .

(3) 주말에
시간 있어요?

같이 영화
볼래요?

케빈 씨가 _____
_____
_____ .

(4) 순두부를
먹으러 갑시다.

내가 맛있는
식당을 알아요.

투안 씨가 _____
_____
_____ .

04 에 의하면

가 요즘 학교 앞 식당들이 다 커피숍으로 바뀐 거 알아요?

나 네, 이젠 식당보다 커피숍이 더 많은 것 같더라고요. 커피 회사 조사에 의하면 작년에 우리나라 성인 한 사람이 1년 동안 커피를 평균 312잔이나 마셨다고 해요.

가 그래요? 정말 많이 마시는군요. 이렇게 커피를 많이들 마시면 차를 마시는 사람들은 많이 줄었겠어요.

나 네, 어제 뉴스에 의하면 녹차 소비량은 3년 전보다 50%나 줄었다더군요.

문법을 알아볼까요?

이 표현은 어떤 사실이 어떤 것을 근거로 하거나 기초로 할 때 사용하는 것으로, 언론 매체나 어떤 정보의 출처를 기초로 하는 경우가 많습니다. 따라서 후행절에 인용문이 자주 옵니다. '에 따르면'으로 바꿔 쓸 수 있으며 주로 격식적인 상황에서 많이 사용됩니다.

この表現は、あることを根拠や基礎としてある事実を伝えるときに使うものであり、マスコミやある情報源をもとにすることが多いです。したがって、後続節に引用文がよく来ます。에 따르면と言い換えることができ、主にフォーマルな状況でよく使われます。

세계 보건 기구의 발표에 의하면 간접흡연으로 매년 60만 명이 사망한다고 한다.
世界保健機関の発表によると、間接喫煙で毎年60万人が死亡するらしい。

한 실험 결과에 의하면 김치는 혈관 질환을 예방하는 효과가 있다고 한다.
ある実験結果によると、キムチは血管疾患を予防する効果があるらしい。

김수현 의원이 제출한 자료에 따르면 지방에 사는 다문화 가정 아이들의 고등학교 진학률은 45%에 불과하다.
キム・スヒョン議員が提出した資料によると、地方に住む多文化家庭の子どもたちの高校進学率は45%にすぎない。

가 最近、学校の前の食堂が全部コーヒーショップに変わったの、知ってますか。

나 ええ、今では食堂よりコーヒーショップのほうが多いみたいです。コーヒー会社の調査によると、去年わが国の成人一人が1年間にコーヒーを平均312杯も飲んだそうです。

가 そうなんですか。本当にたくさん飲むんですね。こんなにコーヒーをたくさん飲んでいるとすると、お茶を飲む人たちはずいぶん減ったでしょうね。

나 ええ、昨日のニュースによると、緑茶の消費量は3年前より50%も減ったそうですよ。

이 표현은 시제가 항상 현재입니다. 듣거나 보거나 한 시점이 과거라도 현재로 끝나야 합니다.
この表現の時制は常に現在です。見たり聞いたりした時点が過去でも、現在形で終わらなければなりません。

• 뉴스 보도에 의하면 그 사고로 많은 사람들이 죽었다고 <u>했다</u>. (×)
  → 뉴스 보도에 의하면 그 사고로 많은 사람들이 죽었다고 <u>한다</u>. (○)

이럴 때는 **어떻게 말**할까요?

Track 016

신문이나 뉴스를 보다 보면 청소년 문제를 자주 볼 수 있지요? 요즘 청소년들에게는 어떤 문제들이 있을까요?

가 요즘 청소년들이 담배를 많이 피우는 것 같아서 걱정이
    에요.

나 한 통계 자료에 의하면 우리나라 청소년 흡연율이 매년
    증가하고 있다고 해요.

Tip

청소년 青少年	통계 자료 統計資料	흡연율 喫煙率
피해자 被害者	자살 충동 自殺衝動	시달리다 悩まされる

청소년들이 담배를 많이 피우다
청소년들이 인터넷을 너무 많이 하다
청소년들의 학교 폭력이 심각하다

한 통계 자료 / 우리나라 청소년 흡연율이 매년 증가하고 있다
여성 가족부의 조사 결과 / 우리나라 청소년의 30%가 인터넷에 중독되어 있다
서울시가 조사한 바 / 학교 폭력 피해자 중 30%가 자살 충동에 시달리다

1 '에 의하면'을 사용해서 같은 뜻이 되도록 문장을 바꾸십시오.

(1) 교수님께서 한국 전래 동화에는 호랑이가 많이 나온다고 하셨어요.

→ **교수님 말씀에 의하면 한국 전래 동화에는 호랑이가 많이 나온다고 한다** .

(2) 신문에서 남미에 지진이 났다는 기사를 읽었어요.

→ _____ .

(3) TV 뉴스에서 봤는데 한국에서 제일 수출이 많이 되는 것은 IT 관련 제품이라고 해요.

→ _____ .

(4) 계약서에 1년 내에 연금 보험을 해지할 경우 원금을 보장해 주지 않는다고 쓰여 있다.

→ _____ .

(5) 제품 설명서에 이 제품은 2년 동안 무상 수리를 받을 수 있다고 나와 있네요.

→ _____ .

2 다음 글을 읽고 '에 따르면'을 사용해서 대화를 완성하십시오.

소희 씨는 최근 일본에 갔다 온 친구들로부터 일본 교토가 가 볼 만하다는 얘기를 들었다. 그래서 이번 휴가에 교토에서 가장 가까운 곳에 공항이 있는 일본 오사카로 가는 비행기에 몸을 실었다. 인터넷에서 제일 항공이 다른 항공사보다 50% 정도 싸다고 해서 제일 항공을 이용하기로 했다. 싸서 그런지 좀 시끄럽긴 했지만 구름 사이로 보이는 바다를 보면서 가는 기분이 좋았다. 얼마나 더 가면 될까 궁금해서 승무원에게 물어봤더니 20분 정도 남았다고 했다. 갑자기 옆에 앉은 아주머니가 오사카에 처음 가신다면서 소희 씨에게 이것저것 물어 오셨다. 이야기를 하시는 중간중간 뇌에 좋다면서 호두를 건네셨다. 한 건강 잡지에서 보셨다는 것이다. 아주머니는 오사카 호텔에 묵기로 하셨다고 했다. 여행사 직원이 오사카 호텔이 시내에 있어서 교통이 편리하다고 했다는 것이다. 그렇게 이야기를 하고 있는 동안 어느새 비행기는 오사카 간사이 공항에 도착해 있었다.

아주머니   일본에 처음 가서 그러는데 어디에 가면 좋을까요?

소희   (1) **최근 일본에 갔다 온 친구들 말에 따르면 교토가 가 볼 만하대요**. 오사카에서 가깝다니까 가 보세요.

아주머니   그래요? 거기에 꼭 가 봐야겠네요. 그런데 제일 항공은 다른 항공사보다 비행기 값이 얼마나 싼지 알아요?

소희   (2) _____.

아주머니   그렇군요. 그런데 일본까지는 얼마나 남았지요?

소희   (3) _____.

아주머니   비행기 타니까 일본까지 금방이네. 참 이 호두 좀 먹어 봐요.

(4) _____ 호두가 뇌에 그렇게 좋다네.

소희   아, 감사합니다. 잘 먹겠습니다. 그런데 일본에서는 어디에서 묵으실 거예요?

아주머니   오사카 호텔이요. (5) _____

_____.

소희   네, 맞아요. 어, 벌써 오사카에 도착했네요.

※ 〔1~2〕 다음 밑줄 친 부분과 바꾸었을 때 의미가 가장 비슷한 것을 고르십시오.

1 　한 설문 조사 기관이 <u>조사한 바에 의하면</u> 20~30대는 안철민 후보를 가장 선호하는 것으로 나타났다.

① 조사한 바에 따라　　　　② 조사한 바에 따르면
③ 조사한 바와 같이　　　　④ 조사한 바와 달리

2 　소현 씨가 창업을 <u>한다니까</u> 모두들 경험이 없다면서 반대를 했다.

① 창업을 한다면서　　　　② 창업을 하기는커녕
③ 창업을 한다고 하자　　　④ 창업을 하건만

※ 다음 (　　)에 알맞은 것을 고르십시오.

3 　윤석 씨는 올 하반기에는 입사 경쟁률이 (　　) 걱정을 했다.

① 치열하다면서　　　　② 치열할 뿐더러
③ 치열하련만　　　　　④ 치열하다기보다는

※ 다음 (　　)에 들어 갈 수 <u>없는</u> 것을 고르십시오.

4 　성호 씨는 나를 보자 (　　) 내 손을 덥석 잡았다.

① 반가운 듯이　　　　② 반갑다면서
③ 반갑다고 하며　　　④ 반갑다니까

※ 〔5~6〕 다음 밑줄 친 부분이 <u>틀린</u> 것을 고르십시오.

5 ① <u>뉴스에 의하면</u> 전셋값이 또 오를 거라고 한다.
② 윤주 씨가 <u>덥다면서</u> 혜선 씨가 에어컨을 켰어요.
③ 김 선배가 <u>날더러</u> 동아리 일 좀 도와 달라고 하네요.
④ 동호 씨가 다음 달에 유학을 <u>간다니까</u> 친구들이 아쉬워했어요.

6 ① 어머니는 <u>동생보고</u> 심부름을 시키셨다.
② 한 건강 프로그램에 <u>따르면</u> 블루베리가 눈에 좋다고 한다.
③ 태풍으로 채소 값이 많이 <u>올랐다니까</u> 장을 보기가 겁이 나요.
④ 제품에 문제가 <u>많다면서</u> 환불해 달라는 전화가 끊이지를 않았다.

3장

명사화됨을 나타낼 때
名詞化の表現

본 장에서는 명사와 관련된 표현들을 공부합니다. 초급에서는 형용사나 동사를 명사형으로
만드는 '-기'를 배웠습니다. 고급에서 배우는 표현들도 역시 동사나 형용사를 명사형으로 만들어
문장 안에서 명사와 같은 역할을 하는 것입니다. 여기서 배우는 표현들은 고급에서 많이 사용되는
것들이므로 잘 익힌다면 신문이나 글을 읽을 때 또는 격식적이고 고급스러운 표현을 사용할 때
많은 도움이 될 것입니다.

　この章では、名詞と関連する表現を勉強します。初級では、形容詞や動詞を名詞形にする
-기を学びました。上級で学ぶ表現もやはり、動詞や形容詞を名詞形にし、文中で名詞のよう
な役割をするものです。ここで学ぶ表現は上級でよく使われるものなので、しっかり習得すれ
ば、新聞や文章を読むとき、またはフォーマルで上級らしい表現を使うとき、とても役に立つ
でしょう。

01 -(으)ㅁ
02 -는 데
03 -는 바

01 −(으)ㅁ

가 지난달 매출을 보면 여성용 화장품은 예년과 비슷한데 반해 남성용 화장품은 20%나 떨어졌습니다.

나 이렇게 남성용 화장품의 판매가 감소함은 경기 불황과 관련이 깊겠지요?

가 꼭 그렇지는 않습니다. 경쟁사의 경우, 남성 화장품 매출이 5%나 늘었습니다. 이는 우리 회사보다 경쟁사가 요즘 남성들이 원하는 다양한 제품들을 많이 내놓았기 때문으로 보입니다.

나 그럼 이번 판매율은 우리가 그동안 남성 화장품에 대한 연구와 조사가 부족했음을 보여 주는 것이라 할 수 있겠군요.

문법을 알아볼까요?

이 표현은 동사, 형용사, 이다 뒤에 붙어 앞에 나오는 말을 명사형으로 만들거나 문장 뒤에 붙어 그 문장을 명사절로 만드는 데 사용하는 것으로 문장 내에서 주어나 목적어 등의 기능을 하게 합니다. '−(으)ㅁ' 뒤에는 명사처럼 조사가 붙습니다. 주로 글말에서 사용합니다.

この表現は、動詞・形容詞・이다に付いて前のことばを名詞形にしたり、文に付いてその文を名詞節にしたりするものであり、文中で主語や目的語などの機能をさせます。−(으)ㅁの後ろには、名詞の場合と同じように、助詞が付きます。主に文語で使います。

	A/V	N이다
과거	−았음/었음	였음/이었음
현재	−(으)ㅁ	임
미래	−겠음	이겠음

도입 대화문 번역

가 先月の売上を見ると、女性用化粧品は例年と同じくらいなのに反して、男性用化粧品は20%も落ちました。

나 こんなに男性用化粧品の販売が減少するのは景気の不況と関連が深いでしょうね。

가 必ずしもそうではありません。ライバル社の場合、男性化粧品の売上が5%も増えました。これは、うちの会社よりライバル社が最近、男性の望む多様な製品をたくさん出したためだと思います。

나 では、今回の販売率は私たちがこれまで男性化粧品について十分な研究と調査をしてこなかったことを示すものと言えそうですね。

인생의 행복은 돈의 많고 적음에 있지 않다.
人生の幸福はお金の多い少ないにあるのではない。

회장님은 그 직원이 자신이 20년 전에 잃어버렸던 딸임을 알고 깜짝 놀랐다.
会長はその職員が自分が20年前にはぐれた娘であることを知って驚いた。

한 유명 방송인이 학력을 위조했음이 드러나 사회적으로 큰 파문을 일으켰다.
ある有名な放送人が学歴を詐称したことがわかり、社会的に大きな波紋を引き起こした。

더 알아볼까요?

1 이 표현은 입말에서 큰 의미 차이 없이 '-는 것'으로 바꿔서 사용할 수 있습니다. 그러나 모든 '-는 것'을 '-(으)ㅁ'으로 대체할 수 있는 것은 아니므로 사용에 주의해야 합니다.

この表現は、口語で、大きな意味の違いなく-는 것と言い換えることができます。しかし、すべての-는 것を-(으)ㅁと言い換えられるわけではないので、注意して使わなければなりません。

- 인생의 행복은 돈이 많고 <u>적은 것</u>에 있지 않다.
- 회장님은 그 직원이 자신이 20년 전에 잃어버렸던 <u>딸인 것</u>을 알고 깜짝 놀랐다.

2 '-(으)ㅁ'이 접미사로 사용될 때는 일부 동사와 형용사 뒤에 붙어 명사를 만드는 역할을 합니다. 아래는 명사로 굳어져 사용되는 예들입니다.

-(으)ㅁが接尾辞として使われるときは、一部の動詞と形容詞の後に付いて名詞にする役割をします。次は名詞として定着した例です。

기쁘다 → 기쁨	웃다 → 웃음	가렵다 → 가려움	살다 → 삶
아프다 → 아픔	울다 → 울음	그립다 → 그리움	알다 → 앎
슬프다 → 슬픔	젊다 → 젊음	두렵다 → 두려움	
추다 → 춤	믿다 → 믿음	어렵다 → 어려움	
꾸다 → 꿈	얼다 → 얼음	외롭다 → 외로움	

- 한국에 처음 왔을 때는 한국말도 모르고 문화도 달라서 <u>어려움</u>이 많았습니다.
- 어젯밤에 옥상에서 떨어지는 <u>꿈</u>을 꿨는데 이 <u>꿈</u>은 키가 큰다는 의미 맞지요?

3 이 표현이 문장의 종결형으로 사용될 때는 어떤 사실이나 정보를 알려 주는 기능이 있습니다. 주로 공고문, 안내문, 메모, 사전, 보고문 등에 많이 쓰입니다.

この表現が文の終結形で使われるときは、ある事実や情報を知らせる機能があります。主に公告文・案内文・メモ・辞書・報告文などによく使います。

- 타에 모범이 되어 이 상장을 <u>수여함</u>.
- 발음은 좋으나 문법 오류가 <u>많음</u>.
- 비행기에서 내리는 대로 연락하기 <u>바람</u>.

> **Tip**
> 타에 모범이 되다 他の模範になる
> 상장 賞状 수여하다 授与する
> 오류 間違い

4 이 표현은 '-(으)ㅁ으로 인해서', '-(으)ㅁ으로 말미암아', '-(으)ㅁ으로써', '-(으)ㅁ에도 불구하고', '-(으)ㅁ에 따라' 등에서와 같이 관용적인 표현에 자주 사용됩니다.

この表現は、-(으)ㅁ으로 인해서、-(으)ㅁ으로 말미암아、-(으)ㅁ으로써、-(으)ㅁ에도 불구하고、-(으)ㅁ에 따라などのように、慣用的な表現によく使われます。

- 최근 환율이 <u>하락함으로 인해</u> 해외로 나가는 사람들이 늘고 있다.
- 시대가 <u>변화함에 따라</u> 사람들의 가치관도 변화하고 있다.

〈참조〉 4장, 9장, 19장.

'-(으)ㅁ'과 '-기'는 모두 동사나 형용사를 명사형으로 만든다는 점에서는 같지만 다음과 같은 차이가 있습니다.
-(으)ㅁと-기はどちらも動詞や形容詞を名詞形にするという点では同じですが、次のような違いがあります。

-(으)ㅁ	-기
(1) 이미 알고 있는 일, 이미 일어난 일 또는 완료되거나 결정된 일에 사용합니다. 따라서 이런 의미와 관련이 있는 '옳다, 후회하다, 인정하다, 보고하다, 고백하다, 확실하다, 드러나다, 알리다' 등과 어울려 씁니다. すでに知っていることや起こったこと、または完了したことや決定したことに使います。したがって、このような意味と関連のある옳다、후회하다、인정하다、보고하다、고백하다、확실하다、드러나다、알리다などとともに使います。 • 물건이 모두 팔렸음을 보고했다.	(1) 기대되는 일이나 미완료된 일, 어떤 동작의 과정을 나타낼 때 사용합니다. 따라서 이런 의미와 관련이 있는 '설득하다, 명령하다, 기대하다, 희망하다, 적당하다, 제안하다, 알맞다, 어렵다, 쉽다, 좋다' 등과 어울려 씁니다. 期待されることや未完了のこと、ある動作の過程を表すときに使います。したがって、このような意味と関連のある설득하다、명령하다、기대하다、희망하다、적당하다、제안하다、알맞다、어렵다、쉽다、좋다などとともに使います。 • 물건이 모두 팔리기를 희망하고 있다.
(2) '-는 것'으로 대체할 수 있습니다. -는 것と言い換えられます。 • 이런 장사는 신용을 얻음이 제일이다. 　= 이런 장사는 신용을 얻는 것이 제일이다.	(2) '-는 것'으로 대체할 수 있습니다. -는 것と言い換えられます。 • 그 음식은 먹기가 불편하다. 　= 그 음식은 먹는 것이 불편하다.
(3) 조사가 생략될 수 없습니다. 助詞を省略することができません。 • 아이가 공부를 하지 않음 나무랐다. (×) 　→ 아이가 공부를 하지 않음을 나무랐다. (○)	(3) 조사 생략이 가능합니다. 助詞を省略することができます。 • 그 친구는 만나기(가) 참 어렵다. • 열심히 공부해서 성공하기(를) 바랍니다.
(4) 종결형으로 사용할 수 있습니다. 終結形で使えます。 • 박 부장님이 오셨다 가셨음. (과거) • 관계자 이외에는 들어오지 못함. (현재) • 4시 10분에 회의가 있겠음. (미래)	(4) 종결형으로 사용할 수 없습니다. 단, 규칙, 안내문, 간단한 메모, 속담 등에 사용할 수 있습니다. 終結形では使えません。ただし、規則、案内文、簡単なメモ、ことわざなどに使えます。 • 오늘 일기 쓰기. • 집에 오면 손부터 씻기. • 누워서 떡 먹기.

이럴 때는 **어떻게 말**할까요?

여러분의 부모님은 어떻게 만나서 결혼을 하시게 되었나요? 두 분은 만남에서 결혼까지 어떤 과정을 거치셨을까요?

가 엄마는 아빠랑 어떻게 만나셨어요?

나 엄마랑 아빠는 같은 동아리에 있었는데 아빠가 참 남자다웠어. 엄마는 아빠의 그런 남자다움에 마음이 끌렸단다.

> **Tip**
> 거치다 経る
> 마음이 끌리다 心が引かれる
> 계기 きっかけ

엄마는 아빠랑 어떻게 만나다	엄마랑 아빠는 같은 동아리에 있었는데 아빠가 참 남자답다 / 엄마는 아빠의 그런 남자답다 / 에 마음이 끌리다
두 분은 중간에 헤어진 적은 없다	외할아버지가 반대를 심하게 하셔서 한 번 헤어진 적이 있다 / 그런데 그 헤어지다 / 이 서로의 사랑을 확인하는 계기가 되다
엄마는 어떻게 결혼을 결심하다	아빠한테 여러 가지 어려움이 많았는데 아빠는 좌절하는 법이 없다 / 어떤 상황에도 아빠가 좌절하지 않다 / 을 보고 평생을 같이하고 싶다는 마음이 생기다

연습해 볼까요?

単語・表現 p.391

1 다음 [보기]에서 알맞은 표현을 골라 '-(으)ㅁ'을 사용해서 이야기를 완성하십시오.

> **보기** 김민석 과장이다 　 자신이 한 일이다 　 뇌물을 주었다
> 판단할 수 없다 　 죄가 없다

얼마 전에 우리 회사 기밀이 유출되어 큰 손해를 입었다. 경찰이 6개월에 걸쳐 수사한 끝에 회사 기밀을 경쟁 회사에 팔아넘긴 사람이 우리 부서 (1) **김민석 과장임을** 밝혀냈다. 부서 사람들은 깜짝 놀라지 않을 수 없었다. 김 과장이 평소에 말이 없고 얌전한 사람이라 그런 일을 할 사람으로 보이지 않았기 때문이다. 처음에 김 과장은 자신은 (2) _____ _____ 주장했다고 한다. 그러나 경찰이 증거 자료를 내보이자 (3) ____ _____ 인정했다고 한다. 더 놀란 사실은 김 과장이 승진을 하고자 회사 간부에게 (4) _____ 고백했다고 했다. 이 일로 회사는 발칵 뒤집혔다. 회사는 뇌물을 받은 회사 간부와 김 과장 모두를 해고했다. 정말 사람의 외모 만으로는 그 사람을 (5) _____ 다시 한번 깨달았다.

2 다음 [보기]에서 알맞은 표현을 골라 '-(으)ㅁ'을 사용해서 안내문을 완성하십시오.

> **보기** 들어올 수 없다   금하다   비가 오다   취해야 하다   맑아지다   쉬다

(1) 관계자 외에는 **들어올 수 없음**_____.

(2) 월요일에는 _____.

(3) 이 환자는 절대 안정을 _____.

(4) 동물에게 먹이 주는 것을 _____.

(5) 전국이 구름이 많다가 오후부터 점차 _____.

(6) 강원도 지방에는 곳에 따라 _____.

Track 019

가　한 할머니가 채소를 팔아 번 돈 2억을 장애우 보육
시설에 전달을 해서 화제가 되고 있다면서요?

나　네, 김말봉 할머니 역시 장애를 가진 아들이 있었는
데 10년 전에 세상을 떠났다고 합니다. 김 할머니는
그 아들을 키우는 데 어려움이 많았기 때문에 장애우
들을 돕고 싶었다고 합니다.

가　특별히 김 할머니의 후원금은 예술적 재능을 가진 장애
우들을 후원하는 데 사용될 거라지요?

나　네, 그렇습니다. 평소 예술에 관심이 많았던 김 할머니
는 예술에 소질이 있지만 여러 가지 한계로 재능을
발휘하기 힘들었던 장애우들을 위해 후원금을 써 달라
고 부탁을 했다고 합니다.

문법을 알아볼까요?

이 표현은 '−는 일', '−는 것', '−는 경우' 혹은 '−는 상황'을 의미할 때 사용합니다. 주로 '도움이 되다, 효과가 있다/
없다, 좋다/나쁘다, 필요하다, 몰두하다, 최선을 다하다, 사용하다, 걸리다, 들다' 등과 같이 쓰입니다. '에'를 붙여
'−는 데에'와 같이 사용할 수도 있으며 동사에만 붙습니다.

この表現は「〜すること」「〜するの」「〜する場合」「〜する状況」を意味するときに使います。主に、도움이 되다、
효과가 있다/없다、좋다/나쁘다、필요하다、몰두하다、최선을 다하다、사용하다、걸리다、들다などと一緒に使われます。
에を付けて−는 데에のように使うこともでき、動詞にのみ付きます。

　　이 책은 아프리카의 문화와 역사를 이해하는 데 좋은 길잡이가 될 것이다.
　　この本はアフリカの文化と歴史を理解するのによい道しるべになるだろう。

　　이번에 뽑힌 시장은 한국의 전통 시장을 되살리는 데 최선을 다하겠다고 밝혔다.
　　今回、選ばれた市長は、韓国の伝統市場を復活させるのにベストを尽くすと明言した。

최근 자전거 타기가 성인병을 치료하고 예방하는 데에 도움이 된다고 하여 자전거를 타는 사람들이 늘고 있다.
最近、自転車に乗るのが成人病を治療し予防するのに役立つといって、自転車に乗る人たちが増えている。

이 표현은 '-는데'와 형태는 매우 비슷하지만 의미적으로 다음과 같은 차이가 있습니다.
この表現は、-는데と形はよく似ていますが、意味的に次のような違いがあります。

-는데	-는 데(에)
'배경, 대조, 이유'를 나타냅니다. 「背景・対照・理由」を表します。 • 동생이 <u>공부하는데</u> 좀 조용히 해라.	'-는 일', '-는 것', '-는 경우' 혹은 '-는 상황'을 나타냅니다. 「~すること」「~するの」「~する場合」「~する状況」を表します。 • 동생이 <u>공부하는 데(에)</u> 방해가 되지 않도록 방에서 나왔다.

Track 020

이럴 때는 어떻게 말할까요?

외국에서 대학이나 대학원에 진학해서 공부하자면 여러 가지 어려움이 있을 텐데요. 보통 유학생들은 어떤 어려움을 겪을까요?

가 개강했죠? 한국말로 하는 강의는 들을 만해요?

나 <u>교수님 말씀이 워낙 빠르고 어려운 말도 많이 쓰셔서 못 알아들을 때가 있어요. 더 열심히 노력해서 강의를 듣는 데 부족함이 없도록 해야죠.</u>

분량 分量
발음이 꼬이다 うまく発音できない
말이 헛나오다 言い間違える

한국말로 하는 강의는 듣다	교수님 말씀이 워낙 빠르고 어려운 말도 많이 쓰셔서 못 알아들을 때가 있다 / 강의를 듣다 / 부족함이 없도록 하다
한국말로 된 전공 책은 읽다	전공 책에 모르는 전문 용어도 많고 읽어야 할 분량도 많아서 시간이 많이 걸리긴 하다 / 전공 책을 읽다 / 시간이 덜 걸리게 하다
한국말로 발표는 하다	모국어가 아닌 말로 많은 사람들 앞에서 발표를 하다 보니 긴장을 해서 발음이 꼬이고 말이 헛나올 때가 있다 / 제 생각을 전달하다 / 어려움이 없도록 하다

1 다음을 읽고 '-는 데'를 사용해서 신문 기사를 완성하십시오.

운동으로 스트레스를 해소하자

걷기나 가벼운 달리기, 등산, 에어로빅 등의 운동은 스트레스를 (1) **해소하는 데** 큰 도움이 되며 이틀에 한 번은 숨이 가쁘고 땀이 날 정도로 10~20분 정도 운동하는 게 좋다.

한식으로 뱃살을 줄일 수 있다

한식을 꾸준히 먹으면 서양 음식보다 복부 비만을 (2) _____ 효과적이라는 사실이 서울 백병원과 호주 시드니대학이 실시한 연구를 통해 증명됐다.

암 예방에 좋은 음식

채소나 과일을 많이 섭취하면 건강해진다는 사실은 누구나 알고 있다. 특히 암을 (3) _____ 채소나 과일을 많이 섭취하는 게 좋다. 암 예방을 위해 다양한 종류의 채소와 과일을 하루에 다섯 접시 이상 섭취할 것을 권장하고 있다.

불면증을 없애는 요가 동작

요즘 불면증으로 시달리는 사람들이 많은데 다음의 요가 동작은 목과 어깨의 긴장을 풀어 줘서 불면증을 (4) _____ 효과가 있다. 다음의 요가 동작을 반복해서 편안한 수면에 빠져들 수 있도록 해 보자.

대전에서 철기 시대 유물 발굴, 철기 시대를 파악할 수 있어

대전에서 백화점 건축을 위해 땅을 파다가 철기 시대 유물이 발견되었다. 조사단은 이번 발굴은 대전 지역 초기 철기 시대 장례 문화를 (5) _____ 귀중한 자료가 된다고 평가했다.

---

2 다음 [보기]에서 알맞은 표현을 골라 '-는 데'를 사용해서 이야기를 완성하십시오.

> **보기**
> 외모를 가꾸다 키를 키우다 체질을 개선하다
> 살을 빼다 균형 잡힌 몸매를 만들어 주다

　　다소 뚱뚱한 내 여동생은 요즘 (1) **외모를 가꾸는 데** 열을 올리고 있다. 이번 여름휴가에는 바닷가에 가서 꼭 비키니를 입고 말겠다며 결심이 대단하다. 살을 빼려면 채소만 먹는 게 좋다는 말을 듣고는 한동안 고기나 생선은 입에도 대지 않았다. 그러더니 단백질을 섭취하는 게 빠른 시간 안에 (2) ＿＿＿＿＿＿＿＿＿＿＿ 최고라는 말을 어디서 듣고 와서는 이제는 고기만 먹고 있다. 또 (3) ＿＿＿＿＿＿＿＿＿＿＿는 필라테스만한 것이 없다는 말을 듣고 필라테스 학원을 1년 치나 끊었다. 그래서 균형 잡힌 몸매가 되었냐고? 도통 학원에 안 나가는데 필라테스가 효과가 있는지 없는지 알 수가 있겠는가? 얼마 전에는 TV에서 봤다며 멸치를 잔뜩 사왔다. 멸치가 (4) ＿＿＿＿＿＿＿＿＿＿＿ 도움을 준다는 것이다. 이미 성장이 끝난 성인이 멸치를 많이 먹은들 키가 크겠는가? 그리고 어제는 한의원에 가서 한약을 지어 왔다. 이 한약은 (5) ＿＿＿＿＿＿＿＿＿＿ ＿＿ 매우 효과적이라 살이 안 찌는 체질이 되게 해 준다는 것이다. 동생은 많이 먹고 운동도 전혀 안 하는데 세상의 어떤 것이 살을 빼 줄 수 있을지 궁금하다.

Track 021

가 우리 회사 일부를 외국 회사에 매각한다는 소문 들었
  어요?

나 네, 제가 들은 바로는 매각이 3월로 예정되어 있다고
  하더라고요.

가 그럼 직원들이 많이 정리 해고가 될 수도 있겠네요.

나 글쎄요, 그것에 대해서는 아는 바가 없어요.

문법을 알아볼까요?

이 표현은 앞에서 말한 내용 그 자체나 일, 방법 등을 의미할 때 사용합니다. 이 표현은 주로 '–는 바로는', '–는 바가',
'–는 바를', '–는 바에 대해', '–는 바에 의하면/따르면', '–는 바와 같이', '–는 바가 있다/없다'의 형태로 사용됩니다.
この表現は、前述した内容自体や、そのこと・方法などを意味するときに使います。この表現は、主に–는 바로는、
–는 바가、–는 바를、–는 바에 대해、–는 바에 의하면/따르면、–는 바와 같이、–는 바가 있다/없다の形で使われます。

	V	N이다
과거/완료	–(으)ㄴ 바	였는/이었는 바
현재	–는 바	인 바

이번 안건에 대해 각자 생각하시는 바를 자유롭게 말씀해 주시기 바랍니다.
今回の案件についてそれぞれのお考えを自由におっしゃってください。

한 대학 기관이 조사한 바에 따르면 한국인의 식생활이 빠르게 서구화되고 있다고 한다.
ある大学機関が調査したところによると、韓国人の食生活が急速に西欧化しているらしい。

위에서 살펴본 바와 같이 행복은 경제력이나 권력에 비례하지 않음을 알 수 있다.
上で見たとおり、幸福は経済力や権力に比例しないことがわかる。

도입 대화문 번역

가 うちの会社の一部を外国の会社に売却するといううわさ聞きましたか。
나 ええ、私が聞いたところでは売却が3月に予定されていると言っていましたよ。
가 じゃあ、職員たちがたくさんリストラされることもありえますね。
나 さあ、それについては何も知りません。

1 이 표현은 '-(으)ㄹ 바'로도 쓰일 때가 있는데 이때는 관용적으로 다음과 같은 경우에 사용됩니다.
この表現は、-(으)ㄹ 바の形でも使われることがありますが、この場合は慣用的に次のような場合に使われます。

- 몸 둘 바를 모르다: 그런 칭찬을 들으니 몸 둘 바를 모르겠네요.
  恐縮だ(身の置きどころに困る): そんなにほめられると、恐縮です。

- 할 바를 다 하다: 나는 할 바를 다 했으니 이제 결과는 하늘에 달린 것 같아요.
  やるだけやる: 私はやるだけやったので、あとは結果は天にかかっています。

- 어찌할 바를 모르다: 기자의 갑작스러운 질문에 김영수 의원은 어찌할 바를 몰라했다.
  どうしていいかわからない: 記者の突然の質問に、キム・ヨンス議員はどうしていいかわからなかった。

2 다음과 같이 '-는바'를 붙여 쓰는 경우는 후행절에서 어떤 사실을 말하기 위하여, 그 사실과 관련된 상황이나 근거, 배경 등을 제시할 때 사용합니다.
次のように-는바を付けて書く場合は、後続節である事実を述べるために、その事実と関連した状況・根拠・背景などを提示するときに使います。

- 다음 주부터 장마가 시작되는바 비 피해가 없도록 철저한 준비를 해야 할 것입니다.
  来週から梅雨が始まりますので、雨の被害がないように、徹底した準備をしなければならないでしょう。

- 세계 경제의 침체로 올해도 낮은 경제 성장률이 예상되는바 정부는 일자리 창출을 위해 많은 지원을 할 예정이다.
  世界経済の沈滞で、今年も低い経済成長率が予想されるので、雇用創出のために政府は多くの支援をする予定だ。

Track 022

사람들의 주목을 받는 연예인들은 데이트하는 모습도 관심을 끌게 마련이지요? 사람들은 연예인들의 애정 생활에 대해서 어떤 얘기들을 주고받을까요?

가 가수 김민수 씨와 이하연 씨가 사귄다는 소문이 있던데 사실인가요?

나 주변 사람들이 전하는 바로는 같이 광고를 찍으면서 가까워졌다고 합니다.

> **Tip**
> 애정 생활 愛の生活　　광고를 찍다 CMを撮る
> 진지하다 真摯だ

사귀다	주변 사람들이 전하다 / 로는 같이 광고를 찍으면서 가까워졌다
결혼하다	두 사람이 진지하게 사귀는 것은 맞지만 결혼에 대해서는 아직 정해졌다 / 가 없다
헤어졌다	한 잡지사와 인터뷰했다 / 에 따르면 두 사람은 바쁜 스케줄로 인해 사이가 멀어졌다

연습해 볼까요?

관계있는 것을 연결하고 [보기]에서 알맞은 표현을 골라 '−는 바'를 사용해서 문장을 만드십시오.

> **보기**
> −는 바에 대해 　　−는 바에 의하면 　　−는 바와 같이
> −는 바가 있으므로 　　−는 바가 　　　　　−는 바를

(1) 학생들은 기념관을 둘러보고 느꼈다 　　　　　　　　　　　㉠ SNS에 접속하는 사람의 52%가 모바일을 통해 접속한다고 하다

(2) 한 이동 통신 회사가 조사했다 　　　　　　　　　　　　　㉡ 관람 보고서를 써서 제출하기로 했다

(3) 용기와 힘을 가지고 옳다고 생각하다 　　　　　　　　　　㉢ 행동으로 옮긴다면 세상을 바꿀 수 있을 것이다

(4) 정부는 공공요금 인상에 대해 아직까지 확정되었다 　　　　㉣ 빈곤 지역 개발 프로젝트에 적임자라는 생각이 듭니다

(5) 찰스 씨는 해외 NGO 단체에서 수년간 일했다 　　　　　　㉤ 아시아의 개발 도상국에 투자하는 것이 좋을 듯합니다

(6) 김 교수님께서도 말씀하셨다 　　　　　　　　　　　　　　㉥ 없다고 전하고 있다

(1) ㉡ − 학생들은 기념관을 둘러보고 느낀 바에 대해 관람 보고서를 써서 제출하기로 했다 _____.

(2) _____.

(3) _____.

(4) _____.

(5) _____.

(6) _____.

※ 〔1~2〕 다음 밑줄 친 부분과 바꾸었을 때 의미가 가장 비슷한 것을 고르십시오.

1 앞에서 알아본 바와 같이 발견된 질병은 치료법이 정해져 있는 것이 아니라 각각 개개인의 질병 상태에 따라 다른 형태의 치료가 제시된다.

① 알아봄으로써   ② 알아본 것과 상관없이
③ 알아본 것처럼   ④ 알아보는 데에는

2 유엔(UN)의 반기문 총장은 유엔이 추구하는 '안전하고 살기 좋은 세상'을 만드는 데 한국이 든든한 파트너가 되어 줄 것을 당부했다.

① 만드는 일에   ② 만드는 바에 대해
③ 만듦을   ④ 만드니만큼

※ 〔3~4〕 다음 ( )에 알맞은 것을 고르십시오.

3 윤세룡 감독은 "나는 대표 팀이 우승할 때까지는 떠나지 않을 것이다."라고 하여 앞으로 당분간 대표 팀 감독을 ( ) 분명히 밝혔다.

① 그만두는 바를   ② 그만두는 데
③ 그만둘 뜻이 없음을   ④ 그만둘 뜻이 있다는 것을

4 기업의 복지가 직장 생활을 원만히 하고 업무 능률을 ( ) 중요한 요소로 떠오르면서 직장 내의 복지 프로그램이 달라지고 있다.

① 향상시킴이   ② 향상시키는 바를
③ 향상하리만치   ④ 향상시키는 데

※ 다음 ( )에 들어 갈 수 없는 것을 고르십시오.

5 윤경식 대표는 치과 치료의 후유증으로 감각 기능에 이상이 생겨 맛을 구분하기 힘들고 생활하는 데 많은 불편을 ( ) 현재 대학 병원에서 치료를 받고 있다고 전했다.

① 느끼는바   ② 느끼는 바에 의하면
③ 느끼는 까닭에   ④ 느끼므로

※ 다음 밑줄 친 부분이 틀린 것을 고르십시오.

6 ① 칼슘은 뼈를 튼튼하게 하는 데 꼭 필요한 요소이다.
② 그는 항상 자기가 해야 할 바를 잘 알고 있는 사람이다.
③ 그 배우는 연극과 뮤지컬 등에서 연기 경력을 쌓은 바 있다.
④ 그는 교통사고에도 가족들이 무사하였음 하나님께 감사드렸다.

4장

원인과 이유를 나타낼 때
原因と理由の表現

　본 장에서는 원인과 이유를 나타내는 표현에 대해 공부합니다. 원인과 이유를 나타내는 표현은 초급과 중급에서 많이 배웠습니다. 초급에서는 '-아서/어서, -(으)니까, -기 때문에'를, 중급에서는 '-거든요, -잖아요, -아/어 가지고, -느라고, -는 바람에, -는 탓에, -고 해서, -(으)ㄹ까 봐'를 배웠습니다. 고급에서 다루는 표현들도 많이 사용되는 것들이므로 차이점을 잘 유념해서 공부하시기 바랍니다.

　この章では、原因と理由を表す表現について勉強します。原因と理由を表す表現は初級と中級でたくさん学びました。初級では-아서/어서、-(으)니까、-기 때문에を、中級では-거든요、-잖아요、-아/어 가지고、-느라고、-는 바람에、-는 탓에、-고 해서、-(으)ㄹ까 봐를学びました。上級で扱う表現もよく使われるものなので、相違点によく気をつけて勉強してください。

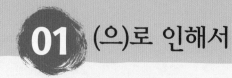

Track 023

가　박태민 기자, 지금 그쪽 상황은 어떻습니까?

나　며칠째 계속 내리는 폭우로 인해서 다리가 통제된 상태입니다.

가　다리 통제로 인해 출근길 교통이 매우 혼잡하겠군요.

나　네, 그렇습니다. 출근하시는 분들은 평소보다 30분 정도 서둘러서 출발하셔야겠습니다.

문법을 알아볼까요?

이 표현은 어떤 상황 혹은 일에 대한 원인이나 이유를 나타낼 때 사용합니다. 글말이나 뉴스 보도, 발표와 같은 격식적인 상황에서 많이 사용합니다. '(으)로 인해서'의 '서'를 빼고 사용하기도 하고 '(으)로 인하여'로 사용하기도 합니다.

この表現は、ある状況または物事に関する原因や理由を表すときに使います。文語やニュース報道・発表のようなフォーマルな状況でよく使います。(으)로 인해서の서を取って使うこともあり、(으)로 인하여の形で使うこともあります。

> 잦은 실수로 인해서 회사에서 신뢰를 잃었다.
> 頻繁なミスによって、会社で信頼を失った。

> 지나친 흡연으로 인해 폐암에 걸리는 사람들이 늘고 있습니다.
> 過度の喫煙によって肺ガンにかかる人たちが増えています。

> 인터넷으로 인하여 많은 정보를 쉽게 얻을 수 있게 되었다.
> インターネットによって多くの情報を簡単に得られるようになった。

도입 대화문 번역

가　パク・テミン記者、いま、そちらの状況はどうですか。

나　数日間降りつづく暴雨によって、橋が統制された状態です。

가　橋の統制によって出勤時の交通が非常に混雑しそうですね。

나　ええ、そうです。出勤なさる方々は普段より30分ほど早めに出発なさらなければならないでしょう。

1 이 표현은 앞에 동사가 올 때 '–(으)ㅁ으로 인해서'의 형태로 사용합니다.

この表現は、動詞に付くとき、–(으)ㅁ으로 인해서の形で使います。

- 해외로 사업을 <u>확장함으로 인해서</u> 돈이 더 많이 필요하게 되었다.
- 금값이 <u>상승함으로 인해</u> 돌 반지를 선물하는 풍습이 사라지고 있다.

2 이 표현은 뒤에 오는 명사를 수식할 때는 '(으)로 인한'의 형태로 사용합니다.

この表現は、後ろに来る名詞を修飾するとき、(으)로 인한の形で使います。

- 겨울철에는 <u>부주의로 인한</u> 화재가 자주 발생합니다.
- 최근 10년 사이 <u>교통사고로 인한</u> 사망자가 5배나 증가했다고 합니다.

> **Tip**
> 부주의 不注意
> 사망자 死者

3 '(으)로 인해서'는 '인해서'를 빼고 '(으)로'만으로 사용하기도 합니다.

(으)로 인해서は인해서を取って(으)로だけで使うこともあります。

- <u>전쟁으로 인해서</u> 고아가 많이 생겼습니다.
 = <u>전쟁으로</u> 고아가 많이 생겼습니다.

💡 〈주의〉'(으)로'는 이유를 나타내는 것 외에 여러 의미가 있으므로 문맥에서 잘 파악하시기 바랍니다.

Track 024

요즘 여러 가지 원인으로 건강이 안 좋아진 사람들이 많지요? 건강을 해치는 원인들은 무엇이 있을까요?

가 요즘 탈모 환자가 늘고 있다지요?

나 네, 스트레스로 인해 탈모 환자가 증가하고 있다고 해요.

> **Tip**
> 탈모 脱毛   아토피 アトピー   가려움증 かゆみ
> 수험생 受験生   장시간 長時間

요즘 탈모 환자가 늘고 있다
겨울철에는 아토피 증상이 심해지다
수험생들 중에 허리가 아픈 사람들이 많다

스트레스 / 탈모 환자가 증가하고 있다
춥고 건조한 날씨 / 가려움증이 더 심해지다
장시간 잘못된 자세로 공부하다 / 허리에 문제가 많이 생기다

単語・表現 p.392

다음 이야기를 읽고 '(으)로 인해서'를 사용해서 대화를 완성하십시오.

세계 곳곳이 자연재해로 많은 피해를 입고 있다. 올여름 중국에서는 홍수가 발생해 수십억 원의 피해를 입었고 이와 반대로 아프리카는 극심한 가뭄에 시달리고 있다. 또한 남미에서는 지진이 나서 수십만 명의 사망자와 실종자가 생겼고 동남아시아에는 쓰나미가 덮쳐 막대한 피해를 입었다. 한편 지구 온난화 때문에 남태평양의 한 나라는 해수면이 상승해 섬의 일부가 물에 잠겼다고 한다.

가   세계 곳곳이 (1) <u>**자연재해로 인해서**</u> 많은 피해를 입고 있다지요?

나   네, 올여름에 중국은 (2) _____ 수십억 원의 피해를 입었대요.

가   중국과는 반대로 아프리카는 (3) _____ 물이 부족하다면서요?

나   네, 그렇대요. 참, 지난주에 남미에서 지진이 발생했다는 뉴스도 봤어요?

가   네, 봤어요. 이번에 발생한 (4) _____ 수십만 명의 사망자와
     실종자가 생겼다고 해요.

나   그리고 얼마 전에는 (5) _____ 동남아시아의 나라들도 막대한
     피해를 입었잖아요.

가   네, 그렇지요. 이젠 해외여행도 마음대로 못 하겠어요. 언제 어떤 자연재해가 발생할지
     모르잖아요.

나   자연재해도 자연재해지만 지구 온난화도 문제예요. 남태평양의 한 나라는 (6) _____
     _____ 섬의 일부가 잠겼다고 하더라고요.

가   그래요? (7) _____ 해수면까지 상승하고 있군요. 그 나라 국민
     들은 정말 걱정이 많겠어요.

02 -는 통에

가 태민 씨, 왜 이렇게 피곤해 보여요?

나 아이가 밤새 우는 통에 한숨도 못 잤거든요.

가 그랬군요, 저는 남편이 밤새 코를 골아 대는 통에 잠을 못 잤는데요.

나 어디나 같이 사는 사람들이 문제군요, 하하.

문법을 알아볼까요?

이 표현은 어떤 부정적인 결과가 생기게 된 상황이나 원인을 나타낼 때 사용합니다. 대체로 복잡하고 정신없는 상황이나 상태 속에서 후행절의 일이 일어날 때 사용합니다. 동사에만 붙습니다.

この表現は、ある否定的な結果が生じた状況や原因を表すときに使います。概して、複雑であわただしい状況や状態の中で後続節のことが起こるときに使います。動詞にのみ付きます。

옆집에서 인테리어 공사를 하는 통에 공부를 하나도 못 했어요.
隣の家でインテリア工事をしていて、まったく勉強できませんでした。

아이들이 날마다 싸우는 통에 정신이 없어요.
子どもたちが毎日けんかしてバタバタしています。

파도가 거세서 배가 이리저리 흔들리는 통에 속이 울렁거렸다.
波が強く、船がゆらゆら揺れて、吐き気がした。

가 テミンさん、どうしてこんなに疲れて見えるんですか。

나 子どもが一晩じゅう泣いて、一睡もできなかったんです。

가 そうだったんですね、私は夫が一晩じゅういびきをかいて眠れなかったんです。

나 どこでも一緒に暮らす人たちが問題ですね、ハハ。

1 이 표현은 후행절에 명령형과 청유형을 쓸 수 없습니다.
この表現は、後続節に命令形や勧誘形を使えません。

- 아이가 자꾸 움직이는 통에 사진을 <u>찍지 마세요</u>. (×)
- 아이가 자꾸 움직이는 통에 사진을 <u>찍지 맙시다</u>. (×)
  → 아이가 자꾸 움직이는 통에 사진을 <u>찍을 수가 없어요</u>. (○)

2 이 표현은 부정적인 결과를 가지고 오는 원인과 함께 쓰이기 때문에 긍정적인 상황에서 사용하면 어색합니다.
この表現は否定的な結果をもたらす原因に使われるため、肯定的な状況で使うと不自然です。

- 아침마다 <u>운동하는</u> 통에 건강해졌어요. (×)
  → 아침마다 <u>운동해서</u> 건강해졌어요. (○)

3 이 표현은 명사 다음에 사용할 때도 있는데 '전쟁', '장마', '난리' 등 매우 제한적인 단어와 함께 사용됩니다.
この表現は名詞の後に使うときもありますが、戦争、梅雨、騒ぎなど非常に限られた単語と一緒に使われます。

- <u>전쟁</u> 통에 가족을 잃어버렸어요.
- <u>장마</u> 통에 집이 물에 잠겼어요.

4 이 표현은 대체로 정신을 차릴 수 없는 상황에서 어떤 일이 일어날 때 사용하지만 부정적인 결과를 가져오는 일반적인 상황에도 많이 쓰입니다.
この表現は概してあわただしい状況であることが起こるときに使いますが、否定的な結果をもたらす一般的な状況にもよく使います。

- 환율이 <u>오르는</u> 통에 여행을 취소했어요.
- 버스를 잘못 <u>타는</u> 통에 반대 방향으로 한참을 갔어요.

원인이나 이유를 나타내는 표현 중에 부정적인 결과를 가지고 오는 것으로 '–는 통에' 외에도 '–는 탓에', '–는 바람에'가 있습니다. 이 셋은 다음과 같은 차이가 있습니다.
原因や理由を表す表現のうち否定的な結果をもたらすものには、–는 통에のほかにも–는 탓에、–는 바람에が あります。この三つは次のような違いがあります。

–는 통에	–는 탓에	–는 바람에
주로 복잡하고 정신없는 상황이 원인. 主に複雑であわただしい状況が原因	부정적인 일이 생기게 된 원인. 否定的なことが生じた原因	외부적, 예상하지 못한 원인. 外部的、予想できなかった原因
		전혀 기대하지 못했거나 예상 밖의 좋은 결과의 원인. まったく期待できなかったことや予想外のよい結果の原因
• 아내가 돈을 어디에 썼냐며 꼬치꼬치 캐묻는 통에 진땀깨나 흘렸다.	• 낮에 커피를 많이 마신 탓에 잠이 안 온다.	• 지하철에서 소매치기를 당하는 바람에 돈이 하나도 없다. • 인터넷에 올린 동영상이 인기를 끄는 바람에 여기저기서 인터뷰 요청이 많이 들어오고 있다.

> **Tip**
> 꼬치꼬치 캐묻다 根ほり葉ほり問い詰める
> 진땀깨나 흘리다 脂汗をだくだく流す

Track 026

여러 사람들이 같이 있는 공간에서는 다른 사람들이 불쾌하지 않도록 서로 예절을 지켜야 하지요? 여러분은 어떤 사람들을 보면 얼굴을 찌푸리게 되시나요?

가 아이들이 뛰어다니는 통에 밥이 코로 들어가는지 입으로 들어가는지 모르겠네요.

나 저도 그래요. 식당에서는 부모들이 아이들을 못 뛰게 해야 하는 거 아닌가요?

> **Tip**
> 얼굴을 찌푸리다 顔をしかめる
> 들락날락하다 出たり入ったりする

아이들이 뛰어다니다 / 밥이 코로 들어가는지 입으로 들어가는지 모르겠다	식당에서는 부모들이 아이들을 못 뛰게 하다
옆 사람이 계속 들락날락하다 / 영화에 전혀 집중이 안 되다	영화가 시작되면 다른 사람들에게 방해가 안 되도록 조심하다
아랫집 아저씨가 술에 취해 소리를 질러 대다 / 도통 잠을 못 자겠다	한밤중에는 이웃 사람들을 위해서 좀 조용히 하다

다음 [보기]에서 알맞은 표현을 골라 '-는 통에'를 사용해서 이야기를 완성하십시오.

| 보기 | 야근하다 | 조르다 | 나가자고 떼를 쓰다 |
| | 불이 나다 | 울려 대다 | 짜증을 내다 |

(1) 케빈 씨는 요즘 연말이라 무척 바빴습니다. 그래서 밤마다 <u>야근하는 통에</u> 친구들은커녕 가족들도 못 볼 때가 많았습니다.

(2) 요즘 가족들에게 소홀했던 게 미안했던 케빈 씨는 모처럼 가족들과 외식을 하러 갔습니다. 그런데 식당에서 아이가 ＿＿＿＿＿＿＿
＿＿＿＿＿＿＿ 제대로 식사를 할 수가 없었습니다.

밖에 나가자.

(3) 하는 수 없이 대충 식사를 하고 식당에서 나왔습니다. 아내가 백화점에서 살 게 있다고 해서 백화점으로 가는데 근처 빌딩에서 ＿＿＿＿＿
＿＿＿＿＿＿＿＿＿ 길이 너무 막혔습니다.

(4) 평소보다 1시간이나 더 걸려 백화점에 도착을 했습니다. 백화점에 가니까 아이가 장난감을 사 달라고 ＿＿＿＿＿＿＿＿＿＿＿＿＿
쇼핑도 오래할 수 없었습니다.

장난감! 장난감!

(5) 하루 종일 힘들어서 집에 들어가서 좀 쉬려고 했는데 회사에서 문제가 생겼다며 전화가 계속 오는 것이었습니다. 전화가 쉴 새 없이 ＿＿＿＿＿＿＿＿＿＿＿＿＿ 케빈 씨는 정신이 하나도 없었습니다.

(6) 거기다 아내마저 휴일에 집에서까지 일을 한다며 케빈 씨에게 ＿＿＿＿＿＿＿＿＿＿＿＿＿＿＿ 케빈 씨는 너무 피곤하고 힘들었습니다.

짜증 내!

03 (으)로 말미암아

Track 027

가 김재호 선수가 최근 소속 팀을 바꾸었지요?

나 네, 감독과의 불화에다 경기에서의 부진으로 말미암아 다른 팀으로 이적을 하게 되었다고 하더라고요.

가 그렇군요. 그런데 이전 팀에서는 그렇게 부진하더니 최근 이적한 팀에서는 연속으로 골을 다섯 번이나 넣는 선전을 했잖아요.

나 맞습니다. 그래서 그동안의 부진 때문에 떨어졌던 몸값이 최근의 선전으로 말미암아 몇 배는 올랐다고 합니다.

문법을 알아볼까요?

이 표현은 선행절의 어떤 현상이나 사물이 원인 또는 이유가 되어 후행절에 어떤 결과가 생길 때 사용합니다.

この表現は、先行節のある現象やものが原因または理由となって後続節にある結果が生じるときに使います。

> 명절 때만 되면 주부들은 많은 음식 준비로 말미암아 온몸이 녹초가 되곤 한다.
> 祭日になると、主婦たちはたくさんの食べ物の準備で体じゅうがくたくたになるものだ。

> 현대인들은 바쁜 일상으로 말미암아 가족조차도 함께 모여 식사하기가 쉽지 않다.
> 現代人は忙しい日常のせいで、家族さえも一緒に集まって食事するのが容易ではない。

> 한국인은 짜고 맵게 먹는 식습관으로 말미암아 다른 나라 사람들보다 위장병 발병률이 높다고 한다.
> 韓国人は塩辛くて辛いものを食べる食習慣のせいで、ほかの国の人たちより胃腸の病気の発病率が高いらしい。

도입 대화문 번역

가 キム・ジェホ選手が最近所属チームを移ったそうですね。

나 ええ、監督との不和に加えて、試合での不調によって、ほかのチームへ移籍することになったらしいです。

가 そうなんですか。でも、以前のチームではあんなに不調だったのに、最近移籍したチームでは連続で5ゴールも決めて善戦しているじゃないですか。

나 そのとおりです。それで、これまでの不調でガタ落ちしていた彼の価値が、最近の善戦によって何倍も上がったそうですよ。

1 이 표현 앞에 동사나 형용사가 올 때는 '-(으)ㅁ으로 말미암아'의 형태로 사용합니다.
この表現の前に動詞や形容詞が来るときは、-(으)ㅁ으로 말미암아の形で使います。

- 중동 지역의 정세가 불안함으로 말미암아 유가가 몇 달째 계속 상승하고 있다.
- 농촌 인구가 감소함으로 말미암아 학생 수가 줄어 농촌의 몇몇 학교가 문을 닫을
  형편에 놓여 있다.

> **Tip**
> 정세 情勢
> 유가 原油価格
> 농촌 農村

2 어떤 것이 원인이나 근거가 되었다는 의미로 쓰일 때는 '(으)로부터 말미암다' 또는 '에서 말미암다'
로 사용됩니다.
あることが原因や根拠となったという意味で使われるときは、(으)로부터 말미암다または에서 말미암다の
形で使われます。

- 루이스 씨가 역사에 관심을 갖게 된 계기는 서점에서 우연히 접한 작은 책자로부터 말미암는다.
  ルイスさんが歴史に関心を持つようになったきっかけは、書店で偶然見かけた小冊子から始まる。
- 그들의 이러한 결정은 상대 회사의 입장을 이해하지 못하는 데에서 말미암은 것이다.
  彼らのこのような決定は、相手の会社の立場を理解できないことによるものだ。

Track 028

최근 사회가 많이 변화하고 있습니다. 사회 변화에 영향을 주는 원인은 무엇이고 그 결과로 나타난 현상은
무엇일까요?

가 요즘 나이 드신 분들이 꽤 일을 많이 하시는 것 같아요.

나 고령 인구의 증가로 말미암아 은퇴 이후에도 계속 일을
하는 사람들이 늘고 있대요.

> **Tip**
> 거세다 激しい
> 소셜 네트워크 서비스(SNS)
> ソーシャル・ネットワーキング・サービス
> 도미노 현상 ドミノ現象
> 다문화 가정 多文化家庭

나이 드신 분들이 꽤 일을 많이 하시다	고령 인구의 증가 / 은퇴 이후에도 계속 일을 하는 사람들이 늘다
제3세계에서 민주화 운동이 거세다	소셜 네트워크 서비스 확대 / 제3세계에 민주화 도미노 현상이 일어나다
다문화 가정이 많아졌다	세계화 / 국제결혼에 대한 가치관이 변화하면서 다문화 가정이 증가하다

単語・表現 p.392

다음 그림을 보고 '(으)로 말미암아'를 사용해서 대화를 완성하십시오.

(1) 늪지대의 개발 때문에……

가 최근 늪지대 개발이 많아지고 있는데 어떻게 생각하십니까?

나 <u>늪지대의 개발로 말미암아</u> 철새 서식지가 줄어들고 있습니다. 철새의 서식지를 보존하려면 무분별한 개발을 중지해야 할 것입니다.

(2) 폭설로 인해……

가 구조 작업은 어떻게 진행되고 있습니까?

나 ＿＿＿＿＿＿＿＿＿＿ 구조 작업에 어려움을 겪고 있습니다. 눈이 그치면 본격적인 수색 작업이 재개될 것 같습니다.

(3) 탈수 현상 탓에……

가 이 선수는 왜 쓰러진 것입니까?

나 ＿＿＿＿＿＿＿＿＿＿ 경기 도중 쓰러졌습니다.

(4) 실업률 증가 경제 위기가 지속되어…… News

가 요즘 실업률이 크게 증가하고 있는데 그 원인은 무엇입니까?

나 최근 ＿＿＿＿＿＿＿＿＿＿ 실업률이 빠르게 증가하고 있습니다.

(5) 부상으로……

가 최우진 사장님은 젊은 시절에는 레슬링을 하셨는데 진로를 바꾸게 된 계기가 있으십니까?

나 레슬링 경기 도중 부상을 당했습니다. 그때의 ＿＿＿＿＿ ＿＿＿＿＿＿＿＿＿＿ 인생의 방향을 바꾸게 된 것입니다.

(6) 죄를 지어……

가 아담과 이브가 에덴동산에서 쫓겨난 이유가 무엇입니까?

나 그들이 ＿＿＿＿＿＿＿＿＿＿ 에덴동산에서 쫓겨나게 되었지요.

가 여러분, 드디어 우리 회사가 신도시 개발 프로젝트를 따냈습니다.

나 사장님, 정말 잘됐어요. 큰돈이 걸린 일이니만큼 경쟁이 아주 치열했잖아요.

가 그렇지요. 모두 그동안 열심히 해 준 여러분 덕분입니다.

나 계약을 어렵게 따냈으니만큼 저희도 더 열심히 뛰겠습니다.

문법을 알아볼까요?

이 표현은 선행절이 후행절의 이유나 근거가 됨을 나타낼 때 사용합니다.
この表現は、先行節が後続節の理由や根拠となることを表すときに使います。

	A	V	N이다
과거/완료	-았으니만큼/었으니만큼		였으니만큼/이었으니만큼
현재	-(으)니만큼	-느니만큼	(이)니만큼

손님들이 돈을 많이 내고 먹느니만큼 서비스에 좀 더 신경을 쓰는 게 좋겠어요.
お客さんたちがお金をたくさん払って食べるんだから、サービスにもう少し気を使ったほうがいいです。

출산일이 얼마 남지 않았으니만큼 준비할 게 많겠어요.
出産日まで間もないから、準備するものが多いでしょう。

회사의 중요한 행사니만큼 직원들 모두 적극 참여해 주십시오.
会社の重要な行事ですから、職員全員、積極的に参加してください。

도입 대화문 번역

가 みなさん、ついにわが社が新都市開発プロジェクトを勝ち取りました。

나 社長、本当によかったですね。大金のかかった仕事だから、競争がとても熾烈だったじゃないですか。

가 そのとおりです。すべて、これまで一生懸命してくれたみなさんのおかげです。

나 契約をなんとか勝ち取ったからには、私たちももっと一生懸命がんばります。

1 이 표현은 큰 의미 차이 없이 '-는 만큼'과 바꾸어 쓸 수 있습니다.
この表現は、大きな意味の違いなく-는 만큼と言い換えられます。

- 손님들이 돈을 많이 내고 먹는 만큼 서비스에 좀 더 신경을 쓰는 게 좋겠어요.
- 출산일이 얼마 남지 않은 만큼 준비할 게 많겠어요.

2 이 표현은 같은 명사를 두 번씩 반복하여 쓰는 경우도 있는데 이때는 그 상황 안에서 명사가 의미하는 바를 강조하여 말하는 것입니다.
この表現は、同じ名詞を繰り返して使うこともありますが、この場合はその状況の中で名詞が意味するところを強調して言うものです。

가　친구와 동남아에 가려고 하는데 여름옷을 사려면 어디로 가야 할까요?

나　지금 겨울이잖아요. 계절이 계절이니만큼 여름옷을 구하기가 쉽지는 않을 거예요.

가　영업 일을 하시니까 사람들을 많이 만나시겠네요.

나　네, 직업이 직업이니만큼 사람들을 많이 만나게 돼요.

이 표현은 이유를 나타낸다는 점에서 '-(으)니까'와 같지만 '-느니만큼'은 선행절의 비중을 고려하여 후행절의 행동이나 상태가 일어남을 의미한다는 점에서 차이가 납니다.
この表現は、理由を表すという点で-(으)니까と同じですが、-느니만큼は先行節の比重を考慮して後続節の行動や状態が起きることを意味するという点で違いがあります。

-(으)니까	-느니만큼
• 사장님의 기대가 크니까 더 열심히 하십시오.	• 사장님의 기대가 크니만큼 더 열심히 하십시오.
☞ 사장님의 기대가 크다는 이유를 말하고 있습니다. 社長の期待が大きいという理由を述べています。	☞ 사장님의 기대와 비례하여 더 열심히 해야 한다는 의미입니다. 즉, 사장님의 기대가 크면 클수록 더 열심히 일해야 하고 사장님의 기대가 작으면 작을수록 덜 열심히 일해도 됨을 의미하고 있습니다. 社長の期待に比例してもっと一生懸命しなければならないという意味です。すなわち、社長の期待が大きければ大きいほどもっと一生懸命に仕事しなければならず、社長の期待が小さければ小さいほどさほど一生懸命に仕事しなくてもよいことを意味しています。

이럴 때는 **어떻게 말**할까요?

외국 여행을 가게 되면 미리 알아 둬야 할 것도 많고 준비해야 될 것도 많지요? 외국 여행을 가는 친구에게 어떻게 조언하면 좋을까요?

가　얼마 전에 그 나라에 갔다 오셨잖아요. 준비해 가야 할
　　게 있으면 좀 알려 주세요.

나　가시는 곳이 자외선이 강하니만큼 자외선 차단 제품은
　　꼭 가지고 가도록 하세요.

> **Tip**
>
> | | |
> |---|---|
> | 자외선 차단 제품 UVカット製品 | 노출이 심하다 露出が激しい |
> | 삼가다 ひかえる | 고대 유적지 古代遺跡 |
> | 보전되다 保全される | |

준비해 가야 할 게 있다
조심해야 할 게 있다
갈 만한 곳이 있다

자외선이 강하다 / 자외선 차단 제품은 꼭 가지고 가다

이슬람 국가이다 / 노출이 심한 옷은 삼가다

고대 유적지가 잘 보전되어 있는 곳이다 / 고대 유적지는 꼭 돌아보다

1 '-느니만큼'을 사용해서 같은 뜻이 되도록 문장을 바꾸십시오.

(1) 세계 정상들이 모이는 자리라서 엄청난 수의 경찰들이 배치되었다.

→ **세계 정상들이 모이는 자리니만큼** 엄청난 수의 경찰들이 배치되었다.

(2) 그 나라에는 이민자가 많기 때문에 이민자를 위한 여러 제도가 잘되어 있다.

→ _____ 이민자를 위한 여러 제도가 잘되어 있다.

(3) 요즘 전국적으로 오디션 열풍이 뜨겁다. 그로 인해서 가수뿐만 아니라 배우, 아나운서까지 다 오디션으로 뽑는다.

→ _____ 가수뿐만 아니라 배우, 아나운서까지 다 오디션으로 뽑는다.

(4) 이번 행사가 외국에서 열리다 보니 시간, 거리, 비용 등 여러 가지 제약이 많다.

→ _____ 시간, 거리, 비용 등 여러 가지 제약이 많다.

(5) 최근 세계 문화유산으로 등재되었으니까 관광객들이 몰릴 것으로 예상된다.

→ _____ 관광객들이 몰릴 것으로 예상된다.

2 다음 [보기]에서 알맞은 표현을 골라 '-느니만큼'을 사용해서 대화를 완성하십시오.

보기　아이들이 먹는 것이다　　우리나라와 지리적으로 가깝다　　때가 때이다
그쪽 분야에서 오래 일했다　　온 국민이 축구에 열광하다

(1) 가 어떤 재료가 들어 있는지 꼼꼼하게 살펴보시네요.

나 **아이들이 먹는 것이니만큼** 몸에 나쁜 게 있는지 잘 살펴봐야지요.

(2) 가 이 나라에서 어떤 사업을 하면 잘될까요?

나 _____ 축구 관련 사업을 하면 어떨까요?

(3) 가 일본어 배우시나 봐요.

나 일본이 _____ 간단한 회화 정도는 배워 두는 게 좋을 것 같아서요.

(4) 가 김 대리한테 이번 일을 맡겨도 될까요?

나 _____ 믿고 맡겨도 될 것 같아요.

(5) 가 과일 값이 엄청 비싸네요.

나 명절 전이잖아요. _____ 가격이 비쌀 수밖에 없죠.

05 -는 이상

가 여양 씨는 우리 회사가 마음에 안 드나 봐요. 지각도 잦고 일도 불성실하게 하더라고요.

나 회사가 마음에 안 들어도 우리 회사 직원으로 일하는 이상 열심히 일해야지요.

가 그렇죠. 그런데 이번 프로젝트가 예상보다 시간이 많이 걸리는 것 같던데 다음 주까지 끝낼 수 있겠어요?

나 계약서에 그렇게 하기로 서명을 한 이상 무슨 일이 있어도 끝내야죠.

문법을 알아볼까요?

이 표현은 선행절의 내용이 이미 정해졌거나 확실하므로 어떻게 해야 한다거나 어떤 상황이 당연하다는 것을 나타냅니다. 즉, '이미 그렇게 된 상황에서는' 또는 '그렇게 되고 있는 상황에서는'을 의미합니다.

この表現は、先行節の内容が既定または確実なので、どうしなければならない、またはある状況が当然であるということを表します。すなわち、「すでにそうなった状況では」または「そうなっている状況では」を意味します。

	A	V	N이다
과거/완료	–	-(으)ㄴ 이상	–
현재	-(으)ㄴ 이상	-는 이상	인 이상

국민의 대부분이 반대하는 이상 정부도 계속 이 일을 추진할 수는 없을 것이다.
国民の大部分が反対する以上、政府もこれを推進しつづけることはできないだろう。

부장님의 비리를 알게 된 이상 그냥 가만히 있을 수는 없었습니다.
部長の不正を知った以上、ただ黙っていることはできませんでした。

정신병자가 아닌 이상 그런 일을 할 리가 없지요.
精神障害者でない限り、そんなことをするはずがないでしょう。

가 ヨヤンさんはうちの会社が気に入らないみたいです。遅刻もよくするし、仕事も誠実にしないんですよ。

나 会社が気に入らなくても、うちの会社の職員として仕事する以上、一生懸命しなくてはいけません。

가 そのとおりです。ところで、今回のプロジェクトが予想より時間が多くかかっているみたいですが、来週までに終えられそうですか。

나 契約書にそうすると署名をした以上、どんなことがあっても終わらせなくてはならないでしょう。

이럴 때는 **어떻게 말**할까요?

리더가 되는 것은 쉽지 않은 일이지요? 책임감도 따르고요. 리더가 된 다음엔 어떤 변화가 따를까요?

가 케빈 씨는 팀장이 되고 나서 대하기가 불편해진 것 같아요.

나 팀장이 된 이상 예전처럼 직원들과 편하게 농담을 주고받을 수는 없겠지요.

> **Tip**
> | 철저하다 徹底的だ | 가장 家長 | 총각 独身男性 |
> |---|---|---|
> | 엄격하다 厳格だ | 책임지다 責任を持つ | 건성건성 上の空で |

팀장이 되고 나서 대하기가 불편해졌다
결혼하고 나서 돈 관리를 철저하게 하다
프로젝트 책임자가 되고 나서 많이 엄격해졌다

팀장이 되었다 / 예전처럼 직원들과 편하게 농담을 주고받다
이제 한 집안의 가장이다 / 총각 때처럼 마음대로 돈을 쓰다
자신이 모든 일을 책임져야 되다 / 일을 건성건성 하다

연습해 볼까요?

単語·表現 p.392

1 관계있는 것을 연결하고 '-는 이상'을 사용해서 문장을 완성하십시오.

(1) 한국 사람과 결혼했다 •   • ㉠ 우리도 물건을 구입할 수가 없습니다

(2) 학생들을 가르치다 •   • ㉡ 한국 문화에 익숙해지도록 노력해야지요

(3) 가격을 내리지 않다 •   • ㉢ 교사로서 학생들에게 모범을 보여야 할 것이다

(4) 제품에서 하자가 발견되었다 •   • ㉣ 좀 더 책임 있는 모습을 보여 줄 필요가 있다

(5) 한 나라의 대통령이다 •   • ㉤ 제품 구매자들에게 적절한 보상을 해야 할 것이다

(1) ㉡ - 한국 사람과 결혼한 이상 한국 문화에 익숙해지도록 노력해야지요   .

(2) _____.

(3) _____.

(4) _____.

(5) _____.

2 다음 [보기]에서 알맞은 표현을 골라 '-는 이상'을 사용해서 대화를 완성하십시오.

> **보기**
> 한 번이라도 신고 외출하다 　　　　　정치인의 아내이다
> 기부를 하기로 마음먹다 　　　　　　어렵게 공부를 시작하다
> 서식지로 판명되다

(1) 가 신발을 한 번 신고 나갔었는데 환불이 됩니까?
　　나 **한 번이라도 신고 외출한 이상** 환불은 불가능합니다.

(2) 가 너무 힘들어서 미술 공부를 포기하고 싶어요.
　　나 ＿＿＿＿＿＿＿＿＿＿＿＿＿＿＿ 힘들어도 포기하면 안 되지요.

(3) 가 남편이 국회의원이다 보니 남편 때문에 가고 싶지 않은 모임도 많이 가야지요?
　　나 네, ＿＿＿＿＿＿＿＿＿＿＿＿＿＿ 하고 싶지 않은 일도 해야 할 때가
　　　　많아요.

(4) 가 막상 기부를 하려니까 돈이 좀 아까운 것 같아요.
　　나 이왕 ＿＿＿＿＿＿＿＿＿＿＿＿＿ 기쁜 마음으로 하면 좋을 것 같아요.

(5) 가 그 지역에 희귀 동물들이 많이 산다면서요?
　　나 네, 희귀 동물들의 ＿＿＿＿＿＿＿＿＿＿＿ 무분별한 개발을 하지
　　　　않도록 조심해야 할 것입니다.

06 −기로서니

Track 033

가 소피아 씨, 지난번에 바람맞혀서 미안해요.

나 아무리 바쁘기로서니 못 나온다고 전화도 못 해요?

가 그날 회사 일 때문에 정신이 없어서 연락을 못 했어요.
요즘 너무 힘들어서 회사를 그만뒀으면 좋겠다는 생각
마저 들어요.

나 회사 일이 좀 힘들기로서니 그만둔다는 말을 그렇게
쉽게 하면 안 되지요.

문법을 알아볼까요?

이 표현은 선행절의 사실을 인정하지만 후행절의 일이 일어나기에는 그 이유나 조건이 충분하지 않음을 강하게
나타낼 때 사용합니다. 후행절에서 나타난 일이 정도에 지나치다는 느낌이 있으며 '아무리'와 같이 쓰는 경우가
많습니다.

この表現は、先行節の事実を認めるが、後続節のことが起こるにはその理由や条件が十分でないことを強く表
すときに使います。後続節の内容は度が過ぎるというニュアンスがあり、아무리と一緒に使う場合が多いです。

	A/V	N이다
과거/완료	−았기로서니/었기로서니	였기로서니/이었기로서니
현재	−기로서니	(이)기로서니

가 이번에 한 실수로 회사에서 해고될까 봐 걱정돼 죽겠어요.
今回した失敗のせいで会社をクビになるのではないかと心配でたまりません。

나 실수를 좀 **했**기로서니 그만한 일로 해고를 하겠어요?
ちょっと失敗したからといって、それくらいのことでクビにするでしょうか。

도입 대화문 번역

가 ソフィアさん、このあいだすっぽかしてすみません。

나 いくら忙しいっていっても、出て来れないって電話もできないんですか。

가 その日、会社の仕事でバタバタしていて、連絡できませんでした。最近、すごく大変で、会社をやめたほうがいいと
いう気さえします。

나 会社の仕事がちょっと大変だといって、そんなに軽々しくやめると言っちゃだめでしょう。

가 선영 씨가 우리가 생일 선물로 준 스카프를 자기 취향이 아니라면서 민아 씨에게 줬대요. 우리 앞에서는 그렇게 예쁘다고 하더니 말이에요.
　ソニョンさんが、私たちが誕生日プレゼントにあげたスカーフを、自分の趣味じゃないと言って、ミナさんにあげたそうですよ。私たちの前ではあんなにかわいいと言ってたのに。

나 아무리 선물이 마음에 안 들기로서니 선물을 준 사람들의 성의가 있는데 정말 너무하네요!
　いくらプレゼントが気に入らなかったといっても、プレゼントをあげた人の誠意があるのに、本当にひどいですね。

가 엄마, 내일 그 가수 콘서트에 꼭 가고 싶어요.
　ママ、明日、あの歌手のコンサートにぜったい行きたい。

나 아무리 아이돌 가수가 좋기로서니 학교도 안 가고 콘서트에 간다는 게 말이 되니?
　いくらアイドル歌手が好きだといっても、学校にも行かないでコンサートに行くなんてダメよ。

Track 034

이럴 때는 어떻게 말할까요?

존경할 만한 정치인도 많지만 실망감을 주는 정치인도 많지요? 존경하기 힘든 정치인들을 볼 때 여러분은 어떻게 말하세요?

가 뉴스에서 보니까 국회에서 정치인들끼리 욕하며 싸우더라고요.

나 아무리 서로 의견이 다르기로서니 국회에서 막말을 해서는 안 되지요.

> **Tip**
> 막말을 하다 軽率な物言いをする　　불법 행위 不法行為
> 눈감아 주다 目をつぶってやる　　양심을 팔다 良心を売る

뉴스에서 보니까 국회에서 정치인들끼리 욕하며 싸우다	서로 의견이 다르다 / 국회에서 막말을 하다
선거철만 되면 양로원이나 고아원에 가는 정치인들이 많다	지지율을 높이고 싶다 / 외롭고 불쌍한 사람들을 이용하다
일부 정치인들이 돈을 받고 대기업의 불법 행위를 눈감아 줬다	돈이 좋다 / 국민의 존경을 받아야 하는 정치인이 양심을 파는 일을 하다

다음 그림을 보고 '-기로서니'를 사용해서 대화를 완성하십시오.

(1)

쓰레기봉투 값이
아까워서……

가 쓰레기봉투 값이 아까워서 그랬어요. 죄송해요.

나 <u>아무리 쓰레기봉투 값이 아깝기로서니</u> 놀이터에 쓰레기를
버리시면 어떻게 합니까?

(2)

급한 일이
생겨서……

가 급한 일이 생겨서 그만 신호를 어겼네요. 죄송합니다.

나 _____

신호를 어기면 어떻게 합니까?

(3)

생활고에 시달
리다 보니……

가 생활고에 시달리다 보니 남의 집을 털게 되었습니다.
죄송합니다.

나 _____

남의 집을 털면 어떻게 합니까?

(4)

너무
덥길래……

공공장소
에서……

가 날씨가 너무 덥길래 웃통을 벗었어요. 이해해 주세요.

나 _____

공공장소에서 웃통을 벗고 있으면 어떻게 합니까?

(5)

너무 담배가
피우고 싶어서……

금연 구역
에서……

가 너무 담배가 피우고 싶어서 피웠습니다. 한 번만 봐
주세요.

나 _____

_____?

(6)

주차할 데가
없길래……

가 주차할 데가 없길래 장애인 주차 공간에 주차했습니다.
죄송합니다.

나 _____

_____?

–기에 망정이지

Track 035

가 오늘 지각 안 했어요? 갑자기 폭설이 내리는 바람에 지각한 사람들이 많더라고요.

나 다른 날보다 일찍 출발했기에 망정이지 저도 지각할 뻔했어요.

가 우리 회사 임시 창고도 눈의 무게를 못 이기고 무너졌다면서요?

나 네, 창고 안에 아무도 없었기에 망정이지 정말 큰일 날 뻔했어요.

문법을 알아볼까요?

이 표현은 어렵고 당황스러운 일이 생겼지만 선행절의 내용 덕분에 다행히도 나쁜 결과가 생기지 않았음을 나타낼 때 사용합니다. 후행절에는 주로 '–았을/었을 거예요', '–(으)ㄹ 뻔했어요'와 같이 가정하는 말이 옵니다.

この表現は、大変で困ったことが起きたけれど、先行節の内容のおかげで幸いにして悪い結果が生じなかったことを表すときに使います。後続節には主に–았을/었을 거예요や–(으)ㄹ 뻔했어요のように仮定することばが来ます。

	A/V	N이다	
과거/완료	–았기에/었기에	였기에/이었기에	+ 망정이지
현재	–기에	(이)기에	

가 버스 정류장에서 펜션이 가깝다고 했는데 벌써 20분째 걷고 있잖아요.
ペンションはバス停から近いと言ってたのに、もう20分も歩いてるじゃないですか。

나 오늘 날씨가 따뜻하기에 망정이지 어제처럼 추웠다면 저는 중간에 돌아갔을 거예요.
今日は暖かいからよかったものの、昨日のように寒かったら私は途中で帰ってますよ。

도입 대화문 번역

가 今日、遅刻しませんでしたか。急に大雪が降ったせいで、遅刻した人が多かったんですよ。
나 ほかの日より早く出発したからよかったものの、私も遅刻するところでした。
가 うちの会社の臨時倉庫も雪の重さに耐えきれず壊れたそうですね。
나 ええ、倉庫の中に誰もいなかったからよかったものの、本当に大変なことになるところでした。

가　컴퓨터가 바이러스를 먹었다면서요? 작업하던 문서는 안 날렸어요?
　　コンピュータがウイルスにかかったそうですね。作業していた文書は大丈夫でしたか。

나　USB에 따로 저장해 놨기에 망정이지 처음부터 다시 작성할 뻔했어요.
　　USBに別に保存しておいたからよかったものの、はじめから作りなおすところでした。

가　아침에 통장 잔고를 확인해 보니까 몇천 원밖에 안 남았더라고.
　　朝、通帳の残高を確認してみたら、何千ウォンかしか残っていなかったんだ。

나　내가 돈 좀 아껴 쓰라고 그랬지? 오늘이 월급날이기에 망정이지 아니었으면 어쩔 뻔했어?
　　私がお金を節約して使うように言ったでしょ。今日が給料日だからよかったものの、そうじゃなかっ
　　たらどうするつもりだったの。

더 알아볼까요?

'망정이지' 앞에 오는 '-기에'는 '-(으)니', '-아서/어서', '-(으)니까'로도 바꿔 쓸 수 있습니다.
망정이지の前に来る-기에は、-(으)니、-아서/어서、-(으)니까とも言い換えられます。

• USB에 따로 저장해 놨기에 망정이지 처음부터 다시 작성할 뻔했어요.
 = USB에 따로 저장해 놨으니 망정이지 처음부터 다시 작성할 뻔했어요.
 = USB에 따로 저장해 놔서 망정이지 처음부터 다시 작성할 뻔했어요.
 = USB에 따로 저장해 놨으니까 망정이지 처음부터 다시 작성할 뻔했어요.

이럴 때는 어떻게 말할까요?

Track 036

'소문난 잔칫집에 먹을 게 없다.'라는 말이 있지요? 소문과 달리 실상은 별 볼일 없을 때 어떻게 말할까요?

가　회사 앞 짬뽕집이 그렇게 맛있다고들 하던데 정말 소문
　　대로던가요?

나　소문대로긴요. 배가 고팠기에 망정이지 아니었으면 많이
　　남겼을 거예요.

> **Tip**
> 소문난 잔칫집에 먹을 게 없다 評判の宴会場に
> 食べるものがない(うわさと実際は一致しない)
> 일정을 잡다 日程を決める
> 시간이 남아돌다 時間があり余る

회사 앞 짬뽕집이 그렇게 맛있다	배가 고팠다 / 아니었으면 많이 남기다
그 드라마에 나왔던 여행지에 그렇게 볼 게 많다	하루로 일정을 잡았다 / 이틀로 잡았으면 시간이 남아돌다
태영 씨가 그렇게 통역을 잘하다	그 회사 직원이 한국말을 잘하다 / 그렇지 않았으면 투자를 못 받다

다음을 보고 '-기에 망정이지'를 사용해서 문장을 완성하십시오.

문제 상황	예상된 나쁜 결과	나쁜 결과가 생기지 않은 이유
(1) 어머, 바지가 찢어졌네.	창피했을 것이다.	이른 아침이라 길에 사람이 없었다.
(2) 뛰지 마!	항의했을 것이다.	아랫집 할머니가 귀가 어둡다.
(3) 부서 회식인데 이렇게 좁은 곳을……	부서 사람들이 회식 장소에 다 못 들어갔을 것이다.	사람들이 많이 오지 않았다.
(4) 일주일째 독감……	학교에 며칠 결석했을 것이다.	요즘 방학이다.
(5) 식사비가 엄청 많이 나왔네.	식사비로 한 달 용돈을 다 썼을 것이다.	할인 쿠폰이 있었다.
(6) 2시간이나 늦었잖아.	다른 사람들 같으면 화가 나서 가 버렸을 것이다.	친구 부부가 이해심이 많다.

(1) 이른 아침이라 길에 사람이 없었기에 망정이지 창피했을 것이다   .

(2) _____ .

(3) _____ .

(4) _____ .

(5) _____ .

(6) _____ .

08 -(느)ㄴ답시고

가 피서 잘 다녀오셨어요?

나 빠른 길로 간답시고 모르는 길로 가다가 길을 잃어 버려서 얼마나 고생을 했는지 몰라요.

가 아이고 저런. 모처럼 받은 휴가인데 기분이 많이 상하셨겠네요.

나 게다가 피서지에서는 바가지를 많이 씌우니까 돈을 아낀답시고 음식을 싸 갔는데 날씨가 더워서 다 상해 버렸지 뭐예요.

문법을 알아볼까요?

이 표현은 '-(느)ㄴ다고 해서' 또는 '-(느)ㄴ다는 이유로'의 의미로, 후행절의 행동이나 상태가 나타나게 된 근거나 이유를 나타낼 때 씁니다. 보통 어떤 일을 제대로 하려고 했는데 의도와는 달리 그 결과가 못마땅하거나 만족스럽지 못함을 빈정거리는 투로 말할 때 사용합니다. 동사에만 붙습니다.

この表現は、「~しようとして」または「~するという理由で」の意味で、後続節の行動や状態が生じた根拠や理由を表すときに使います。普通は、あることをきちんとしようとしたのに、意図とは違ってその結果が気に入らないことや満足できないことを皮肉って言うときに使います。動詞にのみ付きます。

컴퓨터를 고쳐 본답시고 다 뜯어 놓더니 더 못 쓰게 만들었다.
コンピュータを直してみるとかいって、全部分解して、さらに使えなくした。

세호 씨는 자기 사업을 한답시고 가게를 차렸는데 6개월도 안 돼 가게 문을 닫고 말았다.
セホさんは自分の事業をしようと店を構えたが、6か月もたたず、店をたたんでしまった。

영진이는 풍경 사진을 찍는답시고 들로 산으로 놀러만 다니더니 성적이 밑바닥이다.
ヨンジンは風景写真を撮ろうと野へ山へ遊びにばかり出かけていたため、成績がどん底だ。

도입 대화문 번역

가 避暑はいかがでしたか。

나 近道をしようと知らない道を行っていたら、道に迷ってしまって、どれほど苦労したかわかりません。

가 ああ、なんとまあ。久しぶりにもらった休暇なのに、気分がかなりよくなかったでしょうね。

나 そのうえ、避暑地ではかなりぼったくられるから、お金を節約するために食べ物を持って行ったんですが、暑くてみんないたんでしまったんですよ。

1 이 표현은 단순히 어떤 상태나 행동 혹은 사건이 못마땅하거나 만족스럽지 못할 때도 사용합니다. 이때는 동사 외에도 형용사와 명사 모두 사용할 수 있습니다.

この表現は、単にある状態や行動あるいは出来事が気に入らないときや満足できないときも使います。この場合は、動詞のほかに、形容詞も名詞も使うことができます。

- 아들이 기침 조금 하는 것 가지고 아프답시고 학교에 못 가겠대요.
- 친구가 선물이랍시고 자기가 입던 옷을 주더라고요.

2 이 표현은 말하는 사람이 자신의 행동에 대해 겸손하게 말할 때도 사용합니다. 이때는 '-(으)ㄴ답시고 -았는데/었는데'의 형태로 많이 쓰입니다.

この表現は、話し手が自分の行動について謙遜して言うときも使います。この場合は、-(으)ㄴ답시고 -았는데/었는데の形でよく使われます。

- 제 딴에는 열심히 한답시고 했는데 결과가 잘 나올지 모르겠어요.
- 예쁜 걸로 고른답시고 골랐는데 마음에 드셨으면 좋겠어요.

> **Tip**
> 제 딴에는 私なりには

Track 038

부모들은 아이들이 하는 행동이 마땅치 않을 때 한 번쯤은 있을 텐데요. 어떤 경우에 그럴까요?

가 요즘 우리 집 아들은 속만 썩이는데 그 집 아들은 어때요?

나 말도 마세요. 얼마 전에는 영어를 배운답시고 미국 드라마를 새벽 3시까지 보더라고요.

> **Tip**
> 동영상 動画   강의 講義
> 치 ~分   학원을 끊다 塾の受講料を払う

영어를 배우다 / 미국 드라마를 새벽 3시까지 보다
동영상 강의를 듣다 / 컴퓨터를 사 놓고 게임만 하다
공부하다 / 학원을 3개월 치나 끊어 놓고 일주일도 안 나가다

연습해 볼까요?

다음 그림을 보고 '-(느)ㄴ답시고'를 사용해서 문장을 완성하십시오.

(1)
요리를 도와줄게~
부엌을 엉망으로 만들어 놓았네.

(2)
내가 아이랑 놀아 줄게.
아이를 데리고 가더니 하루 종일 아이랑 TV만 보고 있잖아.

(3)
친구들과 운동 하려고……
비싼 자전거를 구입 하더니 베란다에 세워만 놓고 있네.

(1) 남편은 **요리를 도와준답시고 부엌을 엉망으로 만들어 놓았다**.

(2) 남편은 _____.

(3) 남편은 _____.

(4)
옷을 싸게 사려고……
인터넷 쇼핑을 하더니 싸다고 많이 사서 돈을 더 지출했네.

(5)
멋을 내려면……
얇게 입고 나가더니 감기에 걸렸네.

(6)
다이어트를 해야 돼.
한동안 야채만 먹더니 일주일도 안 돼 폭식을 해 대네.

(4) 아내는 _____.

(5) 아내는 _____.

(6) 아내는 _____.

Track 039

가 어제 텔레비전에 가수 이명민 씨가 나온 거 봤어요?

나 네, 봤어요. 백 명이 넘는 가난한 아이들을 도와주고
있다는 얘기가 참 감동적이더라고요.

가 한 달에 2~3만 원 정도를 기부함으로써 빈곤층 아이
들의 삶을 변화시킬 수 있다잖아요.

나 네, 하루에 커피 한 잔 값을 아낌으로써 누군가의
삶을 달라지게 하는 건 정말 멋진 일인 것 같아요.

문법을 알아볼까요?

이 표현은 선행절의 동작이 수단이나 방법 또는 이유가 되어 후행절의 동작이나 상황이 생길 때 사용합니다.
동사의 명사형 '-(으)ㅁ'에 '수단이나 방법'을 나타내는 조사 '으로써'가 붙은 말입니다. 글말에서 많이 사용
합니다.

この表現は、先行節の動作が手段や方法または理由となって、後続節の動作や状況が生じるときに使います。
動詞の名詞形-(으)ㅁに手段や方法を表す助詞으로써が付いたことばです。文語でよく使います。

이번 이식 수술이 성공을 함으로써 수많은 암 환자들이 희망을 갖게 되었다.
今回の移植手術が成功したことによって、数多くのガン患者たちが希望を持つようになった。

선거에 참여함으로써 민주 시민의 권리와 책임을 수행할 수 있다.
選挙に参加することによって民主市民の権利と責任を遂行できる。

지난달에 노사 협상을 타결 지음으로써 회사의 오래된 문제가 해결됐다.
先月、労使協議を妥結することによって、会社の長年の問題が解決した。

- - - - - - - - - - -

도입 대화문 번역

가 昨日、テレビに歌手のイ・ミョンミンさんが出たの見ましたか。

나 ええ、見ました。100人を超える貧しい子どもたちを助けているという話が実に感動的でした。

가 ひと月に2~3万ウォンくらい寄付することで、貧困層の子どもたちの生活を変えられるそうじゃないですか。

나 ええ、一日にコーヒー1杯のお金を節約することによって誰かの生活を変えるというのは本当に素敵なことだと思い
ます。

1 '-(으)ㅁ으로써'는 수단이나 방법을 나타내는 반면 '-(으)므로'는 원인이나 이유를 나타냅니다.

-(으)ㅁ으로써は手段や方法を表す反面、-(으)므로は原因や理由を表します。

-(으)ㅁ으로써	-(으)므로
수단, 방법 手段・方法	원인, 이유 原因・理由
• 수영 씨는 춤을 <u>춤으로써</u> 스트레스를 해소한다.	• 수영 씨는 높은 신발을 신고 춤을 <u>추므로</u> 발목 부상이 많다.

〈참조〉 22장 기타 유용한 표현들 01 '-(으)므로, -(으)나, -(으)며'.

2 명사 다음에 오는 '(으)로써'와 '(으)로서'는 형태는 비슷하지만 다음과 같은 면에서 의미의 차이가 납니다.

名詞の後に来る(으)로써と(으)로서は形は似ていますが、次のような面で意味の違いがあります。

(으)로써	(으)로서
도구, 수단, 방법 道具・手段・方法	지위, 신분, 자격 地位・身分・資格
• 싸우지 말고 대화로써 문제를 풀어 가도록 합시다. • 그 가수는 '그리움'이라는 노래로써 이름을 날리게 되었다.	• 지훈 씨는 우리나라의 대표로서 국제회의에 참석했다. • 동수 씨는 친구로서는 좋지만 배우자로서는 별로예요.

Track 040

정부에 대해 불만을 가질 때도 많지만 정부가 하는 일이 자랑스러울 때도 있지요? 여러분은 언제 정부가 자랑스러우신가요?

가 우리나라에서 세계 정상 회의가 개최된다지요?

나 네, 그렇습니다. 이번 정상 회의를 개최함으로써 국제 사회에 우리나라의 위상을 한층 더 높일 수 있을 거라고 예상됩니다.

> **Tip**
> 위상 地位　　　　　　　남미 南米
> FTA(자유 무역 협정) FTA(自由貿易協定)
> 체결하다 締結する　　조성하다 作り出す
> 탄소 배출 炭素排出

우리나라에서 세계 정상 회의가 개최되다	이번 정상 회의를 개최하다 / 국제 사회에 우리나라의 위상을 한층 더 높일 수 있을 거라고 예상되다
우리나라가 남미 국가들과 FTA를 체결하게 되었다	남미 국가들과 FTA를 체결하다 / 남미에 전자 제품 수출이 증가될 것으로 기대되다
정부가 새로 조성하는 공원에서는 전기 차와 자전거만 이용하게 하다	전기 차와 자전거만 이용하게 하다 / 탄소 배출을 줄일 것으로 생각되다

1 관계있는 것을 연결하고 '-(으)ㅁ으로써'를 사용해서 문장을 완성하십시오.

(1) 웃음은 면역 세포의 기능을
　　높여 주다

(2) 그 나라의 독재자가 사망했다 •

(3) 정부로부터 투자를 받았다 •

(4) 외국인을 배우자로 맞이하는 •
　　사람들이 증가하다

　　⊙ 수십만 명의 목숨을 앗아간
　　　내전이 막을 내리게 되었다

• ⓒ 질병의 예방과 치료에 도움이
　　 된다고 하다

• ⓒ 신제품 개발에 가속도가 붙을
　　 예정이다

• ⓔ 다문화 가정에 대한 사회적
　　 관심도 높아지고 있다

(1) ⓒ – 웃음은 면역 세포의 기능을 높여 줌으로써 질병의 예방과 치료에 도움이 된다고 한다 .

(2) _____ .

(3) _____ .

(4) _____ .

2 다음 [보기]에서 알맞은 표현을 골라 '-(으)ㅁ으로써'를 사용해서 대화를 완성하십시오.

> **보기**　　저소득층에게 건강 보험료를 지원하다　　　비상근무 체제를 운영하다
> 　　　　　직접 작곡한 곡을 들려 드리다　　　　　정기적으로 건강 검진을 하다

(1) 기자　시장님, 최근 저소득층의 의료비 부담이 큰데 어떻게 개선하실 생각이신가요?
　　시장　저소득층에게 건강 보험료를 지원함으로써 의료비에 대한 경제적 부담을 줄여 줄
　　　　　계획입니다.

(2) 기자　암 환자의 완치율을 높이려면 어떻게 하는 것이 좋을까요?
　　의사　_____ 조기에 암을 발견하면 완치율을 높일 수
　　　　　있습니다.

(3) 기자　주말에 폭우가 예보되어 있는데 이에 대한 특별한 대책이 있으십니까?
　　소방청　_____ 재난 발생 시 신속하게 대처할 수 있도록
　　관계자　대비하고 있습니다.

(4) 기자　임선우 씨, 이번 팬 미팅에서 새로운 것을 보여 줄 계획이라면서요?
　　배우　네, _____ 또 다른 모습을 보여 드릴 예정입
　　임선우　니다.

10 –기에

Track 041

가　김소희 씨, 부장님께 보고서 제출했습니까?

나　아까 제출하러 갔었는데 부장님께서 회의 중이시기에 못 드렸습니다.

가　그랬군요. 그런데 지난번에 얘기한 기계는 언제 구입할 예정이지요?

나　알아보니까 가격이 많이 올랐기에 가격이 좀 내리면 구입하려고 하고 있습니다.

문법을 알아볼까요?

이 표현은 선행절의 내용이 후행절의 원인이나 이유, 근거를 나타낼 때 사용합니다. 주로 글말과 격식적인 상황에서 많이 사용합니다.

この表現は、先行節の内容が後続節の原因・理由・根拠を表すときに使います。主に文語やフォーマルな状況でよく使います。

	A/V	N이다
과거/완료	–았기에/었기에	였기에/이었기에
현재	–기에	(이)기에
추측	–겠기에	(이)겠기에

마감 일을 못 맞추겠기에 소희 씨에게 좀 도와 달라고 했다.
締め切り日に間に合わせられそうにないので、ソヒさんに少し手伝ってほしいと言った。

각계각층의 사람들이 모금 활동에 적극 참여했기에 목표 금액을 쉽게 달성할 수 있었다.
各界各層の人たちが募金活動に積極的に参加したので、目標金額を容易に達成することができた。

그 책은 경제 원리에 대해 그림으로 쉽게 설명하고 있기에 아이들이 경제 개념을 익히기에 좋다.
その本は経済原理について絵で易しく説明しているので、子どもたちが経済概念を身につけるのによい。

도입 대화문 번역

가　キム・ソヒさん、部長に報告書を提出しましたか。

나　さっき提出に行ったんですが、部長が会議中だったので、お渡しできませんでした。

가　そうだったんですね。ところで、このあいだ話した機械はいつ購入する予定ですか。

나　調べてみたら価格がかなり上がっていたので、価格が少し下がったら購入しようと思っています。

1 이 표현은 다른 사람에게서 들은 내용이 후행절의 행동을 하는 이유나 원인이 될 때는 '-(느)ㄴ다기에'
로 사용합니다.
この表現は、ほかの人から聞いた内容が後続節の行動をする理由や原因になるときは-(느)ㄴ다기에の形で
使います。

- 비가 온다기에 우산을 들고 나왔는데 맑기만 하네요.
- 친구가 인삼을 먹어 보라기에 먹어 봤는데 저한테는 잘 안 맞더라고요.

2 이 표현은 후행절에 명령형이나 청유형은 오지 않습니다.
この表現は、後続節に命令形や勧誘形は来ません。

- 가격이 싸기에 하나 더 살까요? (×)
- 가격이 싸기에 하나 더 사세요. (×)
- → 가격이 싸기에 하나 더 살까 해요. (○)

Track 042

살다 보면 주위 사람들에게 싫은 소리를 하게 될 때가 있지요? 직장 내에서는 어떤 경우에 아랫사람들에게
싫은 소리를 하게 될까요?

가 얼마 전에 사무실 사람들에게 한마디 하셨다면서요?

나 네, 최근에 지각들이 하도 잦기에 한마디 좀 했습니다.

> **Tip**
> 싫은 소리 いやみ   잦다 頻繁だ
> 한마디 하다 ひとこと言う   뭐라고 하다 注意する, 忠告する
> 덜렁대다 そそっかしい

얼마 전에 사무실 사람들에게 한마디 하다	최근에 지각들이 하도 잦다 / 한마디 좀 하다
오전에 김 대리한테 뭐라고 하다	꼼꼼하지 못하고 하도 덜렁대다 / 뭐라고 좀 하다
어제 동현 씨한테 싫은 소리를 하다	지난번에 하라고 한 보고서를 아직 못 끝냈다 / 싫은 소리 좀 하다

単語 · 表現 p.393

1 다음 [보기]에서 알맞은 단어를 골라 '-기에'를 사용해서 신문 기사를 완성하십시오.

보기	비슷하다	적다	바쁘다	높다	있다

암도 닮는다

한 가족 내에 암에 걸리는 비율이 10년 전보다 2배 이상 증가했는데 특히 생활 습관과 관련 있는 암이 증가하고 있다. 가족끼리는 유전적 요인 외에도 생활 습관이 (1) **비슷하기에** 가족 중에 암 환자가 있다면 특별히 더 조심할 필요가 있다.

귀국 김윤이, "일단 쉬고 싶어요."

세계 선수권 대회를 끝내고 귀국한 김윤이 선수는 그동안 올림픽이며 세계 선수권 대회며 빡빡한 일정을 소화하느라 눈코 뜰 새 없이 (2) _____ 한국에 돌아가면 우선 가족과 친구들을 만나고 싶다고 밝혔다.

카페인 많은 에너지 음료, 자주 마시면 '독'

피로 회복에 도움이 된다는 입소문이 돌면서 에너지 음료를 찾는 사람들이 늘고 있다. 그러나 일반 음료에 비해 에너지 음료는 카페인 함량이 (3) _____ 과용하면 건강에 좋지 않은 영향을 미칠 수 있다.

꿈을 설계하라

세계 유명 회사의 CEO 송연호 씨는 지금의 성공에 대해 이렇게 말한다. "지금 일하고 있는 분야에서 최고가 되고 싶다는 꿈이 (4) _____ 대학 시절부터 다양한 인턴 경력을 통해 나만의 경쟁력을 키웠고, 그것이 성공의 발판이 되었다."

삶을 즐기는 소비 계층, 싱글족의 지갑을 열어라

최근 싱글들을 위한 제품들이 쏟아져 나오고 있다. 싱글들은 가족 부양에 대한 부담이 (5) _____ 자기표현이라든가 자기 투자에 대한 관심이 굉장히 높다. 과거에는 가족 전체를 위한 제품들이 주를 이뤘다면 최근에는 싱글들을 위한 제품들이 주를 이루고 있다. 매출도 전년 대비 약 20% 성장했다.

2 다음 그림을 보고 '-(느)ㄴ다기에'를 사용해서 대화를 완성하십시오.

(1)

가 홍삼을 드시네요.

나 네, 홍삼이 **몸에 좋다기에** 얼마 전부터 먹고 있어요.

(2)

가 주말에 스키 타러 간다고 하지 않으셨어요?

나 일기예보에서 _____ 다음 주로
　　연기했어요.

(3)

가 이번 회의 때 포르투갈어 통역을 소피아 씨한테
　　맡겼다면서요?

나 네, 소피아 씨가 _____ 해
　　달라고 했어요.

(4)

가 라면을 왜 이렇게 많이 사셨어요?

나 다음 달부터 _____ 미리 좀
　　샀어요.

(5)

가 지난번에 구입한 옷을 반품한다더니 했어요?

나 반품하면 _____ 그냥 입기로
　　했어요.

---

11 –길래

Track 043

가 이거 프랑스 초콜릿이네요. 휴가 때 프랑스에 다녀 오셨나 봐요.

나 네, 친정어머니가 손자를 보고 싶어 하시길래 가족 들과 프랑스에 다녀왔어요.

가 얼마 만에 고향에 가신 거였어요?

나 1년 만이었어요. 오래간만에 가서 그런지 부모님께 서 무척 좋아하시더라고요. 근처에 사는 친척들도 우리를 본다고 왔길래 가까운 곳으로 가족 여행도 다녀왔어요.

문법을 알아볼까요?

이 표현은 말하는 사람이 후행절의 동작을 하게 된 이유나 원인 또는 근거를 선행절에서 나타낼 때 사용합 니다. 이때 후행절에서 말하는 사람이 한 행동의 원인이나 근거는 자신이 의도한 것과는 상관이 없이 다른 사람 혹은 외부적 상황 때문에 하게 되는 것을 의미합니다.

この表現は、話し手が後続節の動作をするようになった理由・原因・根拠を、先行節で表すときに使います。 この場合、後続節で話し手がした行動の原因や根拠は、自分が意図したこととは関係なく、ほかの人あるいは 外部的状況のせいであることを意味します。

	A/V	N이다
과거	–았길래/었길래	였길래/이었길래
현재	–길래	(이)길래
추측	–겠길래	(이)겠길래

날씨가 덥길래 에어컨을 틀었어요.
暑いのでエアコンをつけました。

도입 대화문 번역

가 これ、フランスのチョコレートですね。休みのときフランスに帰国されたんですね。
나 ええ、実家の母が孫に会いたがるので、家族とフランスに帰りました。
가 どれくらいぶりに故郷に帰られたんですか。
나 1年ぶりでした。久しぶりに帰ったからか、両親がものすごく喜んだんですよ。近所に住む親戚たちも私たちに会う といって来たので、近場へ家族旅行にも行って来ました。

태풍이 와서 바람이 심하게 불길래 약속을 취소하고 집에 있었어요.
台風が来て風が激しく吹くので、約束を取り消して家にいました。

외국 신문에 재미있는 기사가 났길래 번역해서 내 블로그에 올렸다.
外国の新聞におもしろい記事が出たので、翻訳して自分のブログにあげた。

1 이 표현은 다른 사람에게서 들은 내용이 후행절의 행동을 하는 이유나 원인이 될 때는 '-(느)ㄴ다길래'
   로 사용합니다.
   この表現は、ほかの人から聞いた内容が後続節の行動をする理由や原因になるときは-(느)ㄴ다길래の形で
   使います。

   • 같은 반 친구가 한국어 공부가 <u>어렵다길래</u> 요즘 도와주고 있어요.
   • 주말에 친구가 우리 집에 놀러 <u>온다길래</u> 음식을 만들려고 장을 좀 봤어요.

2 이 표현은 평서문의 경우, 선행절과 후행절의 주어가 같으면 안 됩니다. 후행절의 주어는 항상 말하는
   사람(1인칭)이 되어야 하며, 선행절의 주어는 2인칭이나 3인칭이 되어야 자연스럽습니다.
   この表現は、平叙文の場合、先行節と後続節の主語が異なっていなければなりません。後続節の主語は
   常に話し手(1人称)でなければならず、先行節の主語は2人称や3人称でなければ不自然です。

   • <u>아이가</u> 준비물을 놓고 갔길래 <u>(내가)</u> 학교에 갖다 주고 왔어요.
   • <u>남편이</u> 계속 자고 있길래 <u>(내가)</u> 깨웠어요.

   그러나 후행절에서 말하는 사람이 어떤 행동을 한 이유가 말하는 사람 자신이 의도한 것이 아님을
   나타낼 때는 선행절에 1인칭 주어를 쓸 수 있습니다.
   しかし、後続節で話し手がある行動をした理由が話し手自身が意図したことでないことを表すときは、
   先行節に1人称主語を使うことができます。

   • <u>(내가)</u> 현금이 없길래 은행에 가서 돈을 좀 찾아왔어요.
   • <u>(나는)</u> 유럽 여행을 하다가 우연히 한국 사람을 만났길래 값이 싸고 안전한 숙소가 어디인지 물어봤다.

3 이 표현은 평서문의 경우, 후행절에는 동사만 올 수 있습니다.
   この表現は、平叙文の場合、後続節には動詞のみ来ることができます。

   • 그 가게에서 파는 액세서리가 특이하길래 사람이 <u>많아요</u>. (×)
     → 그 가게에서 파는 액세서리가 특이하길래 (내가) <u>샀어요</u>. (○)
     → 그 가게에서 파는 액세서리가 <u>특이하기에</u> 사람이 <u>많아요</u>. (○)

   그러나 의문문의 경우에는 동사와 형용사 모두 올 수 있습니다.
   しかし、疑問文の場合には、動詞も形容詞も来ることができます。

   • 요즘 뭐 하시길래 그렇게 <u>바쁘세요</u>?
   • 민수 씨가 어떻길래 모두들 그 사람을 <u>싫어하는</u> 거예요?

4 이 표현은 평서문의 경우, 후행절에 오는 동사의 시제는 과거나 현재 진행형이어야 하며 미래 시제는 올 수 없습니다. 그러나 '-(으)려고 하다'와 같은 의지나 의도를 나타내는 표현은 올 수 있습니다.

この表現は、平叙文の場合、後続節に来る動詞の時制は過去か現在進行形でなければならず、未来時制は来ることができません。しかし、-(으)려고 하다のような意志や意図を表す表現は来ることができます。

- 약속 시간까지 1시간 정도 남았길래 서점에 가서 책을 좀 볼 거예요.　(×)
- → 약속 시간까지 1시간 정도 남았길래 서점에 가서 책을 좀 봤어요.　(○)
- → 약속 시간까지 1시간 정도 남았길래 서점에 와서 책을 좀 보고 있어요. (○)
- → 약속 시간까지 1시간 정도 남았길래 서점에 가서 책을 좀 보려고 해요. (○)

5 이 표현은 후행절에 명령형, 청유형이 올 수 없습니다.

この表現は、後続節に命令形や勧誘形が来ることができません。

- 사람들이 요즘 이 책을 많은 읽는 것 같길래 도서관에서 빌릴까요? (×)
- → 사람들이 요즘 이 책을 많은 읽는 것 같길래 도서관에서 빌립시다. (×)
- → 사람들이 요즘 이 책을 많은 읽는 것 같길래 도서관에서 빌렸어요. (○)

6 이 표현은 추측이나 추정을 할 때는 '-길래' 앞에 '-겠-'뿐만 아니라 '-(으)ㄹ 듯하다'도 쓸 수 있습니다.

この表現は、推測や推定をするときは-길래の前に-겠-だけでなく-(으)ㄹ 듯하たも使うことができます。

- 지하철역 앞에서 파는 치킨이 맛있겠길래 한 마리 사 왔어요.
- 지하철역 앞에서 파는 치킨이 맛있을 듯하길래 한 마리 사 왔어요.

7 이 표현은 의문문의 경우, 평서문과는 달리 선행절과 후행절의 주어가 일치해도 되고 일치하지 않아도 됩니다. 그리고 선행절과 후행절에 1인칭을 제외한 2인칭과 3인칭을 모두 쓸 수 있습니다. 그리고 선행절에는 '왜, 언제, 누구(누가), 무엇, 어떻게, 얼마나, 무슨, 어느, 어떤'과 같은 의문사가 반드시 와야 합니다.

この表現は、疑問文の場合、平叙文とは違って、先行節と後続節の主語が一致しても一致しなくてもかまいません。そして、先行節と後続節に1人称を除く2人称か3人称を使うことができます。そして、先行節には、왜、언제、누구(누가)、무엇、어떻게、얼마나、무슨、어느、어떤のような疑問詞が必ず来なければなりません。

- 오늘 누구를 만나길래 이렇게 예쁘게 차려 입었어요?
- 무슨 일이 있었길래 얼굴이 이렇게 안 좋아요?
- 도대체 어떤 곳이길래 너도나도 가고 싶어 하는 거야?

8 이 표현은 보통 입말에서 사용하며, 글말에서는 큰 의미 차이 없이 '-기에'로 바꿔 쓸 수 있습니다. 그러나 '-길래'가 '-기에'에 비해 문법적 제약이 많으므로 사용할 때 많은 주의가 필요합니다.

この表現は普通口語で使い、文語では大きな意味の違いなく-기에と言い換えられます。しかし、-기에に比べて-길래のほうが文法的制約が多いので、使うときによく注意する必要があります。

- 날씨가 덥기에 에어컨을 틀었어요.
- 태풍이 와서 바람이 심하게 불기에 약속을 취소하고 집에 있었어요.

〈참조〉 4장 원인과 이유를 나타낼 때 10 '-기에'.

이럴 때는 **어떻게 말**할까요?

물건을 사거나 무엇인가를 하려고 돈을 지불한 후에 이런저런 이유로 환불을 받는 경우가 있지요? 여러분은 어떤 경우에 환불을 받으세요?

가 소희 씨, 한 달이나 사용한 세탁기를 새 제품으로 교환했다면서요?

나 네, <mark>계속 고장이 나더라고요. 세 번 이상 고장이 나면 새 제품으로 교환이 가능하다길래 바꿨어요.</mark>

Tip

전액 全額	측 側
추가 비용 追加費用	일등석 一等席

한 달이나 사용한 세탁기를 새 제품으로 교환했다

학원비를 환불받았다

이번 출장에서 돌아오면서 일등석을 탔다

계속 고장이 나다 / 세 번 이상 고장이 나면 새 제품으로 교환이 가능하다 / 바꾸다

강의가 별로 마음에 안 들다 / 강의가 만족스럽지 못하면 전액 돌려주다 / 환불받다

비행기 예약이 잘못되어 있다 / 항공사 측의 실수라 추가 비용 없이 바꿔 주다 / 일등석으로 타고 오다

연습해 볼까요?

単語·表現 p.393

1 다음 [보기]에서 알맞은 표현을 골라 '-길래'를 사용해서 대화를 완성하십시오.

보기	열이 나다	하도 맛있게 먹다	외출 중이다
	들어왔다	네티즌들의 평이 괜찮다	

(1) 가 여보, 오늘은 아기가 잘 놀았어? 감기는 좀 나아진 것 같아?

　　나 아침에 **열이 나길래** 약을 좀 먹였더니 괜찮아졌어요.

(2) 가 김 대리 만났어요?

　　나 사무실에 가니까 ＿＿＿＿＿＿＿＿＿＿ 메모만 남기고 왔어요.

(3) 가 오늘 누구 만나요?

　　나 네, 유학 간 친구가 잠깐 ＿＿＿＿＿＿＿＿＿＿ 만나려고요.

(4) 가 이번에 개봉하는 중국 영화 보러 간다면서요?

　　나 인터넷을 보니까 ＿＿＿＿＿＿＿＿＿＿ 보기로 했어요.

(5) 가 원래 밀가루 음식을 안 드시지 않았어요?

　　나 어제 준호 씨가 칼국수를 ＿＿＿＿＿＿＿＿＿＿ 저도 한번 먹어 보려고 시켰어요.

2 다음 그림을 보고 '-길래'를 사용해서 대화를 완성하십시오.

(1)

가 뭘 이렇게 많이 산 거예요?

나 **딸기 한 팩을 사면 한 팩을 더 준다길래** 욕심을 부렸더니 너무 많이 샀나 봐요.

(2)

가 보험은 절대 가입 안 한다더니 보험 설계사는 왜 만나려고 해요?

나 며칠 전에 _____

갑자기 불안해져서 상담이나 해 보려고요.

(3)

가 여보, 루이가 울면서 나가던데 당신이 뭐라고 했어요?

나 그 녀석이 쓸 일이 많다면서 _____

_____ 야단을 쳤어요.

(4)

가 이번에 그 회사에서 출시되는 차가 1억이나 한다면서요?

나 _____ 그렇게 비싼 거예요?

(5)

가 아이를 납치해서 5천만 원을 요구했던 사람이 잡혔다면서요?

나 _____ 어린아이까지 납치하는 건지 모르겠네요.

※ 〔1~2〕 다음 밑줄 친 부분과 바꾸었을 때 의미가 가장 비슷한 것을 고르십시오.

1 아무리 성공을 하고 싶기로서니 학력을 위조하면 어떻게 합니까?

① 성공을 하고 싶으니만큼   ② 성공을 하고 싶다고 해도
③ 성공을 하고 싶음으로써   ④ 성공을 하고 싶을망정

2 눈이 많이 내렸다기에 다른 날보다 일찍 집에서 나왔어요.

① 내릴 둥 말 둥 하니까   ② 내림으로써
③ 내린다고 치고   ④ 내렸다고 해서

※ 다음 (   )에 알맞은 것을 고르십시오.

3 이번 개발 사업은 침체된 지역 경제에 획기적인 변화를 (   ) 지역 경제를 살리고 활기를 불어넣어 줄 것으로 기대되고 있다.

① 가져다줌으로써   ② 가져다주길래
③ 가져다주기로서니   ④ 가져다주는 통에

※ 다음 (   )에 들어갈 수 없는 것을 고르십시오.

4
가   왜 그 선수가 월드컵에 못 나가게 된 거지요?
나   (   ) 월드컵에 출전하지 못하게 되었대요.

① 발목 부상 때문에   ② 발목 부상으로 말미암아
③ 발목 부상이 있기에 망정이지   ④ 발목 부상으로 인해

※ 〔5~6〕 다음 중 밑줄 친 부분이 틀린 것을 고르십시오.

5 ① 도로에서 시위를 하는 통에 길이 많이 막혔다.
② 그 식당은 음식이 맛있길래 손님들이 많습니다.
③ 민수 씨는 사업 실패로 인해 큰 어려움을 겪었다.
④ 그가 회사를 그만둔 것은 건강 악화로 말미암은 것이다.

6 ① 남편은 주식으로 돈을 번답시고 투자해 놓고 손해만 봤다.
② 소매치기가 많은 통에 지갑을 잃어버리지 않도록 조심하세요.
③ 급한 일이 아닌 이상 근무 시간에 사적인 전화는 삼가 주세요.
④ 시험이 며칠 안 남았으니만큼 더 집중해서 공부하도록 하세요.

가정 상황을 나타낼 때
仮定状況の表現

본 장에서는 가정을 나타낼 때 사용하는 말을 공부합니다. 가정이란 사실이 아니거나 또는 사실인지 아닌지 분명하지 않은 것을 임시로 그렇다고 인정하는 것을 말합니다. 초급에서는 '-(으)면, -아도/어도'를, 중급에서는 '-(느)ㄴ다면, -았더라면/었더라면, -(으)ㄹ 뻔하다'를 배웠습니다. 초급과 중급에서 배운 표현들은 같은 가정 상황이라도 의미 차이를 쉽게 알 수 있지만 고급에서 배우는 표현들은 의미 차이가 거의 없어 구별하기가 쉽지 않으므로 맥락을 통해서 의미를 이해할 수 있도록 유의해서 사용하시기 바랍니다.

　この章では、仮定を表すときに使うことばを勉強します。仮定とは、事実でない、または事実かどうか明らかでないことを、仮にそうであると認めることをいいます。初級では-(으)면、-아도/어도を、中級では-(느)ㄴ다면、-았더라면/었더라면、-(으)ㄹ 뻔하다を学びました。初級と中級で学んだ表現は同じ仮定状況でも意味の違いが簡単にわかりますが、上級で学ぶ表現は意味の違いがほとんどなく区別するのが簡単ではないので、脈絡によって意味を理解できるように気をつけて使ってください。

01 −더라도

가 이번에 드디어 히말라야 에베레스트 등반을 성공하셨는데요. 그동안의 실패로 부담이 많이 되셨을 것 같은데 어떠셨습니까?

나 이번에 또 실패하더라도 다음에 다시 도전하겠다는 각오로 갔기 때문에 그리 큰 부담은 없었습니다.

가 갑작스러운 눈사태로 아주 위험한 상황까지 갔었다고 들었는데요. 그럼에도 불구하고 계속 산에 오르시는 특별한 이유가 있나요?

나 산을 오르면서 많은 것을 배웠습니다. 거대한 자연 앞에서의 겸손함, 도전 정신, 특히 정상을 정복한 순간의 그 기분은 뭐라 말할 수가 없습니다. 그게 위험을 무릅쓰더라도 제가 산을 포기할 수 없는 이유지요.

문법을 알아볼까요?

이 표현은 선행절의 내용을 가정하여 인정하지만 그것과는 상관없이 후행절의 내용이 됨을 의미할 때 사용합니다. 선행절에는 단순하게 가정한 내용 혹은 현재 상황을 인정하는 내용이 옵니다. '아무리'와 자주 어울려서 사용됩니다.

この表現は、先行節の内容を仮定として認めるけれども、それとは関係なく後続節の内容になることを意味するときに使います。先行節には、単純に仮定した内容あるいは現在の状況を認める内容が来ます。아무리とともによく使われます。

	A/V	N이다
과거/완료	−았더라도/었더라도	였더라도/이었더라도
현재	−더라도	(이)더라도

도입 대화문 번역

가 今回ついに、ヒマラヤのエベレスト登頂に成功なさいましたね。これまでの失敗がかなりの負担になったかと思うんですが、いかがでしたか。

나 今回また失敗したとしても次に再び挑戦するという覚悟で行ったので、さほど大きな負担はありませんでした。

가 突然のなだれで非常に危険な状況にまで陥ったと聞きましたが。それにもかかわらず山に登りつづける特別な理由があるんでしょうか。

나 山に登りながら多くのことを学びました。巨大な自然の前での謙遜さ、チャレンジ精神、特に頂上を征服した瞬間のその気分は何とも言えません。それが、危険を冒してでも私が山をあきらめられない理由ですよ。

지금은 그 일을 끝내기가 어려워 보이더라도 끝까지 포기하지 말기를 바랍니다.
今はその仕事を終えるのが難しく見えたとしても、最後まであきらめないでください。

내가 손해를 보는 일이 있더라도 다른 사람에게 피해를 주는 일은 하고 싶지 않다.
私が損をすることがあるとしても、ほかの人に被害を与えることはしたくない。

그 사람이 그 일에 대해서 부정적으로 평가를 내렸더라도 저는 그 일을 계속할 거예요.
その人がそのことについて否定的に評価を下したとしても、私はその仕事を続けるでしょう。

비교해 볼까요?

이 표현은 '-아도/어도'와 바꿔 쓸 수 있지만 다음과 같은 차이가 있습니다.
この表現は、-아도/어도と言い換えられますが、次のような違いがあります。

-아도/어도	-더라도
'-더라도'보다 가정의 느낌이 약할 때, 실현 가능성이 높을 때 사용합니다. -더라도より仮定のニュアンスが弱いとき、実現の可能性が高いときに使います。	'-아도/어도'보다 가정의 느낌이 강할 때, 실현 가능성이 적을 때 사용합니다. -아도/어도より仮定のニュアンスが強いとき、実現の可能性が低いときに使います。
• 남들이 뭐라고 해도 신경 쓰지 말고 소신껏 일을 추진해 나가세요. ☞ 남들이 뭐라고 할 가능성이 높습니다. ほかの人たちが何だかんだ言う可能性が高いです。	• 남들이 뭐라고 하더라도 신경 쓰지 말고 소신껏 일을 추진해 나가세요. ☞ 남들이 뭐라고 할지 확실하게는 모르는 느낌이 있습니다. ほかの人たちが何と言うかはっきりとはわからないというニュアンスがあります。

이럴 때는 어떻게 말할까요?

Track **046**

사회생활을 하다 보면 여러분에게 조언을 구하는 사람들이 있지요? 여러분이라면 어떻게 조언해 주시겠어요?

은행에 좀 가 줘.

가   회사 상사가 자꾸 개인적인 일까지 부탁하는데 거절하면 관계가 불편해질까 봐 어떻게 해야 할지 모르겠어요.

나   관계가 불편해지더라도 공과 사는 명확히 구분하는 게 좋으니까 단호히 거절하는 게 좋을 것 같아요.

> **Tip**
> 공과 사 公私   명확히 はっきりと   구분하다 区分する
> 단호히 断固として   돈벌이 金を稼ぐこと

회사 상사가 자꾸 개인적인 일까지 부탁하는데 거절하면 관계가 불편해지다

같은 부서 동료를 좋아하게 됐는데 고백하면 거절을 당하다

영화 관련 일이 너무 좋아서 하고 싶은데 사람들 말대로 돈벌이가 안 되다

관계가 불편해지다 / 공과 사는 명확히 구분하는 게 좋으니까 단호히 거절하다

거절을 당하다 / 나중에 후회하는 것보다 고백을 하다

처음에는 돈을 많이 못 벌다 / 좋아하는 일을 열심히 하다 보면 돈도 따라오는 법이니까 하고 싶은 일을 하다

1 다음 [보기]에서 알맞은 표현을 골라 '-더라도'를 사용해서 대화를 완성하십시오.

보기   사다   선배이다   말했다   불편하시다

(1) 가 아니, 오이 하나 사면서 벌써 몇 분째 고민하고 있어요?
    나 요즘같이 고물가 시대에 작은 것 하나를 **사더라도** 가격 비교는 필수예요.

(2) 가 요즘 진이 씨가 아이 문제로 힘들어하길래 생각해서 몇 마디 조언을 해 줬더니 기분
       나빠하더라고요.
    나 아무리 좋은 의도로 _____ 듣는 사람이 받아들일 준비가 안 되어
       있으면 조언의 의미가 없지요.

(3) 가 도대체 얼마나 더 여기에서 기다려야 하는 거예요?
    나 지금 차가 고장이 나서 그러니까 고칠 동안만 _____ 조금만 참아
       주세요.

(4) 가 김 선배는 나보다 두 살 어리지만 대학교는 2년 선배야.
    나 아무리 자기가 _____ 형이 두 살이나 많은데 반말을 하는 건 듣기
       안 좋네요.

2 다음 [보기]에서 알맞은 표현을 골라 '-더라도'를 사용해서 이야기를 완성하십시오.

보기   바쁘다   귀찮게 하다   거절하기 곤란하다
              졸리시다   말을 걸다   초인종을 누르다

> 우리 엄마는 예쁜 잔소리꾼입니다. 아침마다 출근하는 아빠와 학교에 가는 나를 붙들고
> 잔소리를 하십니다.
> "여보, 아무리 (1) **바쁘더라도** 점심은 꼭 제시간에 챙겨 드세요. 그리고 (2) _____
> _____ 술 약속은 되도록 하지 마세요.
> 훈이야, 길에서 모르는 사람이 (3) _____ 절대로 따라 가면 안
> 된다. 그리고 친구가 (4) _____ 절대로 싸우면 안 된다. 또 집에
> 아무도 없을 때 누가 (5) _____ 절대로 문을 열어 주면 안 된다."
> 그럼, 저도 한마디 합니다.
> "네, 엄마. 엄마는 (6) _____ 가스레인지 불 위에 냄비 올려놓고
> 주무시면 안 돼요."

02 −(으)ㄹ지라도

가 '세월'이라는 영화 봤어요? 멜로드라마의 여주인공만 도맡아 하던 박혜경 씨가 할머니 역으로 나오던데요.

나 그 역이 영화에서 아주 중요한 실마리를 가진 역할인데 비중도 적은 데다가 치매 환자 역할이라서 처음엔 그 역할 맡는 것을 꺼려했다고 하더라고요.

가 비록 관객들의 평은 엇갈릴 수 있을지라도 연기 변신을 시도했다는 점에서 저는 좋은 점수를 주고 싶어요.

나 저도요. 이미지 관리에 연연하는 몇몇 여배우들과는 달리 자기 모습이 흉하게 나올지라도 혼신의 힘을 다해 연기를 하는 모습에 박혜경이라는 배우를 다시 보게 되었어요.

문법을 알아볼까요?

이 표현은 선행절의 상황이나 상태를 인정하거나 가정한다고 해도 후행절에 그것에 얽매이지 않은 상황 혹은 반대되는 상황을 나타낼 때 사용합니다. 선행절보다는 후행절의 의미를 강조할 때 사용하며 '비록'이나 '아무리'와 자주 어울려서 사용됩니다.

この表現は、先行節の状況や状態を認めるなり仮定するなりするとしても、後続節ではそれに縛られない状況あるいは反対の状況を表すときに使います。先行節より後続節の意味を強調するときに使われ、비록や아무리とともによく使われます。

	A/V	N이다
과거/완료	−았을지라도/었을지라도	였을지라도/이었을지라도
현재	−(으)ㄹ지라도	일지라도

도입 대화문 번역

가 「歳月」という映画見ましたか。もっぱらメロドラマのヒロインばかり演じていたパク・ヘギョンさんがおばあさんの役で出ていましたが。

나 その役が映画でとても重要な鍵を握る役割なのに、扱いも小さいうえに、認知症患者の役なので、はじめはその役を引き受けることをためらったらしいですよ。

가 観客の評価は食い違うかもしれませんが、演技の変身を試みたという点で、私はいい点数をあげたいです。

나 私もです。イメージ管理にこだわる何人かの女優たちとは違って、自分の姿が醜く映っても渾身の力を尽くして演技をする姿を見て、パク・ヘギョンという俳優を見直しました。

어떤 어려움이 닥칠지라도 낙망하지 않고 꿈을 이루기 위해 노력하겠습니다.
どんな困難が迫ったとしても、失望せず夢を成し遂げるために努力します。

비록 승산은 없을지라도 도전도 해 보지 않고 포기한다는 건 말이 안 돼.
たとえ勝算はないとしても、挑戦もせずにあきらめるというのは話にならない。

비록 하 선생님은 우리의 곁을 떠났을지라도 그분의 정신은 우리들의 마음속에 영원히 남아
있을 거예요.
たとえ河先生は私たちのそばを去ったとしても、あの方の精神は私たちの心の中に永遠に残っているでしょう。

이 표현은 '-아도/어도', '-더라도'와 의미가 비슷하지만 다음과 같은 차이가 있습니다.
この表現は、-아도/어도や-더라도と似た意味ですが、次のような違いがあります。

	-아도/어도	-더라도	-(으)ㄹ지라도
의미 비교 意味の比較	선행절의 내용이 실현 가능성이 크다고 생각합니다. 先行節の内容が実現する可能性が大きいと思われます。 • 비가 와도 바다에 나갈 것이다.	'-아도/어도'에 비해 선행절의 내용이 일어날 가능성이 거의 없거나 희박하다고 생각합니다. -아도/어도に比べて先行節の内容が起こる可能性がほとんどないか薄いと思われます。 • 혹시 내일 비가 오더라도 바다에 나갈 것이다.	'-아도/어도', '-더라도'에 비해 자신의 생각이나 의지를 강조해서 말할 때 사용합니다. -아도/어도や-더라도に比べて自分の考えや意志を強調して言うときに使います。 • 설령 내일 비가 오고 태풍이 올지라도 반드시 바다에 나갈 것이다.
어떤 상황을 가정할 때 ある状況を仮定するとき	사용 가능. 使用可能 • 내가 실수를 했어도 정미는 화를 안 냈을 것이다. (○) • 내일 날씨가 안 좋아도 산에 올라가겠다. (○)	사용 가능. 使用可能 • 내가 실수를 했더라도 정미는 화를 안 냈을 것이다. (○) • 내일 날씨가 안 좋더라도 산에 올라가겠다. (○)	사용 가능. 使用可能 • 내가 실수를 했을지라도 정미는 화를 안 냈을 것이다. (○) • 내일 날씨가 안 좋을지라도 산에 올라가겠다. (○)
이미 일어났거나 현재의 사실 혹은 상태에 대한 경우 すでに起こったことや現在の事実・状態に関する場合	사용 가능. 使用可能 • 어제 몸이 아팠어도 회의에 참석했다. (○) • 전화를 해도 받지 않아요. (○)	사용 불가능. 使用不可能 • 어제 몸이 아팠더라도 회의에 참석했다. (×) • 전화를 하더라도 받지 않아요. (×)	사용 불가능. 使用不可能 • 어제 몸이 아팠을지라도 회의에 참석했다. (×) • 전화를 할지라도 받지 않아요. (×)
		단, 후행절에 의지나 의무, 당위성에 대한 내용이 올 경우에는 사용할 수 있습니다. ただし、後続節に意志・義務・当為性に関する内容が来る場合には、使うことができます。 • 상황이 어렵더라도 최선을 다하겠다. (○) • 지금 비바람이 몰아치더라도 출발해야 한다. (○)	• 상황이 어려울지라도 최선을 다하겠다. (○) • 지금 비바람이 몰아칠지라도 출발해야 한다. (○)

이럴 때는 **어떻게 말**할까요?

다른 사람의 반대에도 불구하고 어떤 사람에게 업무를 맡길 때가 있지요? 그 사람에게 일을 맡기는 이유는 무엇일까요?

가 태민 씨가 다른 사람들에 비해 나이가 어린데 팀장을 맡기면 잘할 수 있을까요?

나 비록 나이는 어릴지라도 책임감도 강하고 이쪽 분야에서 일한 적도 있으니까 잘해 낼 수 있을 겁니다.

> **Tip**
> | 분야 分野 | 실무 実務 | 관련 업무 関連業務 |
> | 연수 研修 | 여리다 もろい | 결정적인 순간 決定的な瞬間 |
> | 판단력 判断力 | 추진하다 推進する | |

나이가 어리다	나이는 어리다 / 책임감도 강하고 이쪽 분야에서 일한 적도 있다
실무 경험이 부족하다	실무 경험은 부족하다 / 관련 업무의 연수도 받았고 전공도 이쪽이다
마음이 여리다	마음은 여리다 / 결정적인 순간에는 정확한 판단력으로 강하게 추진해 나가다

연습해 볼까요?

単語·表現 pp.393~394

1 다음 [보기]에서 알맞은 표현을 골라 '-(으)ㄹ지라도'를 사용해서 대화를 완성하십시오.

보기 친한 사이이다　　　떨어지다　　　피할 수 있다　　　실수했다

(1) 가 내 친구가 이번에 자기 조카가 우리 회사에 입사 원서를 냈다고 잘 좀 봐 달라고 부탁하네. 거절할 수도 없고, 어떻게 하지?

　　 나 아무리 **친한 사이일지라도** 그런 부탁은 해서도 안 되고 들어줘서도 안 되지.

(2) 가 제가 너무 큰 실수를 저지른 것 같아 죄송합니다.

　　 나 사람은 누구나 다 실수할 수 있어. 다만 ＿＿＿＿＿＿＿＿＿＿＿＿ 그걸 바로 인정하고 사과를 하는 것이 성숙한 행동 아니겠나?

(3) 가 이 신문 기사 좀 보세요. 한 설문 조사에서 성인의 70%가 문제가 생기면 현실에서 도피하고 싶다고 응답했대요.

　　 나 저도 한때 그런 생각을 했었어요. 그런데 비록 당장의 상황은 ＿＿＿＿＿＿＿＿ ＿＿＿＿＿＿ 그렇다고 문제가 해결되는 건 아니잖아요.

(4) 가 진수랑 쇼핑몰 사업한다면서? 진수도 디자인 쪽에 재능이 있었나?

　　 나 아니, 진수가 디자인 감각은 좀 ＿＿＿＿＿＿＿＿＿＿＿ 경영학을 전공해서 전반적인 운영 관리를 맡아서 해 주거든. 그래서 우린 팀워크가 잘 맞는 것 같아.

2 다음을 읽고 [보기]에서 알맞은 표현을 골라 '-(으)ㄹ지라도'를 사용해서 대화를 완성하십시오.

> **보기**
>
> | 귀하다 | 비싸다 | 비난받을 수는 있다 |
> |---|---|---|
> | 잘못했다 | 개성 존중의 시대이다 | 건강에 좋다 |

DARAK 뉴스 스포츠 | 오늘의신문 | 라이브러리 | 날씨   (+Mobile)

05.03 (금) ● 대구 17℃ **주요뉴스** ›   섹션 핫이슈 · 시사 상식 · 언론사 뉴스 · TV편성표 · 뉴스스탠드 · 칼럼

요즘 '한 자녀 가정'이 추세이다. 그러나 외동 자녀들을 너무 귀하게만 키워 인성 및 사회성이 부족하다는 결과가 나오자 사랑의 체벌이 필요하다고 응답한 부모들이 늘고 있다고 한다.

가 자녀가 아무리 **(1) 귀할지라도** 자녀에게 한 번도 사랑의 매를 들지 않는다는 건 있을 수 없는 일이에요. 귀하면 귀할수록 더 엄격하게 가르쳐야 하는 법이에요.

나 아무리 아이가 **(2)** _____ 말로 잘 타일러야지 매를 든다는 것은 말이 안 돼요. 아이들도 한 명의 인격체라고요.

DARAK 뉴스 스포츠 | 오늘의신문 | 라이브러리 | 날씨   (+Mobile)

05.03 (금) ● 대구 17℃ **주요뉴스** ›   섹션 핫이슈 · 시사 상식 · 언론사 뉴스 · TV편성표 · 뉴스스탠드 · 칼럼

요즘 격식이 사라지고 있다. 결혼식이나 장례식에도 예전에는 정장을 갖춰 입는 게 예의였으나 요즘은 청바지와 같은 편안한 옷차림 또는 화려한 옷차림, 심지어 운동복을 개성 있게 차려 입고 가는 사람들이 늘고 있다고 한다.

가 아무리 **(3)** _____ 중요한 날이니만큼 예의는 갖추어야 해요.

나 정장을 안 입었다고 해서 그 사람을 축하하지 않는 것은 아니잖아요. 예의가 아니라고 **(4)** _____ 단정하게만 입고 간다면 큰 문제는 아니라고 봐요.

DARAK 뉴스 스포츠 | 오늘의신문 | 라이브러리 | 날씨   (+Mobile)

05.03 (금) ● 대구 17℃ **주요뉴스** ›   섹션 핫이슈 · 시사 상식 · 언론사 뉴스 · TV편성표 · 뉴스스탠드 · 칼럼

요즘은 김밥에도 명품이 있다. 김밥 한 줄에 십만 원. 주인이 직접 뒷마당에서 재배하는 유기농 채소와 한방 재료로 하루에 딱 백 개만, 그것도 예약한 주문에 한해서만 만들며 만드는 과정은 인터넷을 통해 직접 볼 수 있다고 한다.

가 아무리 좋은 재료를 사용하여 **(5)** _____ 김밥이 십만 원이나 한다는 것은 너무해요.

나 요즘 김밥 전문점에서 파는 김밥 재료에 대해 말이 많은데 어떤 재료를 사용하는지도 모르는 음식을 먹느니 가격은 **(6)** _____ 몸에도 좋고 믿을 수 있는 음식을 먹어야지요.

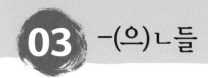

Track 049

건강이 최고!

가 내 친구 김 사장 알지? 그 집 아이가 계속 몸이 아프다고 하는데 병원에 가서 진료를 해 봐도 특별한 병이 없다고 한대. 그래서 유명하다고 하는 병원은 여기저기 다 찾아다니는 모양이야.

나 부모들 마음이 다 그렇지요. 아이의 병이 나을 수만 있다면 무슨 일인들 못하겠어요?

가 루이랑 당신은 어때? 어디 특별히 아픈 데는 없지?

나 네, 우리는 아주 건강해요. 가족을 위해서 열심히 일하는 것도 좋지만 당신이야말로 건강에도 신경 좀 쓰세요. 아무리 돈이 많은들 건강을 잃는다면 무슨 소용이 있겠어요?

문법을 알아볼까요?

이 표현은 선행절의 어떤 조건을 가정해서 인정한다고 해도 후행절의 결과가 예상과 다른 내용임을 나타낼 때 사용합니다. 후행절에는 의미를 강조하기 위해서 '-겠어요?, -(으)ㄹ까요?' 등의 의문문 형식이 주로 사용됩니다. 그리고 '아무리'와 자주 어울려서 사용됩니다.

この表現は、先行節のある条件を仮定して認めるとしても、後続節の結果が予想と異なる内容であることを表すときに使います。後続節には、意味を強調するために-겠어요?や-(으)ㄹ까요?などの疑問文形式が主に使われます。そして、아무리と一緒によく使われます。

아무리 예술적 재능이 뛰어난들 그 재능을 펼칠 기회가 없다면 무슨 소용이 있겠는가?
どんなに芸術的才能が優れていても、その才能を発揮する機会がなければ何の意味もないでしょう。

어려운 전문 용어들을 사용해서 말하는데 여러 번 설명한들 아이들이 알아듣겠어요?
難しい専門用語を使って話したら、何度説明しても子どもたちがわかるはずがないでしょう。

내가 그동안 사람들을 속여 왔다고 생각하는데 이제 와서 진실을 말한들 날 믿어 줄까?
僕がこれまで人々をだましてきたと思われているのに、今になって真実を話しても、僕を信じてくれるかな。

도입 대화문 번역

가 僕の友だちのキム社長知ってるだろ。あの家の子がずっと体が悪いっていうんで、病院に行って診療をしてみても特別な病気がないっていうんだって。それで、有名だっていう病院はあちこちみんな訪ねて行っているみたいだよ。

나 親たちの気持ちはみんな同じよ。子どもの病気が治りさえすれば、どんなことでもするわよ。

가 ルイと君はどう？どこか特に具合の悪いところはないだろ。

나 ええ、とても元気よ。家族のために一生懸命働くのもいいけど、あなたこそ健康にもちょっと気を使ってね。いくらお金がたくさんあっても、健康を失ったら何の意味もないでしょう。

이 표현을 '–았던들/었던들'의 형태로 사용하면 과거의 일을 반대로 가정할 때 사용합니다. 선행절의
일이 이루어지지 않은 것에 대한 원망이나 아쉬움, 후회스러운 마음이 있을 때 사용합니다. 후행절에는
주로 '–(으)ㄹ 것이다, –(으)ㄹ 텐데'와 같은 추측 표현이 옵니다.

–았던들/었던들の形にすると、過去の事実に反して仮定する意味になります。先行節のことが成立しなかったこ
とに対する無念さ・悔しさ・後悔の気持ちがあるときに使います。後続節には、主に–(으)ㄹ 것이다や–(으)ㄹ 텐데
のような推測表現が来ます。

• 부모님께서 돌아가시지 않았던들 이렇게 외롭지는 않았을 거예요.
  両親が亡くなっていなかったら、こんなに寂しくなかったでしょう。

• 그때 열심히 공부하라는 선생님의 충고를 들었던들 지금처럼 고생하지는 않았을 텐데.
  あのとき、勉強しなさいという先生の忠告を聞いていたら、今みたいに苦労はしなかっただろうに。

Track 050

요즘 취직하기가 쉽지 않지요? 취직 준비를 하고 있는 후배에게 어떤 조언을 해 줄 수 있을까요?

가 외국어 점수가 높으면 취직할 때 도움이 되겠지요?

나 글쎄, 요즘은 아무리 외국어 점수가 높은들 유창하게
　　구사하지 못한다면 그리 도움이 되지 않는 것 같아.

> **Tip**
> (외국어를) 구사하다 (外国語を)駆使する　　갖추다 備える
> 자격증을 따다 資格証をとる　　　　　　인턴 インターン

외국어 점수가 높다	외국어 점수가 높다 / 유창하게 구사하지 못하다
좋은 대학을 졸업하다	좋은 대학을 졸업하다 / 실력을 제대로 갖추지 못하다
자격증을 많이 따 놓다	자격증을 많이 따 놓다 / 업무와 관련된 인턴 경험이 없다

1 다음 [보기]에서 알맞은 표현을 골라 '-(으)ㄴ들'을 사용해서 대화를 완성하십시오.

보기   얼굴이 예쁘다   많이 받다   뭘 먹다   후회하다

(1)   가   윤아는 얼굴도 예쁘고 괜찮아 보이는데 친구가 없는 것 같더라.

      나   좀 이기적이래. 아무리 **얼굴이 예쁜들** 남을 배려할 줄 모르는데 누가 좋아하겠어?

(2)   가   마지막에 조금만 시간이 더 있었더라면 더 잘할 수 있었을 텐데…….

      나   다 지나간 일인데 이제 와서 ＿＿＿＿＿＿＿＿＿＿ 무슨 소용이 있니?

(3)   가   이거 너무 맛있어요. 밥 한 공기만 더 주세요.

      나   하루 종일 굶었다면서 ＿＿＿＿＿＿＿＿＿＿ 맛이 없겠니? 천천히 많이 먹어.

(4)   가   친구가 월급은 올랐는데 하는 일이 적성에 안 맞아서 회사를 옮길까 고민 중이래요.

      나   월급을 아무리 ＿＿＿＿＿＿＿＿＿＿ 적성에 안 맞으면 얼마나 힘들겠어요?

2 '-(으)ㄴ들'을 사용해서 이야기를 완성하십시오.

> 내 꿈을 위해 한국에 와서 어학연수를 마치고 회사에 취직한 지 2년이 조금 넘었다. 처음엔 낯설었지만 이젠 이곳 생활이 많이 익숙해졌다. 하지만 아무리 이곳이 (1) **익숙한들** 우리 고향만 같을까? 여전히 나는 이방인처럼 느껴진다. 지금 살고 있는 하숙집은 시설도 좋고 편하다. 하지만 아무리 하숙집이 (2) ＿＿＿＿＿＿＿ 고향 집만 할까? 고향 집이 항상 그립다. 학교 친구들이나 회사 동료들 모두 하나같이 친절하고 잘해 준다. 하지만 아무리 주위 사람들이 (3) ＿＿＿＿＿＿＿ 가족들만 할까? 항상 가족들이 보고 싶다. 한국 음식은 처음에는 매워서 잘 못 먹었는데 이제는 김치찌개며 떡볶이며 매운 음식이 너무 맛있다. 하지만 아무리 한국 음식이 (4) ＿＿＿＿＿＿＿ 엄마가 만들어 주신 음식만 할까? 엄마가 해 주신 음식이 생각난다. 요즘은 날씨가 쌀쌀해지니 마음까지 외롭다. 하지만 아무리 (5) ＿＿＿＿＿＿＿ 내 꿈을 포기할 수는 없다.

04 -(으)ㄹ망정

Track 051

가 우리 사장님은 집안이 어려워서 중학교도 졸업을 못 하셨다면서요?

나 네, 학교는 제대로 못 다녔을망정 자기 분야에서는 최고가 되어야겠다고 결심을 하고 피나는 노력을 하셨다고 하더라고요.

가 정말 대단하시네요. 게다가 성공을 하려면 정직하기가 쉽지 않은데 우리 사장님은 정말 정직하게 사업을 하시잖아요.

나 손해를 볼망정 부정한 방법으로는 돈을 벌지 않겠다는 게 사장님의 신조잖아요. 그런 신조가 많은 사람들에게 믿음을 주고 회사를 이렇게 크게 키울 수 있었던 것 같아요.

문법을 알아볼까요?

1 이 표현은 선행절의 사실을 가정하여, 선행절과 후행절 중의 하나를 선택한다면 후행절보다는 선행절을 선택하겠다는 강한 의지를 나타낼 때 사용합니다. 주로 후행절을 강조하거나 주어의 의지가 확고함을 나타내기 위해 선행절에 부정적이거나 극단적인 내용을 말하는 경우가 많습니다.

この表現は、先行節の事実を仮定して、先行節と後続節のうち一つを選択するならば後続節より先行節を選択するという強い意志を表すときに使います。主に後続節を強調したり主語の意志が固いことを表すために、先行節に否定的な内容や極端な内容を言う場合が多いです。

	A/V	N이다
과거/완료	-았을망정/었을망정	였을망정/이었을망정
현재	-(으)ㄹ망정	일망정

도입 대화문 번역

가 うちの社長は家庭が貧しくて、中学校も卒業できなかったそうですね。

나 ええ、学校にはろくに通えなかったけれども、自分の分野では最高にならなければと決心をして血のにじむ努力をなさったそうですよ。

가 本当にすごいですね。その上、成功をしようとしたら正直であるのはやさしくないのに、うちの社長は本当に正直に事業をなさるじゃないですか。

나 損害を被ろうとも不正な方法ではお金を稼がないというのが社長の信条じゃないですか。そんな信条が多くの人たちに信頼を与えて、会社をこんなに大きく育てることができたんだと思います。

동생은 길에서 얼어 죽을망정 집에는 절대로 들어가지 않겠다고 버티고 있다.
弟/妹は道で凍え死のうとも、家には絶対帰らないと言い張っている。

김 교수님은 강의하다 쓰러질망정 병원에서 남은 생을 보내고 싶지 않다고 하셨다.
キム教授は講義をしている途中で倒れようとも、病院で残りの人生を送りたくないとおっしゃった。

2 이 표현은 선행절의 사실을 인정하지만 후행절에 그런 선행절과 대립되거나 반대되는 다른 사실을 말할 때 사용합니다.
この表現は、先行節の事実を認めるけれども、後続節で先行節と対立または反対の別の事実を述べるときに使います。

그 영화는 흥행에 성공하지는 못했을망정 예술적인 가치는 높이 평가됐다.
その映画は興行に成功できなかったといえども、芸術的な価値は高く評価された。

그들이 민주화를 이루어 가는 방식은 서로 다를망정 나라를 사랑하는 마음은 다 같다.
彼らが民主化を成しとげていく方式は互いに異なろうとも、国を愛する気持ちはみな等しい。

더 알아볼까요?

1 이 표현은 '–지는 못할망정' 또는 '은/는 못할망정'으로도 자주 쓰이는데, 이때는 어떤 상황에서 일반적으로 기대되는 것을 하는 것이 정상인데 그렇게 하지 않아 어이없음을 나타냅니다.
この表現は–지는 못할망정または은/는 못할망정の形でもよく使われますが、この場合は、ある状況で一般的に期待されることをするのが正常なのに、そうしないため、あきれることを表します。

- 그 사람은 자기가 잘못해 놓고 <u>사과하지는 못할망정</u> 오히려 화를 냈다.
  あの人は、自分のほうが悪いのに、謝るどころか、逆ギレした。
- 경기를 앞둔 선수들에게 <u>격려는 못할망정</u> 욕을 해 대는 사람들도 있었다.
  試合を控えた選手に対して、激励するどころか、罵声を浴びせる人たちもいた。

2 이 표현은 '–(으)ㄹ지언정'과 큰 의미 차이 없이 바꿔 쓸 수 있는데 '–(으)ㄹ지언정'은 '–(으)ㄹ망정'보다 약간 더 강한 느낌이 있습니다.
この表現は、–(으)ㄹ지언정と大きな意味の違いなく言い換えられますが、–(으)ㄹ지언정のほうが–(으)ㄹ망정よりもう少し強い感じがします。

- 동생은 길에서 얼어 <u>죽을지언정</u> 집에는 절대로 들어가지 않겠다고 버티고 있다.
- 그 영화는 흥행에 성공하지는 <u>못했을지언정</u> 예술적인 가치는 높이 평가됐다.

이럴 때는 **어떻게 말**할까요?

Track 052

여러분이 다니는 회사에 대해서 소개할 때가 있지요? 어떻게 말할까요?

가 투안 씨가 다니는 회사는 규모가 그리 크지 않다면서요? 좀 더 규모가 큰 회사로 옮기고 싶지 않으세요?

나 우리 회사는 규모는 작을망정 역사와 전통은 자랑할 만하거든요. 다른 데로 옮기고 싶지 않아요.

Tip

규모 規模	복리 후생 福利厚生
지방 地方	해외 연수 海外研修

규모가 그리 크지 않다 / 좀 더 규모가 크다
직원 수가 그리 많지 않다 / 좀 더 직원이 많다
지방에 있다 / 서울에 있다

규모는 작다 / 역사와 전통은 자랑할 만하다
직원 수는 많지 않다 / 복리 후생이 잘되어 있다
지방에 있다 / 해외 연수 기회가 많다

연습해 볼까요?

単語·表現 p.394

1 다음 [보기]에서 알맞은 표현을 골라 '-(으)ㄹ망정'을 사용해서 이야기를 완성하십시오.

보기
몸에는 좋다　　　　　회식 자리에서 졸다　　　　　돈은 못 벌었다
굶어 죽다　　　　　　월급은 못 올려 주다

　　요즘 이래저래 괴로운 일뿐이다. 항상 건강을 챙기는 우리 아내는 건강을 위한답시고 몸에 좋은 모든 재료를 다 넣어 음식을 만든다. 그런 음식은 (1) **몸에는 좋을망정** 맛은 정말 참기 힘들 정도로 안 좋다. 이런 음식을 하루 이틀도 아니고 언제까지 먹어야 하나? 그리고 회사에서는 일 년 내내 야근을 시키더니 (2) ＿＿＿＿＿＿＿＿＿＿＿＿＿＿ 내년에는 월급을 삭감하겠다고 하는 것이다. 게다가 부장님은 업무가 끝나면 지칠 대로 지친 직원들을 데리고 회식을 하러 가신다. (3) ＿＿＿＿＿＿＿＿＿＿＿＿＿＿ 회식 자리는 절대로 빠지면 안 된다. 또 우리 아들 녀석은 어떤가? 가수가 되겠다고 고집을 부리고 있다. 워낙 음치라 내가 반대하자 단식까지 한다. (4) ＿＿＿＿＿＿＿＿＿＿＿＿＿ 꿈은 절대로 포기할 수 없다면서 말이다. 한동안 조용했던 내 동생은 작년에 개업했던 가게 문을 지난주에 닫았다. 사업하다가 망한 게 이번이 벌써 네 번째인데 (5) ＿＿＿＿＿＿＿＿ ＿＿＿＿＿＿ 좋은 인생 경험을 했다며 자신을 위로하고 있다. 또 사업을 한다고 할까 봐 걱정이다. 마음대로 안 되는 게 인생이라지만 요즘은 정말 힘들다.

2 다음을 읽고 '-(으)ㄹ망정'을 사용해서 문장을 완성하십시오.

> 얼마 전 천만 관객을 돌파한 영화 '이순신'의 임권호 감독은 젊은 시절 굶기를 밥 먹듯 했다고 한다. 어쩌다 돈이 생기면 영화가 좋아 밥은 굶더라도 영화는 보러 갔다고 한다.

(1) 임권호 감독은 젊은 시절에 돈이 생기면 **밥은 굶을망정 영화는 보러 갔다고 한다**_____.

> 아이들이 즐겨 읽는 전래동화 '흥부와 놀부'의 놀부는 음식이 남게 되면 쓰레기통에 버리는 편을 택하지 다른 사람들에게는 절대로 나눠 주지 않는 욕심쟁이였다.

(2) 놀부는 음식이 남게 되면 _____.

> 세계적인 인권 운동가 마이클 프리 씨는 제3세계에서 일어나는 인권 유린에 대해 폭로해서 입을 다물지 않으면 죽이겠다는 협박을 많이 받았다. 그러나 그는 목숨을 잃는 한이 있어도 진실에 대해 입을 다물지 않겠다며 협박에 굴하지 않았다.

(3) 인권 운동가 마이클 프리 씨는 _____
_____.

> 고구려는 북쪽 민족의 침입에 대비하기 위해 '천리장성'을 쌓았다. 일부에서는 잦은 전쟁과 가뭄으로 인해 고통을 겪는 농민을 도와줘도 부족한데 성을 쌓는 일에 동원해서는 안 된다는 비판도 있었다고 한다.

(4) '천리장성'을 쌓을 때 일부에서는 고통을 겪는 농민을 _____
_____.

> 한 고등학교 교사가 따돌림을 당하는 학생을 감싸 주기는커녕 오히려 학생들 앞에서 망신을 줘 물의를 빚었다.

(5) 한 고등학교 교사가 따돌림을 당하는 학생을 _____
_____.

Track 053

어, 저……
그러니까

가 부장님, 발표를 망쳐서 죄송합니다. 요 며칠 준비하느라고 밤을 새운 데다가 너무 긴장한 나머지 실수를 많이 한 것 같습니다.

나 버벅거린 거야 긴장을 많이 했기 때문이라고 쳐도 발표 내용은 왜 그렇게 엉망이었던 거죠? 제대로 준비한 거 맞아요?

가 죄송합니다. 한 번만 더 기회를 주신다면 실수 없이 해 보겠습니다.

나 이번에는 회사에 들어와서 처음 하는 발표라 실수했다고 치고 기회를 한 번 더 줄 테니까 준비를 철저하게 해서 잘해 보세요.

문법을 알아볼까요?

1 이 표현은 어떤 사람의 주장이나 행동, 또는 그렇게 된 상황을 인정하거나 그러하다고 가정할 때 사용합니다. 후행절에는 주로 선행절을 반박하거나 선행절을 인정했을 때 문제가 되는 내용이 옵니다. 대체로 '-(느)ㄴ다고 치자(칩시다)', '-(느)ㄴ다고 쳐도', '-(느)ㄴ다고 치고'의 형태로 많이 쓰입니다. '-고'를 생략하고 '-(느)ㄴ다 치다'로 사용할 수도 있습니다.

この表現は、ある人の主張や行動、またはそのようになった状況を認めたり、そうだと仮定したりするとき、使います。後続節には主に、先行節を反駁するか、先行節を認めたときに問題となる内容が来ます。普通、-(느)ㄴ다고 치자(칩시다)、-(느)ㄴ다고 쳐도、-(느)ㄴ다고 치고の形でよく使われます。-고を省略して-(느)ㄴ다 치다の形でも使えます。

도입 대화문 번역

가 部長、プレゼンテーションを台無しにして、申し訳ございません。ここ何日か準備するのに徹夜したうえに、緊張したあまり、たくさんミスをしたようです。

나 しどろもどろなのは緊張しすぎたせいだとしても、プレゼンテーションの内容はなぜあんなにめちゃくちゃだったんですか。ちゃんと準備したんですか。

가 申し訳ございません。もう一度だけチャンスを下さったら、ミスのないようにします。

나 今回は入社して初めてのプレゼンテーションだからミスしたと思って、もう一度チャンスをあげるから、しっかり準備してうまくやってみてください。

	A	V	N이다
과거/완료	–았다고/었다고 치다		였다고/이었다고 치다
현재	–다고 치다	–(느)ㄴ다고 치다	(이)라고 치다
미래/추측	–(으)ㄹ 거라고 치다		일 거라고 치다

가 이번 휴가 때 미국에 가면 어때? 숙박은 미국에 있는 혜주네 집에서 해결되니까 돈이 거의 안 들 거야.
今度の休みにアメリカに行くのはどう？アメリカにいるヘジュの家に宿泊すればいいから、お金はほとんどかからないよ。

나 숙박은 혜주네 집에서 해결한다고 쳐도 미국까지 가는 비행기 표는 어떻게 마련할 건데?
ヘジュの家に宿泊するとしても、アメリカまで行く飛行機のチケットはどうやって準備するの？

가 김 사장님이 물건 값을 깎아 주지 않으면 구입을 안 하겠다네요. 우리랑 거래도 오래하고 있으니 10%라도 깎아 줄까요?
キム社長が、代金をまけてくれなかったら購入しないと言っているんです。うちとの取引も長いですし、10%でもまけてあげましょうか。

나 김 사장한테는 물건 값을 깎아 준다고 칩시다. 그럼 그 소문을 듣고 온 다른 고객들이 똑같은 요구를 할 경우 어떻게 할 겁니까?
キム社長に代金をまけたとしましょう。すると、そのうわさを聞きつけたほかの顧客が同じ要求をしてきたら、どうするんですか。

2 이 표현은 어떤 행동을 하거나 어떤 상태라고 간주함을 나타낼 때 또는 그렇다고 가정함을 나타낼 때 사용합니다. '–(느)ㄴ다고 치고'의 형태로 많이 쓰입니다. '–고'를 생략하고 '–(느)ㄴ다 치다'로 사용할 수도 있습니다.

この表現は、ある行動をするかある状態であるとみなすことを表すとき、またはそうであると仮定することを表すとき、使います。–(느)ㄴ다고 치고の形でよく使われます。–고を省略して–(느)ㄴ다 치다の形でも使えます。

가 아빠, 우리 집은 교통이 안 좋아서 지하철역까지 10분 이상 걸어가야 해요. 아빠가 아침마다 지하철역까지 태워다 주시면 좋겠어요.
パパ、うちは交通の便が悪いから、地下鉄の駅まで10分以上も歩いて行かないといけないの。毎朝パパが地下鉄の駅まで乗せてくれるといいんだけど。

나 남들은 살 빼려고 일부러 돈 내고 헬스클럽에도 가는데 너도 운동한다고 치고 그 정도 거리는 걸어 다니면 어떻겠니?
みんなやせようとしてわざわざお金を払ってジムに行くのに、お前も運動のつもりで、そのくらいの距離は歩いたらどうだ。

가 휴가철도 아닌데 이런 모텔이 하룻밤에 10만 원이나 한다니 정말 너무하네요.
バカンスシーズンでもないのにこんなモーテルが一晩で10万ウォンもするなんて、ホントにあんまりだわ。

나 이 밤에 여기도 겨우 찾았는데 그냥 휴가철에 왔다 치고 마음 편하게 지내다가 갑시다.
この夜中にやっとここを見つけたんだし、ただバカンスシーズンに来たと思って、ゆったり過ごして行こう。

1 이 표현은 1번의 뜻으로 사용할 때 대화하는 사람들이 이미 알고 있거나 문맥에서 이해가 될 수 있는 내용에 대해서는 '그렇다고 치자', '그렇다고 쳐도', '그렇다고 치고'로도 많이 사용합니다.
この表現は、1の意味で使うとき、会話する人がすでに知っているか、文脈から理解できる内容については、그렇다고 치자、그렇다고 쳐도、그렇다고 치고の形でもよく使います。

- 어제는 비가 와서 <u>그렇다고 치고</u> 오늘은 왜 또 늦은 건데?
- 10년 동안 연락 한 번 없었던 건 <u>그렇다고 쳐도</u> 왜 날 보고도 모르는 척한 거야?

2 이 표현은 2번의 뜻으로 사용할 때 큰 의미 차이 없이 '-는 셈 치다'로 바꿔 쓸 수 있습니다.
この表現は、2の意味で使うとき、大きな意味の違いなく-는 셈 치다と言い換えられます。

- 남들은 살 빼려고 일부러 돈 내고 헬스클럽에도 가는데 너도 <u>운동하는 셈 치고</u> 그 정도 거리는 걸어 다니면 어떻겠니?
- 이 밤에 여기도 겨우 찾았는데 그냥 휴가철에 <u>온 셈 치고</u> 마음 편하게 지내다가 갑시다.

💡 〈참조〉 5장 가정 상황을 나타낼 때 06 '-는 셈 치다'.

3 이 표현은 아직 일어나지 않은 일 또는 실제와는 다른 어떤 상황을 상상하거나 가정한 상태에서 어떤 행동이나 말을 할 때도 사용합니다.
この表現は、まだ起きていないことや実際とは異なるある状況を想像したり仮定したりした状態で、ある言動をするときにも使います。

가 관성이 뭐예요? 예를 들어서 가르쳐 주세요.
慣性って何ですか。例を挙げて教えてください。

나 네가 버스를 탔다고 치자. 달리던 버스가 갑자기 멈추면 앞으로 넘어지지? 그걸 관성이라고 하는 거야.
君がバスに乗ったとしよう。走っていたバスが急に停まったら、前のめりに倒れるだろう。それを慣性というんだよ。

가 제품에 대해서 열심히 공부하긴 했는데 손님들이 오시면 잘 설명할 수 있을지 모르겠어요.
製品について一生懸命に勉強はしたんですが、お客様が来られたら、うまく説明できるかわかりません。

나 그럼 내가 손님이라고 치고 제품에 대해서 설명해 보세요.
じゃあ、私がお客様だと思って、製品について説明してみてください。

Track **054**

여러분 주위에는 어떤 일을 하든지 항상 이런저런 핑계를 대는 사람들이 있나요? 그 사람들은 주로 어떤 핑계를 댈까요?

이번 주에도?

가 과장님, 이번 주에 야근을 못 할 것 같아요.
나 지난주는 어머님이 병원에 입원하셔서 못 했다고 치고 이번 주는 또 무슨 일이 있는데요?

Tip
겹치다 重なる

이번 주에 야근을 못 하다	지난주는 어머님이 병원에 입원하셔서 못 했다 / 이번 주는 또 무슨 일이 있다
오늘까지 보고서를 못 끝내다	출장 가는 거는 오빠 결혼식과 겹쳐서 못 가다 / 보고서는 왜 못 끝내다
다음 주에 있는 외국어 시험은 못 보다	지난번 시험은 손을 다쳐서 못 봤다 / 이번에는 왜 또 못 보다

1 '-(느)ㄴ다고 치다'를 사용해서 대화를 완성하십시오.

> 가 엄마, 성적 나왔어요. 그런데 역사는 배우지 않은 게 많이 나와서 성적이 안 좋아요.
>
> 나 역사는 배우지 않은 게 많이 나와서 (1) **성적이 안 좋다고 치고** 영어 성적은 이게 뭐야?
>
> 가 저는 영어에는 소질이 없는 것 같아요. 영어는 포기했어요. 그리고 말이 나와서 그러
>   는데요, 친구들이고 선생님들이고 다 마음에 안 들어서 학교를 그만두고 싶어요.
>
> 나 그래, 네 말대로 학교를 (2) _____. 그럼 앞으로 뭐 하고 살 건데?
>
> 가 제가 만화에 소질이 있는 것 같더라고요. 그래서 말인데 미국에 만화를 공부하러
>   가고 싶어요.
>
> 나 만화를 배우러 미국에 (3) _____ 영어를 한마디도 못하는 네가
>   만화 공부는 어떻게 하려고 그러니?
>
> 가 영어가 뭐 그렇게 필요하겠어요? 학교에서는 그림만 잘 그리면 되죠.
>
> 나 학교에서야 (4) _____. 그런데 친구들하고는 어떻게 이야기할 거니?
>
> 가 가면 한국 친구들 있겠죠. 미국에 한국 사람이 얼마나 많은데요. 그리고 학비는
>   걱정하지 마세요. 제가 그림을 잘 그리니까 장학금을 받을 수 있을 거예요. 하지만
>   생활비는 보내 주셨으면 좋겠어요. 학비는 장학금을 (5) _____
>   생활비 벌려고 아르바이트까지 할 수는 없잖아요. 그림만 그리기에도 시간이 부족
>   할 텐데 말이에요.
>
> 나 너는 어쩜 네 자신에 대해서는 그렇게 긍정적인지 모르겠다.

2 다음 [보기]에서 알맞은 표현을 골라 '-(느)ㄴ다고 치다'를 사용해서 대화를 완성하십시오.

> 보기   잊어버리다   야영하다   보다   면접관이다

(1) 가 경영학 책이 도대체 어디에 있는지 모르겠어. 내일은 꼭 가져가야 하는데 말이야.
    나 아직도 못 찾은 거야? 그냥 **잊어버렸다고 치고** 새로 사는 게 어때?

(2) 가 아빠, 텐트 사 오셨어요? 새 텐트가 어떤지도 볼 겸 우리 마당에 한번 쳐 봐요.
    나 그럼 _____ 오늘은 마당에서 텐트 치고 자 볼까?

(3) 가 내일 면접이 있는데 오빠가 면접 연습하는 것 좀 도와줄 수 있어?
    나 좋아. 그럼, 내가 _____ 자기소개를 해 봐. 듣고 평가해 줄게.

(4) 가 목사님, 이번에 제3세계 아이들을 후원하는 '나눔 운동'을 시작하셨다면서요?
    나 네, 모두가 경제적으로 어려운 상황이지만 영화 한 편 _____
       한 사람이 만 원씩만 후원해 주시면 수많은 아이들이 굶지 않게 될 것입니다.

06 –는 셈 치다

Track 055

중요한 일이
있어서……

가 태민 씨가 보고서에 들어갈 통계 자료 분석을 부탁
   했다면서요?

나 네, 중요한 일 때문에 시간이 없다면서 도와 달라고
   사정사정하는데 거절할 수가 있어야지요. 저도 통계
   쪽은 잘 모르지만 이번에 공부하는 셈 치고 해 주기
   로 했어요.

가 중요한 일이요? 또 친구들이랑 술 마시러 가는 거겠죠.
   지난번에도 그런 적이 있잖아요.

나 에이, 확실한 것도 아닌데 사람을 의심하는 건 안
   좋아요. 그 이야기는 안 들은 셈 칠 테니까 그런 얘긴
   앞으로 하지 마세요.

문법을 알아볼까요?

이 표현은 어떤 동작을 한다고 가정하거나 그렇다고 간주함을 나타낼 때 사용합니다. 주로 '–는 셈 치고'의
형태로 쓰이는데 이때는 선행절의 내용을 한다고 가정을 하거나 그렇다고 여기고 후행절의 행동을 함을 의미
합니다. 동사에만 붙습니다.

この表現は、ある動作をすると仮定するか、そのようにみなすことを表すときに使います。主に–는 셈치고の形
で使われますが、この場合は、先行節の内容を仮定するか、そのように考えて、後続節の行動をすることを意
味します。動詞にのみ付きます。

	V
과거/완료	–(으)ㄴ 셈 치다
현재	–는 셈 치다

가 テミンさんが報告書に入る統計資料の分析を頼んだそうですね。

나 ええ、重要な仕事で時間がないと言って手伝ってほしいとしきりに頼むので、断れなかったんですよ。私も統計のほ
   うはよくわからないんですけど、今回勉強するつもりで、してあげることにしました。

가 重要な仕事ですか。また友だちとお酒を飲みに行くんでしょう。このあいだもそんなことがあったじゃないですか。

나 えー、確かなわけでもないのに人を疑うのはよくないですよ。その話は聞かなかったことにしますから、そんな話は
   これからしないでください。

가 좋아하지도 않으면서 무슨 군고구마를 열 개나 사요? 싸게 파는 것도 아닌데요.
　好きでもないくせに、どうして焼きいもを10個も買うんですか。安く売っているわけでもないのに。

나 어려운 학생들 도와주는 셈 치고 사는 거예요. 학생들이 추운데 팔고 있으니까 안됐잖아요.
　貧しい生徒たちを助けてあげるつもりで買うんですよ。寒いのに生徒たちが売っているから、気の毒
　じゃないですか。

가 지금은 유명한 연주가가 됐지만 그 당시에는 성공한다는 보장도 없는 청년을 어떻게 후원
　하실 생각을 하셨나요?
　今は有名な演奏家になりましたが、その当時は成功するという保障もない青年を、どうして後援しよ
　うと思われたんですか。

나 어느 날 갑자기 찾아와서 자기를 후원해 주면 꼭 훌륭한 연주자가 되어 보답하겠다고 하더
　군요. 그 용기와 자신감이 기특해서 속는 셈 치고 후원해 주기로 했지요.
　ある日いきなり訪ねて来て、自分を後援してくれれば、きっと立派な演奏者になって報いると言った
　んですよ。その勇気と自信がけなげで、だまされたつもりで後援してあげることにしたんですよ。

가 커피 맛은 좋은데 이 케이크는 괜히 시켰네요. 비싸기만 하고 맛도 없고 말이에요.
　コーヒーの味はいいけど、このケーキは頼まないほうがよかったですね。高いだけでおいしくもないし。

나 벌써 손을 댔으니까 그냥 먹어야죠, 뭐. 그냥 비싼 커피 마신 셈 칩시다.
　もう手をつけたから、食べなくちゃ。ただ高いコーヒー飲んだと思いましょう。

비교해 볼까요?

이 표현은 어떤 상황을 가정한다는 점에서 '-(느)ㄴ다고 치다'와 비슷하게 사용되지만 다음과 같은
차이가 있습니다.
この表現は、ある状況を仮定するという点で-(느)ㄴ다고 치다と同じように使われますが、次のような違いが
あります。

-(느)ㄴ다고 치다	-는 셈 치다
(1) 어떤 상황이나 사실을 가정하거나 그렇다고 간주함을 나타낼 때 사용할 수 있습니다. ある状況や事実を仮定するか、そのようにみなすことを表すときに使うことができます。 • 사람 하나 <u>살린다고 치고</u> 그 친구의 부탁을 들어 주기로 했다. (○)	(1) 어떤 상황이나 사실을 가정하거나 그렇다고 간주함을 나타낼 때 사용할 수 있습니다. ある状況や事実を仮定するか、そのようにみなすことを表すときに使うことができます。 • 사람 하나 <u>살리는 셈 치고</u> 그 친구의 부탁을 들어 주기로 했다. (○)
(2) 어떤 상황을 사실로 인정할 때 사용할 수 있습니다. 그리고 동사와 형용사, 명사 모두 올 수 있습니다. ある状況を事実として認めるときに使うことができます。そして、動詞・形容詞・名詞すべて来ることができます。 • 아무리 옷값이 <u>싸다고 쳐도</u> 이렇게 많이 사면 어떡해? (○)	(2) 어떤 상황을 사실로 인정할 때는 사용할 수 없습니다. 그리고 동사만 올 수 있습니다. ある状況を事実として認めるときには使うことができません。また、動詞のみ来ることができます。 • 아무리 옷값이 <u>싼 셈 쳐도</u> 이렇게 많이 사면 어떡해? (×)

이럴 때는 **어떻게 말**할까요?

여러분은 어떤 일이든지 긍정적인 눈으로 보는 편이신가요? 긍정적인 사고방식을 가진 사람들은 그리 좋지 않은 상황에서 어떻게 말할까요?

가 주말에 출장을 간다면서요?

나 네, 남들 쉴 때 출장을 가서 우울하기는 하지만 그냥 맘 편하게 여행 가는 셈 치고 즐겁게 다녀오려고요.

> **Tip**
> 돌려받다 返してもらう   어이없다 あきれる
> 마음을 졸이다 気をもむ   건강 검진 健康診断
> 넘어가다 乗り越える

주말에 출장을 가다	남들 쉴 때 출장을 가서 우울하다 / 여행 가다 / 즐겁게 다녀오다
친구한테 빌려준 옷을 아직까지 돌려받지 못했다	아끼는 옷이라 빌려 간 후로 몇 달째 아무 연락도 없어서 어이없다 / 선물했다 / 잊어버리다
병원 측의 실수로 받지 않아도 되는 진료를 받았다	혹시 큰 병이 아닐까 해서 마음을 졸인 시간 때문에 화가 나다 / 이번 기회에 건강 검진 제대로 받았다 / 참고 넘어가다

연습해 볼까요?

単語·表現 p.394

1 다음 [보기]에서 알맞은 표현을 골라 '-는 셈 치다'를 사용해서 대화를 완성하십시오.

> **보기**   운동하다   미래를 위해 투자하다   외식하다
> 결혼 예행연습을 하다   좋은 경험을 하다

(1) 가 매달 이삼만 원씩 후원하는 게 좀 부담스럽지 않아?

     나 한 달에 한 번 <u>외식하는 셈 치고</u> 하니까 그렇게 큰 부담은 안 돼. 오히려 이렇게라도 남을 도울 수 있으니까 기분이 좋더라고.

(2) 가 열심히 준비했던 프로젝트가 무산됐는데 괜찮아요?

     나 물론 많이 아쉽지만 준비하면서 많은 걸 배우고 느꼈으니까 그냥 _____
_____.

(3) 가 얼마 전에는 사진 기술을 배우더니 또 미용 기술을 배워서 뭐 하시려고요?

     나 지금 배워 두면 나중에 쓸 일이 있겠지요. _____ 배워 보려고요.

(4) 가 회사까지 걸어 다니시나 봐요.

　　나 네, 걸어서 오면 삼십 분 정도 되거든요. 그냥 _____ 걸어
　　　 다니고 있어요.

(5) 가 연말이라 회사 일도 바쁠 텐데 내 결혼 준비하는 것까지 도와줘서 정말 고마워.
　　　 여기저기 돌아다니니까 피곤하지? 미안해서 어떡하지?

　　나 에이, 무슨 말을……. 제일 친한 친구로서 이 정도는 당연한 거지. 나도 언젠가는 결
　　　 혼해야 할 거 아냐. _____ 재미있는데, 뭘.

2 '-는 셈 치다'를 사용해서 대화를 완성하십시오.

남자 같은 팀도 아닌데 저희 프로젝트 도와주느라 힘드셨지요?

여자 아니에요. 바쁘기는 했지만 새로운 일을 (1) **배우는 셈 치니까** 괜찮더라고요.

남자 그랬군요. 도와주신 것에 감사해서 상품권을 준비했어요. 얼마 안 되지만 옷이라도
　　 한 벌 사 입으세요.

여자 아니에요. 마음은 고맙지만 (2) _____ 그냥 넣어 두세요.
　　 큰 도움을 준 것도 아닌데요. 뭐.

남자 그래요? 그래도 뭔가 대접을 하고 싶은데……. 그럼 저녁에 식사라도 같이 하실
　　 래요?

여자 말은 고맙지만 오늘 저녁에는 약속이 있어요. 그냥 (3) _____.

남자 그래도 고마워서 뭐라도 해 드리고 싶은데요. 그럼 이번 주말에 영화 보러 가실
　　 래요? 저에게 공짜 표가 있거든요.

여자 어, 정말 미안해요. 주말에는 친척 결혼식이 있어서요. 그냥 (4) _____
　　 _____ 안 될까요?

남자 아, 네……. 그렇다면 할 수 없죠, 뭐.

※ 〔1~2〕 다음 밑줄 친 부분과 바꾸었을 때 의미가 가장 비슷한 것을 고르십시오.

1　올해는 우리 부모님의 결혼 50주년이 되는 해이다. 자식들 키우느라 해외여행 한 번 못 해 보신 부모님을 위해 이번에는 <u>비용이 많이 들더라도</u> 해외여행을 꼭 보내 드리고 싶다.

① 비용이 많이 들 바에야　　　　② 비용이 많이 들지라도
③ 비용이 많이 드는 셈쳐도　　　④ 비용이 많이 들다시피 해도

2　가　아무리 조기 교육이 중요하다고 해도 그렇게 비싼 영어 유치원을 보내려고요?
　　나　영어 공부는 시켜야 할 것 같고, 외국에 보낼 상황은 안 되니까 어학연수를 <u>보내는 셈 치고</u> 한번 다니게 해 보려고요. 다들 효과가 있다고 하니까요.

① 보낸답시고　　　　　　　　　② 보내는 듯이
③ 보낸다고 치고　　　　　　　　④ 보낼라치면

※ 다음 (　　　)에 알맞은 것을 고르십시오.

3　가　태민 씨가 이번 일에 자기가 팀장으로서 책임을 지고 회사를 그만두겠다고 하는데 소희 씨가 좀 말려 보세요.
　　나　벌써 여러 번 말했는데도 소용없어요. 저렇게 결심이 확고한데 아무리 (　　　) 듣겠 어요?

① 주위에서 말릴수록　　　　　② 주위에서 말린들
③ 주위에서 말리고도　　　　　④ 주위에서 말린 끝에

※ 다음 (　　　)에 들어갈 수 **없는** 것을 고르십시오.

4　비록 당장은 아무것도 눈에 보이지 않고, 아무것도 이루어 놓은 게 (　　　) 무엇이든 꿈꿀 수 있고 무엇이든 도전할 수 있는 것이 젊음의 특권 아니겠는가?

① 없을지언정　　　　　　　　　② 없을지라도
③ 없을뿐더러　　　　　　　　　④ 없을망정

※ 다음 밑줄 친 부분이 **틀린** 것을 고르십시오.

5　① 나한테 <u>무슨 일이 생긴들</u> 그 사람이 신경이나 쓰겠어요?
　　② 이 일은 <u>시간이 많이 걸리더라도</u> 최선을 다해서 완벽하게 끝내고 싶다.
　　③ 저도 선물 받은 거라서 찾고 싶기는 한데 필요했던 사람에게 <u>준 셈 치고</u> 잊어버리려고 해요.
　　④ 기름 한 방울 안 나는 나라에서 <u>아껴 쓸망정</u> 너도나도 자가용을 타고 다니니 문제가 아닐 수 없다.

6장

순차적 행동을 나타낼 때
順次的行動の表現

본 장에서는 순차적 행동을 나타낼 때 사용하는 표현에 대해 공부합니다. 초급에서는 시간을 나타낼 때 쓰는 표현으로 '—기 전에, —(으)ㄴ 후에, —고 나서, —아서/어서, —(으)ㄹ 때, —(으)면서, —는 중, —자마자, —는 동안, —(으)ㄴ 지'를 배웠고, 중급에서는 시간이나 순차적 행동을 나타낼 때 쓰는 표현으로 '만에, —아/어 가지고, —아다가/어다가, —고서'를 배웠습니다. 고급에서 다루는 표현들은 그리 어렵지 않으면서도 많이 사용되는 것들이므로 초·중급에서 배운 것들과의 차이점을 잘 유의해서 공부하시기 바랍니다.

　この章では、順次的行動を表すときに使う表現について勉強します。初級では時間を表すときに使う表現として、—기 전에, —(으)ㄴ 후에, —고 나서, —아서/어서, —(으)ㄹ 때, —(으)면서, —는 중, —자마자, —는 동안, —(으)ㄴ 지を学び、中級では時間や順次的行動を表すときに使う表現として、만에, —아/어 가지고, —아다가/어다가, —고서を学びました。上級で扱う表現はさほど難しくありませんが、よく使われるものなので、初・中級で学んだものとの相違点によく気をつけて勉強してください。

Track 057

가 어제 정말 재미있었죠? 놀이공원에 가서 그렇게 즐겁게 시간을 보낸 게 몇 년 만인지 몰라요.

나 네, 오랜만에 신나게 놀았더니 재미는 있었는데 많이 피곤하더라고요.

가 저도요. 어찌나 피곤한지 저녁 먹고 수저를 놓기가 무섭게 쓰러져서 잤어요.

나 저는 신발 벗기가 무섭게 방에 들어가서 옷도 안 갈아입고 잤어요.

문법을 알아볼까요?

이 표현은 어떤 일이 끝나고 나서 바로 다음 일이 일어남을 강조하여 말할 때 사용합니다. 형용사 '무섭다'의 활용형인 '무섭게'를 사용하여 다음 동작이 무서울 정도로 빨리 일어남을 과장하여 말하는 것입니다. '-기 무섭게'로 사용하기도 하며 동사에만 붙습니다.

この表現は、あることが終わってからすぐ次のことが起こることを強調して言うときに使います。形容詞무섭다の活用形무섭게を使って、次の動作が恐ろしいほど早く起こることを誇張して言うものです。–기 무섭게の形で使うこともあり、動詞にのみ付きます。

결혼하자는 말을 꺼내기가 무섭게 거절해 버렸다.
結婚しようという話を切り出すやいなや、断ってしまった。

저 식당은 음식이 맛있어서 문을 열기가 무섭게 손님들이 모여든다.
あの食堂は料理がおいしいので、開店するやいなや、お客さんたちが集まってくる。

그 작가의 책은 마니아 층이 형성되어 있어서 출판되기 무섭게 다 팔려 버린다.
あの作家の本はマニア層が形成されており、出版されるやいなや売り切れてしまう。

더 알아볼까요?

이 표현은 큰 의미 차이 없이 '–자마자'와 바꿔 쓸 수 있는데, '–자마자'보다 후행절의 동작이 빨리
일어남을 더 과장해서 쓰는 느낌이 있습니다.
この表現は、大きな意味の違いなく–자마자と言い換えることができますが、–자마자より後続節の動作が早く起
こることをさらに誇張して言うニュアンスがあります。

• 결혼하자는 말을 꺼내자마자 거절해 버렸다.
• 그 작가의 책은 마니아 층이 형성되어 있어서 출판되자마자 다 팔려 버린다.

Track 058

이럴 때는 어떻게 말할까요?

요즘 비싼 등록금으로 인해 대학생들이 공부도 하고 아르바이트도 하느라고 눈코 뜰 새 없이 바쁘다고 하는
데요. 이런 대학생들은 하루를 어떻게 보낼까요?

가 수업 후 시간을 어떻게 보내나요?

나 수업이 끝나면 교수님이 나가시기가 무섭게 학교 식당
    으로 달려갑니다.

수업 후 시간을 어떻게 보내다	수업이 끝나면 교수님이 나가시다 / 학교 식당으로 달려가다
저녁 식사를 한 후에 무엇을 하다	저녁을 먹다 / 아르바이트를 하는 편의점으로 가서 밤 12시까지 일하다
공부는 언제 하다	아르바이트가 끝나다 / 집으로 돌아가서 그때부터 공부를 시작하다

연습해 볼까요?

単語·表現 p.395

1 다음 [보기]에서 알맞은 표현을 골라 '–기가 무섭게'를 사용해서 문장을 완성하십시오.

> **보기**
>
> 날이 어두워지다   월급을 받다   새 영화가 개봉하다
> 책 한 권을 다 읽다   운전석에 앉다

(1) 밤 낚시광   **날이 어두워지기가 무섭게**   물고기를 잡으러 나간다.

(2) 독서광   _____   또 다른 책을 읽는다.

(3) 영화광   _____   놓치지 않고 극장에 보러 간다.

(4) 스피드광   _____   속도 내는 것을 즐긴다.

(5) 쇼핑광   _____   쇼핑하느라 다 써 버린다.

2 다음 [보기]에서 알맞은 표현을 골라 '-기가 무섭게'를 사용해서 대화를 완성하십시오.

물건을 내놓다   제품을 생산하다
옷을 입고 나오다   드라마가 방송되다

기자   요즘 연예인들이 입은 이 회사 제품이 시장에 **(1) 물건을 내놓기가 무섭게** 팔리고
        있다던데 그 인기를 실감하고 계신지요?

사장   네, 특히 매회 **(2)** _____ '김 실장님 패션'이 검색 순위
        1위가 된다고 들었습니다.

기자   그 비결이 무엇이라고 생각하십니까?

사장   배우 김태평 씨가 깨끗하고 바른 청년의 이미지라서 드라마에 **(3)** _____
        _____ 입었던 옷에 대한 문의가 많이 들어오는 것 같습니다.

기자   광고 모델의 역할도 크다고 할 수 있군요. 요새 같은 불황에 아주 행복하시겠습
        니다.

사장   네, 요즘은 **(4)** _____ 거의 다 팔려서 빠른 시간 내에
        제품을 다시 만들어 내느라 몸은 힘들지만 행복한 시간을 보내고 있습니다.

Track 059

가 어제 아이스쇼 잘 갔다 왔어요? 대단했다면서요?

나 네, 아주 멋있었어요. 공연이 시작되자 조명이 다 꺼지면서 공연장 천장에서 눈이 내리기 시작했어요.

가 와, 진짜요? 인공 눈이겠죠?

나 네, 맞아요. 그리고 음악이 나오면서 다른 선수들이 등장했어요. 마지막으로 김유나 선수가 무대에 등장하자 사람들이 모두 약속이나 한 듯이 기립 박수를 쳤어요.

문법을 알아볼까요?

1 이 표현은 선행절의 행위가 끝난 후에 곧바로 후행절의 행위가 일어날 때 사용합니다. 주로 글말에서 사용되며 동사에만 붙습니다.

この表現は、先行節の行為が終わった後にすぐ後続節の行為が起こるときに使います。主に文語で使われ、動詞にのみ付きます。

창문을 열자 상쾌한 바람이 들어왔다.
窓を開けるや、気持ちいい風が入ってきた。

버스에서 내리자 비가 오기 시작했다.
バスを降りるや、雨が降りはじめた。

2 이 표현은 선행절의 상황이 원인이나 동기가 되어 그 결과로 후행절의 상황이 이어질 때 사용합니다. 주로 글말에서 사용되며 동사에만 붙습니다.

この表現は、先行節の状況が原因や動機となり、その結果として後続節の状況が続くときに使います。主に文語で使われ、動詞にのみ付きます。

도입 대화문 번역

가 昨日、アイスショー楽しかったですか。すごかったそうですね。

나 ええ、とてもすてきでした。公演が始まると、照明が全部消えて、公演場の天井から雪が降りはじめました。

가 わあ、ホントですか。人工雪でしょうね。

나 ええ、そうです。そして、音楽が流れてほかの選手たちが登場しました。最後にキム・ユナ選手が舞台に登場したとたん、みんな約束でもしたようにスタンディング・オベーションをしました。

날이 어두워지자 북적거렸던 상가 안이 한산해졌다.
日が暮れるや、ごった返していた商店街が閑散となった。

회사에 대한 안 좋은 소문이 나자 그 회사의 주가가 폭락했다.
会社に対するよくないうわさが立つや、その会社の株価が暴落した。

선행절의 동작이 끝난 후에 후행절의 동작이 바로 일어날 때 사용할 수 있다는 점에서 '-자'를 '-자마자'
로 바꿔 쓸 수 있지만 이 둘은 다음과 같은 차이가 있습니다.
先行節の動作が終わった後、後続節の動作がすぐに起きるときに使えるという点で、-자를-자마자と言い換え
られますが、この二つは次のような違いがあります。

-자	-자마자
(1) 대체로 선행 동작이 이유나 동기 등의 전제 조건이 되어야 후행 동작이 결과적으로 이루어졌을 때 많이 사용하므로 선행절과 후행절이 서로 연관성이 있을 때만 사용합니다. 主に、先行の動作が理由・動機などの前提条件となって後続の動作が結果的に成立したときによく使うので、先行節と後続節が互いに関連性があるときのみ使います。 • 모자를 <u>사자</u> 잃어버렸다. (×) ☞ 모자를 사고 잃어버리는 것은 전혀 연관성이 없으므로 사용할 수 없습니다. 帽子を買うこととなくすことはまったく関連性がないので、使うことができません。	(1) 선행절과 후행절의 시간적 선후 관계에 중점을 두기 때문에 두 동작이 연관성이 없을 때도 사용할 수 있습니다. 先行節と後続節の時間的前後関係に重点を置くので、二つの動作に関連性がないときも使うことができます。 • 모자를 <u>사자마자</u> 잃어버렸다. (○) ☞ 두 동작이 연관성이 없지만 시간적으로 모자를 먼저 산 후에 잃어버렸으므로 사용할 수 있습니다. 二つの動作には関連性がないけれど、時間的に、帽子をまず買った後になくしたので、使うことができます。
(2) 선행절 동작의 결과로 후행절의 상황을 지각했음을 의미합니다. 先行節の動作の結果として後続節の状況を知覚したことを意味します。 • 밖에 <u>나오자</u> 눈이 내리기 시작했다. ☞ 밖에 나오니까 눈이 내리기 시작하는 걸 알았다는 것을 의미합니다. 外に出て、雪が降りはじめたことに気づいたということを意味します。	(2) 후행절의 상황을 지각하는 것과는 관계없이 선행절의 동작이 일어난 후에 후행절이 바로 일어남을 의미합니다. 後続節の状況を知覚することとは関係なく、先行節の動作が起きた後、後続節がすぐに起きることを意味します。 • 밖에 <u>나오자마자</u> 눈이 내리기 시작했다. ☞ 밖에 나온 후에 바로 눈이 내리기 시작했다는 것을 의미합니다. 外に出た後、すぐに雪が降りはじめたということを意味します。
(3) 후행절에 명령형이나 청유형이 올 수 없습니다. 後続節には命令形や勧誘形が来ることができません。 • 집에서 나가자 택시를 <u>타십시오</u>. (×) • 집에서 나가자 택시를 <u>탑시다</u>. (×)	(3) 후행절에 명령형이나 청유형이 올 수 있습니다. 後続節に命令形や勧誘形が来ることができます。 • 집에서 나가자마자 택시를 <u>타십시오</u>. (○) • 집에서 나가자마자 택시를 <u>탑시다</u>. (○)

국제 대회에서 수상을 한다는 것은 대단히 감격적인 일인데요. 여러분이 국제 경기에 출전하여 금메달을 딴 선수라면 어떻게 인터뷰에 응하시겠어요?

가 금메달을 따는 걸 알게 된 순간 기분이 어떠셨습니까?

나 결과가 발표되자 처음에는 아무 생각도 안 나고 이게 꿈인가 했어요.

Tip
시상대 表彰台	애국가 愛国歌(韓国の国歌)
울리다 響き渡る	응원하다 応援する
눈물이 왈칵 나다 涙がどっとあふれる	
감격스럽다 感激的だ	

금메달을 따는 걸 알게 된 순간 기분이 어떻다

결과가 발표되다 / 처음에는 아무 생각도 안 나고 이게 꿈인가 했다

시상대 위에서 많이 우시던데 특별한 이유가 있다

애국가가 울리다 / 그동안의 일들과 응원해 주셨던 분들이 생각나면서 눈물이 왈칵 났다

고향에 계신 부모님께서는 어떤 반응을 보이다

금메달 소식을 듣다 / 어머니께서도 너무 감격스러우셔서 한동안 말도 못 하고 눈물만 흘리셨다고 하다

1 다음 [보기]에서 알맞은 표현을 골라 '-자'를 사용해서 대화를 완성하십시오.

보기	까마귀 날다	그 팀이 우승을 하다	모든 순서가 끝나다
	뽀뽀를 하다	증거를 보여 주다	회장에 당선되다

(1) 가 내가 화장실을 쓰고 나서 고장이 났다면서 동생이 화를 내는 거 있지? 하필 그때
화장실이 고장이 날.게 뭐야?

나 그게 바로 **까마귀 날자** 배 떨어진다는 말이야.

(2) 가 예상외로 범인이 쉽게 잡혔네요.

나 네, 경찰이 _____ 바로 자백을 했대요.

(3) 가 어제 오디션 프로그램 봤어요? 원더보이즈가 1등을 한 게 말이 돼요?

나 그러게 말이에요. _____ 시청자들도 항의 전화를 했대요.

(4) 가 주홍 씨가 동아리 회장이 된 후로 칭찬이 자자하다면서요?

나 네, _____ 자신이 한 공약을 잊지 않고 모두 지켰으니까요.

(5) 가 지난주에 회사 창립 기념식 행사에서 사회를 보셨다던데 어떠셨어요?

나 어휴, 말도 마세요. 행사 내내 어찌나 긴장을 했던지 _____
온몸에 힘이 다 빠져 버리더라고요.

(6) 가 엄마, 그래서 공주가 개구리한테 뽀뽀를 하니까 어떻게 됐어요?

나 공주가 _____ 개구리가 아주 멋진 왕자님으로 변했단다.

2 다음 [보기]에서 알맞은 단어를 골라 '-자'를 사용해서 이야기를 완성하십시오.

보기　　시작하다　　　알게 되다　　　치다　　　나타나다　　　달려오다

(1) 
　아, 심심해!

양이 풀을 뜯어 먹기 **시작하자** 양치기 소년은 너무 심심했답니다. 그래서 장난을 치기로 했어요.

(2) 
　늑대가 나타났어요.

"도와주세요. 늑대가 나타났어요."
　소년이 고함을 ＿＿＿＿＿＿＿＿＿ 마을 사람들이 놀라 달려왔습니다.

(3)

마을 사람들이 숨을 헐떡이며 정신없이 ＿＿＿＿＿＿＿＿＿ 양치기 소년은 너무 재미있어서 웃었어요.

(4)

양치기 소년이 거짓말을 했다는 것을 ＿＿＿＿＿＿＿＿＿ 모두 화를 내며 돌아갔어요.

(5) 
　늑대가 나타났어요.

그러던 어느 날 진짜 늑대가 ＿＿＿＿＿＿＿＿＿ 양치기 소년은 깜짝 놀라 소리쳤지만 아무도 오지 않았어요. 결국 양들은 모두 늑대에게 잡아먹혔답니다.

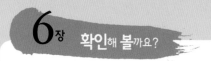

※ [1~2] 다음 밑줄 친 부분과 바꾸었을 때 의미가 가장 비슷한 것을 고르십시오.

1 그 제품은 출시되자 날개 돋친 듯 팔리기 시작했다.

① 그 제품은 출시되면   ② 그 제품은 출시되나 마나
③ 그 제품은 출시되자마자   ④ 그 제품은 출시되는데도

2 저녁상을 치우기가 무섭게 또 술상을 차리라고 한다.

① 치워 봤자   ② 치우고 나서 바로
③ 치우는 데다가   ④ 치우라고 하더니

※ 다음 ( )에 알맞은 것을 고르십시오.

3 가 올겨울은 유난히 눈이 많이 내리네요.
     나 그래서 그런지 ( ) 스키를 타러 오는 사람들로 북새통이에요.

① 스키장을 개장하려고 해도   ② 스키장을 개장한다고 해도
③ 스키장을 개장할 정도로   ④ 스키장을 개장하기가 무섭게

※ 다음 ( )에 들어갈 수 없는 것을 고르십시오.

4 가 김 기자, 오늘 공항 근처가 저녁 내내 막혔다면서요?
     나 네. 브로드웨이 뮤지컬 팀이 ( ) 순식간에 기자들과 팬들이 몰리면서 주변의 교통이
        마비됐습니다.

① 공항에 도착하자마자   ② 공항에 도착하기가 무섭게
③ 공항에 도착하기에   ④ 공항에 도착하자

※ [5~6] 다음 밑줄 친 부분이 틀린 것을 고르십시오.

5 ① 우리는 만나자마자 헤어졌다.
     ② 출장에서 돌아오자 연락 주십시오.
     ③ 집을 나서자마자 비가 오기 시작했다.
     ④ 가을이 되자 길가에 코스모스가 한창이다.

6 ① 질문을 하기가 무섭게 대답했다.
     ② 용돈을 주기가 무섭게 다 써 버린다.
     ③ 그 가수의 CD는 발매되기가 무섭게 다 팔린다.
     ④ 날씨가 덥기가 무섭게 에어컨 판매가 급증했다.

조건과 결정을 나타낼 때
条件と決定の表現

본 장에서는 조건이나 결정을 나타낼 때 사용하는 표현을 공부합니다. 조건을 나타낼 때 사용하는 표현으로 초급에서는 '-(으)면, -(으)려면'을, 중급에서는 '-아야/어야, -거든'을 배웠습니다. 고급에서 다루는 것들은 다양한 조건을 나타내는 표현들과 어떤 일의 상황이나 상태가 다른 것에 의해 결정될 때 사용되는 표현들입니다. 이미 배운 문법 표현들과의 유사점과 차이점을 잘 비교해서 상황에 맞게 사용하시기 바랍니다.

　この章では、条件や決定を表すときに使う表現を勉強します。条件を表すときに使う表現として、初級では-(으)면、-(으)려면を、中級では-아야/어야、-거든を学びました。上級で扱うのは、多様な条件を表す表現と、あることの状況や状態がほかのことによって決定されるときに使われる表現です。すでに学んだ文法表現との類似点と相違点をよく比較して、状況に合わせて使ってください。

01 -는 한

네? 아이가
아프다고요?

가 　신문 기사를 보니 맞벌이 주부들이 참 힘들겠더라고요.

나 　맞아요. 가족들과 직장 동료들의 이해와 도움이 없는
　　한 집안일과 직장 일을 동시에 잘 해내는 것은 무리
　　이지요.

가 　다른 나라에 비해서 한국이 남녀 임금 격차가 큰 데다
　　가 더 오랜 시간 일하기 때문에 더욱 힘들다고 해요.

나 　여성이 일하는 것에 대한 사회적 인식이 개선되지
　　않는 한 저 같은 워킹맘들의 고민은 계속될 거예요.

문법을 알아볼까요?

이 표현은 선행절이 후행절의 내용에 대한 전제나 조건이 될 때 사용합니다. 동사에만 붙습니다.
この表現は、先行節が後続節の内容に関する前提や条件になるときに使います。動詞にのみ付きます。

당신이 제 옆에 있는 한 저는 아무것도 두렵지 않아요.
あなたが私のそばにいる限り、私は何も怖くないです。

아무리 실력이 뛰어나도 영어 시험에 합격하지 않는 한 승진하기가 어려워요.
どんなに実力が優れていても、英語の試験に合格しない限り、昇進するのが難しいです。

백 선생님은 앞으로도 건강이 허락하는 한 봉사 활동을 계속하고 싶다고 하셨어요.
ペク先生はこれからも健康が許す限り、ボランティア活動を続けたいとおっしゃっていました。

도입 대화문 번역

가 　新聞記事を見ると、共働きの主婦は本当に大変そうですね。
나 　そうですよ。家族や職場の同僚の理解と助けがない限り、家事と職場の仕事を同時にこなすのは無理ですよ。
가 　韓国はほかの国に比べて、男女の賃金格差が大きいうえに、長い時間仕事をするので、大変だそうです。
나 　女性が働くことに対する社会的認識が改善されない限り、私のようなワーキング・マザーの悩みは続くでしょう。

1 이 표현은 '-는 한'의 형태로 사용하지만 동사 '관하다'는 관용적으로 '-(으)ㄴ 한'의 형태로 사용됩니다.
この表現は-는 한の形で使いますが、動詞관하다は慣用的に-(으)ㄴ 한の形で使われます。

- 그 문제에 관한 한 현재로서 아무런 대답도 해 줄 수 없어요.

Tip
해박하다 学識が広い

- 조선 시대 풍습에 관한 한 김 교수님만큼 해박한 지식을 가지고 계신
분이 없을 거예요.

2 이 표현은 동사에만 붙지만 형용사 '가능하다'는 예외적으로 '가능한 한'의 형태로 사용합니다.
この表現は動詞にのみ付きますが、形容詞가능하다は例外的に가능한 한の形で使います。

- 가능한 한 일찍 오세요.
- 가능한 한 빨리 끝냈으면 좋겠네요.

Track 062

이럴 때는 **어떻게 말**할까요?

'칠전팔기'란 말이 있지요? 여러 번 실패해도 포기하지 않고 꾸준히 노력한다는 말인데요. 이런 정신을 가진 사람들은 수많은 실패에도 불구하고 계속 도전하는 이유를 어떻게 말할까요?

드디어 합격!

가 수십 번이나 운전면허 시험에 떨어지고도 어떻게 계속
시험을 보실 생각을 하셨나요?

나 희망을 가지고 계속 도전하는 한 꼭 합격할 수 있다고
믿었기 때문이지요.

Tip
칠전팔기 七転び八起き
분야 分野
통역사 通訳士

수십 번이나 운전면허 시험에 떨어지고도 어떻게 계속
시험을 보다

중간에 실패도 많이 하셨을 텐데 30년 넘게 한 분야에서
어떻게 이 일을 계속하다

늦은 나이에 영어 공부를 시작해서 어려움이 많으셨을
텐데 어떻게 통역사가 되다

희망을 가지고 계속 도전하다 / 꼭 합격할 수 있다

꿈을 가지고 열심히 노력하다 / 수많은 실패는 언젠가
성공으로 이어질 수 있다

할 수 있다는 믿음을 가지고 포기하지 않다 / 나이는
아무 상관없다

1 관계있는 것을 연결하고 '-는 한'을 사용해서 문장을 완성하십시오.

(1) 주위의 조언을 귀담아 듣지　•　　　•　㉠ 다른 사람과 화합할 수 없다
　　 않다

(2) 양보하지 않고 자기의 주장　•　　　•　㉡ 누구나 성공할 수 있다고 생각
　　 만을 고집하다　　　　　　　　　　　하다

(3) 참석자 과반수의 찬성이 없다　•　　•　㉢ 진정한 자기 발전을 할 수 없다

(4) 꿈을 잃어버리지 않다　　　•　　　•　㉣ 더 많은 아이들을 후원하고 싶다

(5) 경제적 여건이 허락되다　　•　　　•　㉤ 그 법안은 통과될 수 없다

(1) ㉢ - 주위의 조언을 귀담아 듣지 않는 한 진정한 자기 발전을 할 수 없어요　　　　.
(2) _____.
(3) _____.
(4) _____.
(5) _____.

2 다음 [보기]에서 알맞은 표현을 골라 '-는 한'을 사용해서 대화를 완성하십시오.

> **보기**　　독립을 하지 않다　　　좋아해 주는 사람이 있다　　　제 힘이 닿다
> 　　　　　 인류가 존재하다　　　　생각을 정확히 표현하지 않다

(1) 가 영이 씨가 드디어 부모님으로부터 독립을 했다더군요.
　　 나 경제적으로 **독립을 하지 않는 한** 진정한 독립이라고 할 수 없지 않나요?

(2) 가 교통사고로 몸이 불편하신데도 고아원 봉사 활동을 계속하시는 이유는 뭔가요?
　　 나 비록 몸은 불편하지만 _____ 그 아이들을 도와주고 싶어서요.

(3) 가 연세가 많으신데 아직까지도 무대에 대한 열정이 대단하시네요.
　　 나 한 사람이라도 내 노래를 _____ 계속 무대에 서고 싶어요.

(4) 가 저는 아무 말도 안 했는데 왜 사람들이 저를 오해하는지 모르겠어요.
　　 나 자기의 _____ 다른 사람은 오해할 수밖에 없지요.

(5) 가 어떻게 신생아를 위한 사업에 투자할 생각을 하셨나요?
　　 나 _____ 아기들은 계속해서 태어날 것이기 때문이지요.

02 -(으)ㄹ라치면

가 요즘 방학이라 편의점에서 아르바이트 한다며? 어때?

나 일은 별로 안 힘든데 혼자 가게를 보니까 화장실 가기가 좀 불편해. 한가해졌다 싶어서 잠깐 화장실에라도 다녀올라치면 손님들이 갑자기 연달아 오는 거 있지?

가 어머, 화장실도 제대로 못 가고 힘들겠다.

나 아, 그리고 진짜 바쁘게 일하다가 손님이 뜸해져서 잠깐 앉아서 쉴라치면 그때 사장님이 꼭 오신다니까. 잘못한 것도 없는데 괜히 놀고 있었던 것 같아서 민망하더라고.

문법을 알아볼까요?

이 표현은 선행절의 일을 하려고 하면 으레 후행절의 상황이 일어남을 나타낼 때 사용합니다. 이것은 과거에 여러 번의 경험이 있었던 일로 보통 선행절의 동작을 하려고 생각하거나 가정하면 후행절의 상황이 일어나 선행절의 일을 제대로 할 수 없음을 나타냅니다. 주로 입말에서 사용합니다.

この表現は、先行節のことをしようとすれば、必ず後続節の状況が起こることを表すときに使います。これは、過去に何度も経験があったことで、普段、先行節の動作をしようと思ったり仮定したりすると、後続節の状況が起きて、先行節のことをろくにできないということを表します。主に口語で使います。

밥 좀 먹을라치면 계속 전화가 오니 제대로 먹을 수가 없다.
ごはんを食べようとすると、続けざまに電話が来るから、ろくに食べられない。

리모컨이 평소에는 잘 보이다가 TV 좀 볼라치면 이상하게 안 보인다.
普段はリモコンがすぐ見つかるのに、TVを見ようとするとなぜか見あたらない。

모처럼 날 잡아서 교외로 바람 좀 쐬러 나갈라치면 그날따라 꼭 비가 온다.
久々に日取りを決めて、郊外へ気分転換に行こうかと思うと、その日に限って必ず雨が降る。

가 最近、休みだから、コンビニでアルバイトしているそうね。どう?

나 仕事はあまり大変じゃないんだけど、一人でお店をみてるから、トイレに行くのがちょっと不便。暇になったかと思ってちょっとトイレにでも行ってこようかと思うと、お客さんたちが急に次々来るんだよ。

가 まあ、トイレもろくに行けなくて大変そうね。

나 あ、それから、本当に忙しく働いて、お客さんがまばらになって、ちょっと座って休もうとすると、そのとき社長がいつも来るんだから。間違ったこともしてないのに、遊んでいたみたいで何だか決まり悪いんだ。

이 표현은 큰 의미 차이 없이 '–(으)려고 하면'과 바꿔 사용할 수 있는데, '–(으)려고 하면'보다 좀 더 구어적인 표현입니다.
この表現は、大きな意味の違いなく–(으)려고 하면と言い換えることができますが、–(으)려고 하면よりもう少し口語的な表現です。

• 밥 좀 먹으려고 하면 계속 전화가 오니 제대로 먹을 수가 없다.
• 모처럼 날 잡아서 교외로 바람 좀 쐬러 나가려고 하면 그날따라 꼭 비가 온다.

Track 064

모처럼 어떤 일을 하려고 하면 꼭 다른 일이 생겨서 하려고 했던 일을 못 하게 될 때가 있지요? 여러분은 어떤 경험이 있으세요?

가 주말이라 집에서 쉬면서 낮잠이나 실컷 잘 거라더니 안 자고 뭐 해요?

나 낮잠 좀 잘라치면 옆집 아이가 피아노를 쳐 대니 자고 싶어도 잘 수가 있어야지.

> **Tip**
> 실컷 思う存分
> 마음잡다 心を入れ替える
> 잠이 쏟아지다 眠気におそわれる

주말이라 집에서 쉬면서 낮잠이나 실컷 잘 거라더니 안 자고 뭐 하다

집안 대청소하는 날이라 도와준다더니 안 도와주고 어디 나가다

지난번에 산 책을 오늘까지 다 읽어야 한다고 조용히 하라더니 안 읽고 졸고 있었다

낮잠 좀 자다 / 옆집 아이가 피아노를 쳐 대니 자고 싶어도 자다

모처럼 집안일 좀 도와주다 / 꼭 나가야 할 일이 생기니 도와주고 싶어도 도와주다

오래간만에 마음잡고 책 좀 읽다 / 갑자기 잠이 쏟아지니 읽고 싶어도 읽다

연습해 볼까요?

다음 그림을 보고 '-(으)ㄹ라치면'을 사용해서 문장을 완성하십시오.

(1) 모처럼 시간 내서 <u>세차 좀 할라치면</u> 비가 와.

(2) 오랜만에 지하철 대신 _____ 꼭 내가 탈 버스만 안 와.

(3) 기분이 우울해서 _____ 그날따라 친구들은 시간이 다 안 된대.

(4) 지하철에서 계속 서 가다가 겨우 자리가 나 _____ _____ 꼭 할머니가 내 앞에 와서 서신다니까.

(5) 무료 시식을 한다기에 한참 줄 서서 기다렸다 겨우 _____ _____ 꼭 내 앞에서 준비된 음식이 다 떨어져.

(6) 중요한 날이라 _____ 꼭 동생이 먼저 몰래 입고 나가 버려.

03 −노라면

Track 065

가 무슨 생각을 그렇게 깊이 하고 있어요? 몇 번이나 불러도 못 듣고……

나 아, 그랬어요? 잠깐 생각에 잠겼었나 봐요. 이 음악을 듣고 있노라면 고향 생각이 나거든요.

가 요즘 생각에 잠겨 있을 때가 많은 것 같은데 무슨 일이 있는 건 아니지요? 외국에서 혼자 생활하노라면 힘들 때도 있을 거예요. 외롭기도 하고요.

나 네, 그렇긴 하지만 소희 씨 같은 친구들이 있어서 괜찮아요.

문법을 알아볼까요?

이 표현은 선행절의 행동이나 상태를 계속해서 유지하다 보면 후행절의 상황이나 상태가 됨을 나타낼 때 사용합니다. 동사에만 붙습니다.

この表現は、先行節の行動や状態を維持しつづけていると後続節の状況や状態になることを表すときに使います。動詞にのみ付きます。

고민이 있을 때 친구와 이야기를 나누노라면 의외로 쉽게 해결될 때가 있어요.
悩みがあるとき、友だちと話を交わしていると、意外に簡単に解決するときがあります。

세상을 사노라면 기쁜 날도 있고 슬픈 날도 있게 마련이에요.
世の中を生きていれば、うれしい日もあるし悲しい日もあるものです。

학생들을 가르치노라면 보람도 느끼고 배우는 것도 많아요.
学生たちを教えていると、やりがいも感じ、学ぶことも多いです。

도입 대화문 번역

가 何をそんなに深く考え込んでいるんですか。何度呼んでも聞こえないみたいで……。
나 あ、そうでしたか。ちょっともの思いにふけっていたようです。この音楽を聞いていると、故郷を思い出すんです。
가 最近、もの思いにふけっているときが多いようですけど、何かあるんじゃないですか。外国で独り暮らししていたら大変なときもあるでしょう。さみしくもありますしね。
나 ええ、でも、ソヒさんのような友だちがいるから大丈夫です。

이 표현은 큰 의미 차이 없이 '-다(가) 보면'과 바꿔 쓸 수 있는데, '-다(가) 보면'보다 예스러운 느낌이 있습니다.
この表現は、大きな意味の違いなく-다(가) 보면と言い換えられますが、-다(가) 보면より古風な感じがします。

• 세상을 살다가 보면 기쁜 날도 있고 슬픈 날도 있게 마련이에요.
• 학생들을 가르치다 보면 보람도 느끼고 배우는 것도 많아요.

Track 066

이럴 때는 **어떻게 말**할까요?

여러분은 주로 무슨 일에 시간을 투자하시나요? 어떤 일을 하면서 시간을 보낼 때 몸과 마음이 건강해질까요?

가   한강 근처로 자주 산책을 나가시는 것 같던데 거기로 가시는 특별한 이유가 있나요?

나   강 옆으로 난 길을 걷노라면 마음이 차분해지고 몸도 가벼워지는 것 같거든요.

> **Tip**
> 차분하다 落ちついている
> 운동광 スポーツマニア
> 잡념 雑念　뛰놀다 はしゃぎまわる
> 정화되다 浄化される

한강 근처로 자주 산책을 나가시는 것 같던데 거기로 가시다	강 옆으로 난 길을 걷다 / 마음이 차분해지고 몸도 가벼워지는 것 같다
운동광이시라고 하던데 그렇게 운동을 많이 하시다	헬스클럽에 가서 몇 시간씩 땀을 흠뻑 흘리다 / 잡념이 사라지고 어느새 기분이 좋아지다
유치원에서 봉사 활동을 하신다고 하던데 거기에서 봉사하시다	아이들과 어울려 뛰놀다 / 저도 모르게 마음이 순수해지고 정화되는 느낌이 들다

연습해 볼까요?

単語·表現 p.395

1   다음 [보기]에서 알맞은 표현을 골라 '-노라면'을 사용해서 대화를 완성하십시오.

> **보기**
> 은숙 씨 이야기를 듣다   넓은 바다를 바라보고 있다
> 마음을 붙이고 살아가다   바쁘게 지내다

(1) 가   은숙 씨는 같은 이야기라도 정말 재미있게 하는 것 같아요.
　　나   맞아요. **은숙 씨 이야기를 듣노라면** 어느새 그 이야기에 푹 빠지게 돼요.

(2) 가   한국에 산 지 오래되니까 가끔은 고향보다 한국이 더 편안한 느낌이 들어요.
　　나   어느 곳이든 ＿＿＿＿＿＿＿＿＿＿＿＿＿＿＿＿＿ 고향과 같이 정이 들겠지요.

(3) 가   연락한다 한다 말만 하고 전화도 못 했네요. 죄송해요.
　　나   괜찮아요. ＿＿＿＿＿＿＿＿＿＿＿＿＿＿＿＿＿ 그럴 수도 있지요.

(4) 가   오랜만에 바닷가에 오니까 좋지?
　　나   응. ＿＿＿＿＿＿＿＿＿＿＿＿＿＿＿＿＿ 가슴이 탁 트여.

2 다음 [보기]에서 알맞은 표현을 골라 '-노라면'을 사용해서 대화를 완성하십시오.

> **보기**
>
> 충분히 휴식을 취하다 성실히 일하다
> 꾸준히 취업 준비를 하다 반복해서 연습하다

(1)

케빈 요즘 체력이 약해져서 집중도 잘 안 되고 금세 피곤
해져요.

세린느 영양가가 높은 음식을 잘 먹고 **충분히 휴식을 취하
노라면** 다시 건강해질 거예요.

(2)

투안 졸업한 선배 대부분이 아직 취직을 못 하고 있어서
저도 취직을 못 할까 봐 걱정이에요.

세린느 희망을 가지고 _____
곧 좋은 일자리를 찾을 수 있을 테니 걱정하지 마세요.

(3)

여양 한국말 발음이 안 좋아서 가끔 사람들이 제 말을
못 알아들어요.

세린느 정확한 발음을 들으면서 _____
_____ 점점 발음이 좋아질 거예요.

(4)

김소희 동기들은 벌써 다 승진을 했는데 저만 아직도 평사원
이에요.

세린느 주변 사람 신경 쓰지 않고 지금처럼 _____
_____ 언젠가는 인정을 받을 날이
올 거예요.

04 -느냐에 달려 있다

Track 067

가 와, 진짜 맛있네요. 요리 솜씨가 좋으신데 무슨 특별한 비결이라도 있나요?

나 주부들은 다 기본적으로 하는 건데요, 뭐. 비결이라고까지 말할 수 없지만 저는 음식의 맛은 얼마나 신선한 재료를 쓰느냐에 달려 있다고 생각해요.

가 재료가 중요한 거군요. 다음에는 무슨 음식을 만들어서 저를 초대해 주실 거예요? 하하하.

나 음, 그건 손님이 어떤 음식을 먹고 싶으냐에 달려 있으니까 케빈 씨가 먹고 싶은 것을 말해 보세요.

문법을 알아볼까요?

이 표현은 선행절의 일이나 상태가 후행절의 내용에 의해서 결정될 때 사용합니다. 보통 '얼마나, 어떻게' 등의 의문사와 함께 쓰이는 경우가 많습니다.

この表現は、先行節の出来事や状態が後続節の内容によって決まるときに使います。普通、얼마나や어떻게などの疑問詞と一緒に使われることが多いです。

	A	V	N이다	
과거	*-았(느)냐에/었(느)냐에		*였(느)냐에/이었(느)냐에	+ 달려 있다
현재	*-(으)냐에	*-(느)냐에	(이)냐에	

★ 형용사 현재형의 경우 '-냐에'와 '-으냐에' 둘 다, 동사의 현재형은 '-냐에'와 '-느냐에' 둘 다 가능합니다. 그리고 과거형은 '-았/었/였/이었-' 뒤에 '-느-'를 생략해도 되고, 넣어서 써도 됩니다.

모든 일은 어떻게 생각하느냐에 달려 있어요.
すべてのことはどう考えるかにかかっています。

도입 대화문 번역

가 わあ、ほんとうにおいしいですね。料理の腕がすばらしいですけど、何か特別な秘訣でもあるんですか。

나 主婦はみんな基本的にすることですから。秘訣とまで言えませんが、私は食べ物の味はどれほど新鮮な材料を使うかにかかっていると思います。

가 材料が重要なんですね。今度はどんな食べ物を作って私を招待してくださるんですか。ハハハ。

나 うーん、それはお客さんがどんな食べ物を食べたいかにかかっているので、ケビンさんが食べたいものを言ってみてください。

십 년 후의 우리 모습은 지금 어떤 목적을 가지고 어떻게 살고 있느냐에 달려 있는 것 같아요.
10年後の私たちの姿は、いまどんな目的を持ってどのように暮らしているかにかかっているようです。

이번 일의 결과는 그동안 얼마나 열심히 준비했느냐에 달려 있어요.
今回の仕事の結果は、これまでどれほど一生懸命準備したかにかかっています。

더 알아볼까요?

1 이 표현은 '–고 안/못 –고는 –느냐에 달려 있다', '–고 안/못 –는 것은 –느냐에 달려 있다'의 형태로도 자주 사용합니다.
この表現は、–고 안/못 –고는 –느냐에 달려 있다、–고 안/못 –는 것은 –느냐에 달려 있다の形でもよく使います。

- 사람들에게 사랑을 받고 안 받고는 자기가 어떻게 하느냐에 달려 있어요.
- 이번 일이 성공하고 못 하는 것은 그동안 얼마나 열심히 준비했느냐에 달려 있어요.

2 이 표현은 명사와 함께 사용할 때 '에/에게 달려 있다'의 형태로 씁니다.
この表現は、名詞と一緒に使うとき、에/에게 달려 있다の形で使います。

- 이번 일의 결정은 여러분의 선택에 달려 있어요.
- 우리나라의 미래는 자라나는 청소년들에게 달려 있어요.

3 이 표현은 동사와 함께 '–기에 달려 있다'의 형태로도 사용할 수 있습니다.
この表現は、動詞と一緒に、–기에 달려 있다の形でも使うことができます。

- 행복은 마음먹기에 달려 있어요.
- 모든 일은 생각하기에 달려 있어요.

4 이 표현은 큰 의미 차이 없이 '–는가에 달려 있다' 또는 '–는지에 달려 있다'와 바꿔 쓸 수 있습니다.
この表現は、大きな意味の違いなく–는가에 달려 있다または–는지에 달려 있다と言い換えられます。

- 모든 일은 어떻게 생각하는가에 달려 있어요.
- 이번 일의 결과는 그동안 얼마나 열심히 준비했는지에 달려 있어요.

Track 068

이럴 때는 어떻게 말할까요?

가끔 주위 사람들이 잘못된 생각을 가지고 사는 것을 볼 때가 있지요? 그 사람들의 생각이 잘못되었다고 느낄 때는 언제인가요?

가   가진 것이 많으면 행복하겠죠?

나   행복은 얼마나 많이 가지고 있느냐가 아니라 얼마나 자기의 삶에 만족하느냐에 달려 있다고 봐요.

Tip
만족하다 満足する   흥행 興行   마음을 사로잡다 心を魅了する

가진 것이 많으면 행복하다	행복은 얼마나 많이 가지고 있느냐가 아니라 얼마나 자기의 삶에 만족하다
운동을 많이 하면 건강해지다	건강은 얼마나 많이 운동하느냐가 아니라 얼마나 규칙적으로 운동하다
유명한 배우들이 나오면 영화가 흥행에 성공하다	영화의 흥행은 얼마나 많이 유명한 배우가 나오느냐가 아니라 어떻게 관객들의 마음을 사로잡다

1 다음 [보기]에서 알맞은 표현을 골라 '-느냐에 달려 있다'를 사용해서 대화를 완성하십시오.

보기

얼마나 빨리 회복되다   얼마나 잘 반영했다   언제 어디로 여행을 가다
내일 날씨   일이 몇 시에 끝나다   제품의 질

(1) 가 이번에 한국 팀이 우승할 수 있을까요?

나 주장인 박주성 씨의 컨디션이 <u>**얼마나 빨리 회복되느냐에 달려 있다**</u>고 봅니다.

(2) 가 오늘 저녁 동창회 모임에 올 수 있겠어?

나 그건 오늘 _____ 되도록이면 참석할게.

(3) 가 저 제품이 요즘 인기 있는 상품이래. 디자인이 예뻐서 잘 팔리나 봐.

나 무슨 소리야. 요즘 소비자들은 똑똑해서 디자인만 예쁘다고 사지는 않는다고. 잘 팔
리고 안 팔리고는 _____.

(4) 가 2박 3일로 여행을 가고 싶은데 비용이 어느 정도 들까요?

나 비용은 _____. 싸게 가고 싶으면 휴가철을
피해서 여행 계획을 세워 보세요.

(5) 가 내일 친구들하고 야외로 소풍을 가기로 했는데 갈 수 있을까?

나 그건 _____.

(6) 가 어떻게 하면 이번 프로젝트에서 좋은 평가를 받을 수 있을까요?

나 글쎄요. 그건 변화하는 고객의 요구를 _____.

2 다음 그림을 보고 '-느냐에 달려 있다'를 사용해서 대화를 완성하십시오.

(1)

> 서로 양보하며
> 배려해야죠.

가 어떻게 하면 원만한 부부 생활을 유지할 수 있을까요?

나 그건 <u>얼마나 서로 양보하며 배려하느냐에 달려 있어요</u>.

(2)

> 친절해야죠.

가 우리 식당 음식이 맛있다고들 하는데 생각보다 손님이 적어
요. 손님들이 더 많이 오게 할 수 있는 방법이 없을까요?

나 그건 종업원들이 _____.
맛도 맛이지만 서비스가 중요하거든요.

(3)

> 자기 관리를
> 잘해야죠.

가 어떻게 하면 저 배우처럼 스캔들 없이 인기를 꾸준히 누릴
수 있을까요?

나 그건 _____.

(4)

> 오늘 경기 결과가
> 나와야죠.

가 우리나라 팀이 월드컵 본선에 진출할 수 있을까요?

나 그건 _____.

Track 069

사랑해요. 당신이 최고예요!

가 어제 '우리 부부가 달라졌어요'라는 TV 프로그램을 봤
    는데 아내가 끊임없이 애정 표현을 하고 칭찬을 하니까
    신기하게도 무뚝뚝했던 남편이 변하더라고요.

나 그래서 남자는 여자가 하기 **나름**이라는 유명한 광고
    문구도 있었잖아요.

가 아, 그리고 그 프로그램 안에 '아내를 변신시켜라'라는
    코너가 있었는데 전문가들이 나서서 아내를 꾸며 주니까
    정말 몰라보게 예쁘고 세련되게 변하더라고요.

나 호호호. 여자는 꾸미기 **나름**이에요. 머리 모양이나 옷
    차림만 바꿔도 완전히 다른 사람처럼 보이니까요.

문법을 알아볼까요?

이 표현은 어떤 일이나 행동을 어떻게 하느냐에 따라 그 결과가 달라질 수 있음을 나타낼 때 사용합니다.
동사에만 붙습니다.

この表現は、ある仕事や行動をどのようにするかによってその結果が異なりうることを表すときに使います。
動詞にのみ付きます。

가 친구랑 새벽에 운동하기로 약속은 했는데 내가 일어날 수 있을지 모르겠어.
    友だちと明け方に運動すると約束はしたんだけど、僕が起きられるかどうかわからない。

나 일찍 일어나는 것도 습관을 들이기 **나름**이야. 일찍 잠을 자도록 해 봐.
    早く起きるのも慣れだよ。早く寝るようにしてみなよ。

도입 대화문 번역

가 昨日「우리 부부가 달라졌어요(私たち夫婦が変わりました)」というTV番組を見たんですが、妻が絶えず愛情表現をしてほ
    めると、不思議なことに無愛想だった夫が変わったんですよ。

나 だから、男性は女性しだいという有名なコピーライトもあったじゃないですか。

가 あ、それに、その番組の中に「아내를 변신시켜라(妻を変身させろ)」というコーナーがあったんですが、専門家たちが出
    て来て妻を飾ってあげると、本当に見違えるほどきれいで洗練されたように変わったんですよ。

나 ホホホ。女性は飾りようです。ヘアスタイルや服装を変えるだけで、まるで別人のように見えますから。

가 요즘 인성 교육을 제대로 못 받은 아이들이 많아서 큰일이에요.
　最近、人格教育をきちんと受けていない子どもたちが多くて問題です。

나 아이가 올바른 인성을 갖느냐 못 갖느냐는 부모가 가르치기 나름인데 요즘 모든 교육이
입시 위주로 흘러가다 보니 인성 교육에 중점을 두기가 힘든 것 같아요.
　子どもがしっかりした人格を備えられるかどうかは、親のしつけしだいですが、最近すべての教育が
　入試本位に流れているので、人格教育に重点を置くのが難しいようです。

가 이번에 끝난 공연이 성공적이었다고 생각하세요?
　今回、終わった公演が成功だったとお考えですか。

나 그건 평가하기 나름인데 비록 관객 수는 적었지만 국내에서 최초로 시도된 공연이라는
점에서 성공적이었다고 봐요.
　それは評価の仕方しだいですが、たとえ観客数は少なかったといえど、国内で初めて試みられた公演
　だという点で成功だったと思います。

이럴 때는 어떻게 말할까요?

Track 070

다른 사람과 더불어 산다는 것은 쉬운 일이 아니지요? 어떤 삶의 자세가 필요할까요?

급하시면
먼저……

가 주위 사람들과 문제없이 잘 지낸다는 것은 쉬운 일이
아닌 듯해요.

나 맞아요. 하지만 인간관계는 서로 이해하려고 노력하기
나름인 것 같아요. 먼저 상대방의 입장이 되어 생각해
보고 배려하려 한다면 좋은 관계를 유지할 수 있지 않
을까요?

> **Tip**
> 배려하다 配慮する　　선의의 경쟁자 善意のライバル　　동기 부여 動機づけ
> 성취감 達成感　　　　수용하다 受容する　　　　자기 성찰 自己反省
> 삼다 みなす　　　　　자극제 刺激剤

주위 사람들과 문제없이 잘 지내다	인간관계는 서로 이해하려고 노력하다 / 먼저 상대방의 입장이 되어 생각해 보고 배려하려 한다면 좋은 관계를 유지할 수 있다
경쟁 사회에서 살아야 하다	모든 일은 생각하다 / 한 목표를 향해 같이 도전할 선의의 경쟁자가 있다면 동기 부여도 되고 성공했을 때의 성취감도 크다
다른 사람의 비판과 충고를 수용하다	그런 이야기는 받아들이다 / 사람들 이야기를 자기 성찰의 기회로 삼는다면 더 성숙하고 발전할 수 있는 좋은 자극제가 될 수 있다

다음 [보기]에서 알맞은 표현을 골라 '-기 나름이다'를 사용해서 대화를 완성하십시오.

보기	사용하다	요리하다	설명하다	훈련시키다
	개척하다	배치하다	예산을 짜다	

(1) 가 이 노트북 배터리는 한번 충전하면 몇 시간 정도 사용할 수 있어요?

　　나 그건 **사용하기 나름이에요**. 계속해서 쓰면 금방 닳겠지요.

(2) 가 강아지가 너무 예쁜데 똥오줌을 못 가릴까 봐 키우기가 망설여져요.

　　나 그건 _____. 그걸 두려워하면 절대로 못 키우죠.

(3) 가 여기에 소파까지 놓으면 방이 더 좁아 보이지 않을까요?

　　나 그거야 가구를 _____. 이쪽 벽에 붙이면 좁아 보이지 않을
　　　　거예요.

(4) 가 고등어조림을 집에서 해 봤는데 생선 비린내가 나더라고요.

　　나 그건 _____ 요리할 때 생강즙을 조금 뿌려 보세요.

(5) 가 이렇게 험난한 세상을 잘 살아갈 수 있을까?

　　나 우리의 인생은 우리가 _____. 그런 나약한 생각은 버려!

(6) 가 이번 방학에 배낭여행을 가려고 하는데 비용이 얼마 정도 들까요?

　　나 그건 _____. 먼저 숙소와 일정을 고려해서 계획을 세워
　　　　보세요.

(7) 가 이번에는 혜진 씨를 프로젝트에서 빼야 할 것 같은데 내가 개인적인 감정이 있어서
　　　　자기만 뺀다고 생각하지 않을까?

　　나 글쎄, 그건 _____ 기분 나쁘지 않게 잘 말해 봐.

※ [1~3] 다음 밑줄 친 부분과 바꾸었을 때 의미가 가장 비슷한 것을 고르십시오.

1 내 방에서 조용히 <u>공부 좀 하려고 하면</u> 동생이 와서 놀자며 귀찮게 한다.

① 공부 좀 할라치면   ② 공부 좀 하던 차에
③ 공부 좀 한다면   ④ 공부 좀 한다 치고

2 비싼 옷을 입는다고 해서 옷을 잘 입는 것이 아니라 싼 옷을 입더라도 어떤 옷을 무엇과 어떻게 입었느냐에 따라 달라진다. 옷을 잘 입고 못 입는 것은 <u>매치하기 나름이다.</u>

① 매치하기가 요구된다   ② 매치하기 십상이다
③ 매치하기에 달려 있다   ④ 매치하기 일쑤이다

3 아무리 피곤한 날이어도 집에 와서 아기의 웃는 모습을 <u>보다 보면</u> 기분이 좋아지고 피곤이 풀린다.

① 보련만   ② 볼라치면
③ 보더라도   ④ 보노라면

※ 다음 (   )에 알맞은 것을 고르십시오.

4 실패를 두려워하지 말라. 실패를 (   ) 아무것도 할 수 없다는 것을 명심하라.

① 두려워하니만큼   ② 두려워할 바에야
③ 두려워할지라도   ④ 두려워하는 한

※ 다음 (   )에 들어갈 수 **없는** 것을 고르십시오.

5 가   도대체 이렇게 많은 사람 중에 내 미래의 남편은 어디에 있는 걸까?
     나   계속 (   ) 언젠간 만날 수 있을 거야.

① 찾노라면   ② 찾을라치면
③ 찾으면   ④ 찾다가 보면

※ 다음 밑줄 친 부분이 **틀린** 것을 고르십시오.

6 ① 모든 일에 <u>가능한</u> 최선의 노력을 다해야 후회가 없는 법이다.
     ② 자취 생활을 오래 <u>하노라면</u> 누가 옆에 있는 게 불편할 때가 있다.
     ③ 그 일을 하고 안 하고는 너의 <u>결정에 달려 있으니까</u> 잘 생각해 봐.
     ④ 그렇게 많던 못도 필요해서 <u>쓸라치면</u> 어디에 있는지 찾을 수가 없다.

8장

따로 함과 같이 함을 나타낼 때

別々にすることと一緒にすることの表現

본 장에서는 말하고자 하는 내용이 따로 구별되거나 또는 두 가지 행위를 겸하여 할 때 사용하는 표현에 대해서 공부합니다. 두 가지 행동을 같이 할 때 사용하는 표현으로 초급에서는 '–(으)면서'를, 중급에서는 의도를 나타내는 표현으로서의 '–(으)ㄹ 겸 –(으)ㄹ 겸'을 배웠습니다. 고급에서 배우는 표현들도 많이 쓰이는 표현들이므로 유사점과 차이점을 유의해서 공부하시기 바랍니다.

この章では、話そうとする内容が別々に区別されるときに使う表現と、二つの行為を兼ねて行うときに使う表現について勉強します。二つの行動を一緒にするときに使う表現として、初級では–(으)면서を、中級では意図を表す表現としての–(으)ㄹ 겸 –(으)ㄹ 겸を学びました。上級で学ぶ表現もよく使われる表現なので、類似点と相違点に気をつけて勉強してください。

01 은/는 대로

가 이번 여름에 해안선을 따라 여행을 해 볼까 하는데 동해안 쪽이 좋아요, 서해안 쪽이 좋아요?

나 글쎄요. 동해안은 동해안대로 서해안은 서해안대로 각각 매력이 있어서 어디 한 곳을 말하기가 그러네요. 자동차로 가려고요?

가 아니요, 지금 계획은 자전거로 갈까 하는데 무리일까요?

나 자동차를 타는 것보다는 시간도 오래 걸리고 힘들겠지만 자전거는 자전거대로 천천히 자연을 느끼면서 여행할 수 있어서 좋을 것 같아요.

문법을 알아볼까요?

이 표현은 명사와 함께 사용하여 그 명사가 뒤에서 서술하고 있는 내용의 특성이 다른 것과 구별될 때 사용합니다.
この表現は、名詞とともに使い、その名詞の後述の特性がほかのものと区別されるときに使います。

너는 너대로 나는 나대로 어디에 있든지 최선을 다하면 되는 거야.
君は君、僕は僕で、どこにいようと最善を尽くせばいいんだよ。

요즘도 남자는 남자대로 여자는 여자대로 따로 밥을 먹어야 하는 곳이 있단 말이에요?
最近でも、男は男、女は女で、別々にごはんを食べなければいけないところがあるってことですか。

같은 재활용 쓰레기라도 종이는 종이대로 플라스틱은 플라스틱대로 분리해서 버려야 해요.
同じリサイクルごみでも、紙は紙、プラスチックはプラスチックで、分別して捨てなければいけません。

도입 대화문 번역

가 この夏、海岸線沿いに旅行をしてみようかと思うんですけど、東海岸側がいいですか。西海岸側がいいですか。

나 そうですね。東海岸は東海岸なりに西海岸は西海岸なりにそれぞれ魅力があるので、どちらか一か所というのは難しいですね。車で行くつもりですか。

가 いいえ、今の計画では自転車で行こうかと思うんですけど、無理でしょうか。

나 車に乗るより時間も長くかかって大変でしょうけど、自転車は自転車なりにゆっくり自然を感じながら旅行できてよさそうです。

이럴 때는 어떻게 말할까요?

각 사람마다 입장의 차이가 있는데요. 서로의 입장이 달라서 갈등이 생겼을 때는 어떻게 말해야 할까요?

가 그 회사의 임금 협상이 결렬되었다면서요?

나 네, 경영자는 경영자대로 이번에 책정된 임금은 현 회사 상황을 반영한 최적의 임금이라고 하고, 노조는 노조대로 실제 물가를 반영하지 않은 최저의 임금 수준이라고 주장한대요.

Tip

임금 협상 賃金交涉	결렬되다 決裂する	책정되다 策定する
반영하다 反映する	최적 最適	최저 最低
합의 合意	원료 공개 原料公開	찬반 논란 賛否両論
기밀 機密		

그 회사의 임금 협상이 결렬되었다	경영자 / 이번에 책정된 임금은 현 회사 상황을 반영한 최적의 임금이다 / 노조 / 실제 물가를 반영하지 않은 최저의 임금 수준이다
그 폭력 사건에 대한 합의가 안 됐다	가해자 / 그 사건은 우연적인 사건이었다 / 피해자 / 계획적인 행동이었다
그 회사 제품의 원료 공개에 대한 찬반 논란이 계속되고 있다	생산업자 / 원료 공개는 회사 기밀이니까 밝힐 수가 없다 / 소비자 / 알 권리가 있으니까 밝혀야 하다

연습해 볼까요?

単語·表現 p.396

1 '은/는 대로'를 사용해서 대화를 완성하십시오.

(1) 가 부자는 걱정거리가 없어서 좋겠다.

　　나 무슨 소리야? **부자는 부자대로** 걱정이 있는 법이라고.

(2) 가 재즈만 좋아하는 줄 알았더니 국악도 듣네요.

　　나 ＿＿＿＿＿＿＿＿＿＿＿＿＿＿ 각기 다른 맛이 있거든요.

(3) 가 좀 전에 밥을 그렇게 많이 먹더니 또 빵을 먹으려고?

　　나 저는 ＿＿＿＿＿＿＿＿＿＿＿＿ 들어갈 배가 따로 있어서 괜찮아요.

(4) 가 은주 씨, 이메일은 안 쓰세요? 항상 편지를 직접 쓰는 것 같네요.

　　나 이메일도 쓰죠. 그런데 ＿＿＿＿＿＿＿＿＿＿＿＿ 쓰는 사람의 정성을 느낄 수가 있으니까 자주 쓰는 편이에요.

(5) 가 애완동물을 기르고 싶은데 고양이랑 강아지 중에 뭐가 좋을까?

　　나 얘기 들어 보면 ＿＿＿＿＿＿＿＿＿＿＿＿ 키우는 재미가 있다던데……

2 다음 글을 읽고 '은/는 대로'를 사용해서 대화를 완성하십시오.

> 서울에서 태어나 쭉 도시에서만 살다가 남편 직장을 따라 시골 마을로 오게 됐다.
> 처음에는 시골 생활이 불편했는데 이제는 아주 익숙해져서 다시 도시에 나가서 살라고
> 하면 못 살 것 같다. (1) 도시가 여러 가지 편의 시설이 많아서 편리하지만 여기는 특히
> 공기가 맑고 조용해서 그 자체가 휴식이 된다. (2) 아파트에서만 살다가 주택에서 살아
> 보니까 삶을 풍요롭게 즐길 수 있다고나 해야 할까. 앞마당에는 나무도 심고 채소도
> 키우고 사람들을 초대해서 바비큐 파티도 할 수 있으니 아파트에서는 상상도 못 해 본
> 일이다. (3) 주변에 그 흔한 대형 마트는 없지만 삼 일마다 한 번씩 서는 장에 가는 것도
> 큰 즐거움 중의 하나이다. 시장에 가면 값도 싼 데다가 덤도 많이 주고 구경거리도 많기
> 때문이다. (4) 아이들은 산과 들을 맘껏 뛰어다니며 놀 수 있어서 좋아하고, (5) 우리
> 부부는 집 안팎의 일을 직접 하느라 따로 운동할 필요 없이 건강해지는 것 같아서 대만족
> 이다. 이제는 다른 사람들에게도 이곳 생활을 적극 추천하고 싶다.

가 도시에서 살다가 시골에서 살아 보니까 불편하지?

나 도시가 편리하기는 한데 (1) **여기는 여기대로 공기가 많고 조용해서 좋아**.

가 아파트에서 살다가 주택에 살면 불편하다던데…….

나 물론 아파트가 관리하기가 편하지. 그런데 (2) ＿＿＿＿＿＿＿＿＿＿＿＿＿＿＿＿＿
　　좋아.

가 주변에 대형 마트도 없다면서? 멀리 시장까지 가야 하니까 불편하지 않아?

나 마트가 있으면 편리하겠지만 (3) ＿＿＿＿＿＿＿＿＿＿＿＿＿ 좋아. 그리고
　　구경거리도 많고.

가 그렇구나. 너희 가족들은 어때?

나 (4) ＿＿＿＿＿＿＿＿＿＿＿＿＿＿＿＿＿＿＿＿＿＿＿ 좋아하고,
　　(5) ＿＿＿＿＿＿＿＿＿＿＿＿＿＿＿＿＿＿＿＿＿＿＿ 만족하고 있어.

가 잘됐네. 네 이야기를 들으니 아주 행복한 모양이구나.

나 응, 너도 여기로 이사 오면 좋겠다.

02 -는 김에

Track 073

가 어제 휴일인데 뭐 하셨어요?

나 모처럼 친구를 만난 김에 영화도 보고 쇼핑도 했어요.
그랬더니 좀 피곤하네요.

가 저 지금 은행에 갔다 오려고 하는데 나가는 김에 커피
한 잔 사다 드릴까요?

나 그래 주실래요? 그럼 카페라떼로 부탁해요.

문법을 알아볼까요?

이 표현은 선행절의 행위를 하는 기회나 이미 일어난 어떤 상황을 계기로 계획에는 없지만 그와 관련된
후행절의 행위를 겸하여 함을 나타낼 때 사용합니다.
この表現は、先行節の行為をする機会やすでに起こったある状況をきっかけにして、計画にはなかったけれ
ど、それと関連する後続節の行為を兼ねて行うことを表すときに使います。

	V
과거/완료	-(으)ㄴ 김에
현재	-는 김에

가 이게 웬 호두과자예요?
このくるみ菓子(くるみの形のまんじゅう)、どうしたんですか。

나 휴게소에 들른 김에 천안에서 유명하다고 해서 좀 샀어요. 드셔 보세요.
休憩所に寄ったついでに、天安で有名というから少し買いました。召し上がってみてください。

가 어제 인천에 사는 동생네 집에 간 김에 인천 국제도시도 구경을 했어요.
昨日、仁川に住んでいる弟/妹の家に行ったついでに、仁川国際都市も見物しました。

나 저도 한 번 가 봤는데 국제도시답게 도시 계획을 잘했더라고요.
私も一度行ってみたんですけど、国際都市らしく都市計画がよくされていますね。

도입 대화문 번역

가 昨日、休日でしたけど、何なさいましたか。
나 久しぶりに友だちに会ったついでに、映画も見てショッピングもしました。そうしたら、ちょっと疲れました。
가 私、いま銀行に行って来ようと思うんですけど、出かけるついでにコーヒーでも一杯買って来ましょうか。
나 そうしてくださいますか。じゃあ、カフェラテでお願いします。

가 친구들이 내 첫인상이 너무 강해 보인다는데 머리 모양을 좀 바꿔 볼까?
　　友人たちが私の第一印象がすごく強く見えると言うんだけど、ヘアスタイルをちょっと変えてみようか。

나 머리 모양을 바꾸는 김에 머리 색상도 조금 밝은 색으로 바꿔 보는 게 어때?
　　ヘアスタイルを変えるついでに髪の色も少し明るい色に変えてみたらどう?

더 알아볼까요?

1 이 표현은 과거의 상황일 때도 선행절과 후행절의 행위가 거의 동시에 이루어지면 '-는 김에'를 사용합니다.
　　この表現は、過去の状況のときも、先行節と後続節の行為がほぼ同時に成立した場合は-는 김에を使います。

　• 제 것을 <u>사는 김에</u> 동생 것도 하나 샀어요.
　• 어제 방 청소를 <u>하는 김에</u> 부엌 청소도 했어요.

2 이 표현은 현재의 상황일 때도 선행절의 행위가 완료된 뒤에 후행절의 행위가 시작되면 '-(으)ㄴ 김에'를 사용합니다.
　　この表現は、現在の状況のときも、先行節の行為が完了した後に後続節の行為が始まる場合は-(으)ㄴ 김에を使います。

　• 이렇게 다 <u>모인 김에</u> 기념사진이나 찍을까요?
　• 오랜만에 <u>외출한 김에</u> 분위기 좋은 곳에 가서 차나 한잔합시다.

비교해 볼까요?

어떤 행동들을 겸하여 한다는 점에서 '-(으)ㄹ 겸 -(으)ㄹ 겸'과 '-는 김에'가 비슷해 보이지만 다음과 같은 차이가 있습니다.
ある行動を兼ねて行うという点で-(으)ㄹ 겸 -(으)ㄹ 겸と-는 김에が同じように見えますが、次のような違いがあります。

-(으)ㄹ 겸 -(으)ㄹ 겸	-는 김에
두 가지 이상의 행동을 모두 하고자 할 의도나 목적을 가지고 있음을 의미합니다. 二つ以上の行動をすべてしようとする意図や目的を持っていることを意味します。	어떤 행동을 할 기회를 이용하여 그와 연관된 다른 일을 같이 함을 의미합니다. ある行動をする機会を利用してそれと関連したほかのことを一緒にすることを意味します。
• 영화도 <u>볼 겸</u> 쇼핑도 <u>할 겸</u> 어제 시내에 나갔어요. ☞ 영화도 보고 쇼핑도 할 목적으로 시내에 나갔다는 의미입니다. 映画も見て買い物もするという目的で、市内に出かけたという意味です。	• 어제 시내에 <u>나간 김에</u> 영화도 보고 쇼핑도 했어요. ☞ 어떤 목적이 있어 시내에 나갔고, 그 기회에 계획에는 없었지만 영화도 보고 쇼핑도 했다는 의미입니다. ある目的で市内に出かけ、もともと計画にはなかったけれど、その機会に映画も見て買い物もしたという意味です。

이럴 때는 어떻게 말할까요?

그동안 하고 싶은데 시간이 없어서 미뤄 온 일들이 있지요? 여러분은 시간이 생기면 무엇을 하고 싶으신가요?

가 이번에 시간이 좀 생겨서 관광도 하고 휴식도 취할 겸 제주도에 갈까 해요.

나 그럼, 제주도에 가는 김에 감귤 초콜릿과 한라봉 쿠키 좀 사다 주세요.

> **Tip**
>
> 감귤 みかん 　　　　　 한라봉 デコポン 　　 도자기 陶磁器
> 가구 배치 家具の配置 　　 벽지 壁紙

관광도 하고 휴식도 취할 겸 제주도에 가다

집에서도 쓰고 선물도 할 겸 도자기 만드는 법을 배우다

집 안 분위기도 바꾸고 기분 전환도 할 겸 가구 배치를 새로 하다

제주도에 가다 / 감귤 초콜릿과 한라봉 쿠키 좀 사다 주다

만들다 / 제 것도 기념으로 하나 만들어 주다

가구 배치를 새로 하다 / 벽지 색깔도 바꿔 보다

연습해 볼까요?

다음 [보기]에서 알맞은 표현을 골라 '─는 김에'를 사용해서 대화를 완성하십시오.

> **보기**　　말이 나오다　　부탁하다　　물어보다　　도와주다　　생각나다

(1) 가 길 건너편에 예쁜 카페가 새로 생겼는데 특이하게 붕어빵이랑 커피를 같이 판대.
    나 그래? **말이 나온 김에** 거기에 한번 가 볼까?

(2) 가 이 근처에 종관 씨 사무실이 있지 않아요?
    나 아, 그랬던 것 같아요. _____ 전화나 해 볼까요?

(3) 가 현빈 씨, _____ 한 가지만 더 물어봐도 되겠습니까?
    나 죄송합니다. 공식적인 인터뷰 시간은 벌써 끝났습니다.

(4) 가 저장할 때는 왼쪽, 삭제할 때는 오른쪽 버튼을 누르시면 돼요.
    나 고맙습니다. 그런데 _____ 이것도 좀 가르쳐 주세요.

(5) 가 이것만 가는 길에 우체통에 넣으면 되죠?
    나 네, 그런데 미안하지만 _____ 한 가지 더 부탁할게요.

※ 〔1~2〕 다음 (   )에 알맞은 것을 고르십시오.

1
가 무슨 사고라도 생긴 게 아닐까요?
나 곧 연락이 올 테니 (   ) 조금만 더 기다려 봅시다.

① 기다리는 한   ② 기다리는 바람에
③ 기다리는 김에   ④ 기다리는 가운데

2
가 언니, 여자는 봄을 타고 남자는 가을을 탄다는데 난 왜 가을만 되면 마음이 울적해지는 걸까?
나 그건 의학적으로 근거가 없는 얘기야. 그럼, (   ) 타는 나는 뭐니?

① 봄은커녕 가을마저   ② 봄은 봄이고 가을은 가을이고
③ 봄부터 가을까지   ④ 봄은 봄대로 가을은 가을대로

※ 다음에 제시된 단어를 이용해서 알맞은 형태로 바꿔 쓰십시오.

3
비빔밥은 요리하기가 간단해 보이지만 참 손이 많이 가는 음식이다. (고기, 고기, 나물, 나물) 따로 볶아야 제맛이 나기 때문이다. 이렇게 준비한 재료들을 따뜻한 밥 위에 올리고 고추장과 참기름을 각자의 기호에 맞게 양을 조절해 넣어서 비벼 먹는다. 한 그릇에 갖가지 영양소가 듬뿍 들어갔으니 그야말로 웰빙(well-being) 음식이 아닐 수 없다.

(   )

4
무뚝뚝한 경상도 사람인 아버지는 자신의 감정을 드러내신 적이 별로 없었다. 서울에서 혼자 자취하는 아들이 걱정돼서 오셨어도 항상 볼일이 있어 (이 근처에 오다) 그냥 한번 들러 봤다고 말씀하시곤 했다. 하지만 어머니가 미리 준비하신 반찬이며 먹을거리를 잔뜩 들고 오신 아버지의 깊은 속마음을 모를 리 없었다.

(   )

※ 다음 글을 읽고 (   )안에 가장 알맞은 표현을 고르십시오.

5
최근 방송사들이 앞다퉈 '인포테인먼트' 프로그램을 만들고 있다. '인포테인먼트(infortainment)' 란 정보를 나타내는 말과 오락을 나타내는 말을 합쳐서 만든 단어로, 딱딱한 교양 프로그램 에 오락 프로그램의 재미를 더하여 (   ) 까다로운 시청자들을 사로잡기 위한 새로운 프로 그램 형식이다.

① 정보는 정보대로 재미는 재미대로 따지는
② 오락성만 있으면 정보 제공이 중요하겠냐는
③ 정보는 물론이고 재미도 상관할 바 아니라는
④ 오락성만큼은 정보 제공보다 못하면 안 된다는

9장

대조와 반대를 나타낼 때
対照と反対の表現

본 장에서는 대조나 반대를 나타낼 때 사용하는 표현을 공부합니다. 초급에서는 '-지만, -는데'를, 중급에서는 '-기는 하지만, -기는 -지만, -는 반면에, -는데도'를 배웠습니다. 고급에서 다루는 표현들은 이미 배운 문법 표현들과 의미도 비슷하면서 많이 사용되는 것들이므로 유사점과 차이점을 잘 익혀서 같은 상황에서도 다양한 표현들을 사용해 보시기 바랍니다.

この章では、対照や反対を表すときに使う表現を勉強します。初級では-지만、-는데を、中級では-기는 하지만、-기는 -지만、-는 반면에、-는데도を学びました。上級で扱う表現はすでに学んだ文法表現と意味も似ており、よく使われるものなので、類似点と相違点をしっかり習得して同じ状況でも多様な表現を使ってみてください。

01 −건만

가 그 집 아들이 올해 몇 살이더라? 결혼할 때가 됐죠?

나 아이고, 넘었죠. 내가 그렇게 눈을 낮추라고 얘기했건만 아직도 이상형이 어쩌고저쩌고하고 있어요.

가 우리 딸도 마찬가지예요. 빨리 결혼 좀 하면 좋겠건만 줄곧 멋있는 남자 타령만 하고 있다니까요.

나 그래요? 그럼 그 집 딸하고 우리 아들을 한번 만나 보게 하는 게 어때요?

문법을 알아볼까요?

이 표현은 선행절의 내용으로 기대되는 상황이나 결과와 반대되는 내용이 후행절에 나타날 때 사용합니다.
この表現は、先行節の内容から期待される状況や結果と反対の内容が後続節に現れるときに使います。

	A/V	N이다
과거/완료	−았건만/었건만	였건만/이었건만
현재	−건만	(이)건만
미래/추측	−겠건만	(이)겠건만

햇살은 따뜻하건만 밖은 여전히 춥다.
日差しは暖かいが、外はまだ寒い。

날마다 도서관에서 열심히 공부하건만 성적은 도무지 오르지 않는다.
毎日、図書館で一生懸命勉強しているが、成績は一向に上がらない。

좋아한다고 그렇게 눈치를 주었건만 진짜 모르는 건지 모르는 척하는 건지 그녀는 아무 반응이 없다.
好きだとあんなにサインを送っているのに、本当に気づかないのか気づかないふりをしているのか、彼女は何の反応もない。

도입 대화문 번역

가 お宅の息子さん、今年何歳でしたっけ。結婚する年頃になったでしょう。

나 とっくに過ぎてますよ。私があんなに妥協しろって言ったのに、まだ理想のタイプがどうのこうの言ってるんですよ。

가 うちの娘も同じです。早く結婚すればいいのに、ずっとかっこいい男性って口癖のように言っているんだから。

나 そうなんですか。じゃあ、お宅の娘さんとうちの息子を一度会わせてみるのはどうですか。

여러분은 언제 나이가 들었다고 느끼시나요? 여러분이 생각하는 자신과 현실 속의 모습이 다를 때인가요?
다른 사람들은 언제 그렇게 느낄까요?

가   요즘도 새벽마다 운동하러 다니세요?

나   아니요. 마음은 아직도 청춘이건만 몸이 말을 듣지 않아
서 일찍 못 일어나겠더라고요. 나이가 들었나 봐요.

> **Tip**
> 청춘 青春　　　반복하다 繰り返す
> 도통 まったく, さっぱり
> 익히다 覚える　　도무지 まるっきり, 皆目

요즘도 새벽마다 운동하러 다니다
다시 시작한 영어 공부는 잘되다
다음 달부터 바뀌는 컴퓨터 프로그램은
다 익혔다

마음은 아직도 청춘이다 / 몸이 말을 듣지 않아서 일찍 못 일어나겠다
같은 단어를 몇 번씩 반복해서 외우고 있다 / 단어가 도통 외워지지 않다
여러 번 자세하게 설명을 들었다 / 무슨 말인지 도무지 모르겠다

연습해 볼까요?

다음 만화를 읽고 '-건만'을 사용해서 두 사람의 생각을 바꾸십시오.

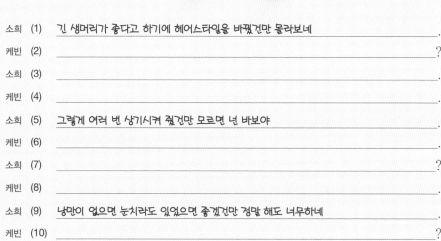

소희 (1) <u>긴 생머리가 좋다고 하기에 헤어스타일을 바꿨건만 몰라보네</u>.

케빈 (2) <u>　　　　　　　　　　　　　　　　　　　　　　　　　　　　　　　　</u>?

소희 (3) <u>　　　　　　　　　　　　　　　　　　　　　　　　　　　　　　　　</u>.

케빈 (4) <u>　　　　　　　　　　　　　　　　　　　　　　　　　　　　　　　　</u>.

소희 (5) <u>그렇게 여러 번 상기시켜 줬건만 모르면 넌 바보야</u>.

케빈 (6) <u>　　　　　　　　　　　　　　　　　　　　　　　　　　　　　　　　</u>.

소희 (7) <u>　　　　　　　　　　　　　　　　　　　　　　　　　　　　　　　　</u>?

케빈 (8) <u>　　　　　　　　　　　　　　　　　　　　　　　　　　　　　　　　</u>.

소희 (9) <u>낭만이 없으면 눈치라도 있었으면 좋겠건만 정말 해도 너무하네</u>.

케빈 (10) <u>　　　　　　　　　　　　　　　　　　　　　　　　　　　　　　　　</u>?

02 −고도

가 어제 모임에 여양 씨가 또 늦게 온 거 있죠?

나 그렇게 안 늦겠다고 다짐을 하고도 또 안 지켰단 말이에요?

가 더군다나 늦게 오고도 사과 한 마디 없는 거예요. 같이 기다리던 사람들한테 오히려 제가 미안하더라고요.

나 여양 씨는 늦게 오는 버릇만 고치면 참 괜찮은 사람인데 왜 그러는지 모르겠네요.

문법을 알아볼까요?

이 표현은 선행절의 행위가 완료된 후에 그 선행 동작 후에 예상되는 결과와는 다른 행위나 상황이 후행절에 나타날 때 사용합니다. 동사에만 붙습니다.

この表現は、先行節の行為が完了した後、その先行動作の後に予想される結果とは異なる行為や状況が後続節に現れるときに使います。動詞にのみ付きます。

직접 눈으로 확인하고도 아직도 못 믿겠단 말이에요?
直接目で確認しても、まだ信じられないと言うんですか。

돈이 있으면 뭐든지 살 수 있다고들 하지만 돈을 주고도 살 수 없는 것이 있다.
お金があれば何でも買えると言うが、お金を出しても買えないものがある。

화상 회의를 통해 각지에 흩어져 있는 지사장들이 한 자리에 모이지 않고도 긴급한 안건을 논의할 수 있게 되었다.
テレビ会議によって、各地に散らばっている支社長が一か所に集まらなくても緊急な案件を議論できるようになった。

도입 대화문 번역

가 昨日、集会に、ヨヤンさんがまた遅れて来たんですよ。

나 あんなに遅れないと誓ったのに、また守らなかったってことですか。

가 そのうえ、遅れて来ても、謝罪のひとこともないんですよ。一緒に待っていた人たちに、私のほうが申し訳なかったですよ。

나 ヨヤンさんは遅れて来る癖さえ直せば本当にいい人なのに、どうしてなのかわかりませんね。

1 이 표현은 선행절과 후행절의 주어가 같아야 합니다.
この表現は、先行節と後続節の主語が同じでなければなりません。

- 동생이 도자기를 깨고도 제가 깼다고 했어요. (×)
  → 동생이 도자기를 깨고도 (동생이) 깨지 않았다고 했어요. (○)
  → 동생이 도자기를 깼지만 제가 깼다고 했어요. (○)

2 이 표현 앞에는 시제를 나타내는 '-았/었-'이나 '-겠-'과 같은 어미들을 쓸 수 없습니다.
この表現の前には時制を表す-았-や-겠-のような語尾を使えません。

- 그 친구는 늦게 왔고도 사과하지 않았다. (×)
  → 그 친구는 늦게 오고도 사과하지 않았다. (○)

3 이 표현은 일부 형용사에 붙어 어떤 것이 대립되는 두 가지 특성을 동시에 지니고 있음을 나타낼 때도 사용합니다.
この表現は、一部の形容詞に付いて、あるものが対立する二つの特性を同時に持っていることを表すときも使います。

- 가깝고도 먼 나라   近くて遠い国
- 길고도 짧은 인생   長くて短い人生
- 넓고도 좁은 세상   広くて狭い世の中
- 슬프고도 아름다운 이야기   悲しくも美しい話

이럴 때는 어떻게 말할까요?

Track 078

'선의의 거짓말'이란 말을 들어보셨나요? 정직한 것이 가장 좋지만 때로는 상대방을 배려해서 진실을 감출 때가 있는데요. 여러분은 어떤 경험이 있으신가요?

가   선의의 거짓말을 해 본 적이 있나요?

나   얼마 전에 할머니를 찾아뵈었는데 밥상을 차려 놓고 기다리고 계셔서 밥을 먹고 가도 안 먹은 척한 적이 있었어요.

Tip

선의의 거짓말 善意の嘘	복장을 하다 服装をする
속이 안 좋다 おなかの調子が悪い	방귀를 뀌다 おならをする

얼마 전에 할머니를 찾아뵈었는데 밥상을 차려 놓고 기다리고 계셔서 밥을 먹고 가다 / 안 먹다

어렸을 때 아빠가 산타클로스 복장을 하고 선물을 들고 계시는 걸 봤는데 산타가 아빠인 걸 알다 / 모르다

극장에서 여자 친구가 속이 안 좋은지 방귀를 뀌었는데 여자 친구의 방귀 소리를 듣다 / 못 듣다

다음 [보기]에서 알맞은 단어를 골라 '-고도'를 사용해서 대화를 완성하십시오.

보기

| 혼나다 | 먹다 | 도와주다 | 가지 않다 |
| 사귀다 | 밟다 | 졸업하다 | |

(1) 가 엄마, 한 시간만 더 컴퓨터 게임하면 안 돼요?

나 아빠한테 그렇게 **혼나고도** 아직 정신을 못 차리니?

(2) 가 버스 안에서 어떤 남자가 제 발을 밟았는데 아무 말도 없이 그냥 지나가는 거예요.

나 발을 _____ 사과를 하지 않았단 말이에요?

(3) 가 친구가 아프다기에 청소며 빨래며 다 해 줬더니 고맙다는 말은커녕 시끄러워서 잠을

못 잤다면서 화를 내는 거 있지?

나 어머······. _____ 그런 소리를 들으니까 기분이 나빴겠구나.

(4) 가 '고학력 청년 백수'가 뭐예요?

나 대학까지 _____ 취직이 되지 않아 집에서 놀고 있는 청년들을 말해요.

(5) 가 '실컷 _____ 살을 뺄 수 있게 해 드립니다.' 이게 가능하다고 생각해요?

나 말이 안 된다고 생각해도 그 광고 보고 전화로 문의하는 사람이 많을걸요.

(6) 가 재헌 씨는 여자 친구를 사귄 지 3년이나 되었는데 아직 손도 못 잡아 봤대.

나 뭐? 3년이나 _____ 손 한 번 못 잡아 봤다고? 너 그걸 진짜 믿니?

(7) 가 성적증명서가 필요해서 이번 주에 학교에 한번 가려고 해요.

나 직접 _____ 인터넷으로 신청할 수 있어요.

03 -(으)ㅁ에도 불구하고

Track 079

가 오늘 신문의 1면 기사 봤어요?

나 넉넉하지 않은 형편임에도 불구하고 가진 재산을 가난한 학생들에게 나눠 준 배달원 아저씨 얘기 말이지요?

가 네, 저는 그 기사를 읽고 얼마나 반성했는지 몰라요.

나 돈이 많음에도 불구하고 기부에 인색한 사람들과는 비교가 되는 이야기지요.

문법을 알아볼까요?

이 표현은 선행절의 행위나 상태로 기대되는 것과 다른 내용 또는 반대의 결과가 후행절에 나타날 때 사용합니다.

この表現は、先行節の行為や状態として期待されることと異なる内容または反対の結果が後続節に来るときに使います。

	A/V	N이다	
과거/완료	-았음에도/었음에도	였음에도/이었음에도	
현재	-(으)ㅁ에도	임에도	+ 불구하고
미래/추측	-겠음에도	(이)겠음에도	

경력이 없음에도 불구하고 이렇게 중요한 일을 믿고 맡겨 주시니 감사합니다.
経歴がないにもかかわらず、私を信じて、こんなに重要な仕事を任せてくださり、ありがとうございます。

어려운 부탁임에도 불구하고 김 선생님은 거절하지 않고 선뜻 들어주셨다.
難しいお願いにもかかわらず、キム先生は断らず快く聞いてくださった。

마지막까지 최선을 다했음에도 불구하고 결과가 좋지 않아 조금 실망스럽다.
最後までベストを尽くしたにもかかわらず、結果がよくなくて、少しがっかりだ。

1 이 표현은 명사 바로 뒤에 사용할 때는 '에도 불구하고'의 형태로 씁니다.
この表現は、名詞のすぐ後ろに使うときは에도 불구하고の形で使います。

> **Tip**
> 거듭되다 繰り返される
> 활약 活躍
> 승리 勝利

- 거듭된 실패에도 불구하고 그는 포기하지 않고 계속해서 도전하였다.
- 선수들의 뛰어난 활약에도 불구하고 아깝게 승리를 놓치고 말았다.

2 이 표현은 '불구하고'를 빼고 '-(으)ㅁ에도', '에도'로도 쓸 수 있으나 뒤에 '불구하고'를 붙이면 더 강조하는 표현이 됩니다.
この表現は불구하고を取って-(으)ㅁ에도や에도の形でも使うことができますが、後ろに불구하고を付けると、さらに強調する表現になります。

- 경력이 없음에도 이렇게 중요한 일을 믿고 맡겨 주시니 감사합니다.
- 거듭된 실패에도 그는 포기하지 않고 계속해서 도전하였다.

3 이 표현은 큰 의미 차이 없이 '-는데도 (불구하고)'와 바꿔 쓸 수 있습니다. '-는데도 (불구하고)'는 입말에서 주로 사용하고, '-(으)ㅁ에도 불구하고'나 '에도 불구하고'는 글말에서 주로 사용하며 보다 격식적인 느낌을 줍니다.
この表現は、大きな意味の違いなく-는데도 (불구하고)と言い換えられます。-는데도 (불구하고)は口語で主に使うのに対し、-(으)ㅁ에도 불구하고や에도 불구하고は文語で主に使い、よりフォーマルな感じを与えます。

- 어려운 부탁인데도 불구하고 김 선생님은 거절하지 않고 선뜻 들어주셨다.
- 마지막까지 최선을 다했는데도 불구하고 결과가 좋지 않아 조금 실망스럽다.

Track 080

우리 주위에는 감동을 주는 이야기들이 있지요? 힘든 상황에도 좌절하지 않고 고난과 역경을 극복한 이야기, 거기에 사랑과 나눔까지 더해진 아름다운 예를 알고 계시나요?

가 이번에 우리 대학 졸업생 대표가 된 학생이 화제라면서요?

나 네, 대학 시절 내내 공부하면서 생활비를 직접 벌어야 함에도 불구하고 시간을 쪼개어 자신보다 어려운 학생들을 돕는 봉사 활동을 했대요.

> **Tip**
> 화제 話題   시간을 쪼개다 時間をさく
> 불리다 呼ばれる   자활과 자립 自活と自立
> 시각 장애인 視覚障害者   인권 운동 人権運動

이번에 우리 대학 졸업생 대표가 된 학생이 화제이다	대학 시절 내내 공부하면서 생활비를 직접 벌어야 하다 / 시간을 쪼개어 자신보다 어려운 학생들을 돕는 봉사 활동을 했다
서울역 앞 편의점 사장님이 '노숙자들의 어머니'라고 불리다	쓸데없는 일에 시간과 돈을 낭비한다는 주위의 비난 / 노숙자들의 자활과 자립을 도와줬다
한국인 최초의 시각 장애인 박사님이 얼마 전에 돌아가셨다	본인이 앞을 보지 못하는 장애를 가졌다 / 평생을 다른 장애인들의 인권 운동을 위해 사시다 돌아가셨다

연습해 볼까요?

1 관계있는 것을 연결하고 '-(으)ㅁ에도 불구하고'를 사용해서 문장을 완성하십시오.

(1) 결과가 좋지 않다 • • ㉠ 감기 몸살로 인해 몸을 움직일 수가 없다

(2) 애완동물은 또 다른 가족이라는 인식이 높아지고 있다 • • ㉡ 무대에서 긴장하는 모습이 없어 관객들을 감탄하게 만들었다

(3) 할 일이 산더미처럼 쌓였다 • • ㉢ 끝까지 최선을 다했으므로 후회하지 않기로 했다

(4) 어린 나이이다 • • ㉣ 살은 좀처럼 빠지지 않았다

(5) 저녁까지 굶으면서 노력했다 • • ㉤ 아직도 사회의 무관심 속에 버려진 유기견들이 많다

(1) ㉢ – 결과가 좋지 않음에도 불구하고 끝까지 최선을 다했으므로 후회하지 않기로 했다 .

(2) _____ .

(3) _____ .

(4) _____ .

(5) _____ .

2 다음 [보기]에서 알맞은 표현을 골라 '에도 불구하고'를 사용해서 문장을 완성하십시오.

> **보기**
> 국민들의 반대 여론　　　거듭되는 스캔들과 부상　　　추운 날씨
> 90세의 고령　　　환경 단체의 대대적인 홍보

(1) 가 다음 달부터 서울 시내 교통비가 또 인상된다고 하지요?
　　나 **국민들의 반대 여론에도 불구하고** 서울시가 밀어붙일 모양이에요.

(2) 가 아직도 일회용 컵 사용과 플라스틱 포장 용기 사용이 줄어들지 않고 있대요.
　　나 _____ 여전히 환경 운동에 대한 인식이 부족해서 그래요.

(3) 가 어제 광화문에서 등록금 인상 반대를 위한 대규모 시위가 있었다지요?
　　나 _____ 시위 현장에 많은 사람들이 모였대요.

(4) 가 김철수 선수가 어제 경기에서 뛰어난 활약을 했더군요.
　　나 _____ 좌절하지 않고 끊임없이 연습한 결과지요.

(5) 가 옆집 할아버지는 건강 관리를 잘하시는 것 같아요.
　　나 _____ 마라톤에도 여러 번 참가하셨다고 하더라고요.

※ (1~2) 다음 ( )에 알맞은 것을 고르십시오.

1
　아내한테서 아이가 아프다는 전화를 받았다. 마음 같아선 당장 ( ) 저녁에 중요한 회의가 있어 갈 수가 없다.

① 달려가고 싶은가 하면　　　　② 달려가고 싶거니와
③ 달려가고 싶으니만큼　　　　④ 달려가고 싶건만

2
　가　통계 자료를 보니까 실제로 조기 유학의 성공보다는 실패 사례들이 많다고 해요.
　나　자녀 교육에 많은 시간과 돈을 ( ) 성과가 없으면 부모의 입장에서 얼마나 실망스러울까요?

① 들인답시고　　　　② 들이고도
③ 들이는 한　　　　④ 들일 정도로

※ 다음 밑줄 친 부분과 바꾸었을 때 의미가 가장 비슷한 것을 고르십시오.

3
　우리 학교 선수단은 세계 대회에 처음 <u>출전한 것인데</u> 결승까지 오르는 기대 이상의 성적을 거두었다.

① 출전하는 바람에　　　　② 출전하려만
③ 출전했음에도 불구하고　　　　④ 출전하고 해서

※ 빈칸에 가장 알맞은 것을 고르십시오.

4
　가　이번에 신 선수가 심판의 불공정한 판정 때문에 다 이긴 경기에 졌다면서요?
　나　네, 실력 때문에 졌다면 할 말이 없는데 ＿＿＿＿＿＿＿＿＿＿＿＿＿.
　　　그 경기를 보고 있던 저도 억울하던데 본인은 어땠겠어요?

① 그날만을 위해 열심히 노력해봤자 소용없는 일이잖아요
② 그날만을 위해 열심히 노력했다고 쳐도 그런 일을 당하면 못 참잖아요
③ 그날만을 위해 열심히 노력했을지라도 그렇게 판정이 나면 화가 나잖아요
④ 그날만을 위해 열심히 노력했건만 다른 사람으로 인해 물거품이 된 거잖아요

※ 다음 밑줄 친 부분이 틀린 것을 고르십시오.

5　① <u>졸고도</u> 졸지 않은 체한다.
　② 상황이 <u>어려움에도</u> 포기하지 않았다.
　③ 여러 번 그 사람을 <u>만나건만</u> 날 알아보지 못했다.
　④ 조금만 노력하면 <u>성공하겠건만</u> 그 조금을 못 참는다.

10장

유사함을 나타낼 때
類似性の表現

본 장에서는 선행절의 내용이 후행절과 비슷할 때 사용하는 표현들을 배웁니다. 초급에서는 '처럼'을 배웠는데 고급에서는 좀 더 복잡하고 다양한 쓰임을 가진 표현들을 배웁니다. 잘 익혀서 고급스러운 한국어를 구사하게 되길 바랍니다.

この章では、先行節の内容が後続節と似ているときに使う表現を学びます。初級では처럼を学びましたが、上級ではもう少し複雑で多様な用法を持つ表現を学びます。しっかり習得して、上級らしい韓国語を駆使できるようになってください。

01 -듯이

가 어제 치러진 선거에는 투표율이 매우 높았다지요?

나 네, 투표 결과에 대한 뜨거운 관심을 반영하듯이 어젯밤 늦게까지 개표 방송을 보는 사람이 많았대요.

가 누가 당선이 되건 간에 자기 가족을 위하듯이 국민들을 진심으로 위하는 사람이 국회의원이 되면 좋겠어요.

나 그런 사람들이 많이 당선된다면 우리나라도 더 많이 좋아질 거예요.

문법을 알아볼까요?

1 이 표현은 선행절의 내용이 후행절의 내용과 거의 같다는 것을 나타낼 때 사용하며 '-는 것처럼', '-는 것과 마찬가지로'의 의미를 가집니다. '이'를 생략하여 '-듯'으로도 사용할 수 있습니다.

この表現は、先行節の内容が後続節の内容とほぼ同じだということを表すときに使い、「〜ように」「〜と同様に」の意味を持ちます。이を省略し、−듯の形でも使えます。

	A/V	N이다
과거/완료	−았듯이/었듯이	였듯이/이었듯이
현재	−듯이	이듯이

영주 씨한테 영주 씨 아이들이 소중하듯이 우리에게도 우리 아이들이 소중해요.
ヨンジュさんにとってヨンジュさんの子どもたちが大切なように、私たちにとってもうちの子どもたちが大切なんです。

제가 영국에서 좋은 시간을 보냈듯 제이 씨도 우리나라에서 좋은 시간을 보내시길 바랍니다.
私がイギリスでいい時間を過ごしたように、ジェイさんもわが国でよい時間をお過ごしください。

도입 대화문 번역

가 昨日、行われた選挙は、投票率がすごく高かったそうですね。
나 はい、投票結果に対する熱い関心を反映するように、夕べ遅くまで開票速報を見る人が多かったそうです。
가 誰が当選するにしても、自分の家族のために尽くすように心から国民のために尽くす人が、国会議員になるといいです。
나 そんな人たちがたくさん当選すれば、わが国ももっとずっとよくなるでしょう。

2 이 표현은 후행절에 나타난 동작이나 상태를 보고 선행절의 동작이나 상태와 같거나 그렇게 보임을 추측하여 말할 때 사용하며 '-는 것처럼'의 의미를 가집니다. '이'를 생략하여 '-듯'으로도 사용할 수 있습니다.

この表現は、後続節に現れた動作や状態を見て、先行節の動作や状態と同じかそのように見えることを、推測して言うときに使い、「〜ように」の意味を持ちます。이を省略し、—듯の形でも使えます。

> 그 사람은 왜 항상 따지듯이 얘기하는 것일까? 좀 부드럽게 말하면 좋을 텐데.
> あの人はどうしていつも問いつめるように話すんだろう。少しやわらかく言えばいいのに。

> 비싼 가방이라고 하더니 민지 씨는 아이를 안듯 만나는 내내 가방을 안고 있더라고.
> 高いカバンだと言っていたけど、ミンジさんは子どもを抱くように、会っている間じゅうカバンを抱えているんだよ。

더 알아볼까요?

1 이 표현은 어떤 사실이 듣는 사람이나 말하는 사람이 모두 이미 알고 있는 것임을 확인하면서 그 사실과 같은 내용을 말할 때도 사용할 수 있습니다.

この表現は、聞き手も話し手もある事実をすでに知っていることを確認しつつ、その事実と同様の内容を言うときも使えます。

- 너도 알고 있듯이 외국어 공부에는 꾸준한 노력이 필요한 거야.
  君も知っているとおり、外国語の勉強には地道な努力が必要なんだ。
- 앞에서도 여러 번 말씀드렸듯이 이제는 개발보다는 환경 보호에 신경을 써야 할 때입니다.
  前にも何度も申し上げたとおり、いまは開発より環境保護に気を使わなければならないときです。

2 이 표현은 관용적으로 사용되는 것이 많은데 다음과 같은 것들이 있습니다.

この表現は、慣用的に使われるものが多いですが、次のようなものがあります。

- 비 오듯이 땀이 흐르다: 땀이 아주 많이 흐르다.
  雨が降るように汗が流れる: 汗がとてもたくさん流れる。
- 불 보듯이 뻔하다: 보지 않아도 앞으로 어떤 일이 일어날지 예상할 수 있다.
  火を見るように明らかだ: これからどんなことが起こるか見なくても予想できる。
- 가뭄에 콩 나듯이 하다: 어떤 일이 아주 드물게 일어나다.
  日照りに豆が出るようだ: あることがごくまれに起こる。
- 게 눈 감추듯이 먹다: 배가 많이 고파서 음식을 아주 빨리 먹다.
  カニの目をごまかすように食べる: とても空腹で、食べ物を非常に早く食べる。
- 밥 먹듯이 하다: 어떤 일을 습관처럼 자주 하다.
  ごはんを食べるようにする: あることを習慣のようによくする。
- 제 집 드나들듯이 하다: 어떤 장소에 자주 가다.
  自分の家に出入りするようにする: ある場所によく行く。
- 눈 녹듯이 사라지다: 근심이나 걱정 등이 완전히 없어지다.
  雪が解けるように消える: 懸念や心配などが完全になくなる。

이럴 때는 어떻게 말할까요?

Track 082

누구나 중요한 일을 앞두고 있으면 이런저런 걱정을 많이 하게 되지요? 이러한 사람들에게 어떻게 격려를 하면 좋을까요?

가　제가 이번 세계 선수권 대회에서 우승할 수 있을까요?
나　그럼요. 평소에 하듯이 하면 금메달을 딸 수 있을 거예요.

> **Tip**
> 앞두다 前にする
> 세계 선수권 대회 世界選手権大会

이번 세계 선수권 대회에서 우승하다
새 직장 동료들과 잘 지내다
이번 사업에서 성공하다

평소에 하다 / 하면 금메달을 따다
학교 친구들을 대하다 / 대하면 새 직장 동료들과 잘 지내다
지금까지 최선을 다했다 / 앞으로도 최선을 다하면 성공하다

연습해 볼까요?

単語・表現 p.397

1 관계있는 것을 연결하고 '–듯이'를 사용해서 문장을 완성하십시오.

(1) 동생은 청소를 끝낸 뒤 자랑
　　이라도 하다

(2) 사람마다 외모가 다르다

(3) 장수하는 사람들의 생활에서
　　살펴봤다

(4) 이번 일의 성공 여부는 앞에
　　서도 언급했다

(5) 얼마 전 원자력 발전소 사고
　　에서 알 수 있다

ㆍ

ㆍ

ㆍ

ㆍ

ㆍ

ㆍ ⓐ 가치관과 성격도 다르다

ㆍ ⓑ 깔끔해진 집을 사진을 찍어 보내
　　왔다

ㆍ ⓒ 절대적인 안전성을 보장하는 기술
　　이란 없다

ㆍ ⓓ 오래 사는 비결은 긍정적인 마음을
　　갖는 데 있다

ㆍ ⓔ 소비자의 요구를 얼마나 정확하게
　　읽어 내느냐에 달려 있다

(1) ⓑ – 동생은 청소를 끝낸 뒤 자랑이라도 하듯이 깔끔해진 집을 사진을 찍어 보내 왔다.

(2) ＿＿＿＿＿＿＿＿＿＿＿＿＿＿＿＿＿＿＿＿＿＿＿＿＿＿＿＿＿.

(3) ＿＿＿＿＿＿＿＿＿＿＿＿＿＿＿＿＿＿＿＿＿＿＿＿＿＿＿＿＿.

(4) ＿＿＿＿＿＿＿＿＿＿＿＿＿＿＿＿＿＿＿＿＿＿＿＿＿＿＿＿＿.

(5) ＿＿＿＿＿＿＿＿＿＿＿＿＿＿＿＿＿＿＿＿＿＿＿＿＿＿＿＿＿.

2 다음 [보기]에서 알맞은 표현을 골라 '—듯이'를 사용해서 대화를 완성하십시오.

> **보기**
>
> 불 보다   제 집 드나들다   비 오다   눈 녹다
> 게 눈 감추다   가뭄에 콩 나다   밥 먹다

(1) 가 크리스 씨가 이번 시험에 합격할까요?
     나 떨어질 게 **불 보듯이** 뻔해요. 공부를 전혀 하지 않았잖아요.

(2) 가 어머니, 성적표예요.
     나 성적이 이게 뭐니? 거의 다 C, D잖아. A는 _____ 있구나.

(3) 가 엄마, 맛있게 잘 먹었습니다.
     나 배가 많이 고팠나 보구나. 이 많은 음식을 _____ 먹었네.

(4) 가 동현 씨가 이번에도 거짓말을 했지요?
     나 네, 동현 씨는 거짓말을 _____ 해서 이젠 어떤 말도 믿을 수
       없어요.

(5) 가 밖에 날씨가 많이 더운가 봐요. _____ 땀을 흘리네요.
     나 아니에요, 방금 운동하고 와서 그래요.

(6) 가 며칠 야근하느라 힘들 텐데 그냥 집에 들어가서 쉬지 어떻게 여기까지 왔어요?
       우린 다음에 봐도 되는데요.
     나 당신을 보면 회사에서 받은 스트레스가 _____ 사라지고 기운이
       나니까 꼭 보고 가야겠더라고.

(7) 가 여보, 호성이가 오늘도 재호네 집에 갔나 보지? 일주일에 네다섯 번은 가는 것 같아.
     나 호성이는 재호랑 노는 게 정말 재미있나 봐요. 재호네 집에 _____
       가는 걸 보면요.

02 －다시피 하다

Track 083

가 할머니와 무척 친한가 봐요. 할머니 이야기를 자주 하네요.

나 네, 우리 남매가 어렸을 때 부모님이 사업을 막 시작하셔서 거의 집에 안 계시다시피 하셨거든요. 그래서 할머니가 우리를 키우다시피 하셨어요.

가 부럽네요. 저는 어렸을 때 할머니가 돌아가셔서 할머니와의 추억이 없거든요. 할머니와는 자주 연락해요?

나 네, 거의 매일 통화하다시피 해요.

문법을 알아볼까요?

이 표현은 실제로 어떤 행위를 하는 것은 아니지만 그 행위에 거의 가깝게 할 때 사용하는 것으로, 어떤 상황의 정도를 강조하기 위해 사실을 과장해서 표현하는 것입니다.

この表現は、実際にある行為をするわけではないけれども、その行為をするのも同然のときに使うものであり、ある状況の程度を強調するために事実を誇張して表現するものです。

어제는 뭘 잘못 먹었는지 배탈이 나서 하루 종일 굶다시피 했어요.
昨日は何か悪いものを食べたのか、おなかの具合が悪くて、一日じゅうほぼ何も食べませんでした。

정부는 방치되다시피 한 유적지들을 복원하려는 계획을 발표했다.
政府は放置されたも同然だった遺跡を復元するという計画を発表した。

올 상반기에는 부동산 경기가 안 좋아서 아파트 거래가 중단되다시피 했었다.
今年の上半期には不動産の景気が悪くて、マンションの取引が中断したも同然だった。

---

1 이 표현은 피동 표현으로 현재 상태를 나타낼 경우, '-다시피 한다'로 쓰지 않고 주로 '-다시피 하고 있다'로 사용합니다.

この表現は、受身表現で現在の状態を表す場合、-다시피 한다の形で使わず、主に-다시피 하고 있다の形で使います。

- 갑자기 내린 폭설로 이 부근 도로는 <u>마비되다시피 한다</u>. (×)
  → 갑자기 내린 폭설로 이 부근 도로는 <u>마비되다시피 하고 있다</u>. (○)

Tip
마비되다 麻痺する
발걸음이 끊기다 来訪が途絶える

- 얼마 전에 난 산불로 인해 요즘 그 지역에는 관광객들의 발걸음이 <u>끊기다시피 한다</u>. (×)
  → 얼마 전에 난 산불로 인해 요즘 그 지역에는 관광객들의 발걸음이 <u>끊기다시피 하고 있다</u>. (○)

2 '-다시피'만 사용하면 듣는 사람이 이미 알고 있는 사실을 확인하는 의미가 됩니다. 이때 '-다시피'는 '-듯이'와 바꿔 쓸 수 있습니다.

-다시피だけで使うと、聞き手がすでに知っている事実を確認する意味になります。このとき-다시피は-듯이と言い換えられます。

- <u>알고 계시다시피</u> 최근 치매와 같은 노인성 질환이 급증하고 있습니다.
  = <u>알고 계시듯이</u> 최근 치매와 같은 노인성 질환이 급증하고 있습니다.
  ご存じのように、最近、認知症のような老人性疾患が急増しています。

- 지난번에도 말씀을 <u>드렸다시피</u> 이번 공사를 연말까지 차질 없이 마무리해 주십시오.
  = 지난번에도 말씀을 <u>드렸듯이</u> 이번 공사를 연말까지 차질 없이 마무리해 주십시오.
  前回も申し上げたとおり、今度の工事を年末までにしっかり終わらせてください。

Track 084

피나는 노력과 강한 의지로 어떤 분야에서 성공한 사람들이 있지요? 그런 사람들은 어떤 노력을 어떻게 했을까요?

가 최영주 선수는 어떻게 해서 골프를 그렇게 잘 치게 되었대요?

나 초등학교 때부터 골프장에서 살다시피 하면서 연습을 해 오늘날의 최영주 선수가 되었대요.

Tip
제품 개발 製品開発

최영주 선수는 어떻게 해서 골프를 그렇게 잘 치게 되다	초등학교 때부터 골프장에서 살다 / 연습을 해 오늘날의 최영주 선수가 되다
한경미 회장은 어떻게 해서 회사를 그렇게 크게 키울 수 있다	10년 이상 밤을 새우다 / 제품 개발에 힘을 써 세계 제일의 화장품 회사로 키울 수 있다
김수진 씨는 어떻게 해서 그렇게 유명한 디자이너가 될 수 있다	20대 초반부터 백화점과 동대문 시장에 매일 출근하다 / 디자인을 연구해 세계적인 연예인들이 찾는 디자이너가 되다

연습해 볼까요?

1 '–다시피 하다'를 사용해서 같은 뜻이 되도록 문장을 바꾸십시오.

(1) 친구 집에서 숙식을 해결한 덕분에 일본 여행을 공짜로 한 셈이다.

→ <u>친구 집에서 숙식을 해결한 덕분에 일본 여행을 공짜로 하다시피 했다</u>.

(2) 천재 피아니스트 장성주 씨는 모차르트의 모든 곡을 거의 다 외우고 있다.

→ _____.

(3) 자동차의 대중화로 기름도 라면이나 쌀처럼 거의 필수품이 된 것이나 다름없다

→ _____.

(4) 몇 년째 계속된 전쟁으로 폐허와 같은 상태로 변한 도시를 보니 마음이 아팠다.

→ _____.

(5) 이 소설은 1930년대 남미의 농장으로 팔려간 것이나 다름없었던 우리 선조들의 삶을 소재로 하고 있다.

→ _____.

2 다음 [보기]에서 알맞은 표현을 골라 '–다시피 하다'를 사용해서 대화를 완성하십시오.

보기	싸우다	뛰어다니다	먹고 자다	일하다

(1) 가 할아버지, 한국 전쟁 때 참전하셨다면서요?

　　나 맞아. 그때는 무기도 변변치 않아서 맨손으로 **싸우다시피 했어**.

(2) 가 회사를 처음 설립했을 때 어려운 점이 많으셨지요?

　　나 네, 할 일은 많은데 직원을 많이 쓸 형편이 되지 않아 혼자 _____.

(3) 가 최근에 정원 씨 식당에 가 봤어요?

　　나 네, 장사가 어찌나 잘되던지 직원들이 _____ 손님들을 맞더라고요.

(4) 가 김정호 연구원이 개발한 스마트폰이 아주 잘 팔린다면서요?

　　나 네, 연구실에서 매일 _____ 연구하더니 결국 좋은 제품을 개발했네요.

3 다음 [보기]에서 알맞은 표현을 골라 '–다시피 하다'를 사용해서 이야기를 완성하십시오.

> **보기**   야식을 먹다   맡다   빼앗다   침묵하다   녹초가 되다

소희 씨는 지난 주말에 소개팅이 있었다. 그런데 최근 매일 밤 (1) **야식을 먹다시피 한** 탓에 살이 많이 쪄 입을 옷이 마땅치 않았다. 마침 언니의 줄무늬 원피스가 좀 날씬해 보일 것 같아 언니에게 빌려 달라고 했는데 언니가 절대로 안 된다는 것이었다. 그래서 언니의 원피스를 (2) _____ 소개팅에 입고 나갔다. 소개팅에 나온 남자는 아주 유명한 변호사라고 했다. 서울 시내 큰 소송은 혼자 (3) _____고 했다. 그래서 주말이면 일주일 동안 쌓인 피로로 (4) _____고 했다. 그래서 그런지 그 남자는 그날도 무척 피곤해 보였다. 소희 씨가 묻는 말에 가끔 '네', '아니요'만 할 뿐 소개팅 내내 (5) _____. 무안해진 소희 씨는 30분쯤 있다가 그 남자와 헤어져 집으로 돌아왔다.

※ 〔1~2〕 다음 밑줄 친 부분과 바꾸었을 때 의미가 가장 비슷한 것을 고르십시오.

1 최희주 씨가 한류 스타라는 것을 <u>증명이라도 하듯</u> 제작 발표회에 수많은 외국 기자들이 몰렸다.

① 증명이라도 하자　　　　　　② 증명이라도 하는 것처럼
③ 증명하건 말건 간에　　　　　④ 증명이라도 한들

2 지난주에 내린 집중 호우로 침수된 도로가 아직 복구가 안 되고 있는 탓에 산간 마을은 <u>고립되다시피 한</u> 생활을 하고 있다.

① 고립된 가운데　　　　　　　② 고립된 셈치는
③ 고립될라치면　　　　　　　④ 고립된 거나 다름없는

※ 다음 (　　)에 알맞은 것을 고르십시오.

3 박재수 후보는 선거가 끝나자 결과가 나오지도 않았는데 정권을 (　　) 매우 오만해 보였다.

① 잡기라도 한 듯이　　　　　② 잡으리만치
③ 잡다시피 해서　　　　　　④ 잡느니 마느니 하다가

※ 다음 (　　)에 들어 갈 수 <u>없는</u> 것을 고르십시오.

4 윤 교수님께서도 (　　) 지금은 투자할 시기로 적합해 보이지 않습니다.

① 말씀하셨지만　　　　　　　② 말씀하셨다시피
③ 말씀하시기가 무섭게　　　　④ 말씀하셨듯이

※ 다음 밑줄 친 부분 중 <u>틀린</u> 것을 하나 골라 바르게 고쳐 쓰십시오.

5 내가 소라 씨를 처음 봤을 때 그녀는 너무나 아름다웠다. 얼굴도 ① <u>예뻤거니와</u> 장미꽃처럼 활짝 웃는 모습이 마치 천사를 보는 듯했다. 외모며 학벌이며 모든 게 별 볼 일 없던 나를 그녀는 있는 그대로 사랑해 줬고 우리는 마침내 결혼까지 약속을 하게 되었다. 그런데 ② <u>사랑에는 고통이 따르는 법이었다.</u> 평소 나를 못마땅하게 생각하신 그녀의 부모님이 우리의 결혼을 심하게 반대하신 것이다. 나는 결혼 허락을 받고자 그녀의 집을 매일 ③ <u>찾다시피 하지만</u> 번번이 거절을 당했다. 견디다 못한 그녀는 결국 ④ <u>도망치듯</u> 집을 나와 내가 사는 곳으로 찾아왔다. 그리고 우리는 둘만의 결혼식을 올렸다.

(　　　　　　　　　　　　　　　　　　　　　)

11장

추가와 포함을 나타낼 때
追加と包含の表現

　본 장에서는 하고자 하는 말에 추가나 포함의 의미를 더하여 나타낼 때 사용하는 표현을 공부합니다. 추가를 나타내는 표현으로 초급에서는 조사 '도'를, 중급에서는 '-(으)ㄹ 뿐만 아니라, -는 데다가, 조차, 만 해도'를 배웠습니다. 고급에서 배우는 표현들은 이미 배운 문법 표현과 의미가 비슷한 표현들도 있고, 어떤 내용에 조건이나 부연 설명을 덧붙일 때 사용하는 표현, 부정적인 상황에서만 사용하는 표현도 있으므로 공통점과 차이점을 잘 유의해서 익히시기 바랍니다.

　この章では、言おうとすることに追加や包含の意味を加えて表すときに使う表現を勉強します。追加を表す表現として、初級では助詞도を、中級では-(으)ㄹ 뿐만 아니라、-는 데다가、조차、만 해도を学びました。上級で学ぶ表現は、すでに学んだ文法表現と意味の似た表現もあり、ある内容に条件や敷衍説明を付け加えるときに使う表現、否定的な状況でのみ使う表現もあるので、共通点と相違点によく気をつけて覚えてください。

01 -거니와

가 어제 하승기 씨가 주연하는 새 드라마 봤어요? 어땠어요?

나 기대 이상이었어요. 내용도 참신했거니와 배우들의 연기도 아주 좋았어요.

가 그래요? 그렇게 극찬을 하니까 저도 보고 싶어지는데요.

나 오늘 2회를 하니까 놓치지 말고 보세요. 액션 연기도 일품이거니와 남자들의 우정과 의리에 대한 이야기도 나오니까 여양 씨도 분명히 좋아할 거예요.

문법을 알아볼까요?

이 표현은 선행절의 사실을 인정하면서 거기에 후행절의 사실을 덧붙일 때 사용합니다. '도 −거니와'의 형태로 자주 사용됩니다. 이때 선행절이 긍정적인 내용일 때는 후행절도 긍정적인 내용으로, 선행절이 부정적인 내용일 때는 후행절도 부정적인 내용으로 써야 합니다.

この表現は、先行節の事実を認めつつ、そこに後続節の事実を付け加えるときに使います。도 −거니와の形でよく使われます。この際、先行節が肯定的な内容のときは後続節も肯定的な内容で、先行節が否定的な内容のときは後続節も否定的な内容でなければなりません。

	A/V	N이다
과거/완료	−았거니와/었거니와	였거니와/이었거니와
현재	−거니와	(이)거니와
미래/추측	−겠거니와	(이)겠거니와

작가가 되려면 글을 잘 써야 하겠거니와 시대를 읽는 능력도 있어야 해요.
作家になるには、文章を上手に書かなくてはなりませんが、時代を読む能力もなければなりません。

도입 대화문 번역

가 昨日、ハ・スンギさん主演の新しいドラマ見ましたか。どうでしたか。

나 期待以上でした。内容も斬新だったうえに、俳優たちの演技もとてもよかったです。

가 そうですか。そんなにべたぼめすると、私も見たくなりますね。

나 今日、第2話をやっているから、逃さず見てください。アクションの演技も最高なうえに、男たちの友情と義理に関する話も出てくるから、ヨヤンさんもきっと好きだと思います。

성호는 공부도 잘하**거니와** 운동도 잘해서 친구들에게 인기가 많아요.
ソンホは勉強もできるうえに、運動も上手で、友人たちに人気があります。

오늘은 날씨도 맑**거니와** 바람도 따뜻해서 산책하기에 좋아요.
今日は晴れているうえに、風も暖かくて、散歩するのにいいです。

더 알아볼까요?

이 표현은 후행절에 명령형이나 청유형은 쓸 수 없습니다.
この表現は、後続節に命令形や勧誘形は使えません。

- 일도 열심히 하거니와 운동도 열심히 하세요. (×)
  → 일도 열심히 하거니와 운동도 열심히 합니다. (○)
  → 일도 열심히 하고 운동도 열심히 하세요. (○)

이럴 때는 어떻게 말할까요?

하던 일을 중간에 그만둘 때가 있지요? 어떤 이유로 그만두게 될까요?

Track **086**

가 그동안 꾸준히 해 오던 다이어트를 그만두었다면서요?
무슨 일 있었어요?

나 음식 조절을 계속하는 것도 힘들**거니와** 건강에도 이상이
생기니까 그만하고 싶더라고요.

> **Tip**
> 조절 調節　　　　이상이 생기다 異常が生じる
> 홍보부 広報部　　가치관 価値観

꾸준히 해 오던 다이어트를 그만두었다

만나 오던 홍보부 김 대리와 헤어졌다

준비해 오던 대회에 안 나가다

음식 조절을 계속하는 것도 힘들다 / 건강에도 이상이 생기니까 그만하고
싶다

성격도 반대이다 / 가치관도 너무 다르니까 그만 만나고 싶다

준비도 제대로 못 했다 / 같이 준비하던 친구와도 사이가 안 좋아지니까
나가고 싶지 않다

연습해 볼까요?

1 다음 [보기]에서 알맞은 단어를 골라 '-거니와'를 사용해서 대화를 완성하십시오.

> **보기**
> 부르다 　　　　 좋다 　　　　 물론이다 　　　　 가깝다
> 아팠다 　　　　 들다 　　　　 제철이다

(1) 가 TV 오디션 프로그램을 보면 꼬마 아이들의 실력이 어른들 못지않던데요.
　　 나 맞아요. 노래도 진짜 가수처럼 잘 **부르거니**와 춤 실력도 뛰어나더라고요.

(2) 가 지금 사는 집이 오래돼 불편하다면서 왜 이사를 안 하세요?
　　 나 집은 오래됐지만 지하철역도 ＿＿＿＿＿＿＿＿ 주위에 편의 시설도 많아서 편리
　　　 하거든요.

(3) 가 딸기를 많이 사셨네요. 정말 좋아하시나 봐요.
　　 나 요즘 딸기가 ＿＿＿＿＿＿＿＿ 비타민도 풍부해서 아이들 간식으로는 그만이라서요.

(4) 가 요즘 자전거로 출퇴근하는 사람들이 많이 늘어난 것 같아요.
　　 나 자전거로 출퇴근하면 건강에도 ＿＿＿＿＿＿＿＿ 환경 오염도 줄일 수 있으니까
　　　 선호하는 것 같아요.

(5) 가 왜 오늘 수업에 안 들어왔어?
　　 나 머리도 ＿＿＿＿＿＿＿＿ 예습도 제대로 못 해서 수업에 집중할 수 없을 것 같았어.

(6) 가 케린 씨를 우리 팀에 추천하는 이유가 무엇입니까?
　　 나 업무 처리 능력이 뛰어난 것은 ＿＿＿＿＿＿＿＿ 대인 관계도 원만해서 우리 팀
　　　 사람들과 잘 어울릴 수 있을 것 같습니다.

(7) 가 회사에서 왕복 항공권까지 주는데도 포상 휴가를 안 간다면서요? 무슨 일 있어요?
　　 나 항공권 외에 다른 추가 비용도 많이 ＿＿＿＿＿＿＿＿ 친한 동료도 못 간다고
　　　 하니까 가고 싶지 않더라고요.

2 다음을 읽고 '-거니와'를 사용해서 밑줄 친 부분을 바꾸십시오.

편지쓰기

| ➜ 보내기 | 임시저장 | 미리보기 | 자주연락한 지인▾ | | ☐한명씩 발송 | ☑보낸편지함 저장 | 새창쓰기 |

보내는사람   카일리
받는사람 ☐내게쓰기   지엔   ▾   자주쓰는 주소 ▾   주소록
참조 ⊕   자주쓰는 주소 ▾   주소록
제목   보고 싶은 지엔~
파일첨부 ⊞   내 PC   ☐ 클라우드 × 삭제 ⊟ 기본모드 사용   일반첨부 : 0KB/25MB   대용량: 무제한 (30일간저장) ⑦

에디터▾   돋움▾ 10pt▾ 가 가 가 가 ⏧ ▾ ꙰ ▾ ｜ 틀 틀 틀 틀 ｜ ⊞ ⊙ URL ⊡ ⊞ 三▾ ｜ ☒ ⤵ ⊙ ✄ ※ ▦ ☒   편지지 | 서식

지엔, 안녕?

잘 지내고 있니? 난 잘 지내고 있어. 이메일 보낸다고 하고 이제야 보내서 미안해.
여기는 요즘 (1) <u>날씨도 따뜻하고</u> 학교 가는 길에 꽃들도 많이 피어서 거리가 아주 예뻐.
아직 한국말은 어렵지만 (2) <u>반 친구들도 재미있는 데다가</u> 선생님도 친절하게 잘 가르쳐 주셔.
그리고 새로운 하숙집은 하숙비는 조금 비싸지만 (3) <u>시설도 깨끗하고</u> 주인아주머니의
<u>음식 솜씨도 아주 좋아.</u> 한국 음식이 너무 맛있어서 살이 좀 쪘어.
서울은 조용한 우리 고향과는 달리 좀 복잡하지만 (4) <u>교통도 편리한 데다가</u> 먹을거리나
<u>볼거리도 많아서</u> 좋아. 너도 한번 놀러 왔으면 좋겠다.
잘 지내고 또 이메일 보낼게.
안녕.

서울에서 카일리가.

(1)   <u>날씨도 따뜻하거니와 학교 가는 길에 꽃들도 많이 피어서 거리가 아주 예뻐</u>.
(2)   _____.
(3)   _____.
(4)   _____.

Track 087

가 소희 씨, 오늘 생일이죠? 축하해요. 아침에 미역국 먹었어요?

나 늦잠을 자는 바람에 미역국을 먹**기는커녕** 우유 한 잔도 못 마시고 나왔어요.

가 아이고, 저런. 그래도 저녁에는 남자 친구하고 만날 거죠? 소희 씨를 깜짝 놀래 주려고 멋진 생일 파티를 준비했을 거예요.

나 생일 파티는요. 조금 전에 통화했는데 제 생일을 기억하**기는커녕** 바쁜데 왜 전화했냐며 짜증을 내더라고요.

문법을 알아볼까요?

1 이 표현은 선행절의 내용은 물론이고 그것보다 더 조건이 못한 후행절의 내용도 이루어지기 어려울 때 사용합니다. 후행절에는 선행절의 내용보다 더 기본적이거나 훨씬 쉬운 상황이 오며, 주로 '-기는커녕 도(조차) 안 -/못 -/없다'의 형식으로 자주 쓰입니다.

この表現は、先行節の内容はもちろん、それより条件が劣る後続節の内容も成立しがたいときに使います。後続節には先行節の内容より基本的、またははるかに易しい状況が来て、主に-기는커녕 도(조차) 안 -/못 -/없다 の形でよく使います。

연우 씨가 선배를 보고 인사를 하**기는커녕** 못 본 체하고 그냥 가 버리더라고요.
ヨヌさんが、先輩を見てあいさつをするどころか、見なかったふりしてそのまま行ってしまったんですよ。

일찍 올 거라더니 일찍 오**기는커녕** 늦는다는 전화 한 통 없네요.
早く来るって言ってたのに、早く来るどころか、遅れるという電話一本ありませんね。

가 ソヒさん、今日、誕生日でしょう。おめでとうございます。朝ごはんにわかめスープ食べましたか。

나 朝寝坊したせいで、わかめスープを食べるどころか、牛乳一杯も飲めずに出て来ました。

가 ええ、なんですって。でも、夕方には彼氏と会うんでしょう。ソヒさんをびっくりさせようと、すてきな誕生日パーティーを準備していることでしょう。

나 誕生日パーティーだなんて。少し前に電話で話したんだけど、私の誕生日を覚えているどころか、忙しいのにどうして電話したのっていらいらしてましたよ。

2 이 표현은 선행절의 내용은 당연히 이루어지기 어렵고 후행절에 선행절에서 기대했던 내용과는 다른 상황이나 반대의 결과가 나올 때 사용합니다. '오히려'와 자주 어울려서 사용됩니다.

この表現は、先行節の内容は当然成立しがたく、後続節では先行節から期待される内容と異なる状況や反対の結果になるときに使います。오히려とともによく使われます。

> 내일이 시험인데 공부를 하기는커녕 TV만 보고 있어요.
> 明日が試験なのに、勉強をするどころか、TVばかり見ています。

> 열심히 공부했는데도 성적이 오르기는커녕 오히려 더 떨어졌어요.
> 一生懸命勉強したのに、成績が上がるどころか、かえってもっと落ちました。

더 알아볼까요?

1 이 표현은 명사와 함께 사용할 때 '은커녕/는커녕'의 형태로 씁니다.
この表現は、名詞と一緒に使うとき、은커녕/는커녕の形で使います。

- 아침은커녕 점심도 아직 못 먹었어요.
- 요즘은 손님은커녕 문의 전화도 한 통 없어요.

2 큰 의미 차이 없이 '-기는커녕'은 '-는 것은 고사하고'로, '은커녕/는커녕'은 '은/는 고사하고'로 바꿔 사용할 수 있습니다.
大きな意味の違いなく、-기는커녕は-는 것은 고사하고に、은커녕/는커녕은/는 고사하고と言い換えることができます。

- 일찍 올 거라더니 일찍 오기는커녕 늦는다는 전화 한 통 없네요.
  = 일찍 올 거라더니 일찍 오는 것은 고사하고 늦는다는 전화 한 통 없네요.

- 아침은커녕 점심도 아직 못 먹었어요.
  = 아침은 고사하고 점심도 아직 못 먹었어요.

Track 088

이럴 때는 어떻게 말할까요?

결혼은 제2의 인생이라고도 하는데요. 평생을 같이하기로 한 배우자에게 섭섭함과 실망감을 느낄 때는 언제일까요?

가 남편이 집안일을 잘 도와주지요?

나 잘 도와주기는요. 집안일을 도와주기는커녕 퇴근하고 집에 와서는 손가락 하나도 까딱 안 하는걸요.

> **Tip**
> 섭섭하다 残念だ
> 손가락 하나 까딱 안 하다 (手の)指一本動かさない
> 반찬 투정 おかずの好き嫌いで駄々をこねること

남편이 집안일을 잘 도와주다 | 잘 도와주다 / 집안일을 도와주다 / 퇴근하고 집에 와서는 손가락 하나도 까딱 안 하다

날마다 아침밥을 챙겨 주니까 남편이 고마워하다 | 고마워하다 / 고마워하다 / 아침마다 반찬 투정을 하다

남편이 아이랑 잘 놀아 주다 | 잘 놀아 주다 / 잘 놀아 주다 / 울리기 일쑤이다

연습해 볼까요?

1 '은커녕/는커녕'을 사용해서 대화를 완성하십시오.

(1) 가 학생들이 예습을 잘 해 오나요?

나 **예습은커녕** 숙제도 안 해 오는 학생이 있어요.

(2) 가 돈 있으면 만 원만 빌려 줄래?

나 ＿＿＿＿＿＿＿＿＿ 천 원도 없어.

(3) 가 지난 주말에 꽃구경 간다고 하더니 꽃구경은 잘 했어요?

나 ＿＿＿＿＿＿＿＿＿ 도착한 날부터 비가 와서 호텔 안에만 있었어요.

(4) 가 할 얘기가 있는데 혹시 한 시간 정도 이야기할 시간 있어?

나 지금 너무 바빠서 ＿＿＿＿＿＿＿＿＿ 십 분도 쉴 틈이 없어. 다음에 이야기하자.

2 다음 [보기]에서 알맞은 표현을 골라 '-기는커녕'을 사용해서 대화를 완성하십시오.

> **보기**
>
> 살이 빠지다 　　　　　　 피로가 풀리다 　　　　　 기분 전환이 되다
>
> 잘못을 뉘우치다 　　　　 멋있다 　　　　　　　　 사과를 하다

(1) 가 다이어트 시작한 지 한 달쯤 됐죠? 살이 좀 빠졌나요?

나 다른 사람들은 다 빠진다던데 저는 **살이 빠지기는커녕** 오히려 더 찌더라고요.

(2) 가 미연 씨하고 화해했어요? 와서 사과하던가요?

나 자기가 잘못하고도 ＿＿＿＿＿＿＿＿＿ 오히려 화를 내고 가더라고요.

(3) 가 정훈 씨가 입은 옷 어때? 유명한 디자이너가 만든 옷이라고 멋있지 않냐며 자랑하던데.

나 ＿＿＿＿＿＿＿＿＿ 좀 이상하지 않니? 나 같으면 안 입을 것 같아.

(4) 가 어제 피곤해하더니 잠은 푹 잤어요?

나 네, 그런데 많이 잤는데도 ＿＿＿＿＿＿＿＿＿ 오히려 더 피곤해요.

(5) 가 어제 초등학교 동창들을 만나니까 기분 전환 좀 됐어?

나 ＿＿＿＿＿＿＿＿＿ 어느덧 나이 들어 달라진 모습을 보니까 기분이 좀

그렇더라.

(6) 가 김 팀장은 자기의 잘못을 인정하고 반성하는 걸 본 적이 없어요.

나 맞아요. 자기 ＿＿＿＿＿＿＿＿＿ 모든 일을 남의 탓으로만 돌리더라고요.

03 -(으)ㄹ뿐더러

Track 089

풍부한 영양

건강식품

다이어트 효과

가 세린느 씨, 장을 보셨나 봐요.

나 네, 김치를 담그려고 시장에 가서 배추 좀 사 왔어요. 조금 멀어도 시장 배추가 값이 쌀뿐더러 맛있고 싱싱하거든요.

가 와, 김치도 담글 줄 아세요?

나 그럼요. 결혼하자마자 시어머니께 배웠죠. 김치는 발효 식품이라서 건강에도 좋을뿐더러 다이어트에도 효능이 있다고 하잖아요. 이제 김치가 없으면 밥을 못 먹을 정도이니 저도 한국 사람 다 되었지요.

문법을 알아볼까요?

이 표현은 선행절의 사실만이 아니라 거기에 더하여 후행절의 사실이 더 있음을 나타낼 때 사용합니다. 이때 선행절이 긍정적인 내용일 때는 후행절도 긍정적인 내용으로, 선행절이 부정적인 내용일 때는 후행절도 부정적인 내용으로 써야 합니다.

この表現は、先行節の事実だけでなくそれに加えて後続節の事実がさらにあることを表すときに使います。この場合、先行節が肯定的な内容のときは後続節も肯定的な内容で、先行節が否定的な内容のときは後続節も否定的な内容でなければなりません。

	A/V	N이다
과거/완료	–았을뿐더러/었을뿐더러	였을뿐더러/이었을뿐더러
현재	–(으)ㄹ뿐더러	일뿐더러

가 セリンヌさん、買い物に行かれたようですね。

나 ええ、キムチを漬けようと思って、市場に行って白菜をちょっと買って来ました。少し遠くても市場の白菜のほうが、値段が安いばかりじゃなく、おいしくてみずみずしいんですよ。

가 わあ、キムチも漬けられるんですか。

나 もちろんです。結婚してすぐ姑に習いましたよ。キムチは発酵食品だから、健康にもいいだけじゃなく、ダイエットにも効能があると言うじゃないですか。もうキムチがないとごはんを食べられないほどだから、私もすっかり韓国人になりましたよ。

만성 피로는 일의 능률을 떨어뜨릴뿐더러 병을 일으키는 원인이 되기도 한다.
慢性疲労は仕事の能率を落とすばかりでなく、病気を引き起こす原因になることもある。

그곳은 주변 경치가 아름다울뿐더러 편의 시설이 잘 갖추어져 있어서 살기에 최적의 장소이다.
そこは周辺の景色が美しいばかりでなく、便利な施設がよく整備されていて、暮らすのに最適の場所だ。

아빠는 젊었을 때 노래 실력이 뛰어났을뿐더러 얼굴도 잘생겨서 인기가 많았다고 한다.
お父さんは若いとき、歌の実力が優れていたばかりでなく、顔もかっこよくて、人気があったらしい。

더 알아볼까요?

이 표현은 큰 의미 차이 없이 '-(으)ㄹ 뿐만 아니라'로 바꿔 쓸 수 있습니다.
この表現は、大きな意味の違いなく-(으)ㄹ 뿐만 아니라と言い換えられます。

• 만성 피로는 일의 능률을 떨어뜨릴 뿐만 아니라 병을 일으키는 원인이 되기도 한다.
• 아빠는 젊었을 때 노래 실력이 뛰어났을 뿐만 아니라 얼굴도 잘생겨서 인기가 많았다고 한다.

그러나 '-(으)ㄹ 뿐만 아니라'는 명사와 함께 '뿐만 아니라'의 형태로 쓸 수 있지만 '-(으)ㄹ뿐더러'는
명사와 함께 '뿐더러'의 형태로 사용할 수 없습니다.
しかし、-(으)ㄹ 뿐만 아니라は名詞と一緒に뿐만 아니라の形で使うことができますが、-(으)ㄹ뿐더러は名詞と一緒
に뿐더러の形で使うことができません。

• 불고기는 아이뿐만 아니라 어른들도 좋아하는 음식이다. (○)
• 불고기는 아이뿐더러 어른들도 좋아하는 음식이다. (×)

이럴 때는 어떻게 말할까요?

Track **090**

여러분은 단골로 가는 곳이 있나요? 수많은 곳 중에서 특별히 그곳만을 찾게 되는 이유는 무엇일까요?

가 왜 그 많은 서점 중에서 유독 그 서점에만 자주 가는
거예요?

나 그 서점은 자유롭게 책을 읽을 수 있는 공간도 많이 있
을뿐더러 '중고 책' 코너도 있어서 책을 싸게 살 수 있
거든요.

Tip		
유독 とりわけ	참신하다 斬新だ	매치하다 マッチする
유달리 ひときわ	유기농 有機農産物	인공 조미료 人工調味料

서점 중에서 유독 그 서점	그 서점은 자유롭게 책을 읽을 수 있는 공간도 많이 있다 / '중고 책' 코너도 있어서 책을 싸게 살 수 있다
옷가게 중에서 특히 그 옷가게	그 옷가게는 참신한 디자인의 옷이 많다 / 같이 매치할 수 있는 액세서리나 가방 같은 것도 팔아서 여기저기 왔다 갔다 할 필요가 없다
식당 중에서 유달리 그 식당	그 식당은 사용하는 재료가 다 유기농이다 / 인공 조미료를 사용하지 않아서 다른 식당과는 맛이 다르다

1 관계있는 것을 연결하고 '-(으)ㄹ뿐더러'를 사용해서 문장을 완성하십시오.

(1) 강한 햇빛은 피부의 노화를 촉진시키다 •

(2) 우리는 말 한마디로 사람을 울고 웃게도 하다 •

(3) 요즘은 여성의 사회 진출이 크게 늘었다 •

(4) 나무는 산소의 주요 공급원이다 •

(5) 지도자는 조직을 관리하는 통솔력을 갖춰야 하다 •

• ㉠ 진출 분야도 많이 전문화되었다

• ㉡ 피부암의 가장 큰 원인이 되기도 하다

• ㉢ 대기의 오염 물질을 흡수하여 정화를 해 주기도 하다

• ㉣ 더 나아가 한 사람의 인생을 변화시키기도 하다

• ㉤ 변화하는 상황에 잘 대처하는 능력도 있어야 하다

(1) ㉡ - 강한 햇빛은 피부의 노화를 촉진시킬뿐더러 피부암의 가장 큰 원인이 되기도 한다 .

(2) _____ .

(3) _____ .

(4) _____ .

(5) _____ .

2 다음 [보기]에서 알맞은 표현을 골라 '-(으)ㄹ뿐더러'를 사용해서 대화를 완성하십시오.

> 보기   쫄깃하다   재미있다   능력이 없다   벌어야 하다   해롭다

(1) 가 그 집 짬뽕이 그렇게 유명해요? 맛이 어떤데요?

　　나 네, 먹어 보니까 면발이 **쫄깃할뿐더러** 국물도 맵지 않고 담백하고 시원하더라고요.

(2) 가 영철 씨에게 이 일을 맡기기에는 좀 이른 것 같죠?

　　나 네, 아직 그런 일을 감당할 만한 _____ 경험도 많이 부족한 것
　　　　같아요.

(3) 가 재원 씨가 임신을 하더니 그렇게 좋아하던 커피를 끊더라고요.

　　나 엄마 몸에도 _____ 뱃속에 있는 태아에게까지 안 좋은 영향을
　　　　끼치니까 당연히 그래야죠.

(4) 가 저 교수님의 강의가 인기가 많다면서요?

　　나 네, 저도 들어 봤는데 강의가 _____ 내용도 유익하더라고요.

(5) 가 돈은 어떻게 쓰느냐가 중요한 것 같아요.

　　나 맞아, 돈은 벌기도 잘 _____ 쓰기도 잘 써야 하지.

Track 091

가　엄마, 저 숙제 다 했는데 잠깐 나가서 놀다 와도 돼요?

나　그래, 나가서 놀되 저녁 먹기 전까지는 들어와.

가　네. 아 참, 준호네 할아버지가 시골에서 과수원을 하신
　　대요. 친구들이 이번 방학에 여행도 할 겸 도와 드리러
　　가자고 하는데 갔다 와도 돼요? 친구들은 다 간대요.

나　그래? 그럼 방학에 여행을 가기는 가되 엄마 걱정 안
　　하게 자주 전화해야 한다.

문법을 알아볼까요?

이 표현은 선행절의 내용은 인정하거나 허락하지만 그에 대한 조건이나 부연 설명이 후행절에 올 때 사용합니다.
후행절에는 명령형이나 '-아야/어야 한다', '-(으)면 안 된다'와 같은 표현들이 자주 쓰입니다.

この表現は、先行節の内容は認定・許可するけれども、そのための条件や追加の説明が後続節に来るときに使
います。後続節には、命令形、-아야/어야 한다や-(으)면 안 된다などの表現がよく使われます。

천연자원을 최대한으로 이용하되 생태계를 파괴해서는 안 된다.
天然資源を最大限利用するが、生態系を破壊してはならない。

이야기를 충분히 나누어서 의견을 수렴하되 원칙은 지키도록 하세요.
十分に話し合って意見を取りまとめますが、原則は守るようにしてください。

이 방에 있는 책은 마음대로 읽으시되 읽고 다시 제자리에 꽂아 놓아야 합니다.
この部屋にある本は好きなだけお読みになっても結構ですが、またもとの位置に戻しておかなければなり
ません。

도입 대화문 번역

가　ママ、宿題、終わったんだけど、ちょっと外で遊んで来てもいい?

나　いいわよ。外で遊ぶのはいいけど、夕ごはんの前までには帰って来なさい。

가　うん。あ、そうだ、チュノんちのおじいさんが田舎で果樹園をしてるんだって。友だちが今度の休みに旅行も兼ねて
　　お手伝いに行こうって言うんだけど、行って来てもいい?友だちはみんな行くって。

나　そうなの。じゃあ、休みに旅行に行くのは行ってもいいけど、ママが心配しないように、まめに電話しなくちゃだめよ。

1 이 표현은 '-기는 -되' 또는 '-기는 하되'의 형태로도 사용할 수 있습니다.

この表現は、-기는 -되または-기는 하되の形でも使うことができます。

- 천연자원을 최대한으로 <u>이용하기는 이용하되</u> 생태계를 파괴해서는 안 된다.
- 이야기를 충분히 나누어서 의견을 <u>수렴하기는 하되</u> 원칙은 지키도록 하세요.

2 이 표현은 시제를 나타내는 '-았/었-', '-겠-'과 '있다, 없다' 뒤에는 '-으되'를 사용합니다.

この表現は、時制を表す-았-や-겠-、있다や없다の後では、-으되となります。

- 그분은 이미 <u>떠났으되</u> 그분의 영향력은 아직도 남아 있다.
- 그 사람을 만나러 <u>가기는 가겠으되</u> 오래 있지는 못할 거야.

3 이 표현은 선행절과 후행절의 내용이 서로 대립됨을 나타낼 때도 사용합니다.

この表現は、先行節と後続節の内容が互いに対立することを表すときも使います。

- 그 사람은 말은 <u>잘하되</u> 실천하지는 않는다.
  あの人は、言うことは立派だけど、実践はしない。
- 이웃집 남자는 돈은 많이 <u>있으되</u> 시간이 없어서 돈을 쓸 수 없다고 한다.
  隣の男の人は、お金はたくさんあるが、時間がなくてお金を使えないそうだ。

Track 092

올바른 교육이란 해야 할 것과 하지 말아야 할 것을 가르치는 일이기도 한데요. 원하는 것을 무조건 다 해 줄 수 없을 때는 어떻게 해야 할까요?

가　우리 아이가 컴퓨터 게임만 하려고 하는데 무작정 못 하게 할 수는 없고 어떻게 하지요?

나　컴퓨터 게임을 하게 하되 하루에 한 시간 이상은 하지 못하게 하세요.

| 무작정 むやみに　떼를 쓰다 駄々をこねる　먹이 えさ |

컴퓨터 게임만 하려고 하는데 무작정 못 하게 하다	컴퓨터 게임을 하게 하다 / 하루에 한 시간 이상은 하지 못하다
강아지를 키우자고 떼를 쓰는데 계속 안 된다고 하다	강아지를 키우게 하다 / 강아지 산책과 먹이 주는 것을 담당하다
친구들과 밖에서 축구만 하려고 하는데 무조건 못 나가게 하다	밖에 나가서 축구를 하게 하다 / 숙제나 그날 해야 할 일을 다 끝내고 나가다

1 다음 [보기]에서 알맞은 단어를 골라 '-되'를 사용해서 대화를 완성하십시오.

> [보기] 마시다   바꾸다   하다   쓰다

(1) 가 여보, 오랜만에 친구들이랑 한잔하고 들어가도 되지?

　　나 그러세요. 하지만 술을 **마시되** 취하지 않을 정도만 드셔야 해요. 알았죠?

(2) 가 명수 씨는 돈은 많은데 돈을 전부 자기를 치장하는 데만 쓰더라고요.

　　나 돈을 _____ 보다 가치 있게 쓰지 않는다면 나중에 후회하게 될지도 몰라요.

(3) 가 디자인이 약간 촌스러운데 바꾸라고 할까요?

　　나 디자인을 _____ 색상은 그대로 유지하라고 하세요.

(4) 가 여름에 수영복을 입으려고 요즘 열심히 운동하고 있어요.

　　나 운동을 열심히 _____ 한 번에 너무 무리하지는 마세요.

2 다음 그림을 보고 '-기는 -되'를 사용해서 대화를 완성하십시오.

(1) [공부를 해.]

　　송이 아빠, 친구랑 아빠 서재에서 공부해도 돼요?

　　아빠 서재에서 (1) **공부를 하기는 하되** 아빠 물건은 만지면 안 된다.

(2) [텔레비전 봐.]

　　송이 엄마, 저 잠깐 텔레비전 좀 봐도 돼요?

　　엄마 (2) _____ 딱 삼십 분만 봐야 해.

(3) [입어.]

　　송이 언니, 나 그 옷 좀 입어도 돼?

　　언니 (3) _____ 깨끗하게 입어야 해.

(4) [들어.]

　　송이 오빠, 나 오빠 MP3로 음악 좀 들어도 돼?

　　오빠 (4) _____ 이 안에 저장된 건 아무거나 열면 안 된다.

05 마저

가 소피아 씨, 봄이 되니까 고향에 있는 남자 친구가 더 보고 싶지 않아요?

나 전화는 매일 하지만 아무래도 눈에서 멀어지니까 마음마저 멀어지는 것 같아요. 확실히 사랑은 변하나 봐요.

가 아이고, 사랑이 제일이라던 소피아 씨마저 그런 말을 하는 걸 보면 그 말이 틀린 말은 아닌가 보네요.

나 그렇지요? 저도 제가 이런 마음을 가지게 될 줄은 몰랐어요.

문법을 알아볼까요?

이 표현은 명사에 붙어 '어떤 사실에 이것도 더 포함해서', '마지막 하나 남은 이것까지'의 의미를 나타낼 때 사용합니다. 주로 부정적인 상황에서만 사용합니다.

この表現は、名詞に付いて「ある事実にさらにこれも含めて」「最後に一つ残ったこれまで」の意味を表すときに使います。主に否定的な状況でのみ使います。

그동안 서로 바빠서 만나지 못하다가 연락마저 끊기고 말았다.
これまでお互い忙しくて会えずにいる中、連絡すら途絶えてしまった。

이제 그 사건의 마지막 생존자마저 숨을 거두었으니 사건은 미궁에 빠지게 되었다.
いまやその事件の最後の生存者まで息を引き取ったので、事件は迷宮入りした。

그 나라는 오랫동안 진행된 내전으로 노인과 어린이들마저 전쟁에 동원되고 있는 실정이다.
その国は、長い間進行した内戦で、老人と子どもたちまで戦争に動員されている実情だ。

도입 대화문 번역

가 ソフィアさん、春になると、故郷にいる彼氏にもっと会いたくなりませんか。

나 電話は毎日していますけど、離れていると、どうしても心まで遠ざかるようです。確かに愛は変わるみたいです。

가 まあ、愛がいちばんって言っていたソフィアさんまでそんなことを言うところを見ると、そのことばは間違っていないみたいですね。

나 そうでしょう。私も自分がこんな気持ちを持つようになるとは思いませんでした。

이 표현은 큰 의미 차이 없이 '까지'로 바꿔 사용할 수 있습니다.
この表現は、大きな意味の違いなく까지と言い換えられます。

• 그동안 서로 바빠서 만나지 못하다가 <u>연락까지</u> 끊기고 말았다.
• 그 나라는 오랫동안 진행된 내전으로 <u>노인과 어린이들까지</u> 전쟁에 동원되고 있는 실정이다.

그러나 '마저'는 부정적인 상황에서만 사용할 수 있는데 반해 '까지'는 긍정적인 상황에서도 사용할 수 있습니다.
しかし、마저は否定的な状況でのみ使えるのに対し、까지は肯定的な状況でも使うことができます。

• 미경 씨는 똑똑하고 마음씨도 곱고 <u>얼굴마저</u> 예쁘다. (×)
• 미경 씨는 똑똑하고 마음씨도 곱고 <u>얼굴까지</u> 예쁘다. (○)

'조차'와 '마저'는 부정적인 상황에서 어떤 사실에 그 이상의 것이 더해진다는 의미로 서로 바꿔 사용할 수 있으나 다음과 같은 차이가 있습니다.
조차와 마저는 否定的な状況である事実にそれ以上のことが加わるという意味で互いに言い換えられますが、次のような違いがあります。

조차	마저
(1) '전혀 기대하거나 예상하지 않았던 이것까지' 혹은 '기본적인 이것까지'의 의미가 있습니다. 「まったく期待や予想をしなかったこれまで」あるいは「基本的なこれまで」の意味があります。 • <u>공휴일조차</u> 쉬지 않는다. ☞ 다른 날은 몰라도 공휴일은 기본적으로 다 쉬는데 공휴일도 쉬지 않는다는 의미입니다. ほかの日はともかく、公休日は基本的にいつも休むのに、公休日も休まないという意味です。	(1) '마지막 하나 남은 이것까지'의 의미가 있습니다. 「最後に一つ残ったこれまで」の意味があります。 • <u>공휴일마저</u> 쉬지 않는다. ☞ 다른 날도 쉬지 않고 공휴일도 쉬지 않는다는 의미입니다. ほかの日も休まず公休日も休まないという意味です。
(2) 문장이 전체적으로 부정적인 의미를 나타내는 상황인 경우에도 긍정문에는 사용할 수 없습니다. 全体的に文が否定的な意味を表す状況の場合でも、肯定文には使うことができません。 • 오늘은 날씨도 추운데 <u>바람조차</u> 부는군요. (×) → 오늘은 날씨도 더운데 <u>바람조차</u> 불지 않는군요. (○) ☞ 부정문에만 사용합니다. 否定文にのみ使います。	(2) 문장이 전체적으로 부정적인 의미를 나타내는 상황인 경우에는 긍정문에도 사용할 수 있습니다. 全体的に文が否定的な意味を表す状況の場合には、肯定文にも使うことができます。 • 오늘은 날씨도 추운데 <u>바람마저</u> 부는군요. (○)

이럴 때는 **어떻게 말**할까요?

'설상가상'이라는 말이 있지요? 안 좋은 일이나 불행한 일이 연이어서 일어난다는 말인데요. 여러분 주위에
힘든 상황에 처해 있는 사람들이 있다면 그 이유는 무엇일까요?

가   요즘 태민 씨한테 무슨 일이 있어요? 안색이 너무 안 좋아
보여요.

나   아버지께서 사고로 얼마 전에 돌아가셨는데 어머니마저
병들어 누워 계셔서 여러 가지로 힘든가 봐요.

> 안색 顔色   사기를 당하다 詐欺にあう   동업 共同経営   공금 公金
> 야반도주하다 夜逃げする   부도가 나다 不渡りを出す   넘어가다 渡る

아버지께서 사고로 얼마 전에 돌아가셨는데 어머니 / 병들어 누워 계시다

아는 사람에게 사기를 당해서 재산도 다 날린 데다가 동업하던 친구 / 회사 공금을 가지고 야반도주해 버리다

회사가 부도가 나는 바람에 회사도 남의 손에 넘어가고 집 / 비워 줘야 하는 상황이다

연습해 볼까요?

単語・表現 p.398

다음 [보기]에서 알맞은 단어를 골라 '마저'를 사용해서 대화를 완성하십시오.

> **보기**   학교 동창들   막내딸   너   의욕   선배   부모님   희망

(1) 가 개업식에는 손님이 많이 왔어요?

     나 아니요. 꼭 오겠다던 **학교 동창들마저** 안 왔지 뭐예요.

(2) 가 나도 이제 갈게.

     나 다른 사람도 다 갔는데 _____ 가면 저 혼자 이 일을 어떻게 해결해요?

(3) 가 이제 자녀들을 다 결혼시키셨으니까 시원섭섭하시겠어요.

     나 네, _____ 시집을 보내고 나니 집 안도 텅 빈 것 같고 마음도 허전하네요.

(4) 가 NGO 단원으로 봉사 활동을 갔다 오셨는데 그곳의 상황은 어떤가요?

     나 아주 척박한 땅이었어요. _____ 사라진 곳이라고나 할까요?

(5) 가 네가 진짜 그 일을 한 건 아니지?

     나 다른 사람은 그렇다 치고 어떻게 가장 친한 친구라는 _____ 나에게
그런 말을 할 수 있니?

(6) 가 처음에 이 일을 시작한다고 했을 때 좀 힘드셨겠어요.

     나 네, 알아주는 사람도 없고 _____ 반대하시니까 마음이 좀 힘들었죠.

(7) 가 지금은 다시 재기에 성공하셨지만 삼 년 전만 해도 이런 생각을 못 하셨을 텐데요.

     나 맞아요. 가장 가까운 사람한테 배신을 당하고 나니까 그때는 다시 무엇을 시작할
_____ 사라지더라고요.

06 을/를 비롯해서

Track 095

가 근일 계속되는 눈으로 인해 집에만 계셨던 분들도 모처럼 따뜻한 날씨에 나들이를 생각하실 텐데요. 이 시각 도로 상황 알아보겠습니다. 박태민 기자.

나 네, 박태민 기자입니다. 휴일을 맞아 고속도로를 비롯해서 전국의 도로에는 나들이 차량들이 줄을 잇고 있습니다.

가 그런데 강원도 영동 지방에는 아직도 눈이 내리고 있다지요?

나 네, 따뜻해진 중서부 지방과는 달리 눈이 너무 많이 쏟아져 대관령을 비롯해서 영동 산간 지방 도로의 교통이 통제되고 있습니다.

문법을 알아볼까요?

이 표현은 '앞에 오는 명사를 시작으로 하여 후행절에 오는 명사까지'의 의미를 나타낼 때 사용합니다. 주로 후행절에 나오는 명사는 선행 명사를 포함하여 같은 종류의 전체를 대표하는 명사입니다. '을/를 비롯해' 또는 '을/를 비롯하여'의 형태로도 자주 쓰입니다. 주로 격식적인 상황이나 신문이나 논문과 같은 글말에서 자주 사용합니다.

この表現は、「先行の名詞をはじめとして後続節に来る名詞まで」の意味を表すときに使います。主に後続節に出てくる名詞は、先行の名詞を含む全体を代表する名詞です。을/를 비롯해または을/를 비롯하여の形でもよく使われます。主に、フォーマルな状況、新聞や論文のような文語でよく使います。

설날이 되면 할아버지를 비롯해서 온 집안 식구들이 모두 큰집에 모인다.
元日になると、祖父をはじめとして、家族みんな本家に集まる。

시우는 가정 문제를 비롯해 자신이 처한 여러 가지 어려운 문제를 상담해 오곤 했다.
シウは、家庭問題をはじめとして、自分が直面しているさまざまな難しい問題をよく相談してきたものだった。

뉴스에 의하면 서울을 비롯해서 대도시의 환경 오염 상황이 이미 위험 수위를 넘어섰다고 한다.
ニュースによると、ソウルをはじめとして、大都市の環境汚染状況がすでに危険水準を超えたらしい。

도입 대화문 번역

가 近頃、降り続いた雪のせいで家にばかりいらした方たちも、久しぶりに暖かい日に、外出をお考えでしょう。この時刻の道路状況を見てみましょう。パク・テミン記者。
나 はい、パク・テミン記者です。休日を迎え、高速道路をはじめとして全国の道路には、外出する車両が列を連ねています。
가 ところで、江原道嶺東地方にはまだ雪が降っているそうですね。
나 はい、暖かくなった中西部地方とは違って、雪が非常にたくさん降りしきり、大関嶺をはじめとして嶺東山間地方の道路の交通が規制されています。

*大関嶺：江原道にある大きな峠で、有名な観光地。
*嶺東地方：江原道で大関嶺の東側にある地域。大関嶺の西側は嶺西地方と呼ばれる。

1 이 표현은 뒤에 오는 명사를 수식할 때 '을/를 비롯한'의 형태로 사용합니다.

この表現は、後ろに来る名詞を修飾するとき을/를 비롯한の形で使います。

- 회의에서는 쓰레기 재활용 <u>방안을 비롯한</u> 여러 안건들이 제시되었다.
- 물가 상승으로 인해 <u>우편 요금을 비롯한</u> 공공요금이 오른다고 한다.

> **Tip**
> 방안 方案
> 안건 案件
> 공공요금 公共料金

2 이 표현은 후행절에 같은 종류의 명사를 나열해서 사용할 수도 있습니다. 이때는 '을/를 비롯한'의 형태로는 사용할 수 없습니다.

この表現は、後續節に同じ種類の名詞を羅列して使うこともできます。この場合は、을/를 비롯한の形では使うことができません。

- <u>불고기를 비롯해서</u> 비빔밥, 잡채와 같은 음식은 외국인에게도 인기 있는 한국 음식이다.
- <u>TV를 비롯해</u> 냉장고, 전자레인지 등 각종 전자제품을 싸게 살 수 있다.

Track 096

요즘 한국에서는 다양한 국제 영화제들이 열리고 있는데요. 영화제에서는 어떤 이야기를 나눌까요?

제13회 ○○ 국제 영화제

가 이번 영화제에 주로 어떤 작품들이 출품됐나요?

나 상업 영화를 비롯해서 예술적 가치가 있는 예술 영화까지 다양한 장르의 작품들이 출품되었습니다.

> **Tip**
> 출품되다 出品される 상업 영화 商業映画
> 장르 ジャンル   각계각층 各界各層
> 인사 人士   개막작/폐막작 開幕作/閉幕作
> 상영작 上映作   하이라이트 ハイライト

주로 어떤 작품들이 출품됐다	상업 영화 / 예술적 가치가 있는 예술 영화까지 다양한 장르의 작품들이 출품되었다
누가 참석할 예정이다	국내 영화계 감독들과 배우들 / 해외 유명 영화인 등 각계각층의 인사들이 참석할 예정이다
출품된 영화를 미리 볼 수 있는 방법이 있다	영화제 공식 사이트에서 개막작과 폐막작 / 주요 상영작 50여 편의 하이라이트와 영화 정보를 미리 보실 수 있다

1 다음 [보기]에서 알맞은 단어를 골라 '을/를 비롯해서'를 사용해서 대화를 완성하십시오.

> [보기] 사장님   가족   고궁   아시아
> 선생님   저   음료

(1) 가 이 회사는 환경 보호를 위해 무엇을 실천하고 있나요?
　　나 저희 회사는 **사장님을 비롯해서** 직원들까지 모두 자전거를 타고 출퇴근을 합니다.

(2) 가 이 지역의 특산물인 인삼 자랑 좀 해 주세요.
　　나 인삼은 아시다시피 인삼차나 인삼주 등의 ＿＿＿＿＿＿＿＿＿＿ 여러 보양
　　　 음식의 재료로 쓰이는 데다가 최근에는 화장품의 원료로도 쓰이니 그 효능은 말할
　　　 것도 없지요.

(3) 가 어렵게 학교를 졸업한 소감 좀 말씀해 주세요.
　　나 먼저 ＿＿＿＿＿＿＿＿＿＿ 함께 공부한 모든 친구들에게 고맙다고 말하고
　　　 싶어요.

(4) 가 연수 씨네 가족은 전부 키가 크신가 봐요.
　　나 네, ＿＿＿＿＿＿＿＿＿＿ 우리 형제들이 모두 키 작은 사람이 없는 걸 보면
　　　 키가 큰 것도 유전인가 봐요.

(5) 가 정 과장님이 갑자기 다니던 회사를 그만두었다면서요?
　　나 네, ＿＿＿＿＿＿＿＿＿＿ 주위 사람들의 만류에도 불구하고 사표를 쓰고
　　　 나왔대요.

(6) 가 요즘 K-pop의 인기가 대단하다지요?
　　나 네, ＿＿＿＿＿＿＿＿＿＿ 유럽 각 지역에서도 한류의 바람을 타고 인기가
　　　 많아지고 있다고 하네요.

(7) 가 외국인 친구가 여행을 와서 서울을 구경시켜 주고 싶은데 어디에 가면 좋을까?
　　나 서울 시티 투어 버스를 타 보는 건 어때? 덕수궁이나 경복궁 같은 ＿＿＿＿
　　　 ＿＿＿＿＿ 남산, 인사동 등 시내 주요 관광 명소를 다 돌며 구경할 수 있으니까
　　　 편리할 것 같아.

2 다음 글을 읽고 '을/를 비롯해서'를 사용해서 밑줄 친 부분을 바꾸십시오.

전 세계적으로 유명한 연예 기획사인 JSR 엔터테인먼트사는 이번에 서울로 본사를 옮기고, (1) <u>한국을 시발점으로 하여</u> 아시아 각국에 지사를 설립하기로 했다고 발표했다. 아시아 지역이 신흥 문화 소비 시장으로 떠오르자 이와 같은 획기적인 결정을 한 것으로 보인다. JSR 엔터테인먼트사는 본사를 아시아 지역으로 새로 옮김에 따라 대대적인 한류 콘서트를 열고 (2) <u>텔레비전을 시작으로 하여</u> 각종 매체를 통해 적극적으로 광고를 해 회사의 인지도를 넓힐 예정이다. 콘서트에는 (3) <u>미녀시대부터</u> 슈퍼샤이니, 원더보이즈까지 한류 붐을 선도하고 있는 팀들이 대대적으로 참여할 예정이다. 또한 (4) <u>소년소녀가정을 포함해서</u> 아시아 각국의 불우한 청소년들 중 재능이 있는 청소년들에게는 연습생이 될 수 있는 기회를 제공하고 적극적인 지원을 해 나갈 예정이다.

기자　　　이번에 중요한 결정을 하셨다고 하는데요?

홍보 직원　네, 저희 회사가 서울로 본사를 옮김에 따라 (1) **한국을 비롯해서** 아시아 각국에 지사를 설립 하기로 했습니다.

기자　　　아직 한국에서는 인지도가 낮은데요. 어떻게 알리실 생각이십니까?

홍보 직원　먼저 한류 콘서트를 열고 그 후에 (2) ＿＿＿＿＿＿＿＿＿＿ 각종 대중 매체에 적극적으로 광고를 할 생각입니다.

기자　　　이번 콘서트에는 누가 참여하나요?

홍보 직원　(3) ＿＿＿＿＿＿＿＿＿＿ 슈퍼샤이니, 원더보이즈 등 한류 붐의 주역들을 캐스팅할 생각입니다.

기자　　　사회적 공헌도 하실 계획이시라던데요?

홍보 직원　네, (4) ＿＿＿＿＿＿＿＿＿＿ 아시아 각국의 불우한 청소년들 중 재능이 있는 사람에게 각종 지원을 해 나갈 예정입니다.

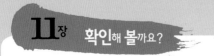

※ (1~2) 다음 (　　　)에 알맞은 것을 고르십시오.

1 아이가 잘못했을 때 (　　　) 먼저 <u>스스로</u> 잘못을 깨닫고 반성할 기회를 주는 것이 바람직하다.

① 혼내다가도　　　　　　　　② 혼내기는 혼내되
③ 혼낸답시고　　　　　　　　④ 혼내기는 하는데

2 천재적인 예술가들의 대부분은 어릴 때부터 그 천재성을 (　　　) 남들과 다른 특이한 생각과 행동으로 인해 놀림감이 되는 경우가 많았다고 한다.

① 인정받으리만치　　　　　　② 인정받으련만
③ 인정받기는커녕　　　　　　④ 인정받을망정

3 가　책상 위에 있던 팸플릿이요? 진수 씨가 필요하다면서 가져가던데요.
　　나　하나밖에 안 남았는데 (　　　) 가져갔단 말이야?

① 그것밖에　　　　　　　　　② 그것이나
③ 그것마저　　　　　　　　　④ 그것이라도

※ 다음 밑줄 친 부분과 바꾸었을 때 의미가 가장 비슷한 것을 고르십시오.

4 삼청동은 전통적인 모습과 현대적인 모습이 조화를 <u>이루는 데다가</u> 특색 있는 미술관과 음식점들도 많아서 볼거리와 먹을거리가 풍성하다.

① 이루는 반면　　　　　　　　② 이룰지라도
③ 이루는 이상　　　　　　　　④ 이룰뿐더러

※ 다음 (　　　)에 들어갈 수 <u>없는</u> 것을 고르십시오.

5 여름철에는 실내의 온도를 1도만 높여도 에너지를 (　　　) 환경도 보호할 수 있다.

① 절약할 수 있다시피　　　　② 절약할 수 있을뿐더러
③ 절약할 수 있거니와　　　　④ 절약할 수 있을 뿐만 아니라

※ 다음 밑줄 친 부분이 틀린 것을 고르십시오.

6 ① 정말 하고 싶은 일이라면 <u>하기는 하되</u> 나중에 후회하면 안 된다.
② 일이 많아서 <u>점심시간마저</u> 쉴 수가 없으니 피곤이 쌓이는 게 당연하다.
③ 명절 연휴에는 <u>공공 기관을 비롯한 우체국이</u> 업무를 하지 않으므로 유의해야 한다.
④ 가까운 거리는 걷거나 자전거를 이용하면 <u>경제적이거니와</u> 환경까지 보호할 수 있다.

12장

습관과 태도를 나타낼 때
習慣と態度の表現

본 장에서는 어떤 사람의 습관이나 태도를 나타내는 표현을 공부합니다. 중급에서는 '-곤 하다, -기는요, -는 척하다'를 배웠습니다. 고급에서 다루는 것들은 어떤 일을 습관적으로 반복하는 행동과 어떤 행동을 할 때의 태도를 나타내는 표현인데 주로 부정적인 의미가 있습니다. 이 장에서 배우는 표현들도 많이 사용되는 것들이므로 차이점을 잘 유의해서 상황에 맞게 사용하시기 바랍니다.

この章では、ある人の習慣や態度を表す表現を勉強します。中級では-곤 하다、-기는요、-는 척하다を学びました。上級で扱うのはあることを習慣的に繰り返す行動とある行動をするときの態度を表す表現ですが、主に否定的な意味があります。この章で学ぶ表現もよく使われるものなので、相違点によく気をつけて状況に合わせて使ってください。

01 -아/어 대다
02 -기 일쑤이다
03 -는 둥 마는 둥 하다

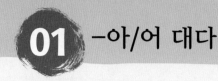

가 어머, 케빈 씨네 강아지예요? 너무 귀엽네요. 만져 봐도 돼요?

나 조심하세요. 물릴지도 몰라요. 요즘 이가 나려는지 보는 것마다 물어 대서 집 안 물건들이 다 엉망이에요.

가 그래요? 그래도 혼자 살다가 강아지가 있으니까 외롭지 않고 좋죠?

나 좋기는 한데 누가 오기만 하면 하도 짖어 대서 옆집 사람들한테 미안해요.

문법을 알아볼까요?

이 표현은 어떤 행동을 지나칠 정도로 계속해서 반복할 때 사용합니다. 주로 부정적인 뜻을 나타내므로 긍정적인 상황에서 사용하면 어색하며 예의를 차려야 하거나 격식적인 상황에서는 사용하지 않는 게 좋습니다. 동사에만 붙습니다.

この表現は、ある行動を過度に繰り返し続けるときに使います。主に否定的な意味を表すので、肯定的な状況で使うと不自然です。また、礼儀をわきまえるべき状況やフォーマルな状況では、使わないほうがいいでしょう。動詞にのみ付きます。

> 아이는 장난감 가게 앞을 지날 때마다 사 달라고 졸라 댄다.
> 子どもはおもちゃ屋の前を通るたびに買ってほしいとねだる。

> 학교 선배의 친구가 한 번만 만나 달라고 자꾸 전화를 해 대서 귀찮아 죽겠다.
> 学校の先輩の友だちが一度だけ会ってほしいと何度も電話をしてきて、面倒くさくてたまらない。

> 신영아, 다이어트한다면서 그렇게 과자를 먹어 대면 어떡하니?
> シニョン、ダイエットするって言って、そんなにお菓子をしきりに食べてどうするの。

도입 대화문 번역

가 あら、ケビンさんちの子犬ですか。すごくかわいらしいですね。触ってもいいですか。

나 気をつけてください。かまれるかもしれませんよ。最近、歯が生えようとしているからか、目に入るものを何でもかみまくって、家の中のものが全部めちゃくちゃです。

가 そうですか。でも、独り暮らししていたのが、子犬と一緒に暮らすようになって、寂しくなくていいでしょう。

나 いいことはいいんですが、誰かが来たときにひどく吠えて、隣の家の人たちに申し訳ないんです。

이럴 때는 어떻게 말할까요?

'참는 것이 이기는 것'이라는 말이 있는데요. 여러분은 싸움이 날 만한 상황에서 잘 참는 편이신가요? 보통 싸움이나 다툼이 일어나는 원인은 무엇일까요?

가 옆집 사람들끼리 이러면 되겠습니까? 좀 참으시지 그랬어요.

나 밤마다 술을 마시고 떠들어 대는데 시끄러워서 참을 수가 있어야지요.

> **Tip**
> 우기다 言い張る   기가 막히다 あきれる
> 배우신 분 学識がある方   욕을 하다 悪口を言う

옆집 사람들	밤마다 술을 마시고 떠들다 / 시끄럽다
친한 친구들	자기가 잘못을 해 놓고 잘못이 하나도 없다고 우기다 / 기가 막히다
배우신 분들	저쪽에서 먼저 욕을 하다 / 화가 나다

연습해 볼까요?

単語・表現 p.398

1 다음 [보기]에서 알맞은 단어를 골라 '-아/어 대다'를 사용해서 대화를 완성하십시오.

> **보기**   먹다   지르다   피우다   놀리다   울다

(1) 가 그 집은 딸들만 있으니까 별로 식비가 안 들겠어요.
     나 안 들기는요. 어찌나 **먹어 대는지** 매번 생활비가 적자예요.

(2) 가 피곤해 보이네요. 어젯밤에 잠을 잘 못 잤어요?
     나 네, 밤새 매미가 시끄럽게 _____ 잠을 잘 수가 없었어요.

(3) 가 얼마 전까지만 해도 건강해 보이던데 갑자기 왜 그렇게 되었대요?
     나 그렇게 담배를 많이 _____ 건강한 게 이상한 거지요.

(4) 가 콘서트장에 직접 가 보니까 어땠어요?
     나 옆에서 계속 소리를 _____ 귀가 아파 죽는 줄 알았어요.

(5) 가 주하가 왜 갑자기 유치원에 안 가겠대요?
     나 어제 머리를 짧게 자르고 갔더니 친구들이 남자 같다고 _____.

2 다음 [보기]에서 알맞은 표현을 골라 '-아/어 대다'를 사용해서 이야기를 완성하십시오.

> **보기** 피우다   웃다   전화를 하다   찍다   뽀뽀를 하다   말을 하다

회사 동료인 김주사 씨는 평소엔 조용하고 수줍음이 많은 사람이다. 좋아하는 사람 앞에서는 말은 한마디도 못 하고 담배만 (1) __피워 대서__ 아직까지 여자 친구가 없다.

그런데 술만 마셨다 하면 사람이 180도로 변한다.

사람들 발을 보고 사진을 (2) _____ 이상한 (3) _____, 옆 사람 볼에 (4) _____, 뭐가 그리 좋은지 박수를 치면서 (5) _____. 심지어는 헤어진 여자 친구 목소리를 듣고 싶다며 114에 (6) _____.

그리고 그다음 날이 되면 아무 일도 없었다는 듯이 다시 조용해진다. 그래서 우리는 그를 '지킬 박사와 하이드 씨'라고 부른다.

02 -기 일쑤이다

Track 099

가 세린느 씨 남편은 아주 꼼꼼하고 침착하신 것 같아요.

나 말도 마세요. 그렇게 보여도 어찌나 덜렁대는지 자꾸 물건을 어디에 놓고 오기 일쑤예요. 지난달만 해도 똑같은 책을 세 권이나 샀다니까요.

가 어머, 그래요? 오히려 세린느 씨가 그럴 것 같은데…….

나 호호호. 사실 저도 휴대 전화를 어디에 놓았는지 잊어버려서 벨이 울릴 때마다 찾기 일쑤예요. 부부는 닮는다고 하잖아요.

문법을 알아볼까요?

이 표현은 어떤 일이 자주 일어나거나 또는 으레 그렇게 된다는 의미를 나타낼 때 사용합니다. 대체로 부정적인 의미의 행위가 자주 반복되어 일어날 때 사용합니다. '-기가 일쑤이다'로 쓰이기도 하고 '-기 일쑤다', '-기가 일쑤다'로 쓰이기도 합니다. 동사에만 붙습니다.

この表現は、あることがよく起こる、あるいは必ずそのようになるという意味を表すときに使います。概して、否定的な意味の行為がよく繰り返し起こるときに使います。-기가 일쑤이다の形で使われたり、-기 일쑤다、-기가 일쑤다の形で使われたりします。動詞にのみ付きます。

날마다 늦잠을 자는 데다가 밥맛도 없어서 아침을 거르기 일쑤이다.
毎日朝寝坊をするうえに、食欲もなくて、しょっちゅう朝ごはんを抜いている。

놀이공원과 같이 사람들이 많은 곳에서는 아이를 잃어버리기 일쑤예요.
遊園地のように人が多いところでは、子どもとはぐれやすいです。

회사 창업 초기에는 일이 많아서 밤을 새우기가 일쑤였지만 꿈이 있어서 힘든 줄 몰랐다.
会社創業初期には仕事が多くていつも徹夜していたが、夢があったので大変だとは思わなかった。

도입 대화문 번역

가 セリンヌさんのご主人は、とても几帳面で、落ち着いていらっしゃるようですね。

나 とんでもない。そんなふうに見えても、すごくそそっかしくて、しょっちゅうものをどこかに置き忘れるんです。先月だけでも同じ本を3冊も買ったんですから。

가 まあ、そうなんですか。むしろセリンヌさんがそうかと思ったんですが……。

나 ホホホ。実は私も携帯電話をどこに置いたのか忘れてしまって、ベルが鳴るたびにいつも探すんです。夫婦は似るって言うじゃないですか。

12. 습관과 태도를 나타낼 때 205

이 표현은 부정적인 의미를 가지고 있으므로 긍정적인 상황에서 사용하면 어색합니다.
この表現は、否定的な意味を持っているので、肯定的な状況で使うと不自然です。

• 그 친구는 무슨 일이든지 열심히 해서 <u>칭찬받기 일쑤다</u>. (×)
  → 그 친구는 무슨 일이든지 열심히 해서 <u>칭찬을 자주 받는다</u>. (○)

여러분 주위에 같이 일하기 힘든 사람들이 있지요? 왜 그 사람들과는 같이 일하기가 힘들까요?

Track **100**

가　왜 친구하고 동업하다가 그만뒀어요?

나　친구가 꼼꼼하지 않아서 계산이 틀리기 일쑤였어요.
　　그러니까 믿고 돈을 맡길 수가 없더라고요.

Tip

동업하다 共同経営する	계산이 틀리다 計算が違う
덤벙거리다 あわてんぼうだ	빠뜨리다 うっかり抜かす
운영하다 運営する	고집이 세다 頑固だ
사소한 일 些細なこと	

친구하고 동업하다	친구가 꼼꼼하지 않아서 계산이 틀리다 / 믿고 돈을 맡길 수가 없다
동생하고 인터넷 쇼핑몰을 같이 하다	동생이 덤벙거려서 자꾸 주문한 물건을 빠뜨리다 / 고객들의 불만이 많다
대학 선배하고 식당을 같이 운영하다	선배가 고집이 세서 사소한 일로 다투다 / 직원들 보기에도 안 좋은 것 같다

1 '-기 일쑤이다'를 사용해서 같은 뜻이 되도록 문장을 바꾸십시오.

(1) 소희 씨는 아침잠이 많아서 회사에 자주 지각한다.

→ 소희 씨는 아침잠이 많아서 **회사에 지각하기 일쑤이다**.

(2) 선예 씨는 기억을 잘 못해서 사람 얼굴을 못 알아볼 때가 많다.

→ 선예 씨는 기억을 잘 못해서 _____.

(3) 유빈 씨는 방향 감각이 없어서 여러 번 가 본 길도 자주 헤매요.

→ 유빈 씨는 방향 감각이 없어서 _____.

(4) 금솔 씨는 비가 오다가 그치는 날에는 버스에 우산을 종종 놓고 내렸다.

→ 금솔 씨는 비가 오다가 그치는 날에는 _____.

(5) 내 남자 친구는 나하고 한 약속을 자꾸 잊어버려서 화가 나요.

→ 내 남자 친구는 _____ 화가 나요.

2 다음 [보기]에서 알맞은 단어를 골라 '-기 일쑤이다'를 사용해서 대화를 완성하십시오.

| 보기 | 찾다 | 넘어지다 | 늦다 | 깨다 | 자다 |

(1) 가 그 드라마 봤어? 여자 주인공이 30대 초반밖에 안 됐는데 치매에 걸렸대.

나 응, 남의 일 같지가 않아. 나도 요즘 안경을 손에 들고 **찾기 일쑤야**.

(2) 가 이제 딸도 많이 컸으니까 간단한 집안일은 잘 도와주죠?

나 걔는 설거지만 했다 하면 그릇을 _____. 가만히 있는 게 도와주는
거예요.

(3) 가 옆집 부부는 왜 그렇게 날마다 싸운대요?

나 그 집 남편이 술만 마시면 길거리에서 _____.

(4) 가 역시 유명한 모델은 다르네요. 무대에서 실수를 한 번도 안 하잖아요.

나 지난번에 들으니까 그 모델도 처음에는 자기 발에 걸려 _____.

(5) 가 미나 씨하고 친한 사이였잖아요. 왜 요즘은 안 만나요?

나 그 친구는 여러 가지 이유로 약속 시간에 _____. 자꾸 그러니까
안 만나게 돼요.

03 -는 둥 마는 둥 하다

Track 101

가 요즘 여양 씨가 이상하지 않아요? 아까도 도서관 앞에서 마주쳤는데 인사를 하는 둥 마는 둥 하고 그냥 가 버리더라고요.

나 얼마 전에 여자 친구하고 헤어졌대요.

가 아, 그랬군요……. 그래서 요즘 수업도 듣는 둥 마는 둥 했군요.

나 아마 말은 안 해도 많이 힘들 거예요.

문법을 알아볼까요?

이 표현은 어떤 일을 하는 듯도 하고 하지 않는 듯도 해서 제대로 하지 않음을 나타낼 때 사용합니다. 동사에만 붙습니다.

この表現は、あることをするともつかずしないともつかないような感じで、ろくにしないことを表すときに使います。動詞にのみ付きます。

어제 잠을 자는 둥 마는 둥 했더니 하루 종일 피곤해요.
昨日ぐっすり眠れなかったので、一日じゅうだるいです。

남편은 무슨 걱정이 있는지 아침도 먹는 둥 마는 둥 하고 출근했다.
夫は何か心配があるのか、朝ごはんもろくに食べずに出勤した。

늦잠을 자는 바람에 아침밥은커녕 세수도 하는 둥 마는 둥 하고 나왔어요.
寝坊したせいで、朝ごはんどころか、顔もろくに洗わないで出てきました。

도입 대화문 번역

가 最近、ヨヤンさんがおかしくないですか。さっきも図書館の前でばったり出会ったんですが、あいさつもそこそこに、そのまま行ってしまったんですよ。

나 少し前に彼女と別れたそうですよ。

가 ああ、そうだったんですね……。それで最近、授業も上の空だったんですね。

나 たぶん、話はしなくても、とてもつらいんでしょう。

이 표현은 '-(으)ㄹ 둥 말 둥 하다'의 형태로 미래의 상황을 추측할 때 사용할 수 있습니다.
この表現は、-(으)ㄹ 둥 말 둥 하다の形で未来の状況を推測するときに使うことができます。

- 직접 가서 부탁해도 들어줄 둥 말 둥 한데 전화로 하면 되겠니?
  直接出向いてお願いしても聞いてもらえるかどうかなのに、電話でお願いして聞いてもらえるわけが
  ないじゃない。
- 밤을 새워 공부해도 시험에 합격할 둥 말 둥 한데 TV만 보고 있으니 한심하다.
  徹夜で勉強しても試験に合格するかどうかというのに、テレビばかり見ていて情けない。

Track **102**

이럴 때는 **어떻게 말할까요?**

꿈을 이루기란 쉽지 않은데요. 여러분은 꿈을 이루기 위해서 꾸준한 노력을 하고 있나요?

내일 날씨 갑자기 추워져……

내일은 쉴까?

가 엄마, 내일 날씨가 춥다고 하니까 내일은 그냥 쉬어야
   겠어요.

나 네 꿈이 학교 축구 대표 팀에 들어가는 거라고 하더니
   그렇게 운동을 하는 둥 마는 둥 하면 꿈을 이룰 수 있
   겠니?

Tip
첼리스트 チェリスト

내일 날씨가 춥다고 하니까 내일

어제 공부를 많이 했으니까 오늘

오전에 충분히 연습했으니까 오후에

학교 축구 대표 팀에 들어가는 거라고 하더니 그렇게 운동을 하다

외교관이 되는 거라고 하더니 그렇게 공부를 하다

세계적인 첼리스트가 되는 거라고 하더니 그렇게 연습을 하다

1 다음 [보기]에서 알맞은 표현을 골라 '-는 둥 마는 둥 하다'를 사용해서 대화를 완성하십시오.

보기

| 식사를 하다 | 학원에 다니다 | 화장을 지우다 |
| 책상도 정리하다 | 영화도 보다 | 창문을 닦다 |

투안 무슨 걱정 있어요? 왜 그렇게 (1) **식사를 하는 둥 마는 둥 해요**?

소피아 그냥 입맛이 없어서요.

투안 아까 (2) _____
무슨 일 있어요?

소피아 언니랑 싸우고 나왔더니 계속 신경이 쓰여서 영화에 집중이 안 되더라고요.

아사미 얼굴에 뭐가 많이 났네요.

김소희 며칠 피곤해서 (3) _____
_____ 잤더니 그래요.

아사미 아 참, 프랑스어 학원에 다닌 지 세 달 정도 됐죠? 그럼 이제 잘하시겠네요.

김소희 처음엔 열심히 배우다가 회사 일이 바빠서 (4) _____. 이제 인사말 빼고는 기억도 잘 안 나요.

루이 엄마, 청소 다 했으니까 용돈 주세요.

세린느 이렇게 (5) _____
놓고 용돈을 달라는 말이 나오니?

루이 그래도 거실 창문까지 깨끗하게 다 닦았잖아요.

세린느 닦으려면 제대로 닦아야지 여기저기 얼룩이 있던데 그렇게 (6) _____
____ 깨끗이 닦았다는 말이 나와?

2 다음 [보기]에서 알맞은 표현을 골라 '—는 둥 마는 둥 하다'를 사용해서 이야기를 완성하십시오.

> **보기** 화장도 하다   대답을 하다   저녁을 먹다   듣다   쳐다보다

어제는 정말 기분 나쁜 하루였다. 소개팅이 있어서 예쁘게 하고 나가고 싶었는데 늦잠을 자는 바람에 **(1) 화장도 하는 둥 마는 둥 하고** 나가야 했다. 내가 늦어서 화가 났는지 소개팅에 나온 남자는 내가 인사를 하는데도 내 얼굴을 **(2)** _____ 관심도 없는 것 같았다. 또 내가 마음에 안 들었는지 내 질문에도 **(3)** _____ _____. 그리고 나에게 질문을 해 놓고 내 대답은 **(4)** _____. 그렇게 예의 없는 남자는 처음이었다. 나도 기분이 나빠져서 **(5)** _____ _____ 배가 고팠다. 그래서 집에 오자마자 찬밥에다 남은 반찬을 다 넣고 비빔밥을 만들어서 먹었더니 그만 배탈이 나고 말았다.

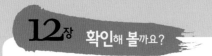

12장 확인해 볼까요?

 単語・表現 p.398

※ 〔1~2〕 다음 밑줄 친 부분과 바꾸었을 때 의미가 가장 비슷한 것을 고르십시오.

1

모처럼 휴일이라 쉬고 싶었지만 아이가 놀이공원에 가자고 하도 <u>졸라 대서</u> 할 수 없이 집을 나섰다.

① 열심히 조르는 탓에 ② 계속 조르는 바람에
③ 많이 조른답시고 ④ 힘껏 조르니만큼

2 어려운 한자가 많아서 <u>책을 읽는 둥 마는 둥 했더니</u> 무슨 내용인지 하나도 모르겠다.

① 읽는 척 했더니 ② 읽으면 읽을수록
③ 읽을까 말까 했더니 ④ 대충 읽었더니

※ 다음 (   )에 알맞은 것을 고르십시오.

3

가 회사에 취직한 지 얼마 안 되었는데 왜 벌써 그만두려고 해?
나 월급은 적은데 할 일은 많아서 (   ).

① 야근을 하고 싶거든 ② 야근하기 일쑤거든
③ 야근할지도 모르거든 ④ 야근할 만하거든

※ 다음 중 맞는 대화를 고르십시오.

4 ① 가 아이의 상상력을 풍부하게 하려면 어떻게 해야 할까요?
　　 나 어릴 때부터 책을 읽어 대는 것이 좋아요.
② 가 이번 달에는 일찍 퇴근하시네요.
　　 나 지난달에도 매일 6시에 퇴근하곤 했어요.
③ 가 무슨 걱정이 있니? 좋아하는 피자도 먹다가 말다가 하고.
　　 나 어, 제가 그랬어요? 잠깐 딴 생각을 했나 봐요.
④ 가 미안해요. 요즘은 정신이 없어서 약속을 깜빡하기 일쑤예요.
　　 나 바쁘면 그럴 수도 있죠, 뭐.

※ 다음 밑줄 친 부분 중 틀린 것을 하나 골라 바르게 고쳐 쓰십시오.

5

어제 오랜만에 카페에 갔다. 친구를 기다리면서 사람들을 ① <u>구경하다 보니</u> 시간이 금방 지나갔다. 아무 때나 셀카 사진을 ② <u>찍어 대는</u> 사람, 친구 이야기는 ③ <u>듣거나 말거나</u> 하고 계속 휴대 전화를 확인하는 사람, 다른 사람이 ④ <u>듣건 말건</u> 큰 소리로 전화를 하는 사람 등 참으로 다양했다. 요즘은 음료수 하나만 시키고 하루 종일 앉아서 인터넷을 하는 사람도 많다고 한다. 카페 수가 급속도로 늘어나고 있는 지금, '카페 문화'에 대해서도 다시 한번 생각해 봐야 하지 않을까?

(   )

13장

정도를 나타낼 때
程度の表現

본 장에서는 정도를 나타낼 때 사용하는 표현을 공부합니다. 초급에서는 '쯤'을, 중급에서는 '–(으)ㄹ 정도로, 만 하다, –는 만큼'을 배웠습니다. 고급에서 공부하는 표현들은 이미 배운 표현들로 바꿔서 사용할 수 있지만 같은 표현이라도 고급스러운 표현을 익혀서 쓴다면 한국어의 풍성함을 느끼면서 사용할 수 있을 것입니다.

この章では、程度を表すときに使う表現を勉強します。初級では쯤を、中級では–(으)ㄹ 정도로、만 하다、–는 만큼を学びました。上級で勉強する表現はすでに学んだ表現に言い換えられますが、同じ表現でも上級らしい表現を習得すれば、韓国語の豊かさを感じながら使えるでしょう。

01 –(으)리만치
02 –다 못해

Track 103

가 지난 주말에 설악산에 다녀왔다면서요? 요즘 단풍철이라 경치가 한창 아름다울 때지요?

나 네, 단풍으로 붉게 물든 설악산은 형용할 수 없으리만치 아름답더라고요. 말 그대로 한 폭의 그림 같다고나 할까요? 그래서 그렇게 사람들이 설악산을 찾나 봐요.

가 저는 지난번에 설악산 등산을 갔다 오고 나서 며칠 동안 온몸이 쑤시고 아프던데 투안 씨는 어때요? 괜찮아요?

나 괜찮기는요. 자고 일어나니까 한 걸음도 걸을 수 없으리만치 다리가 당기고 아프더라고요.

문법을 알아볼까요?

이 표현은 '선행절의 상황이나 상태가 될 정도로'의 뜻으로 후행절의 내용을 강조하기 위해 비유적으로 많이 사용합니다.

この表現は、「先行節の状況や状態になるほど」の意味で、後続節の内容を強調するために比喩的によく使います。

합격자 발표를 앞두고 대기실은 무서우리만치 팽팽한 긴장이 감돌았다.
合格者発表を前に、待機室には恐ろしいほどぴんとした緊張が漂った。

창밖에는 한 치 앞도 안 보이리만치 폭우가 쏟아지고 있다.
窓の外には一寸先も見えないほど暴雨が降り注いでいる。

오늘날의 과학 기술은 몇 년 앞을 예측할 수 없으리만치 빠른 속도로 발전하고 있다.
今日の科学技術は、数年先を予測できないほど速いスピードで発展している。

도입 대화문 번역

가 このあいだの週末に雪岳山に行って来たそうですね。最近、紅葉の時期だから、景色がとても美しいときでしょう。

나 はい、紅葉で赤く染まった雪岳山は言い表せないほど美しかったですよ。まさに一枚の絵みたいとでも言いましょうか。だから、あんなにみんなが雪岳山を訪れるんでしょうね。

가 私はこのあいだ雪岳山に登ってから何日か全身がずきずき痛んだんですが、トゥアンさんはどうですか。大丈夫ですか。

나 大丈夫だなんて。寝て起きてみたら、一歩も歩けないほど脚が張って痛かったですよ。

이 표현은 큰 의미 차이 없이 '-(으)리만큼'이나 '-(으)ㄹ 정도로'로 바꿔 사용할 수 있습니다.
この表現は、大きな意味の違いなく-(으)리만큼や-(으)ㄹ 정도로と言い換えることができます。

• 합격자 발표를 앞두고 대기실은 <u>무서우리만큼</u> 팽팽한 긴장이 감돌았다.
• 합격자 발표를 앞두고 대기실은 <u>무서울 정도로</u> 팽팽한 긴장이 감돌았다.

Track **104**

여러분은 처음 학교에 간 날, 처음 데이트를 한 날, 처음 월급을 받은 날 등을 기억하시나요? 어떤 일을 처음 했을 때 느낌이 어떠셨나요?

가 처음 아내를 만났을 때 느낌이 어떠셨나요?

나 버스에서 우연히 처음 봤는데 눈을 뗄 수 없으리만치 눈부시게 아름답더라고요.

> **Tip**
> 눈을 뗄 수 없다 目を離せない   눈이 부시다 まぶしい
> 왈칵 쏟아지다 どっとあふれる

아내를 만나다
아기를 가졌다는 소식을 듣다
'아빠'라는 소리를 듣다

버스에서 우연히 처음 봤는데 눈을 뗄 수 없다 / 눈부시게 아름답다
회사에서 바쁘게 일하다가 처음 들었는데 뭐라고 표현할 수 없다 / 기쁘다
수화기 너머로 처음 들었는데 눈물이 왈칵 쏟아지다 / 감동적이다

1 다음 [보기]에서 알맞은 표현을 골라 '–(으)리만치'를 사용해서 문장을 완성하십시오.

> **보기**
> 무엇과도 비교할 수 없다   생각하기조차 싫다   냉정하다
> 눈썹 하나 까딱하지 않다   상상할 수 없다

(1) 남산에서 바라본 서울의 야경은 **무엇과도 비교할 수 없으리만치** 아름다웠다.

(2) 김 과장님은 수더분해 보이지만 _____ 매사에 공정하고
빈틈이 없는 사람이다.

(3) 화학조미료가 인체에 미치는 악영향은 _____ 크다고 한다.

(4) 아내가 말기 암을 진단받아 항암 치료를 받던 기간은 _____
고통스러운 나날들이었다.

(5) 우리 할아버지는 호랑이 앞에서도 _____ 대범하셨다고 한다.

2 다음 [보기]에서 알맞은 표현을 골라 '–(으)리만치'를 사용해서 이야기를 완성하십시오.

> **보기**
> 누구인지 알 수 있다   믿겨지지 않다
> 견줄 수 없다   값으로 따질 수 없다

> 얼마 전에 조선 시대 화가의 작품으로 보이는 그림이 발견되었다고 한다. 낙관이 찍혀
> 있지는 않았지만 한눈에도 (1) **누구인지 알 수 있으리만치** 그 화가의 화풍은 독특해서 고전
> 미술 작품을 연구하는 학자들이 모두 김윤도 화가의 작품이라고 단언했을 정도이다. 김윤도
> 화가는 생전에 많은 작품을 남기지 않았으므로 이번에 발견된 작품은 (2) _____
> _____ 귀하다고 한다. 비록 오래전 작품이나 현대의 것과 (3) _____
> _____ 색채와 표현이 훌륭하다고 하니 옛 선조들의 독창성과 우수성을 이 작품을
> 통해 엿볼 수 있다. 또한 수백 년 전의 작품이라는 것이 (4) _____
> 보존 상태도 좋아 고전 미술을 연구하는 데 귀중한 산 자료가 될 것이라고 한다.

02 −다 못해

Track 105

가 와, 맛있게 잘 먹었어요. 여긴 음식이 정말 맛있네요.

나 많이 남기셨는데 좀 더 드시지 그래요?

가 더 이상은 못 먹겠어요. 너무 맛있어서 계속 먹다 보니
배가 부르다 못해 티질 지경이에요.

나 여기는 맛도 맛이지만 양도 진짜 많네요. 제가 좀 많이
먹는 편인데 이렇게 먹다 못해 음식을 남긴 건 처음
이에요.

문법을 알아볼까요?

이 표현은 선행절의 동작이나 상태가 극에 달해 더 이상 지속할 수 없거나 그 정도가 더 심해짐을 나타낼 때
사용합니다.

この表現は、先行節の動作や状態が極限に達し、これ以上持続できないことや、その程度がさらに激化すること
を表すときに使います。

가 재윤 씨는 그렇게 조카가 귀여우세요?
チェユンさんはそんなに甥がかわいいんですか。

나 네, 조그만 게 어찌나 말을 잘하는지 귀엽다 못해 깨물어 주고 싶다니까요.
ええ、ちっちゃい子があんまり上手に話すので、かわいすぎてぎゅっと抱きしめたい(かみつきたい)
くらいですよ。

가 어제 시사 토론 봤어? 소위 지식인이라는 사람들이 어쩜 그렇게 말을 막 하니?
昨日、時事討論見た? いわゆるインテリって言われる人たちが、どうしてあんな言い方するのかな。

나 그러게 말이야. 사회자가 보다 못해 한마디 하는 것 봐. 내가 다 부끄럽더라.
まったくだよ。司会者が見るに見かねて、ひとこと言ってたじゃない。こっちが恥ずかしくなるよ。

도입 대화문 번역

가 わあ、ごちそうさまでした。ここは食べ物が本当においしいですね。

나 たくさん残していらっしゃいますけど、もう少し召し上がったらどうですか。

가 これ以上は食べられそうにないです。すごくおいしくてずっと食べていたら、おなかがものすごくいっぱいではちき
れそうです。

나 ここは味もおいしいですけど、量も本当に多いですね。私は少々たくさん食べるほうなんですが、こんなふうに食べ
きれずに食べ物を残したのは初めてです。

가 옆집 아들은 취업할 생각은 안 하고 놀러만 다니니까 부모님이 걱정이 많겠어요.
　　隣の息子は就職しようともしないで遊び歩いてばかりいるから、ご両親は心配だろうな。

나 안 그래도 그 집 아버지가 참다 못해 아들한테 집을 나가라고 했대요.
　　(そうじゃなくても)お父さんが堪えかねて息子に家から出て行けと言ったらしいわよ。

더 알아볼까요?

1　이 표현은 정도가 심해짐을 나타내는 경우에 '-다 못해 -기까지 하다'의 형태로 쓰이기도 합니다.
　　この表現は、程度が甚だしくなることを表す場合に、-다 못해 -기까지 하다の形で使われることもあります。

- 아침도 못 먹고 점심까지 굶으니까 배가 고프다 못해 쓰리기까지 해요.
- 그 방은 어찌나 난방이 잘 되어 있던지 따뜻하다 못해 후텁지근하기까지 하데요.

> **Tip**
> 쓰리다 ちくちく痛む
> 난방 暖房
> 후텁지근하다 蒸し暑い

2　이 표현은 뒤에 오는 명사를 수식할 때는 '-다 못한'의 형태로 쓰는데 이때는 주로 동사에 붙습니다.
　　この表現は、後ろに来る名詞を修飾するときは-다 못한の形で使いますが、この場合は主に動詞に付きます。

- 토론자들이 막말을 해 대자 보다 못한 사회자가 한마디 했다.
- 아들이 취업할 생각은 안 하고 놀러만 다니니까 참다 못한 아버지가 아들한테 집을 나가라고 했다.

3　동사 '참다'와 '듣다'는 '참다못해', '듣다못해'처럼 붙여 쓰는 경우가 있는데, 이때는 '참다못하다'의 활용형 '참다못해'와 부사 '듣다못해'가 사용된 것입니다.
　　動詞참다や듣다は참다못해や듣다못해のように付けて書く場合がありますが、これは참다못하다の活用形참다못해や副詞듣다못해が使われたものです。

- 인터넷에 떠도는 악성 루머에 시달리던 배우 이정애 씨는 참다 못해/참다못해 사이버 수사대에 수사를 의뢰했다.
- 아내의 잔소리를 듣다 못해/듣다못해 남편은 밖으로 나가 버리고 말았다.

> **Tip**
> 떠돌다 広まる
> 악성 루머 悪いうわさ
> 사이버 수사대 サイバー捜査隊
> 의뢰하다 依頼する

4　동사 '생각하다'의 경우는 '생각하다 못해'와 그 줄인 말인 '생각다 못해'로도 사용할 수 있습니다.
　　動詞생각하다の場合は、생각하다 못해とそれを縮めた생각다 못해の形でも使うことができます。

- 아이들 학원비를 감당할 수 없어서 생각하다 못해/생각다 못해 남편과 내가 직접 가르치기로 했다.

> **Tip**
> 감당하다 工面する

이럴 때는 **어떻게 말**할까요?

세상에는 참 다양한 성격의 사람들이 있지요? 여러분 주위에는 어떤 사람들이 있나요?

다섯 번째……

가　소희 있잖아, 걔는 보기랑 다르게 성격이 참 별나더라.

나　어떤데 그래?

가　글쎄, 깔끔하다 못해 하루에 청소를 다섯 번이나 한다더라고. 그 정도면 병 아니니?

> **Tip**
> 별나다 変だ, 変わっている　　깔끔하다 さっぱりしている
> 우유부단하다 優柔不断だ　　특이하다 変わっている
> 꼼꼼하다 几帳面だ, 緻密だ　　단위 単位

보기 / 별나다	깔끔하다 / 하루에 청소를 다섯 번이나 하다
생긴 거 / 답답하다	우유부단하다 / 점심에 먹을 메뉴를 고르는 데에도 30분이 걸리다
외모 / 특이하다	꼼꼼하다 / 하루 계획을 삼십 분 단위로 세우다

1 다음 [보기]에서 알맞은 단어를 골라 '–다 못해'를 사용해서 대화를 완성하십시오.

보기	기쁘다	부끄럽다	아름답다	웃다
	견디다	시끄럽다	창백하다	

(1) 가 엄마, 제가 취직한 게 그렇게 기쁘세요?

　　 나 그럼, **기쁘다 못해** 어깨춤이 절로 나오는구나.

(2) 가 코미디 콘서트 녹화 어땠어요? 재미있었어요?

　　 나 직접 보니까 더 재미있더라고요. 얼마나 웃겼는지 ＿＿＿＿＿＿＿＿＿ 나중에는
　　　 눈물까지 흘렸다니까요.

(3) 가 해가 떠오르는 장면이 너무 아름답지 않니?

　　 나 ＿＿＿＿＿＿＿＿＿ 눈이 부실 지경이야. 한 폭의 그림이라는 말이 딱 맞구나.

(4) 가 신재 씨가 외국에서 학교를 다니다 말고 돌아왔다면서요?

　　 나 네, 공부에 대한 스트레스에 외로움까지 심해서 ＿＿＿＿＿＿＿＿＿ 공부를 포기
　　　 하고 귀국했대요.

(5) 가 어제 록 콘서트에 다녀왔다면서요?

　　 나 공짜 표가 있었으니 갔지 아니면 안 갔을 거예요. ＿＿＿＿＿＿＿＿＿ 고막이 터질
　　　 것 같더라고요.

(6) 가 어제 발표를 진짜 잘하셨나 봐요. 과장님의 칭찬이 대단하시던데요.

　　 나 제가 별로 한 것도 없는데 사람들 앞에서 너무 칭찬을 하니까 ＿＿＿＿＿＿＿＿＿
　　　 얼굴을 못 들겠더라고요.

(7) 가 효리 씨에게 무슨 일이 있나 봐. 안색이 너무 안 좋아 보이지?

　　 나 그러네. 얼굴이 너무 ＿＿＿＿＿＿＿＿＿ 아파 보이기까지 하네. 진짜 무슨 일 있는
　　　 것 아닐까?

2 다음 글을 읽고 '-다 못해'를 사용해서 밑줄 친 부분을 바꾸십시오.

이번 토요일은 지난번에 맞선을 본 남자와 두 번째 만나기로 한 날이다. 만나기 전에 그 남자가 전화로 약속 시간과 장소를 알려 주기로 했는데 금요일 밤 9시가 되도록 연락이 없었다. (1) 더 이상 기다릴 수 없어서 내가 먼저 전화를 했다. 그랬더니 그 사람은 나한테 연락이 없어서 다른 약속을 잡았는데 내가 정말 원하면 그 약속을 취소할 수도 있으니까 확실하게 말해 달라고 한다. 참, 그 배려가 (2) 너무 고마워서 눈물이 날 지경이다. '자기가 알아서 당연히 취소를 해야지, 나더러 결정하라고?' (3) 너무 기가 막혀서 말이 다 안 나온다. '그리고 뭐? 내가 정말 원하면?' 이런 매너 없는 남자를 봤나. 말하는 게 (4) 너무 괘씸해서 한 대 때려 주고 싶다. 이런 남자랑은 다시 만나고 싶지 않았다. 그래서 안 만날 핑계를 (5) 이리저리 생각한 끝에 마침 나도 중요한 일이 생겼는데 먼저 약속된 거라서 전화해 본 것뿐이라고 말하면서 끊었다. 이 남자는 절대 다시 볼 일이 없을 거다!

(1) ___기다리다 못해_____

(2) _____

(3) _____

(4) _____

(5) _____

※ 〔1~2〕 다음 (   )에 알맞은 것을 고르십시오.

1 우리는 자정이 다 되어서야 고향 마을에 도착했다. 깊은 산골 마을에 밤이 되니 주위가 (   ) 적막하여 불길한 느낌마저 들었다.

① 조용하기는커녕　　　　　　　② 조용하다 못해
③ 조용하다기보다는　　　　　　④ 조용한 만큼

2 내가 어릴 때만 해도 가정마다 비상 상비약이 별로 없었다. 그런데 갑자기 배가 아플 때 엄마가 손으로 배를 문질러 주시면 (   ) 금세 낫곤 했다.

① 신기한 양　　　　　　　　　② 신기하다는 듯이
③ 신기하리만치　　　　　　　　④ 신기한 것은 고사하고

※ 다음 밑줄 친 부분과 바꾸었을 때 의미가 가장 비슷한 것을 고르십시오.

3 음악의 치료 효과는 여러모로 입증되고 있다. 한 실험 결과에 따르면 아픈 동물에게 밝은 음악을 계속 들려주자 <u>놀라우리만치</u> 빠른 회복을 보였다고 한다.

① 놀라는 듯이　　　　　　　　② 놀라울 정도로
③ 놀라는 만큼　　　　　　　　④ 놀라울지라도

※ 빈칸에 가장 알맞은 것을 고르십시오.

4 가　어제 이사하느라고 많이 힘들었죠?
　　나　네, 짐 옮기랴 청소하랴 하루 종일 움직였더니 ＿＿＿＿＿＿＿＿＿＿.

① 꼼짝도 할 수 없으리만치 힘들더라고요
② 꼼짝하기는커녕 힘들기까지 하더라고요
③ 너무 힘들어도 꼼짝도 안 하면 안 되겠더라고요
④ 힘든 것은 물론이고 꼼짝도 못하고 쉬어야겠더라고요

※ 다음 밑줄 친 부분 중 틀린 것을 하나 골라 바르게 고쳐 쓰십시오.

5 요즘 열대야로 인해 ① <u>잠을 잘래야 잘 수가 없다</u>. 그래서 어젯밤에는 가족과 함께 집 근처 계곡으로 산책을 나갔다. 벌써 많은 사람들이 우리와 같은 ② <u>생각을 한 듯이</u> 계곡 여기저기에 자리를 잡고 있었다. 산 위에서부터 흘러내리는 계곡물에 발을 담그고 있으니 ③ <u>시원하지 못해</u> 발이 시리기까지 했다. 하늘에는 ④ <u>셀 수 없으리만치</u> 수많은 별들이 반짝거리고, 물소리와 새소리, 풀벌레 소리가 어우러져 한여름 밤의 운치를 더해 주었다. 이렇게 좋은 곳에 사랑하는 가족과 함께 있으니 이런 게 행복이 아닐까?

(　　　　　　　　　　　　　　　　　　　　　　　)

14장

의도를 나타낼 때
意図の表現

본 장에서는 말하는 사람의 의도를 나타낼 때 사용하는 표현에 대해서 공부합니다. 초급에서는 '-(으)러 가다/오다, -(으)려고, -(으)려고 하다, 을/를 위해서, -기 위해서, -기로 하다'를, 중급에서는 '-(으)ㄹ까 하다, -고자, -(으)려던 참이다, -(으)ㄹ 겸 -(으)ㄹ 겸, -아야지요/어야지요'와 같은 많은 표현을 배웠습니다. 고급에서 배우는 표현들은 이미 배운 의도를 나타내는 표현보다 좀 더 추가적인 의미들이 있으므로 잘 구별해서 익히시기 바랍니다.

　この章では、話し手の意図を表すときに使う表現について勉強します。初級では-(으)러 가다/오다、-(으)려고、-(으)려고 하다、을/를 위해서、-기 위해서、-기로 하다を、中級では-(으)ㄹ까 하다、-고자、-(으)려던 참이다、-(으)ㄹ 겸 -(으)ㄹ 겸、-아야지요/어야지요など多くの表現を学びました。上級で学ぶ表現は、すでに学んだ意図の表現に比べて追加的な意味があるので、よく区別して覚えてください。

01 -(느)ㄴ다는 것이

가 왜 이렇게 늦었어요?

나 미안해요. 명동으로 가는 버스를 탄다는 것이 반대쪽으로 가는 버스를 타서 갈아타고 오느라고 늦었어요.

가 부탁한 책은 가지고 왔어요?

나 어머, 들고 나온다는 것이 현관 앞에 놓고 그냥 나왔네. 미안해요. 어떡하지요?

문법을 알아볼까요?

이 표현은 선행절에서 의도한 것과는 다른 결과가 후행절에 생길 때 사용합니다. 줄여서 '-(느)ㄴ다는 게'로 사용하기도 합니다. 동사에만 붙습니다.

この表現は、先行節で意図したこととは異なる結果が後続節に生じるときに使います。縮めて-(느)ㄴ다는 게の形で使うこともあります。動詞にのみ付きます。

가 이 앞 사거리에 경찰차가 서 있던데 무슨 일 있었어요?
   この前の交差点にパトカーが停まっていましたけど、何かあったんですか。

나 초보 운전자가 정지선에서 브레이크를 밟는다는 게 액셀을 밟았대요. 다행히 주변에 아무도 없어서 큰 사고는 없었대요.
   初心者ドライバーが、停止線でブレーキを踏むつもりがアクセルを踏んだそうですよ。幸い、周りに誰もいなくて、大きな事故はなかったそうです。

가 피곤해 보이는데 잠을 잘 못 잤어요?
   疲れて見えますけど、あまり眠れなかったんですか。

나 어제 리포트를 쓰다가 저장 버튼을 누른다는 게 삭제 버튼을 눌러서 저녁 내내 작업한 내용이 다 없어져 버렸거든요. 그래서 다시 쓰느라 밤을 새웠어요.
   昨日、レポートを書いていて、保存ボタンを押すつもりが消去ボタンを押して、夕方ずっと作業した内容が全部なくなってしまったんですよ。それで、また書くのに徹夜しました。

도입 대화문 번역

가 どうしてこんなに遅れたんですか。

나 ごめんなさい。明洞行きのバスに乗るつもりが反対方向に行くバスに乗って、乗り換えて来たので、遅くなりました。

가 お願いした本は持って来ましたか。

나 あら、持って来るつもりだったのに、玄関の前に置いてそのまま出て来ちゃったわ。ごめんなさい。どうしましょう。

가 도와 드린다는 것이 오히려 폐만 끼친 것 같아서 죄송하네요.
お手伝いするつもりが、かえって迷惑ばかりかけたみたいですみませんね。

나 아니에요. 도움이 많이 된걸요.
いえいえ。かなり役に立ちましたよ。

Track 108

더 알아볼까요?

이 표현은 선행절과 후행절의 주어가 같아야 합니다.
この表現は、先行節と後続節の主語が同じでなければなりません。

• (제가) 구경만 한다는 것이 하나밖에 안 남았다고 하니까 <u>친구가</u> 또 사고 말았어요. (×)
  → (제가) 구경만 한다는 것이 하나밖에 안 남았다고 하니까 (제가) 또 사고 말았어요. (○)
  → <u>친구가</u> 구경만 한다는 것이 하나밖에 안 남았다고 하니까 <u>친구가</u> 또 사고 말았다고 해요. (○)

이럴 때는 어떻게 말할까요?

인생을 살다 보면 의도했던 대로 되지 않는 경우가 있지요? 여러분은 어떤 경험이 있나요?

가 시험공부는 많이 했니?

나 잠깐 자고 일어나서 공부를 한다는 것이 그만 지금까지 자 버리고 말았어요. 어떻게 해요?

> **Tip**
> 아동용 児童用

시험공부는 많이 했다
이 큰 케이크를 혼자 다 먹었다
엄마 선물이라면서 옷이 왜 이렇게 작다

잠깐 자고 일어나서 공부를 하다 / 그만 지금까지 자 버리고 말았다
동생 것을 남기다 / 맛있어서 조금씩 먹다 보니 다 먹어 버렸다
여성용을 사다 / 디자인이 똑같아서 아동용을 샀나 보다

연습해 볼까요?

1 다음 [보기]에서 알맞은 단어를 골라 '-(느)ㄴ다는 것이'를 사용해서 대화를 완성하십시오.

> **보기**　　전화하다　　　부르다　　　자다　　　넣다　　　내리다

(1) 가 여보세요? 티파니 씨, 웬일이에요?

　　나 죄송해요. 김 선생님께 **전화한다는 것이** 이 선생님께 했네요. 안녕하셨지요?

(2) 가 서울역이요? 왜 거기까지 갔어요?

　　나 동대문에서 _____ 깜빡 졸다가 정류장을 지나쳐 버렸어요.

(3) 가 아까 아사미 씨 교실에서 크게 웃는 소리가 나던데 왜 그런 거예요?

　　나 제가 '선생님'이라고 _____ '생선님'이라고 불렀거든요.

(4) 가 이 커피 맛이 좀 이상하지 않아요?

　　나 어머, 제가 커피에 설탕을 _____ 소금을 넣었나 봐요.

(5) 가 이렇게 더운 날에 감기에 걸렸네요.

　　나 네, 에어컨을 끄고 _____ 그냥 잠이 들어 버렸거든요.

2 다음 이야기를 읽고 '-(느)ㄴ다는 게'를 사용해서 밑줄 친 부분을 바꾸십시오.

> 오늘은 전체 회의가 있는 중요한 날이다. (1) 일찍 일어나려고 했는데 알람 시계가 안 울리는 바람에 다른 날보다 더 늦게 일어났다. (2) 빨리 가려고 지하철 대신 택시를 탔는데 길이 막혀서 오히려 더 늦었다. 회의실에 들어가니까 부장님이 이야기를 하고 계셨다. (3) 정신을 차리고 잘 들으려고 했는데 긴장이 풀리니까 졸렸다. 옆 사람이 툭 쳐서 눈을 뜨니 부장님이 나를 째려보고 계셨다. 너무 창피했다. 오후에 (4) 친구한테 문자 메시지를 보냈다. '오늘 부장님 때문에 기분도 안 좋은데 퇴근 후에 한잔할래?' 잠시 후에 답장이 왔다. '김민수 씨, 내일도 지각하지 말고 오늘은 집에 일찍 가세요.' 부장님의 문자 메시지였다. (5) 집에 오자마자 정신을 차리려고 식탁 위에 놓여 있는 물을 마셨는데 맛이 이상했다. 이건 아버지가 마시다가 남기신 소주가 아닌가. 아이고, 머리야……

(1) _일찍 일어난다는 게 알람 시계가 안 울리는 바람에 다른 날보다 더 늦게 일어났다_.

(2) _____.

(3) _____.

(4) _____.

(5) _____.

02 –(으)려고 들다

어쩌고 저쩌고 그러니까 이러쿵 저러쿵

가 어제 회의에서는 어떤 결론이 났나요?

나 결론은요. 다들 남의 의견은 듣지 않고 자기 이야기만 하려고 드니 결론이 날 리가 있나요. 다음 주에 다시 회의를 하기로 했어요.

가 조금만 서로 양보하면 될 텐데 말이에요.

나 그러게요. 서로 조금이라도 손해는 보지 않으려고 드니 의견 일치가 안 될 수밖에요.

문법을 알아볼까요?

이 표현은 어떤 행동을 할 의도나 목적을 가지고 애써서 적극적으로 하려고 함을 나타낼 때 사용합니다. '고'를 생략하고 '–(으)려 들다'로도 많이 사용합니다. 동사에만 붙습니다.

この表現は、ある行動をする意図や目的を持って、がんばって積極的にしようとすることを表すときに使います。고を省略して–(으)려 들다の形でもよく使います。動詞にのみ付きます。

우리 남편은 건강에 좋다는 음식은 무조건 다 사려고 들어요.
うちの夫は、健康にいいという食べ物は何でも買おうとします。

무슨 일이든지 과정도 중요하니까 결과만으로 평가하려 들지 마세요.
どんなことでも過程も重要だから、結果だけで評価しようとしないでください。

온 국민이 함께 이 어려운 상황을 극복하려고 들면 못 할 일이 어디 있겠어요?
全国民がともにこの困難な状況を克服しようとすれば、できないことがどこにあるでしょうか。

가 昨日の会議ではどんな結論が出ましたか。

나 結論だなんて。みんな人の意見は聞かずに自分の話ばかりしようとして、結論が出るわけがないでしょう。来週、また会議をすることにしました。

가 少しだけ譲り合えばいいのに。

나 ほんとですよ。互いに少しでも損をしないようにして、意見が一致するはずがないですよ。

이 표현은 의미를 더욱 강조하기 위해 '만'을 붙이기도 하는데 동사와 형용사의 경우는 '-(으)려고만 들다'로, 명사의 경우는 '만 -(으)려고 들다'의 형태로 사용합니다.

この表現は、意味をさらに強調するために만を付けることもありますが、動詞と形容詞の場合は-(으)려고만 들다で、名詞の場合は만 -(으)려고 들다の形で使います。

- 방학이라고 공부는 안 하고 하루 종일 놀려고만 든다.
- 우리 딸아이는 이렇게 추운 날씨에도 짧은 치마만 입으려고 든다.

Track 110

자녀 교육은 참으로 어려운 일이지요? 우리 주위에 아이를 키우는 부모님들은 어떤 일들로 힘들어할까요?

가 우리 아이는 동생 것을 무조건 다 빼앗으려고 들어서 걱정이에요.

나 동생에게 부모님의 사랑을 빼앗겼다고 생각해서 그래요. 부모님이 형과 동생을 똑같이 사랑한다고 느끼도록 신경 써 보세요.

Tip

빼앗다 奪う	구별하다 区別する
인지하다 認知する	거부감 抵抗感

동생 것을 무조건 다 빼앗다	동생에게 부모님의 사랑을 빼앗겼다고 생각하다 / 부모님이 형과 동생을 똑같이 사랑한다고 느끼도록 신경 쓰다
하지 말라는 것만 골라서 하다	아직 좋은 것과 나쁜 것을 구별하지 못하다 / 잘한 일은 칭찬해 주시고 잘못한 일은 아이가 확실히 인지하도록 가르치다
골고루 먹지 않고 좋아하는 음식만 먹다	안 먹어 본 음식은 익숙하지 않다 / 아이들이 거부감이 들지 않도록 아이들도 좋아할 수 있는 다양한 요리법을 연구하다

1 다음 [보기]에서 알맞은 단어를 골라 '-(으)려고 들다'를 사용해서 대화를 완성하십시오.

> **보기**
>
> 하다　　　챙기다　　　따라 하다　　　배우다
> 알다　　　따지다　　　해결하다

(1) 가 요즘 게임에 중독된 초등학생들이 많다면서요?
　　나 네, 우리 아들도 집에 오면 컴퓨터 게임만 **하려고 들어서** 큰일이에요.

(2) 가 방금 지나간 아이가 이 집 막내딸 아니에요? 하도 어른스럽게 입어서 몰라볼 뻔했네요.
　　나 요즘 대학생 언니가 하는 건 다 ＿＿＿＿＿＿＿＿＿ 걱정이에요.

(3) 가 엄마, 아까 이모가 뭐라고 하신 거예요?
　　나 너는 나이도 어린 게 뭘 그렇게 어른들의 일을 일일이 다 ＿＿＿＿＿＿＿＿＿?

(4) 가 대대로 전해 오는 전통 기술을 가르쳐 주고 싶어도 젊은 사람들을 구할 수가 없대요.
　　나 요즘 젊은 사람들이 힘든 일은 아예 ＿＿＿＿＿＿＿＿＿ 않아서 문제예요.

(5) 가 언니, 조금 전에 그 사람이 나한테 먼저 잘못하지 않았어?
　　나 다 끝난 일인데 누가 먼저 잘못한 게 이제 와서 무슨 상관이니? 넌 다 좋은데 뭐든지 ＿＿＿＿＿＿＿＿＿ 문제야.

(6) 가 옆집하고 그렇게 주차 문제로 싸우더니 결국에는 돈을 받고 끝냈대요.
　　나 그런 문제를 돈으로 ＿＿＿＿＿＿＿＿＿ 사람이나 그 돈을 받는 사람이나 똑같지요, 뭐.

(7) 가 현수 씨가 팀 사람들에게 인심을 잃었다면서요?
　　나 다른 사람들하고 일할 때는 남을 먼저 배려하는 것이 필요한데 항상 자기 것만 ＿＿＿＿＿＿＿＿＿ 누가 좋아하겠어요?

2 다음 그림을 보고 [보기]에서 알맞은 단어를 골라 '-(으)려고 들다'를 사용해서 일기를 완성하십시오.

| 보기 | 있다 | 만들다 | 가지다 | 행동하다 | 숨기다 |

(1) (2) (3)
(4) (5) 어린 것들!

×× ○○년 5월의 어느 날

첫째 딸 하은이는 초등학교 1학년이다.

내가 보기엔 아직도 아기 같은데 벌써 사춘기가 왔나?

학교에 갔다 집에 오면 자기 방에 혼자 (1) **있으려고 든다**.

문을 잠그고 혼자만의 시간을 (2) _____.

무슨 고민이 있는 것 같은데 자꾸 (3) _____.

벌써 자기만의 비밀을 (4) _____.

또래 아이들이 하는 건 모두 유치하다고 생각하는지 어른처럼 말하고

(5) _____.

자기가 아직 어린아이라는 걸 알기는 아는 걸까?

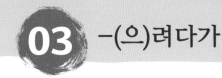

03 -(으)려다가

Track **111**

가 어제 휴일인데 뭐 했어요?

나 공짜 표가 생겨서 전시회에 가려다가 혼자 가기도 그렇고
  해서 그냥 집에 있었어요.

가 그럼 저한테라도 말하지 그랬어요?

나 안 그래도 전화를 걸려다가 세린느 씨가 바쁠 것 같아서
  그만두었어요.

문법을 알아볼까요?

이 표현은 어떤 의도를 가지고 행동하려고 했지만 그만두거나 도중에 다른 행동으로 바꿈을 나타낼 때 사용합니다.
'-(으)려고 하다가'의 준말로, '가'를 생략하고 '-(으)려다'로도 많이 사용합니다. 동사에만 붙습니다.

この表現は、ある意図を持って行動しようとしたが中止すること、途中でほかの行動に転換することを表すとき
に使います。-(으)려고 하다가の縮約で、가を省略して-(으)려다の形でもよく使います。動詞にのみ付きます。

차가 낡아서 새로 구입하려다가 일 년 더 타기로 했다.
車が古くて新しく購入しようとしたが、もう1年乗ることにした。

피자를 시켜 먹으려다가 살이 찔 것 같아서 참고 그냥 잤다.
ピザを頼んで食べようと思ったけど、太りそうだから我慢してそのまま寝た。

동생에게 심부름을 시키려다 바람도 쐴 겸 해서 내가 직접 갔다.
弟/妹におつかいに行かせようと思ったが、散歩も兼ねて私が自分で行った。

1 이 표현은 선행절과 후행절의 주어가 같아야 합니다.
この表現は、先行節と後続節の主語が同じでなければなりません。

- (내가) 커피를 주문하려다가 잠이 안 올 것 같아서 내 친구가 주스를 주문했다. (×)
  → (내가) 커피를 주문하려다가 잠이 안 올 것 같아서 (내가) 주스를 주문했다. (○)

2 이 표현은 어떤 상황이나 상태가 되거나 변화가 생기는 과정에서 그 상황이나 상태가 중단되거나 바뀜을 나타낼 때도 사용합니다.
この表現は、ある状況や状態になったり変化が生じたりする過程で、その状況や状態が中断したり転換したりすることを表すときも使います。

- 날씨가 선선해지려다가 다시 더워졌다.
  涼しくなりそうだったが、また暑くなった。

- 드라마가 재미있어지려다가 말았다.
  ドラマがおもしろくなりそうだったが、ならなかった。

이럴 때는 어떻게 말할까요?

Track 112

'어떻게 버는가보다 어떻게 쓰는가가 중요하다.'라는 말을 들어 보셨지요? 만약 여러분에게 공돈이 생긴다면 그 돈으로 무엇을 하고 싶으신가요?

가 생일 선물로 받은 돈으로 뭐 하셨어요?

나 친구들에게 한턱내려다가 재수하는 동생이 힘들어하는 것 같아서 용돈을 줬어요.

> **Tip**
> 공돈 労せず得たお金 　　　재수하다 浪人する
> 복권 당첨금 宝くじの当選金 　　보태다 補う
> 아동 복지 시설 児童福祉施設

생일 선물로 받은 돈	친구들에게 한턱내다 / 재수하는 동생이 힘들어하는 것 같아서 용돈을 주다
연말 보너스로 받은 돈	모처럼 여행을 가다 / 시골에서 고생하시는 부모님이 생각나서 보내 드리다
복권 당첨금	나중에 집을 살 때 보태다 / 더 좋은 일에 쓰고 싶어서 아동 복지 시설에 기부하다

1 다음 [보기]에서 알맞은 단어를 골라 '–(으)려다가'를 사용해서 대화를 완성하십시오.

> **보기**　깨우다　　　보내다　　　포기하다　　　기르다

(1) 가 힘들게 혼자 청소를 다 한 거야? 시작할 때 깨우라니까 왜 안 깨웠어?
　　나 **깨우려다가** 너무 평안하게 잠을 자고 있어서 깨울 수가 없었어.

(2) 가 머리를 짧게 자르셨네요.
　　나 좀 더 ＿＿＿＿＿＿＿＿ 기분 전환도 할 겸 해서 스타일을 바꿔 봤어요. 어때요?

(3) 가 어머, 은정 씨! 바쁠 텐데 이렇게 전화까지 다 하고…….
　　나 문자 메시지만 ＿＿＿＿＿＿＿＿ 오랜만에 목소리도 들을 겸 해서 전화했어요.

(4) 가 중간에 그만두고 싶은 마음은 안 생겼나요?
　　나 몇 번이나 ＿＿＿＿＿＿＿＿ 기도해 주시는 부모님 생각에 포기할 수 없었어요.

2 관계있는 것을 연결하고 '–(으)려다가'를 사용해서 문장을 완성하십시오.

원래 하려고 한 행동	행동을 바꾼 이유	실제 취한 행동
(1) 먼저 먹다	㉠ 같이 먹으려고	㉮ 먼저 가서 인사했다
(2) 선물을 사 드리다	㉡ 뉴스를 듣고	㉯ 돈으로 드리려고 하다
(3) 못 본 척하고 지나가다	㉢ 현금이 나올 것 같아서	㉰ 다시 두꺼운 옷으로 바꿔 입었다
(4) 얇은 옷을 입다	㉣ 그래도 내가 아랫사람이니까	㉱ 기다리고 있었다

(1) 가 아직 안 드셨어요? 시장하실 텐데 먼저 드시지 그랬어요?
　　나 ㉠㉱ – **먼저 먹으려다가 같이 먹으려고 기다리고 있었어요** ＿＿＿.

(2) 가 이번 어버이날 선물은 어떻게 하실 거예요?
　　나 ＿＿＿＿＿＿＿＿＿＿＿＿＿＿＿＿＿＿＿＿＿＿＿＿.

(3) 가 아까 로비에서 김 과장님 봤어? 김 과장님은 성격이 괴팍해서 아무도 먼저 말을 걸고 싶어 하지 않는 것 같더라.
　　나 실은 나도 ＿＿＿＿＿＿＿＿＿＿＿＿＿＿＿＿＿＿＿＿.

(4) 가 며칠 날씨가 따뜻해서 얇게 입고 나왔더니 저녁이 되니까 너무 춥네요.
　　나 저도 ＿＿＿＿＿＿＿＿＿＿＿＿＿＿＿＿＿＿＿＿.
　　　갈아입고 나오길 잘했네요.

※ 〔1~3〕 다음 (   )에 알맞은 것을 고르십시오.

1 가   회의가 내일로 바뀌었다며? 알았으면 좀 미리 말해 주지.
　　나   미안해. (   ) 어제 깜빡하고 말을 못 했네.

① 알려 준다더니　　　　　　　② 알려 준다는 게
③ 알려 줄라치면　　　　　　　④ 알려 준다고 해도

2 그는 시대의 변화에도 불구하고 옛날 방식만 (   ).

① 고집하기 나름이다　　　　　② 고집하기 마련이다
③ 고집할 리가 없다　　　　　　④ 고집하려 든다

3 가   원래 이쪽 분야에서 일하고 싶으셨어요?
　　나   아니요. 대학 졸업 후에 (   ) 집안 형편이 안 좋아져서 그냥 이 회사에 취직했어요.
　　　　이쪽 일을 하다 보니 재미있더라고요.

① 유학을 가기보다　　　　　　② 유학을 갈 정도로
③ 유학을 가려다가　　　　　　④ 유학을 가는 김에

※ 다음 밑줄 친 부분과 바꾸었을 때 의미가 가장 비슷한 것을 고르십시오.

4 　이 작가의 소설들은 중독성이 있는 듯하다. 어젯밤에도 자기 전에 30분만 <u>읽는다는 게</u>
　결말이 궁금해서 계속 읽다 보니 밤을 새우고 말았다.

① 읽는다고 하니까　　　　　　② 읽는다고 하면
③ 읽으려고 하다가　　　　　　④ 읽으려고 하면

※ 빈칸에 가장 알맞은 것을 고르십시오.

5 가   동생이 방금 울면서 나가던데 무슨 일 있었어요?
　　나   제 물건을 여러 번 말도 없이 가져가서는 돌려주지 않잖아요. 그러고서는 잘못했다는
　　　　말은 안 하고 _____.

① 하도 핑계를 대니까 참기는커녕 화를 내 버렸거든요
② 하도 핑계를 대서 한 번 더 화를 내려다가 참았거든요
③ 자꾸 핑계를 대니까 참는다기보다 화를 내 버렸거든요
④ 자꾸 핑계를 대서 참으려다가 이번에는 화를 내 버렸거든요

※ 다음 밑줄 친 부분이 틀린 것을 고르십시오.

6 ① 외출을 <u>하고 싶다가</u> 비가 와서 그만두었다.
　② 저 두 사람은 만나기만 하면 항상 <u>싸우려고 든다</u>.
　③ 태민 씨는 대학원에 <u>진학하려다가</u> 마음을 바꾸었다고 한다.
　④ 아침에 정신이 없어서 구두를 <u>신는다는 게</u> 슬리퍼를 신고 나왔다.

15장

추측과 가능성을 나타낼 때
推測と可能性の表現

본 장에서는 추측이나 가능성을 나타내는 표현에 대해서 배웁니다. 추측을 나타내는 표현으로 초급에서는 '-겠어요, -(으)ㄹ 거예요, -(으)ㄹ까요?, -는 것 같다'를 배웠고, 중급에서는 '-아/어 보이다, -는 모양이다, -(으)ㄹ 텐데, -(으)ㄹ 테니까, -(으)ㄹ걸요, -(으)ㄹ지도 모르다'와 같이 많은 것들을 배웠습니다. 고급에서도 추측이나 가능성을 나타내는 표현들을 많이 다루게 되는데 각각의 표현들이 사용되는 상황이 각각 다르고 의미도 차이가 있으므로 주의해서 공부하시기 바랍니다.

この章では、推測や可能性を表す表現について学びます。推測を表す表現として、初級では-겠어요、-(으)ㄹ 거예요、-(으)ㄹ까요?、-는 것 같다を学び、中級では-아/어 보이다、-는 모양이다、-(으)ㄹ 텐데、-(으)ㄹ 테니까、-(으)ㄹ걸요、-(으)ㄹ지도 모르다など多くのものを学びました。上級でも推測や可能性を表す表現をたくさん扱いますが、それぞれの表現が使われる状況がそれぞれ異なり、意味も違いがあるので、注意して勉強してください。

01 -는 듯이

가 투안 씨, 아팠다면서요? 어디가 아팠어요?

나 며칠 전에 짐을 잘못 옮겼는지 어깨가 빠질 듯이 아프
    더라고요.

가 지금은 괜찮아요? 병원에는 갔다 왔어요?

나 병원에 갈 정도는 아니에요. 며칠 푹 쉬었더니 씻은
    듯이 나았어요.

문법을 알아볼까요?

이 표현은 후행절에 나타난 동작이나 상태를 보고 그것이 마치 선행절의 동작이나 상태와 같거나 그렇게 보임
을 추측하여 말할 때 사용합니다. 후행절을 강조하기 위해 선행절에 과장된 표현을 사용하는 경우가 많습니다.
'이'를 생략하여 '-는 듯'으로 사용하기도 합니다.

この表現は、後続節に現れた動作や状態を見て、それがまるで先行節の動作や状態と同じかそのように見えるこ
とを推測して言うときに使います。後続節を強調するために、先行節に誇張した表現を使う場合が多いです。
이を省略して-는 듯の形で使うこともあります。

	A	V	N이다
과거/완료	–	–(으)ㄴ 듯이	–
현재	–(으)ㄴ 듯이	–는 듯이	인 듯이
미래	–	–(으)ㄹ 듯이	–

박물관에 들어온 아이는 신기한 듯이 여기저기를 둘러봤다.
博物館に入ってきた子どもは、物珍しそうにあちこちを見まわした。

친구는 무엇을 잘못했는지 나와 마주치자 얼어붙은 듯이 그 자리에 멈춰 섰다.
友だちは何をしでかしたのか、私と出くわすと、凍りついたようにその場に立ち止まった。

세계화가 되면서 외국 제품들이 물밀 듯 국내로 쏟아져 들어오고 있다.
グローバル化によって、外国の製品が勢いよく国内になだれ込んできている。

도입 대화문 번역

가 トゥアンさん、具合が悪かったそうですね。どこが具合が悪かったんですか。

나 何日か前に変なふうに荷物を運んだせいか、肩がはずれるかと思うぐらい痛かったんですよ。

가 いまは大丈夫ですか。病院には行って来たんですか。

나 病院に行くほどじゃありません。何日かゆっくり休んだら、うそみたいによくなりました。

이 표현은 다음과 같이 관용적으로 자주 쓰입니다.
この表現は、次のように慣用的によく使います。

- 날개가 돋친 듯이 잘 팔리다 羽が生えたようによく売れる
- 별이 쏟아질 듯이 많다 星が降るほど多い
- 잡아먹을 듯이 노려보다 食らいつくかのようににらみつける
- 죽은 듯이 누워 있다 / 자다 / 살다 死んだように寝ている / 眠る / 生きる
- 죽일 듯이 달려오다 / 쫓아오다 殺すような勢いで駆けてくる / 追ってくる
- 쥐 죽은 듯이 조용하다 ネズミが死んだように(水を打ったように)静かだ
- 판에 박은 듯이 닮았다 判で押したように似ている(瓜二つだ)
- 하늘을 찌를 듯이 높다 天を突くように高い

이 표현은 '–듯이'와 형태는 비슷하지만 의미 면에서 다음과 같은 차이가 있습니다.
この表現は、–듯이と形は似ていますが、意味の面で次のような違いがあります。

–듯이	–는 듯이
(1) 선행절과 후행절의 내용이 거의 같다는 뜻으로. '–는 것과 마찬가지로'를 의미합니다. 先行節と後続節の内容がほぼ同じだという意味で、「～と同様に」を意味します。 • 식물이 햇빛을 필요로 <u>하듯이</u> 아이들은 부모의 사랑을 필요로 한다.	후행절이 선행절처럼 보임을 추측합니다. 後続節が先行節のように見えることを推測します。 • 실내는 아무도 없는 <u>듯이</u> 조용했다.
(2) 문맥에 따라 후행절이 선행절처럼 보임을 추측하는 의미로도 사용됩니다. 文脈によっては、後続節が先行節のように見えることを推測する意味でも使われます。 • 윤주는 기분이 좋은지 춤을 <u>추듯이</u> 공원 안을 걸어 다녔다.	

〈참조〉 10장 유사함을 나타낼 때 01 '–듯이'.

이럴 때는 **어떻게 말**할까요?

여러분은 주위에 못마땅한 사람이 있나요? 그 사람을 못마땅하게 생각하는 이유는 무엇인가요?

가 태민 씨를 왜 그렇게 못마땅하게 생각해요?

나 나랑 입사 동기이면서 내 상사인 듯이 이것저것 시키잖아요. 정말 마음에 안 들어요.

> **Tip**
> 못마땅하다 不満だ   입사 동기 同期入社
> 사사건건 ことごとに, ことあるごとに

나랑 입사 동기이면서 내 상사이다 / 이것저것 시키다
내가 하는 일마다 사사건건 문제가 있다 / 말하다
다른 사람들이 한 일을 가지고 자기가 다 했다 / 행동하다

연습해 볼까요?

単語・表現 p.400

1 다음 [보기]에서 알맞은 표현을 골라 '-는 듯이'를 사용해서 대화를 완성하십시오.

| 보기 | 부끄럽다 | 뛰다 | 헤어지기 아쉽다 | 잡아먹다 | 죽다 |

(1)

세린느 여보, 이 사진 좀 봐요. 우리 연애할 때 찍은 거네요.

강세호 연애할 때 당신은 나와 눈이 마주칠 때면 **부끄러운 듯이** 고개를 숙이곤 했었는데…….

(2)

세린느 그때 당신은 집에 돌아갈 시간이 오면 나와 _____
_____ 내 손을 잡고 놓지 않았었어요.

강세호 맞아, 그랬지.

(3)

결혼할게요.

세린느 내가 당신의 청혼을 받아들였을 때 당신이 _____
_____ 기뻐했던 거 기억나요?

강세호 물론 기억나지. 그때 당신과 한순간도 떨어지고 싶지 않았었지.

(4) 세린느 그런데 지금은 집에 돌아오면 당신은 _____
_____ 잠만 자잖아요.

강세호 일하느라 피곤해서 그렇지.

(5) 강세호 그러는 당신은 안 변한 줄 알아? 내가 조금만 잘못해도
나를 _____ 노려보잖아.

세린느 그러고 보니 연애할 때가 좋았네요.

2 다음 [보기]에서 알맞은 표현을 골라 '-는 듯이'를 사용해서 이야기를 완성하십시오.

> 보기 맞닿았다   쏟아져 내리겠다   숨이 막히겠다   하늘을 찌르겠다

　　지난 주말에 강원도에 갔었다. 강원도의 경치가 아름답다고 들었는데 정말 들은 그대로
였다. 눈앞으로는 바다가 하늘과 (1) **맞닿은 듯이** 펼쳐져 있었고 등 뒤로는 높은 산들이
(2) _____ 솟아 있었다. 밤이 되자 도시에서는 볼 수 없었던 별들이
(3) _____ 하늘을 가득 채우고 있었다. 이렇게 (4) _____
_____ 아름다운 경치를 어디서 또 볼 수 있을까?

02 -(느)ㄴ다는 듯이

Track 115

가 소피아 씨와 여양 씨가 또 싸웠다면서요?

나 네, 이번에는 심하게 싸웠나 봐요. 둘이 언제 연인이었냐는 듯이 서로 쳐다보지도 않더라고요.

가 그래도 며칠 지나면 아무 일도 없었다는 듯이 둘이 다시 다정하게 다닐걸요.

나 하긴 이렇게 싸우고 화해한 적이 한두 번이 아니긴 하죠.

문법을 알아볼까요?

이 표현은 선행절의 내용을 직접 말한 것은 아니지만 마치 그렇게 말하는 것처럼 후행절의 행동을 한다는 것을 나타낼 때 사용합니다. '이'를 생략하여 '-(느)ㄴ다는 듯'으로 사용하기도 합니다.

この表現は、先行節の内容を実際に言ったわけではないが、まるでそう言うかのように後続節の行動をすることを表すときに使います。이を省略して、-(느)ㄴ다는 듯の形で使うこともあります。

		A	V	N이다
평서형	과거/완료	-았다는/었다는 듯이		였다는/이었다는 듯이
	현재	-다는 듯이	*-(느)ㄴ다는 듯이	(이)라는 듯이
	미래/추측	-(으)ㄹ 거라는 듯이		일 거라는 듯이
의문형		*-(으)냐는 듯이	*-(느)냐는 듯이	(이)냐는 듯이
명령형		–	-(으)라는 듯이	–
청유형		–	-자는 듯이	–

★ 동사의 현재형과 의문형의 경우 '-느-'를 넣어도 되고 빼도 됩니다. 형용사의 의문형 역시 '-으냐는 듯이'와 '-냐는 듯이' 둘 다 가능합니다.

콘서트장의 문이 열리자 관객들은 기다렸다는 듯이 몰려 들어왔다.
コンサート場のドアが開くや、観客たちは待ってましたとばかりにどっとなだれ込んだ。

걱정하지 말라는 듯이 오빠는 엄지손가락을 치켜 올렸다.
心配するなというように、兄は親指を立てた。

대학에 떨어져 마음이 많이 안 좋을 텐데 걱정하는 친구들을 생각해 수진이는 아무렇지도 않다는 듯 행동했다.
大学に落ちて気分がかなりよくないはずなのに、心配する友人たちを思って、スジンは何ともないというようにふるまった。

더 알아볼까요?

'보라는 듯이'의 준말인 '보란 듯이'는 자랑하거나 당당하게 어떤 일을 할 때 혹은 증명하거나 보여 주는 것처럼 어떤 일을 할 때 관용적으로 사용합니다.
보라는 듯이の縮約である보란 듯이は、自慢気に堂々とあることをするとき、あるいは証明したり示したりするかのようにあることをするとき、慣用的に使います。

• 그동안 실력이 부족하다는 이야기를 듣던 김 선수는 <u>보란 듯이</u> 두 골이나 넣었다.
• 준호에게 차였던 수지는 동창회에 <u>보란 듯이</u> 멋진 남자 친구를 데리고 나타났다.

비교해 볼까요?

이 표현은 '−는 듯이'와 형태는 비슷하지만 의미 면에서 다음과 같은 차이가 있습니다.
この表現は、−는 듯이と形は似ていますが、意味の面で次のような違いがあります。

−는 듯이	−(느)ㄴ다는 듯이
그렇게 보임을 추측합니다. そのように見えると推測します।	그렇게 말하고 있는 것처럼 보임을 추측합니다. そう言っているように見えると推測します।
• 그 사람은 <u>반가운 듯이</u> 내 손을 잡았다.	• 그 사람은 <u>반갑다는 듯이</u> 내 손을 잡았다.
☞ 반가운 것처럼 보임을 추측하여 말합니다. うれしそうに見えると、推測して述べます।	☞ 반갑다고 말하고 있는 것처럼 보임을 추측하여 말합니다. うれしいと言っているように見えると、推測して述べます।

💡 〈참조〉 15장 추측과 가능성을 나타낼 때 01 '−는 듯이'.

이럴 때는 **어떻게 말**할까요?

말과 행동이 상황에 따라 달라지는 사람들이 있지요? 그런 사람들은 언제, 어떻게 행동이 달라지나요?

가 소희 씨가 부장님을 싫어하지 않았어요?

나 네, 맞아요. 그런데 왜요?

가 좀 전에 부장님이 농담을 하시니까 너무 재미있다는
　 듯이 한참을 소리 내어 웃더라고요.

Tip

산 낙지 生きたタコ	몸서리치다 ぞっとする
정수기 浄水器	연약하다 軟弱だ
낑낑거리다 うんうん力む	

부장님을 싫어하다	좀 전에 부장님이 농담을 하시니까 너무 재미있다 / 한참을 소리 내어 웃다
산낙지를 잘 먹다	회식 때 남자 직원들이 먹어 보라고 하니까 그런 걸 어떻게 먹다 / 몸서리를 치다
정수기 물통을 혼자서도 잘 갈다	아까 여양 씨가 옆에 있으니까 자기는 연약한 여자이다 / 무거운 척 낑낑거리다

연습해 볼까요?

単語・表現 p.400

1 다음 [보기]에서 알맞은 표현을 골라 '-(느)ㄴ다는 듯이'를 사용해서 문장을 완성하십시오.

보기　어쩔 수 없다　　잘 모르겠다　　지루하다　　마음에 안 들다　　이해하다

(1)　아사미 씨가 왜 환불이 안 되느냐고 항의를 하자
　　 직원은 자기도 **어쩔 수 없다는 듯이** 어깨를 으쓱했다.

(2)　소희 씨가 집안 사정을 얘기하자
　　 세린느 씨는 _____ 고개를 끄덕였다.

(3) 케빈 씨가 발표를 하고 있는데
투안 씨는 _____ 계속 하품을 해 댔다.

(4) 소희 씨가 새 프로젝트에 대해 설명을 해 주자
여양 씨는 _____ 머리를 긁적였다.

---

(5) 백화점 직원이 옷을 보여 주자
소피아 씨는 _____ 얼굴을 찌푸렸다.

---

2 다음 [보기]에서 알맞은 표현을 골라 '-(느)ㄴ다는 듯이'를 사용해서 이야기를 완성하십시오.

보기   방해하지 말다   입맛이 없다   쳐다보다   귀찮다   언제 그랬다

> 루이가 사춘기가 되었나 보다. 집에 들어오면 (1) **방해하지 말라는 듯이** 방문을 꼭꼭 잠그고 있고, 무슨 질문을 해도 (2) _____ 건성으로 대답을 할 뿐이다. 맛있는 음식을 해 줘도 (3) _____ 몇 숟가락 뜨고 만다. 친한 친구와 자주 크게 싸우기도 하고 얼마 안 지나 (4) _____ 다시 그 친구와 붙어 다닌다. 그리고 옷이나 화장품을 사 달라는 말도 많이 한다. 길을 다니면 사람들이 자기만 (5) _____ 외모에도 무척이나 신경을 많이 쓴다. 언제쯤이면 예전의 밝고 귀여운 우리 아들로 돌아올 수 있을까?

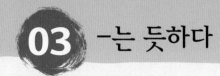

03 -는 듯하다

Track 117

가 　신제품 판매는 잘됩니까?

나 　별로예요. 사람들이 살 듯하다가 다들 그냥 가더라고요.
아직 신제품의 효능에 대한 홍보가 부족한 듯해요.

가 　그럼, 홍보에 더 신경을 많이 써야겠군요.

나 　그리고 홍보도 홍보지만 판매 전략도 좀 바꿔야 할
듯합니다.

문법을 알아볼까요?

이 표현은 말하는 사람이 어떤 사건이나 상태를 추측한 것을 나타낼 때 사용합니다. '-는 것 같다'보다 격식적인
표현입니다.

この表現は、話し手がある出来事や状態を推測したことを表すときに使います。-는 것 같다よりフォーマルな
表現です。

	A	V	N이다
과거/완료	-았던/었던 듯하다	-(으)ㄴ 듯하다	였던/이었던 듯하다
현재	-(으)ㄴ 듯하다	-는 듯하다	인 듯하다
미래/추측	-(으)ㄹ 듯하다		일 듯하다

현장 경험이 없는 김 대리가 그 일을 맡는 것은 무리일 듯합니다.
現場経験のないキム代理が、その仕事を引き受けるのは無理そうです。

최근 경제가 불황에서 벗어나는 듯하다가 다시 침체에 빠지기 시작했다.
最近、経済が不況から抜け出しそうだったが、また停滞に陥りはじめた。

한 달 만에 20kg나 살을 뺐던 영준 씨는 관리를 잘 못 한 탓에 요요 현상이 일어난 듯하다.
ひと月で20kgもやせたヨンジュンさんは、うまく管理できなかったせいで、リバウンド現象が起こった
ようだ。

도입 대화문 번역

가 　新製品の販売は順調ですか。

나 　いまいちです。みんな買いそうな素振りを見せて、そのまま行ってしまうんですよ。まだ新製品の効能についての宣
伝が足りないようです。

가 　じゃ、宣伝にもっと気を使わないといけませんね。

나 　それから、宣伝も宣伝ですが、販売戦略も少し変えなければならなそうです。

1 이 표현은 '-는 듯싶다'와도 큰 의미 차이 없이 사용되긴 하나 '-는 듯하다'가 보다 더 일반적으로 사용됩니다.

この表現は、-는 듯싶다とも大きな意味の違いなく使われますが、-는 듯하다のほうが一般的に使われます。

- 현장 경험이 없는 김 대리가 그 일을 맡는 것은 무리일 듯싶습니다.
- 최근 경제가 불황에서 벗어나는 듯싶다가 다시 침체에 빠지기 시작했다.

2 이 표현은 '-는 듯'의 형태로 뉴스나 신문의 기사 제목에 많이 사용됩니다.

この表現は、-는 듯の形で、ニュースや新聞記事の見出しによく使われます。

- 고속도로 몸살, 저녁까지 정체 이어질 듯.
- 김호진 감독, 기자 회견 도중 쓰러져, 과도한 스케줄로 무리한 듯.

> **Tip**
> 정체 停滞, 渋滞
> 기자 회견 記者会見
> 과도하다 度がすぎる

'-(으)ㄴ 듯하다', '-는 듯했다', '-(으)ㄴ 듯했다' 모두 과거와 관계있는 상황을 나타내지만 다음과 같은 차이가 있습니다.

-(으)ㄴ 듯하다、-는 듯했다、-(으)ㄴ 듯했다はすべて過去と関係ある状況を表しますが、次のような違いがあります。

-(으)ㄴ 듯하다	-는 듯했다	-(으)ㄴ 듯했다
현재 상황에서 과거에 어떤 일이 생긴 것 같다고 추측합니다.	과거 상황에서 그 당시에 어떤 일이 일어나고 있는 것 같다고 추측합니다.	과거 상황에서 과거 이전에 어떤 일이 이미 일어난 것 같다고 추측합니다.
現在の状況から、過去にあることが起きたようだと推測します。	過去の状況から、その当時、あることが起こっているようだったと推測します。	過去の状況から、それ以前にあることがすでに起きたようだと推測します。
• 정호는 어제 늦게 잔 듯하다.	• 수업 시간에 보니 정호는 무언가를 먹는 듯했다.	• 어제 얘기를 들으니 정호는 파티에서 그 여자를 이미 서너 번 만난 듯했다.
☞ 말하는 사람이 정호가 어제 늦게 잔 것 같다고 지금 추측하면서 말하고 있습니다.	☞ 말하는 사람이 정호가 무언가를 먹는 것 같다고 과거에 추측한 것을 지금 말하고 있습니다.	☞ 말하는 사람이 정호가 어제보다 더 이전에 그 여자를 만난 것 같다고 어제 추측한 것을 지금 말하고 있습니다.
チョンホが昨日遅く寝たようだと、話し手が現在推測して話しています。	チョンホが何かを食べているようだと、話し手が過去に推測したことを現在話しています。	チョンホが昨日より前にその女性に会ったようだと、話し手が昨日推測したことを現在話しています。

이럴 때는 **어떻게 말**할까요?

세계 엑스포에 갔다 온 적이 있나요? 엑스포가 열리는 곳에서는 어떤 것들을 경험할 수 있을까요?

가 세계 엑스포에 갔다 왔다면서요? 관람객이 많던가요?

나 네, 전시회장마다 줄을 길게 서 있는 모습이 하루 입장 객만 5만 명은 넘을 듯하더라고요.

> **Tip**
> 엑스포 エキスポ 이색적이다 異色だ
> 여간하다 並大抵だ 접하다 接する

관람객이 많다
볼거리가 다양하다
독특한 음식을 맛볼 수 있다

전시회장마다 줄을 길게 서 있는 모습이 하루 입장객만 5만 명은 넘겠다
곳곳에서 하루 종일 펼쳐지는 이색적인 거리 공연으로 외국에 와 있다
여간해서는 접하기 힘든 세계 각국의 전통 음식들이 다 모였다

연습해 볼까요?

단어·표현 p.400

1 다음 [보기]에서 알맞은 표현을 골라 '-는 듯하다'를 사용해서 대화를 완성하십시오.

> **보기** 막힌 가슴이 탁 트이다 비용을 아낄 수 있다 낭비하다
> 잘되어 가다 큰 영향을 미치다

(1) 가 동해안에 갔다 왔다면서요? 어땠어요?

나 상쾌한 바닷바람을 쐬며 걷다 보니 **막힌 가슴이 탁 트이는 듯하더라고요.**

(2) 가 소피아 씨는 지난번에 소개팅한 사람과 잘되고 있나요?

나 분위기를 보니 _____ 특별히 물어보지는 않았어요.

(3) 가 여행을 가고 싶은데 휴가철이라 숙박비가 많이 들까 봐 걱정이 돼요.

나 얘기를 들으니까 캠핑장을 이용하면 _____ 캠핑을
하면 어때요?

(4) 가 그 나라가 유럽 연합을 탈퇴할지도 모른다면서요?

나 네, 만약 그 나라가 유럽 연합을 탈퇴하면 세계 경제에 _____.

(5) 가 소문에 이 음식이 굉장하다고 해서 시켰는데 너무 별로인데요.

나 네, 그러네요. 괜히 돈만 _____ 기분이 안 좋네요.

2 다음 [보기]에서 알맞은 표현을 골라 '-는 듯하다'를 사용해서 이야기를 완성하십시오.

> **보기**
>
> 감동을 받다 　　　　　 팔리고 있다 　　　　　 유행하다
> 알다 　　　　　　　　 누리고 싶어 하다 　　　 돌파하다

　　태국을 방문한 K-pop 스타 김미래 씨는 공항에 몰린 수십만의 팬들을 보고 (1) **감동을**
받은 듯했습니다. 태국에서의 김미래 씨의 인기는 대단합니다. 그녀의 2집 앨범 판매량은
이번 주말쯤엔 100만 장을 (2) ＿＿＿＿＿＿＿＿＿＿＿＿, 20일과 21일에 계획된 그녀
의 콘서트 표도 암표 시장에서 3배 이상의 가격으로 (3) ＿＿＿＿＿＿＿＿＿＿＿＿.
그녀가 자주 입는 동물무늬의 옷도 올여름에 크게 (4) ＿＿＿＿＿＿＿＿＿＿＿＿ 패션
시장이 발 빠르게 동물무늬의 옷을 내놓고 있습니다. 언제 태국을 출국할지에 대해 묻는
기자의 질문에 "글쎄요, 이번 주말이 지나 봐야 (5) ＿＿＿＿＿＿＿＿＿＿＿＿."라고 해
태국 내의 인기를 더 (6) ＿＿＿＿＿＿＿＿＿＿＿＿ 모습을 보였습니다.

04 -(으)ㄹ 게 뻔하다

Track 119

가 강 작가한테 전화해서 원고를 언제쯤 넘겨줄 수 있는지 물어보세요.

나 밤새 글을 쓰는 사람이니까 지금 이 시간에는 자고 있을 게 뻔해요. 오후에 전화해 볼게요.

가 이번에는 마감 일을 지킬 수 있을지 모르겠네요.

나 매번 마감 일을 한참 넘겨서 냈는데 이번이라고 제때 내겠어요? 아직 반도 완성하지 못했을 게 뻔해요.

문법을 알아볼까요?

이 표현은 지금까지의 일을 볼 때 앞으로의 일이 눈으로 보는 것처럼 분명하거나 예상되는 결과 또는 상태가 되었을 때 사용합니다. 주로 안 좋은 결과가 예상될 때 사용합니다.

この表現は、これまでのことから見て今後のことが目に見えるように明らかであるとき、予想される結果や状態になったときに使います。主に、よくない結果が予想されるときに使います。

	A/V	N이다
과거/완료	-았을/었을 게 뻔하다	였을/이었을 게 뻔하다
현재	-(으)ㄹ 게 뻔하다	일 게 뻔하다

이번에 새로운 정책을 내놓지 못한다면 지지율이 바닥으로 떨어질 게 뻔하다.
今回、新たな政策を打ち出せなければ、支持率が底に落ちるのは明らかだ。

그 개발 계획이 실행된다면 서해안의 관광 명소는 환경 오염으로 망가질 게 뻔하다.
その開発計画が実行されたら、西海岸の観光名所は環境汚染でだめになるのは明らかだ。

그렇게 준비가 덜 된 자료를 가지고 갔으니 엄청 비난을 받았을 게 뻔하다.
あんなに準備不足の資料を持って行ったのだから、ひどく非難されたに違いない。

도입 대화문 번역

가 作家のカン先生に電話して、原稿をいつごろもらえるかきいてみてください。

나 夜中に文章を書く人ですから、いまこの時間にはきっと寝ているでしょう。午後に電話してみます。

가 今回は締め切り日を守れるかわかりませんね。

나 毎回、締め切り日をかなり過ぎて出していましたから、今回だって予定どおりに出すはずがないでしょう。きっとまだ半分も完成していないに違いありません。

이 표현은 '나(1인칭)'와 '다른 사람(2·3인칭)'의 일에 모두 쓸 수 있지만 '나(1인칭)'의 의지로 결정할 수 있는 일에는 사용할 수 없습니다.
この表現は、「自分(1人称)」のことでも「ほかの人(2・3人称)」のことでも使うことができますが、「自分(1人称)」の意志で決められることには使うことができません。

• 제가 현실 때문에 하고 싶은 일을 포기한다면 나중에 후회할 게 뻔해요. (○)

☞ 후회하는 것은 의지로 결정할 수 있는 일이 아니므로 맞는 문장입니다.
　後悔することは自分の意志で決められることではないので、正しい文です。

• 저는 내년에 결혼할 게 뻔해요. (?)
→ 저는 내년에 결혼할 거예요. (○)

☞ 자신의 의지가 아닌 외부 상황 때문에 어쩔 수 없이 결혼해야 할 때는 사용할 수도 있지만 그런 경우가 아니라면 '-(으)ㄹ 거예요'를 써야 합니다.
　自分の意志でなく外部の状況のせいでしかたなく結婚しなければならない場合には使ってもかまいませんが、そのような場合でなければ-(으)ㄹ 거예요を使わなければなりません。

'-았을/었을 게 뻔하다'와 '-(으)ㄹ 게 뻔했다'는 둘 다 과거와 관계있는 상황을 나타내지만 다음과 같은 차이가 있습니다.
-았을/었을 게 뻔하다と-(으)ㄹ 게 뻔했다はどちらも過去と関係ある状況を表しますが、次のような違いがあります。

-았을/었을 게 뻔하다	-(으)ㄹ 게 뻔했다
현재 상황에서 과거에 그리했을 것이라고 추측함을 나타냅니다. 現在の状況から、過去にそうしただろうと推測することを表します。	과거 상황에서 앞으로 그렇게 될 것이라고 추측했음을 나타냅니다. 過去の状況から、今後そうなるだろうと推測したことを表します。
• 민수는 어제도 술을 마셨을 게 뻔해요.	• 민수가 술을 마실 게 뻔했다. 그래서 아내는 자동차 열쇠를 놓고 가라고 했다.
☞ 말하는 사람은 민수가 어제 술을 마셨을 것이라고 현재 추측하고 있습니다. ミンスが昨日お酒を飲んだだろうと、話し手が現在推測しています。	☞ 민수가 분명히 술을 마실 거라고 과거에 추측했음을 나타냅니다. ミンスがきっとお酒を飲むだろうと、話し手が過去に推測したことを表します。

〈주의〉 중급에서 나온 '-(으)ㄹ 뻔하다'는 이 표현과 형태는 비슷하지만 의미는 '어떤 일이 거의 일어날 것 같았는데 실제로는 일어나지 않았음'을 나타냅니다. 헷갈리지 않도록 주의하시기 바랍니다.
〈注意〉中級で出てきた-(으)ㄹ 뻔하다はこの表現と形は似ていますが、意味は「あることが起こりかけたが実際には起こらなかったこと」を表します。混同しないように注意してください。

'작심삼일'이란 말을 아세요? 결심한 것이 삼 일을 못 간다는 말이죠. 끊임없이 결심만 하고 지키지는 못하는 사람들을 볼 때 어떻게 말할까요?

가 태민 씨가 다시 퇴근 후에 운동하기로 했다네요. 이번 결심은 오래 갈까요?

나 태민 씨가 워낙 친구들 만나는 것을 좋아해서 이번에도 얼마 못 갈 게 뻔해요. 이런 결심을 한 게 한두 번이 아니잖아요.

Tip
워낙 なにしろ

퇴근 후에 운동하다	친구들 만나는 것을 좋아해서 이번에도 얼마 못 가다
아침마다 학원을 다니다	아침잠이 많아서 이번 학기도 며칠 못 다니다
술을 끊다	술로 스트레스 풀기를 좋아해서 벌써 술을 다시 마셨다

▲ 単語·表現 p.400

1 다음 [보기]에서 알맞은 표현을 골라 '-(으)ㄹ 게 뻔하다'를 사용해서 대화를 완성하십시오.

> 보기　　파산하다　　　놓고 오다　　　떨어지다　　　여행 가다　　　하락하다

(1) 가 가게 문을 닫으려고요?

　　나 네, 계속 장사하면 <u>파산할 게 뻔한데</u> 하루라도 빨리 문을 닫는 게 낫죠.

(2) 가 정호 씨는 면접에 저렇게 입고 가려나 봐요.

　　나 집에서 입듯이 아무렇게나 입고 가면 ＿＿＿＿＿＿＿＿＿＿ 정장을 입고 가라고 말 좀 해 봐요.

(3) 가 왜 이렇게 농산물 수입을 반대하는 거죠?

　　나 외국에서 농산물을 수입하면 우리 농산물 가격이 ＿＿＿＿＿＿＿＿＿＿ 반대하는 거죠.

(4) 가 민수 씨가 며칠 연락이 안 되네요. 무슨 일이 있는 건 아닐까요?

　　나 바람 쐬러 가는 걸 좋아하니까 어디 ＿＿＿＿＿＿＿＿＿＿. 너무 걱정하지 마세요.

(5) 가 수영 씨가 지갑이 없어졌대요. 소매치기를 당한 거면 어떡해요?

　　나 소매치기를 당한 건 아닐 거예요. 어딘가에 ＿＿＿＿＿＿＿＿＿＿. 원래 덤벙거리잖아요.

2 다음 [보기]에서 알맞은 표현을 골라 '-(으)ㄹ 게 뻔하다'를 사용해서 이야기를 완성하십시오.

보기   반대하다   알려 주지 않다   실패하다   쉽지 않다   듣지 않다

　　김준형 씨는 연 매출 10억을 올리는 성공한 치킨집 사장님이다. 김준형 씨가 처음부터 치킨집을 했던 것은 아니다. 유명 대기업을 다니던 그는 20년 전 어느 날 자기 사업을 하려고 회사를 그만두었다. 아내한테 이야기하면 (1) **반대할 게 뻔했기에** 아내 몰래 회사를 그만두었다. 나이 마흔다섯에 창업은 (2) ＿＿＿＿＿＿＿＿＿＿ 그래도 꿈을 포기할 수는 없었다. 대박 식당에 찾아가 무작정 요리 비법을 물어보면 (3) ＿＿＿＿＿＿ ＿＿＿＿＿＿＿ 식당 배달 일부터 시작하며 어깨 너머로 요리 비법을 배워 갔다. 그리고 배달 일을 하면서 동네 상권도 샅샅이 익혔다. 그렇게 차근차근 준비한 결과 그는 창업에 성공할 수 있었다. 이제 그의 아내는 그가 어떤 일을 해도 반대하지 않는다. 반대해도 어차피 (4) ＿＿＿＿＿＿＿＿＿＿＿＿. 그는 창업을 하려는 사람들에게 이렇게 말한다. 철저한 준비 없이 창업을 하면 (5) ＿＿＿＿＿＿＿＿＿＿＿고 말이다. 그게 창업을 꿈꾸는 사람은 많지만 창업에 성공한 사람은 적은 이유이다.

05 -(으)ㄹ 법하다

Track 121

가 황 박사님께서 올해도 캄보디아로 의료 봉사를 가신 다면서요?

나 네, 벌써 10년째시래요. 황 박사님은 병원 스케줄만 으로도 정신이 없을 법한데 꼭 시간을 내서서 봉사 활동을 가시더라고요.

가 캄보디아에 그렇게 여러 번 가셨으면 앙코르와트 정도 는 한 번 가 보셨을 법한데 오지에 들어가셔서 진료만 하시고 관광은 전혀 안 하셨다고 하더라고요.

나 뛰어난 수술 실력에다 사람들을 아끼는 마음까지 가지 고 계시니 많은 동료 의사들이 존경할 법하네요.

문법을 알아볼까요?

이 표현은 말하는 사람이 어떤 상황이 일어날 만한 가능성이 많거나 그럴 만한 이유가 있어 보일 때 사용합니다. '-(으)ㄹ 법도 하다'로도 사용할 수 있습니다.

この表現は、話し手が思うには、ある状況が起こりそうな可能性が高いときやそれだけの理由があるように見えるときに使います。-(으)ㄹ 법도 하다の形でも使うことができます。

	A/V	N이다
과거/완료	-았을/었을 법하다	였을/이었을 법하다
현재	-(으)ㄹ 법하다	일 법하다

김 선수는 장시간 비행으로 피곤할 법한데 짐을 풀자마자 훈련을 하러 나갔다.
キム選手は長時間のフライトで疲れていそうなのに、荷をほどくとすぐ訓練をしに出かけた。

도입 대화문 번역

가 ファン博士が今年もカンボジアに医療奉仕に行かれるそうですね。

나 ええ、もう10年目だそうです。ファン博士は病院のスケジュールだけでもあわただしそうなのに、必ず時間を取って奉仕活動に行かれていたんですよ。

가 カンボジアにあんなに何度も行かれたなら、アンコール・ワットくらいは一度行ってみられていそうなのに、奥地に入られて診療ばかりなさって、観光はまったくなさっていないそうなんですよ。

나 優れた手術の実力に加え、人々をいたわる心まで持っていらっしゃるから、多くの同僚の医者たちが尊敬するのもうなずけますね。

그렇게 매일 붙어서 일을 하다 보면 두 사람 사이에 애정이 싹틀 법하지요.
あんなに毎日くっついて仕事をしていたら、 二人の間に愛情が芽生えそうですね。

5년이나 한국에서 살았으면 이제 한국 생활에 익숙해졌을 법도 한데 여전히 낯설기만 하다.
5年も韓国で暮らしたら、もう韓国生活に慣れていそうだが、依然としてなじまない。

Track 122

이럴 때는 **어떻게 말**할까요?

여러분 주위에 눈치 없는 사람이 있나요? 눈치 없는 사람들은 어떻게 행동할까요?

시간 있어요?

가 몇 달 전에 선을 본 남자한테서 아직도 연락이 온다면서요?

나 네, 내가 그 정도로 여러 번 시간이 없다고 말을 하면 눈치를 챌 법도 한데 계속 전화를 하더라고요.

> **Tip**
> | 눈치가 없다 鈍い | 눈치를 채다 感づく |
> | 붙들리다 捕まる | 늘어놓다 並べたてる |
> | 민망하다 決まり悪い | |

몇 달 전에 선을 본 남자한테서 아직도 연락이 오다	내가 그 정도로 여러 번 시간이 없다고 말을 하면 눈치를 채다 / 계속 전화를 하다
어제도 승주 씨한테 저녁 내내 붙들려 있었다	내가 집에 가서 할 일이 많다고 하면 알아듣다 / 헤어진 남자 친구 얘기를 계속 늘어놓다
부장님이 말실수한 걸 가지고 소영 씨가 그렇게 웃었다	사람들이 그렇게 눈치를 주면 알아차리다 / 계속 웃어 대서 부장님이 많이 민망해하시다

1 다음을 읽고 '-(으)ㄹ 법하다'를 사용해서 문장을 완성하십시오.

	보통 사람들		태민 씨의 주위 사람들
(1)	여러 번 도움을 받았으면 밥이라도 한 번 산다.	투안	밥을 사기는커녕 또 도와 달라며 일을 가지고 왔다.
(2)	최고 대학을 졸업한 변호사라면 유명 법률 회사에서 큰돈 받으며 일한다.	윤 변호사	시민 단체에 들어가 무료로 법률 상담을 하고 있다.
(3)	그 정도로 많은 돈을 모았으면 편하게 산다.	김 할머니	여전히 병원 청소며 식당 일을 하러 다니신다.
(4)	친한 친구들이 다 결혼을 해 가정을 꾸리면 결혼이 하고 싶어진다.	아사미	남자한테는 관심도 없고 글만 쓰고 있다.
(5)	매일 똑같은 음식을 먹으면 질린다.	여양	식당에 갈 때마다 김치찌개만 시킨다.

(1) 여러 번 도움을 받았으면 밥이라도 한 번 살 법한데 _____

　　투안 씨는 밥을 사기는커녕 또 도와 달라며 일을 가지고 왔다 _____.

(2) _____

　　윤 변호사는 _____.

(3) _____

　　김 할머니는 _____.

(4) _____

　　아사미 씨는 _____.

(5) _____

　　여양 씨는 _____.

2 다음 [보기]에서 알맞은 표현을 골라 '–(으)ㄹ 법하다'를 사용해서 이야기를 완성하십시오.

보기

영화에나 나오다	해변에서나 입다	한 번쯤 꿈꾸다
당연히 궁금해하다	들고 다니다	

(1) 친구가 유럽 여행을 갔다가 한 식당에서 고등학교 동창을 만나 사랑에 빠졌다. **영화에나 나올 법한** 일이 현실에서 생긴 것이다.

(2) 태민 씨가 휴대 전화를 꺼내는 순간 깜짝 놀랐다. 전화 기가 벽돌만 했던 것이다. 20년 전에나 ＿＿＿＿＿＿＿ ＿＿＿＿＿＿＿＿＿＿ 휴대 전화를 아직도 사용하다니…….

(3) 아무리 편하게 입는 금요일이라고 하지만 오늘 여양 씨가 입고 출근한 옷은 좀 심했다. 꽃무늬 셔츠라니……. 어디 ＿＿＿＿＿＿＿＿＿＿＿＿＿＿＿＿ 옷을 회사에 입고 온 것이다.

(4) 오늘 친구의 결혼식에 갔다. 아름다운 웨딩드레스와 꽃으로 가득한 결혼식장 그리고 영화배우같이 생긴 신랑……. 여자라면 ＿＿＿＿＿＿＿＿＿＿＿＿＿＿ 결혼식이었다.

(5) 배우 홍준호 씨와의 인터뷰에서 기자는 여자 친구는 있는지, 어떤 여자를 좋아하는지 등 여성 팬이라면 ＿＿＿＿＿＿＿＿＿＿＿＿＿＿＿＿＿ 질문들을 했다.

06 -(으)ㄹ 리가 없다

Track 123

가 김상선 의원이 구속됐다면서요? 모 기업으로부터 거액의 돈을 뇌물로 받았다고 하던데요.

나 김 의원은 자기는 모르는 일이라고 계속 주장한대요. 사과 상자에 있던 게 사과인 줄 알았다고 한다나 봐요.

가 그걸 김 의원이 몰랐을 리가 없죠. 당연히 사과 상자 안에 돈이 있는 줄 알고 받았을 거예요.

나 이러니 국민들이 정치하는 사람이나 기업하는 사람들을 좋게 볼 리가 없는 거예요.

문법을 알아볼까요?

이 표현은 과거의 경험으로 판단해 보아 앞 내용이 확실히 사실이 아니라고 생각이 될 때나 믿을 수가 없을 때 사용합니다. 이 표현은 '가'를 생략해서 '-(으)ㄹ 리 없다'로도 사용할 수 있습니다.

この表現は、過去の経験から判断して、前の内容が明らかに事実でないと考えられるときや信じられないときに使います。この表現は、가を省略して-(으)ㄹ 리 없다の形でも使うことができます。

	A/V	N이다
과거/완료	-았을/었을 리가 없다	였을/이었을 리가 없다
현재	-(으)ㄹ 리가 없다	일 리가 없다

그 친구가 나에 대해서 그런 말을 했을 리가 없어요.
あの友だちが私についてそんなことを言ったはずがありません。

사람들 앞에서 무시를 당하면 기분이 좋을 리가 없지요.
みんなの前で無視されたら気分がいいはずがないでしょう。

좋은 재료를 가지고 정성껏 요리하면 음식이 맛이 없을 리 없습니다.
いい材料で心をこめて料理すれば、食べ物がおいしくないはずがありません。

도입 대화문 번역

가 キム・サンソン議員が拘束されたそうですね。某企業から巨額のお金をわいろとしてもらったそうですが。

나 キム議員は自分は知らないことだと、ずっと主張したそうですよ。りんご箱の中身がりんごだと思ったと言っているみたいです。

가 それをキム議員が知らなかったはずがないでしょう。当然りんご箱の中にお金があると思って受け取ったと思いますよ。

나 これだから、国民が政治家や企業家をよく見るはずがないんですよ。

이 표현은 큰 의미 차이 없이 '없다' 대신 '있다'를 사용해서 말할 수도 있는데 이때는 '-(으)ㄹ 리가 있어요?',
'-(으)ㄹ 리가 있겠어요?'의 형식으로 쓰입니다.

この表現は大きな意味の違いなく없다のかわりに있다を使って言うこともできますが、この場合は-(으)ㄹ 리가
있어요?や-(으)ㄹ 리가 있겠어요?の形で使われます。

• 그 친구가 나에 대해서 그런 말을 <u>했을 리가 있어</u>?
• 사람들 앞에서 무시를 당하면 기분이 <u>좋을 리가 있겠어요</u>?

Track 124

눈에 보이는 뻔한 거짓말을 하는 사람들이 있지요? 그 사람이 거짓말하는 것을 어떻게 알 수 있나요?

몰랐어요.

가 소희 씨가 회의가 오후에 있는 줄로 착각하고 늦게 왔다고
    하더라고요.

나 제가 세 번이나 말했는데 착각했을 리가 없어요. 분명히
    늦게 일어났을 거예요.

Tip
눈에 보이는 뻔한 거짓말 見えすいた明らかな嘘
착각하다 錯覚する   PT プレゼンテーション
핑계를 대다 言い訳をする

회의가 오후에 있는 줄로 착각하고 늦게 왔다
보고서를 제출하라는 얘기를 못 들어서 못 냈다
혼자서 PT 준비를 해야 돼서 우리 팀을 못 도와
주겠다

제가 세 번이나 말했는데 착각했다 / 늦게 일어났다
과장님이 얘기하실 때 그 자리에 있었는데 못 들었다 / 깜빡했다
그 팀 사람들이 전부 PT 준비로 바쁘다고 하는 걸 들었는데 소희
씨 혼자서 다 하다 / 우리를 도와주기 싫어서 핑계를 대는 거다

연습해 볼까요?

1 '-(으)ㄹ 리가 없다'를 사용해서 대화를 완성하십시오.

(1) 가 승주 씨가 어제 음주운전으로 사고를 냈다는데 정말일까요?

　　나 승주 씨가 **음주운전을 했을 리가 없어요.** 승주 씨는 술을 안 마시는 사람이라고요.

(2) 가 세희 씨가 만들어 온 케이크 봤어요? 정말 대단하죠?

　　나 세희 씨가 그걸 _____. 제빵 학원에 다닌 지 겨우

　　　일주일밖에 안 된 사람이 어떻게 그렇게 잘 만들었겠어요?

(3) 가 다른 회사에서 어떻게 우리와 똑같은 구두를 내놓을 수가 있지요? 디자인이 유출된

　　　거 아니에요?

　　나 우리가 보안에 얼마나 신경을 쓰는데요. _____.

(4) 가 이 컴퓨터 좀 봐 주세요. 고장이 난 것 같아요.

　　나 며칠 전에 산 컴퓨터인데 벌써 _____. 주영 씨가

　　　뭘 잘못 눌렀나 보죠.

2 다음 [보기]에서 알맞은 표현을 골라 '-(으)ㄹ 리가 없다'를 사용해서 대화를 완성하십시오.

> 보기 　　그러다　　　성공하다　　　그런 사기를 치다　　　그새 바뀌다　　　없다

가 아침에 사기 사건 뉴스 봤어요? 전망 좋은 사업이 있다면서 투자하라고 해 놓고
　　투자금만 챙겨 가지고 도망갔다는 얘기요.

나 네, 봤어요. 피해자가 몇백 명이라지요?

가 그런데 (1) **그럴 리는 없겠지만** 그 사기꾼이 동수 씨라는 얘기가 있더라고요. 우리도
　　돈을 동수 씨한테 투자했잖아요.

나 설마요. 동수 씨가 얼마나 정직한 사람인데 (2) _____.

가 그래도 사람 일은 모르니까 한번 전화해 보는 게 어때요?

나 그럼 그러죠. 어, 이상하다. 어제도 통화했는데 없는 번호라네요.
　　번호가 (3) _____ ······.

가 나도 방금 동수 씨 회사에 전화했는데 그런 사람이 없대요!

나 동수 씨가 그 회사에 (4) _____. 회사 앞에서 동수 씨를 만난
　　적도 있는데요.

가 동수 씨가 사기 치려고 우리한테 거짓말을 한 거였네요. 동수 씨가 성공했다고 해서
　　그렇게 몇 개월 만에 (5) _____ 고 생각했었는데······.
　　그때 내 직감을 믿을걸 그랬어요.

07 −기 십상이다

Track 125

가 아이가 뚱뚱하다고 친구들한테 놀림을 받아서요. 많이 먹지도 않는데 왜 그렇게 살이 찌는지 모르겠어요.

나 줄리앙의 식습관을 보니까 인스턴트 음식을 많이 먹는 것 같습니다. 인스턴트 음식은 열량이 높기 때문에 비만을 유발하기 십상이에요.

가 그래요? 그래도 어릴 때는 마른 것보다는 살이 좀 찐 게 낫지 않을까요?

나 어린이 비만은 고혈압이나 심장 질환 등 성인병으로 이어지기 십상이기 때문에 어릴 때 비만을 치료하는 게 좋습니다.

문법을 알아볼까요?

이 표현은 지금 상황으로 볼 때 어떤 상태 혹은 상황과 같이 되기 쉽거나 그럴 확률이 매우 높음을 나타내는 말로, 여기서 '십상'은 '십중팔구('열 개 중 여덟아홉 개'의 의미)'라는 뜻입니다. 동사에만 붙습니다.

この表現は、今の状況から見て、ある状態や状況のようになりやすいこと、そのような確率がとても高いことを表すもので、十상は十中八九(十中八九)の意味です。動詞にのみ付きます。

> 정확한 지식이 없이 주식 시장에 투자를 하면 낭패를 보기 십상이다.
> 正確な知識なしに株式市場に投資をすると、十中八九失敗する。

> 그 지역은 배수 시설이 좋지 않아서 폭우가 쏟아지면 물에 잠기기 십상이다.
> その地域は排水施設がよくないため、暴雨が降り注ぐと、ほぼ水に浸かる。

> 안 좋은 자세로 컴퓨터나 스마트폰을 오래 사용하면 목에 무리가 오기 십상이다.
> よくない姿勢でコンピュータやスマートフォンを長く使うと、首に無理が来やすい。

도입 대화문 번역

가 子どもが太っていると友人たちにからかわれて。たくさん食べもしないのに、どうしてあんなに太るのかわかりません。

나 ジュリアンの食習慣を見ると、インスタント食品をたくさん食べているようです。インスタント食品はカロリーが高いので、肥満を誘発しやすいんです。

가 そうですか。でも、小さいときは、やせているより、少し肉がついていたほうがいいんじゃないでしょうか。

나 子どもの肥満は高血圧や心臓疾患など成人病につながりやすいので、小さいときに肥満を治療したほうがいいです。

이 표현은 주로 부정적인 상황을 예상할 때 사용하므로 긍정적인 상황에 사용하면 어색합니다.
この表現は、主に否定的な状況を予想するときに使うので、肯定的な状況に使うと不自然です。

- 최선을 다하다 보면 좋은 결과가 <u>오기 십상이다</u>. (×)
  → 최선을 다하다 보면 좋은 결과가 <u>오기 마련이다</u>. (○)
  → 최선을 다하다 보면 좋은 결과가 <u>올 것이다</u>. (○)

Track 126

부모님들은 자녀들이 어디서 무엇을 하든지 항상 걱정이 많으시죠? 자녀들이 친구들과 놀러 간다고 할 때 부모님들은 어떤 걱정을 하실까요?

가 엄마, 친구들이 주말에 야영도 할 겸 지리산에 가재요. 갔다 와도 돼요?

나 요즘같이 <mark>집중 호우가 잦은 장마철에 산에서 야영을 하다가는 조난당하기 십상이야.</mark> 다른 데로 놀러가는 게 어떠니?

> **Tip**
> 야영 キャンプ　　　　　집중 호우 集中豪雨
> 조난당하다 遭難する　　바닷바람을 쐬다 海風に当たる
> 화상을 입다 やけどする

야영도 할 겸 지리산	집중 호우가 잦은 장마철에 산에서 야영을 하다가는 조난당하다
바닷바람도 쐴 겸 부산	햇볕이 강한 여름철에 바닷가에 있다가는 피부에 화상을 입다
해돋이도 볼 겸 정동진	날씨가 추운 때에 해 뜨는 것 본다고 바깥에서 떨다가는 감기 걸리다

1 다음 [보기]에서 알맞은 표현을 골라 '-기 십상이다'를 사용해서 대화를 완성하십시오.

> [보기]   미움받다   손해 보다   안 되다   손님들의 외면을 받다

(1) 가 요즘 제주도 바다가 아주 멋지다는데 며칠 휴가 내고 갔다 올까 봐요.
나 마감 일이 코앞인데 휴가 내고 놀러 갔다가는 동료들한테 <u>미움받기 십상이에요</u>.

(2) 가 이 식당은 처음 개업했을 땐 고기 질이 좋았는데 점점 안 좋아지는 것 같아요.
나 장사가 잘된다고 해서 값싸고 품질이 낮은 고기를 쓰다가는 _____.

(3) 가 요즘 주식으로 돈을 버는 사람이 많다는데 나도 좀 투자를 해 볼까 봐요.
나 아무리 주식 경기가 좋다고 해도 주식에 대해 전혀 공부도 하지 않고 투자를 했다가는
_____.

(4) 가 와, 이 항공 회사는 80%나 할인을 해 주네요.
나 할인율이 높은 항공권은 환불이나 날짜 변경이 _____
꼼꼼히 살펴보고 구매하세요.

2 다음 [보기]에서 알맞은 단어를 골라 '-기 십상이다'를 사용해서 글을 완성하십시오.

> [보기]   긴장되다   빠지다   삐다   발생하다   포기하다

〈등산 초보자들이 알아 두어야 할 등산 시 유의점〉

• 등산을 할 때는 시작부터 빨리 올라가면 심장이 갑자기 부담을 느끼고 근육도 (1) <u>긴장되기</u>
<u>십상입니다</u>. 갑자기 무리하면 사고로 이어질 수 있으니 처음 30분은 천천히 걸어야 합니다.

• 내리막길에서는 발목과 무릎에 부담이 많이 가게 되므로 조심해야 합니다. 뛰어서 내려
가면 발목을 (2) _____.

• 등산은 꽤 고강도 운동 중의 하나입니다. 아무것도 먹지 않은 채 등산을 하거나 수분
섭취도 하지 않으면 탈진, 탈수 상태에 (3) _____. 그러므로
등산 도중에 먹을 간식과 충분한 물을 가지고 가시는 것이 좋습니다.

• 처음부터 높은 난이도의 코스를 선택해서는 안 됩니다. 무리를 해서 등산을 하게 되면
금방 지쳐서 중간에 (4) _____ 체력이 떨어져 여러 가지
문제가 (5) _____. 처음에는 가벼운 코스로 시작하는 게 좋습
니다.

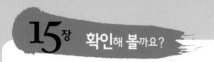

※ 〔1~2〕 다음 밑줄 친 부분과 바꾸었을 때 의미가 가장 비슷한 것을 고르십시오.

1 그 회사는 이번에 음악 감상 전용 스마트폰을 출시할 계획이라고 발표했다. 이 스마트폰은 다음 달 중순쯤 유럽에서 처음으로 <u>선보일 듯하다</u>.

① 선보일 게 뻔하다 　　　　② 선보일 것 같다
③ 선보일 수도 있다 　　　　④ 선보이기 십상이다

2 배우 유승호 씨는 바쁜 스케줄로 <u>지쳤을 수도 있는데</u> 인터뷰를 하는 내내 에너지가 차고 넘쳤다.

① 지쳤을 법도 한데 　　　　② 지쳤다는 듯이
③ 지친다고 한들 　　　　　④ 지쳤을 리가 없는

※ 〔3~4〕 다음 (　　)에 알맞은 것을 고르십시오.

3 시간에 쫓기는 기자들이 큰 사건을 제한된 지면에 작성하다 보면 중요한 사실을 빠뜨린다든지 사건의 핵심적 의미를 파악하지 못한 채 단편적인 보도를 할 수도 있다. 그러나 있지도 않은 사실을 마치 있었던 것처럼 쓴다든지 기자 자신의 근거 없는 추측을 (　　) 보도하는 것은 잘못이다.

① 사실이기에 　　　　　　② 사실이더라도
③ 사실일망정 　　　　　　④ 사실인 듯이

4 솔로몬 제도는 60만 인구 가운데 공용어인 영어를 사용할 수 있는 사람이 1~2%에 불과한 전형적인 문맹 국가다. 그나마 사용되는 토착어는 표기할 수 있는 문자가 없다. 사정이 이렇다 보니 제대로 된 학교 교육이 (　　).

① 이루어지기 십상이다 　　② 이루어질 듯하다
③ 이루어질 리가 없다 　　④ 이루어질 게 뻔하다

※ 다음 (　　)에 들어 갈 수 <u>없는</u> 것을 고르십시오.

5 요즘과 같이 방사능에 대한 공포가 큰 때에 원자력 발전소를 건설한다고 하면 건설에 따른 경제적 이익이 아무리 크다고 하더라도 지역 주민들의 극심한 반대에 (　　).

① 부딪힐 수밖에 없다 　　② 부딪힐 게 뻔하다
③ 부딪힐 것으로 보인다 　④ 부딪힐 뻔했다

※ 다음 밑줄 친 부분이 틀린 것을 고르십시오.

6 ① 꾸준히 노력하는 사람에게는 성공이 <u>따르기 십상이다</u>.
　② 이번에 그는 정말 달라지기로 굳게 마음을 <u>먹은 듯하다</u>.
　③ 선호 씨가 디자인한 제품이 요즘 <u>날개 돋친 듯이</u> 잘 팔린다고 한다.
　④ 그는 두 사람의 결혼 발표를 듣자 <u>믿기지 않는다는 듯이</u> 놀란 표정을 지었다.

16장

당연함을 나타낼 때
当為性の表現

본 장에서는 당연함을 나타내는 표현들에 대해 공부합니다. 여기에 나오는 표현들은 어떤 일이 생기는 것이 일반적이거나 당연할 때 사용하는 것으로 지금까지의 경험으로 미루어 봤을 때 혹은 자연적인 현상이나 진리이기 때문에 그 일이 생기는 것이 당연하다는 것을 의미합니다. 이 장에서 배우는 두 가지 표현은 매우 비슷하지만 차이점이 있으므로 주의해서 사용하시기 바랍니다.

この章では、当為性を表す表現について勉強します。ここに出てくる表現は、あることが起こるのが一般的もしくは当然であるときに使うものであり、これまでの経験から推測して、あるいは自然な現象や真理であるため、それが起こるのが当然だということを意味します。この章で学ぶ二つの表現は、よく似ていますが、相違点があるので、注意して使ってください。

01 −기 마련이다
02 −는 법이다

01 -기 마련이다

새로운 메뉴

가 요즘 경기가 안 좋아서 그런지 손님이 많이 줄었어요.

나 경기가 안 좋으면 소비가 줄기 마련이지요. 이럴 때 일수록 새로운 메뉴를 개발하는 게 필요해요.

가 맞아요. 좋은 재료와 정성, 거기에다 꾸준한 노력이 있으면 손님들의 입맛을 사로잡기 마련이니까요.

나 요즘은 누구나 다 힘든 때니까 힘을 내서 처음 가게를 열었을 때의 마음으로 다시 시작해 봐요.

문법을 알아볼까요?

이 표현은 어떤 일이 생기는 것이 일반적이거나 당연하다는 뜻으로 사람들의 일반적인 믿음이나 사실을 말할 때 사용합니다. '-게 마련이다'로 쓰기도 합니다.

この表現は、あることが起こるのが一般的もしくは当然だという意味で、人々の一般的な信念や事実を言うときに使います。-게 마련이다の形で使うこともあります。

가 재영 씨는 어쩜 그렇게 거짓말을 많이 하는지 모르겠어요.
　　チェヨンさんはどうしてあんなによく嘘をつくのかわかりません。

나 진실은 언젠가는 드러나기 마련이니까 어디 두고 봅시다.
　　真実はいつかは露顕するものですから、どうなるか見てみましょう。

가 우리 아들 녀석이 고등학생이 된 뒤로 비밀이 많이 생긴 것 같아요.
　　うちの息子のやつが高校生になってから、秘密がたくさんできたようなんです。

나 그 나이 또래가 되면 비밀이 많아지게 마련이에요. 너무 섭섭하게 생각하지 마세요.
　　あの年頃になると、秘密が多くなるものです。あまり寂しく思わないでください。

도입 대화문 번역

가 最近、景気がよくないせいか、お客さんがかなり減りました。

나 景気が悪いと消費が減るものですよ。こんなときほど、新しいメニューを開発することが必要です。

가 そのとおりです。いい材料と真心、それに地道な努力があれば、お客さんたちの舌をがっちりつかむことができますからね。

나 最近はみんな大変なときだから、元気を出して、初めてお店を開いたときの気持ちでまた始めてみましょう。

가 10년 전에 큰돈 주고 산 건데 고장 나 버렸네.
　10年前に大金をはたいて買ったものなんだけど、壊れちゃった。

나 아무리 비싼 물건도 오래 쓰다 보면 고장 나기 마련이죠.
　いくら高いものでも、長く使っていれば壊れるものですよ。

1 이 표현은 주어가 전체를 나타낼 때에만 가능하고 특정한 것을 나타낼 때에는 사용할 수 없습니다.
この表現は、主語が全体を表すときにのみ可能で、特定のものを表すときには使えません。

- 수진 씨는 누구나 나름대로의 어려움이 있기 마련이다. (×)
→ 인간은 누구나 나름대로의 어려움이 있기 마련이다. (○)

Tip
나름대로 それなりに

2 이 표현은 부정문을 만들 때 '–지 않기 마련이다'로 사용합니다.
この表現は、否定の場合、–지 않기 마련이다の形で使います。

- 자신이 말할 때 즐겁지 않으면 듣는 청중도 신이 나기 마련이 아니다. (×)
→ 자신이 말할 때 즐겁지 않으면 듣는 청중도 신이 나지 않기 마련이다. (○)

Tip
청중 聽衆

3 이 표현은 의문문, 명령문, 청유문과 같이 쓸 수 없습니다.
この表現は、疑問文・命令文・勧誘文と一緒には使えません。

- 월급을 많이 받으면 그만큼 일이 많기 마련입니까? (×)
- 월급을 많이 받으면 그만큼 일이 많기 마련이십시오. (×)
- 월급을 많이 받으면 그만큼 일이 많기 마련입시다. (×)
→ 월급을 많이 받으면 그만큼 일이 많기 마련입니다. (○)

4 이 표현은 당위성을 나타내는 '–아야/어야 하다'와 같이 사용할 수 없습니다.
この表現は、当為性を表す–아야/어야 하다と一緒には使えません。

- 지위가 높을수록 말조심을 해야 하기 마련이다. (×)
→ 지위가 높을수록 말조심을 해야 하는 법이다. (○)

💡 〈참조〉 16장 당연함을 나타낼 때 02 '–는 법이다'.

5 이 표현은 말하는 사람이 지금까지의 경험으로 보아 일반적이고 보편적으로 늘 그래 왔다고 느끼는 것을 바탕으로 하여 말하는 것이므로 현재형이나 과거형으로만 사용합니다.
この表現は、話し手がこれまでの経験から見て一般的で普遍的に常にそうであったと感じることをもとにして言うものなので、現在形や過去形でのみ使います。

- 지금은 끝난 것 같아도 곧 새로운 시작이 있기 마련일 거예요. (×)
- 지금은 끝난 것 같아도 언제나 새로운 시작이 있기 마련이에요. (○)
- 그 당시에는 그게 끝일 줄 알았는데 언제나 새로운 시작이 있기 마련이었다. (○)

이럴 때는 **어떻게 말**할까요?

주위에 실수하거나 실패하는 사람들이 종종 있지요? 그런 사람들에게 어떻게 위로하면 좋을까요?

또 불합격

가 지원하는 데마다 번번이 떨어지는 걸 보니 전 운이 없는 거 같아요.

나 실력이 있으면 언젠가는 운도 따르기 마련이니까 너무 걱정하지 마세요.

Tip

번번이 いつも   운이 따르다 運がつく
일이 안 풀리다 ことがうまくいかない

지원하는 데마다 번번이 떨어지는 걸 보니 전 운이 없는 거 같다
이번에 회사에서 처음으로 프레젠테이션을 했는데 크게 실수를 했다
요즘 하는 일마다 안 풀리고 힘든 일만 생기다

실력이 있으면 언젠가는 운도 따르다
처음에는 누구나 다 실수하다
열심히 하다 보면 좋은 결과가 생기다

연습해 볼까요?

単語·表現 p.401

1 다음 [보기]에서 알맞은 표현을 골라 '–기 마련이다'를 사용해서 대화를 완성하십시오.

보기

나이가 들면 마음이 약해지다   아이들은 싸우면서 크다
사람은 누구나 변하다   쉽게 얻은 것은 쉽게 잃다
눈에서 멀어지면 마음에서도 멀어지다

(1) 가 아버지가 나이가 드셔서 그런지 마음이 많이 약해지신 것 같아요.

나 **나이가 들면 마음이 약해지기 마련이죠.** 너무 안타까워하지 마세요.

(2) 가 태민 씨가 1억짜리 복권에 당첨됐는데 당첨금을 유흥비로 다 써 버렸대요.

나 _____.

(3) 가 일 때문에 남자 친구와 3년 동안 떨어져 있었더니 사이가 예전 같지 않네요.

나 _____.

(4) 가 영재 씨가 돈을 벌더니 아주 거만해졌어요. 영재 씨는 절대로 변하지 않을 줄 알았는데……

나 _____.

(5) 가 형제라고는 둘밖에 없는데 왜 이렇게 아이들이 싸우는지 모르겠어요.

나 _____. 너무 걱정하지 마세요.

2 다음 [보기]에서 알맞은 표현을 골라 '-게 마련이다'를 사용해서 대화를 완성하십시오.

> **보기**
> 자주 만나다 보면 정이 들다   연애를 하면 예뻐지다
> 오는 것이 있으면 가는 것이 있다   사랑을 하면 눈이 멀다
> 누구나 장점이 있으면 단점도 있다

가 아사미 씨, 투안 씨와 사귄다면서요? 사무실에서 둘이 툭하면 싸워서 사귈 거라고
    는 상상도 못 했어요.

나 호호, 사람은 (1) <u>자주 만나다 보면 정이 들게 마련이잖아요</u>. 투안 씨랑 같이 일한 지
    벌써 5년이나 되었는걸요.

가 그래요? 그런데 아사미 씨는 투안 씨가 성격이 너무 급해서 짜증난다고 했었잖아요.
    지금은 괜찮아요?

나 완벽한 사람이 어디 있나요? (2) _____.

가 와, (3) _____ 정말 투안 씨의 단점이 하나도
    안 보이나 봐요. 그러고 보니 아사미 씨 얼굴도 무척 예뻐졌네요.

나 (4) _____. 매일매일이 꽃길을 걷는 것처럼
    행복해요.

가 듣자 하니 아사미 씨가 투안 씨한테 선물을 많이 한다고 하던데 정말이에요? 여자가
    그렇게 남자한테 선물을 많이 주면 버릇이 나빠져요.

나 투안 씨가 저한테 선물을 얼마나 많이 하는데요. (5) _____
    _____.

Track 129

가 우리 엄마는 왜 이렇게 내 걱정을 많이 하시는지 모르
겠어요. 내 나이가 서른이 다 되어 가는데 말이에요.

나 부모는 자식이 나이를 먹어도 어른으로 보지 않는
법이죠.

가 얼마 전만 해도 내가 혼자 배낭여행을 간다고 하니까
엄마가 위험하다고 안 된다고 하시더라니까요.

나 그래도 나는 이래저래 걱정을 해 주시는 어머니랑
사는 소희 씨가 부럽네요. 가족이란 같이 있을 땐
소중함을 모르지만 떨어져 있으면 그리운 법이거든요.

문법을 알아볼까요?

이 표현은 어떤 동작이나 상태가 그렇게 정해져 있거나 그렇게 되는 것이 당연함을 나타낼 때 사용합니다. 주로
자연스러운 법칙이나 보편적인 진리, 일반적인 원리를 나타낼 때 사용하며 속담에도 많이 사용합니다.

この表現は、ある動作や状態が確定しているか、そうなるのが当然であることを表すときに使います。主に、
自然法則、普遍的な真理、一般的な原理を表すときに使い、ことわざにもよく使います。

	A	V	N이다
현재	–(으)ㄴ 법이다	–는 법이다	인 법이다

가 주영 씨처럼 이성적인 사람도 자기 일에는 이성적이 되지 못하네요.
チュヨンさんみたいに理性的な人でも、自分のことには理性的になれないんですね。

나 누구나 자신의 문제는 제대로 파악하기 어려운 법이에요.
誰でも自分の問題はきちんと把握するのが難しいものです。

도입 대화문 번역

가 うちのお母さんは、どうしてこんなに私のことを心配するのかわかりません。私ももう30になろうっていうのにですよ。

나 子どもが年をとっても、親は大人として見ないものですよ。

가 このあいだも、私が一人でバックパック旅行に行くって言ったら、お母さんが危険だからだめって言うんです。

나 でも、私はあれこれ心配をしてくださるお母さんと暮らすソヒさんがうらやましいですよ。家族というのは、一緒に
いるときは大切さがわからないけど、離れていると恋しいものなんです。

가　동민 씨는 오늘도 밤을 새운대요. 벌써 3일째인데 괜찮을까요?
　　トンミンさんは今日も徹夜するそうです。もう3日目ですけど、大丈夫でしょうか。

나　사람이나 동물이나 충분히 쉬어야 다시 힘이 나는 법인데 너무 무리하는 거 아니에요?
　　人も動物も十分に休んでこそ、また力が出るものなのに、無理しすぎじゃないんですか。

가　정호 씨와 수진 씨는 이혼하느니 마느니 하면서 싸우더니 더 사이가 좋아졌대요.
　　チョンホさんとスジンさんは、離婚するとかしないとか言ってけんかしていたけど、もっと仲がよく
　　なったそうです。

나　비 온 뒤에 땅이 굳어지는 법이잖아요.
　　「雨降って地固まる」っていうじゃないですか。

더 알아볼까요?

1　이 표현은 주어가 전체를 나타낼 때에만 가능하고 특정한 것을 나타낼 때에는 사용할 수 없습니다.
この表現は、主語が全体を表すときにのみ使うことができ、特定のものを表すときには使うことができません。

- 그 신부는 원래 예쁜 법이에요. (×)
- → 신부는 원래 예쁜 법이에요. (○)

2　이 표현은 부정문을 만들 때 '-지 않는 법이다'로 사용합니다.
この表現は、否定文を作るとき、-지 않는 법이다の形で使います。

- 어떤 일도 고난 없이는 이루어지는 법이 아니다. (×)
- → 어떤 일도 고난 없이는 이루어지지 않는 법이다. (○)

3　이 표현은 의문문, 명령문, 청유문과 같이 쓸 수 없습니다.
この表現は、疑問文・命令文・勧誘文と一緒に使うことができません。

- 열심히 하는 사람이 성공하는 법입니까? (×)
- 열심히 하는 사람이 성공하는 법이십시오. (×)
- 열심히 하는 사람이 성공하는 법입시다. (×)
- → 열심히 하는 사람이 성공하는 법입니다. (○)

4　이 표현은 말하는 사람이 지금까지의 경험으로 보아 법칙화할 수 있는 것들로 현재형이나 과거형으로만 사용이 가능합니다.
この表現は、話し手が今までの経験から見て法則化できるもので、現在形や過去形でのみ使うことができます。

- 잊지 못할 것 같던 사랑의 추억도 시간이 지날수록 차츰 잊혀지는 법일 거예요. (×)
- → 잊지 못할 것 같던 사랑의 추억도 시간이 지날수록 차츰 잊혀지는 법이었다. (○)
- → 잊지 못할 것 같던 사랑의 추억도 시간이 지날수록 차츰 잊혀지는 법이다. (○)

이 표현은 '–기 마련이다'와 큰 의미 차이 없이 바꿔 쓸 수 있지만 '–는 법이다'가 '–기 마련이다'에 비해 좀 더 진리나 법칙에 가까운 사실을 나타낼 때 사용합니다.
この表現は、–기 마련이다と大きな意味の違いなく言い換えられますが、–는 법이다のほうが–기 마련이다に比べてもう少し真理や法則に近い事実を表すときに使います。

–기 마련이다	–는 법이다
(1) 어떤 일이 생기는 것이 일반적이거나 당연함을 나타냅니다. あることが生じるのが一般的または当然であることを表します。 • 나이가 들면 기억력이 떨어지기 마련이다.	(1) 그렇게 정해져 있거나 그렇게 됨이 당연함을 나타냅니다. 보편적 진리나 일반적인 원리에 많이 사용합니다. そのように確定しているか、そうなるのが当然であることを表します。普遍的真理や一般的な原理によく使います。 • 인간은 누구나 죽는 법이다.
(2) 당위성을 나타내는 '–아야/어야 하다'와 같이 쓸 수 없습니다. 当為性を表す–아야/어야 하다と一緒に使うことができません。 • 본래 공부는 자기 스스로 해야 하기 마련입니다. (×)	(2) 당위성을 나타내는 '–아야/어야 하다'와 같이 쓸 수 있습니다. 当為性を表す–아야/어야 하다と一緒に使うことができます。 • 본래 공부는 자기 스스로 해야 하는 법입니다. (○)

Track **130**

누구나 다른 사람들이 자기를 좋아해 주기를 바라지요? 사람들은 어떤 사람들을 좋아할까요?

소희 씨는 이게 문제고…….

가 저는 회사에서 정말 열심히 일하는데 모두들 저를 안 좋아하는 것 같아요.

나 여양 씨가 너무 단점만 지적해서 그런 것 같아요. 단점을 지적하되 칭찬도 같이 해 보세요. 사람은 누구나 자기를 칭찬하는 사람을 좋아하는 법이거든요.

Tip

지적하다 指摘する　　호감 好感

단점만 지적하다 / 단점을 지적하되 칭찬도 같이 해 보다 / 자기를 칭찬하는 사람을 좋아하다

자기 얘기만 하다 / 여양 씨 얘기는 좀 줄이고 다른 사람들의 이야기를 들어 주도록 하다 / 자기 얘기를 진심으로 들어 주는 사람에게 마음을 열다

불평불만이 많다 / 주위 사람이나 상황을 좀 더 긍정적으로 바라보도록 하다 / 긍정적이고 즐겁게 일하는 사람에게 호감을 느끼다

1 다음 [보기]에서 알맞은 표현을 골라 '–는 법이다'를 사용해서 대화를 완성하십시오.

> 보기 사람의 욕심은 끝이 없다   뭐든지 지나치면 해가 되다
> 실력이 줄다   아무리 맛있는 음식도 매일 먹으면 싫증이 나다

(1) 가 세준 씨가 예전에는 백만 원만 벌어도 바랄 게 없겠다더니 이제는 삼백만 원 이상을
버는데도 월급이 너무 적다고 불평을 하더라고요.
  나 본래 **사람의 욕심은 끝이 없는 법이지요.**

(2) 가 여보, 당신이 좋아하는 된장찌개예요. 많이 드세요.
  나 아무리 내가 된장찌개를 좋아하기로서니 한 달 내내 된장찌개는 너무한 것 아니야?
_____.

(3) 가 남자 친구가 몸짱이 되겠다고 매일 헬스클럽에서 서너 시간씩 운동을 하고 있어요.
  나 서너 시간이나요? _____ 운동을 줄이라고 하세요.

(4) 가 투안 씨가 한국말을 그렇게 잘하더니 요즘은 예전만 못하네요.
  나 오랫동안 외국어를 쓰지 않으면 _____.

2 다음 [보기]에서 알맞은 표현을 골라 '–는 법이다'를 사용해서 이야기를 완성하십시오.

> 보기 중이 제 머리를 못 깎다   고생 끝에 낙이 오다
> 발 없는 말이 천 리를 가다   열 번 찍어 안 넘어가는 나무가 없다

> 수현 씨는 별명이 '결혼 정보 회사 직원'일 정도로 다른 사람들에게 소개팅을 많이 해 주기로
> 유명하다. 이번 달만해도 소개팅을 해 준 게 벌써 20건 이상이 된다고 했다. 그런데 정작
> 자신은 5년이 넘게 남자 친구 하나 없다. 원래 (1) **중이 제 머리를 못 깎는 법이다.**

> 홍상민 씨는 이번에 큰 계약을 따냈다. 그러나 그 과정이 쉬웠던 것은 아니다. 그 회사를
> 찾아가 설득한 게 50번이 넘는다고 했다. 홍상민 씨가 포기하지 않고 끈질기게 찾아가자
> 결국 그 회사도 홍상민 씨의 열정을 보고 계약을 해 주었다고 한다. (2) _____
> _____.

> 미나 씨는 같은 사무실 승현 씨를 짝사랑해 왔다. 이를 눈치 챈 주영 씨가 물어보자 미나
> 씨는 다른 사람에게는 말하지 말라며 주영 씨에게 털어놨다. 얼마 지나지 않아 회사는 물론
> 거래처 사람들까지 미나 씨에게 승현 씨랑 잘돼 가고 있냐고 물어왔다. (3) _____
> _____.

> 다니던 회사에서 해고가 된 현호 씨는 작은 식당을 차렸다. 사무실에서 일하다가 식당
> 일을 하려니 몸도 마음도 너무도 힘들었다. 하지만 가족이 있기에 매일 서너 시간만 자면서
> 열심히 일했다. 이제 식당을 연 지 10년째, 현호 씨 식당은 연 매출 2억을 달성했다.
> (4) _____.

※ 〔1~2〕 다음 밑줄 친 부분과 바꾸었을 때 의미가 가장 비슷한 것을 고르십시오.

1 '작심삼일'이라는 말처럼 누구나 목표를 세우고 얼마쯤 지나면 <u>해이해지기 마련이다</u>.

① 해이해지는 둥 마는 둥하다   ② 해이해지는 것 같다
③ 해이해지는 법이다   ④ 해이해질 법하다

2 좋은 씨앗을 뿌리면 좋은 열매가, 나쁜 씨앗을 뿌리면 나쁜 열매가 열리듯이 말의 씨앗도 역시 뿌린 대로 <u>거두게 되는 법이다</u>.

① 거두게 되어 있다   ② 거두게 되는 셈친다
③ 거둘 리가 없다   ④ 거두게 되느냐에 달려 있다

※ 다음 ( )에 알맞은 것을 고르십시오.

3 사람들은 맨 앞에 나오는 것이 가장 중요한 것이라고 ( ). 그러므로 보고서나 제안서를 작성할 때 중요한 내용은 맨 앞에 배치하는 것이 좋다.

① 여길 리가 없다   ② 여기다시피 하다
③ 여기기 마련이다   ④ 여기기 나름이다

※ 다음 ( )에 들어 갈 수 <u>없는</u> 것을 고르십시오.

4 누구에게나, 어디에서나 실패와 좌절은 ( ) 그것을 딛고 일어나는 사람들에게는 희망찬 미래가 기다리고 있을 것이다.

① 있기 마련이지만   ② 있기에 망정이지
③ 있는 게 당연하지만   ④ 있는 법이지만

※ 다음 중 맞는 문장을 고르십시오.

5 ① 세상에 공짜는 없는 법이지요.
② 뭐든지 시작은 쉬운 법이 아닙니다.
③ 가는 말이 고와야 오는 말이 고운 법입니까?
④ 항상 꾸준히 노력하는 세영 씨는 어디 가서도 살아남는 법입니다.

※ 다음 밑줄 친 부분이 <u>틀린</u> 것을 고르십시오.

6 ① 모든 일은 시작이 있으면 끝이 <u>있는 법입니다</u>.
② 자기가 한 일에 대해서는 책임을 <u>져야 하기 마련이다</u>.
③ 윗물이 맑아야 아랫물이 <u>맑은 법이라고</u> 선배가 솔선수범을 해야 한다.
④ 무슨 일이든지 남에게 떠맡기는 사람은 좋은 평가를 <u>받지 못하기 마련이었다</u>.

17장

나열함을 나타낼 때
羅列の表現

본 장에서는 어떤 행동이나 상태 혹은 생각한 것을 길게 나열하거나 사람들이 어떤 것에 대해 이래저래 말하는 모습을 나타내는 표현들을 배웁니다. 여기에서 배우는 표현들은 고급에서 처음 다루는 것들이지만 한국 사람들이 평소에 많이 사용하는 것들입니다. 이 표현들을 잘 익힌다면 자연스럽고 다양한 한국말을 구사할 수 있을 것입니다.

この章では、ある行動や状態あるいは考えたことを長く羅列する表現や、人々があることについてあれこれ話す様子を表す表現を学びます。ここで学ぶ表現は上級で初めて扱うものですが、韓国人が普段よく使うものです。この表現をしっかり習得すれば、自然で多様な韓国語を駆使できるでしょう。

Track 131

가 부장님은 비위 맞추기가 너무 힘들지 않아요?

나 네, 어느 날은 커피에 설탕을 잔뜩 넣으라고 하는가
하면 어느 날은 왜 커피에 설탕을 넣었느냐며 짜증을
내더라고요.

가 그래도 회사에서는 인정을 꽤 받고 있잖아요.

나 그러게요. 얼마 전에는 투자 유치에 성공했는가 하면
신제품 개발도 해서 회사에 크게 기여했으니까요.

문법을 알아볼까요?

1 이 표현은 선행절과 후행절의 내용이 서로 상반되거나 다른 내용일 때 사용합니다.

この表現は、先行節と後続節の内容が相反するか異なる場合に使います。

	A	V	N이다
과거/완료	\-았는가/었는가 하면		였는가/이었는가 하면
현재	\-(으)ㄴ가 하면	\-는가 하면	인가 하면

그 도시의 남쪽은 현대적이고 화려한가 하면 도시의 북쪽은 소박하고 옛 정취를 느끼게 한다.
その都市の南のほうは現代的で華やかかと思うと、都市の北のほうは素朴で昔の趣を感じさせる。

하반기에는 경기가 좋아질 것이라고 전망하는 사람이 있는가 하면 내년까지 이런 하락세가
지속될 것이라고 보는 사람도 있다.
下半期には景気がよくなるだろうと予想する人がいるかと思えば、来年までこのような下落する勢い
が持続するだろうと見る人もいる。

도입 대화문 번역

가 部長はご機嫌を取るのがすごく大変じゃないですか。

나 ええ、ある日はコーヒーに砂糖をたっぷり入れろと言ったかと思うと、ある日はどうしてコーヒーに砂糖を入れたの
かって癇癪を起こすんですよ。

가 でも、会社ではかなり認められているじゃないですか。

나 そうなんですよ。このあいだは投資誘致に成功したかと思うと、新製品の開発もして、会社に大きく寄与しましたか
らね。

2 이 표현은 선행절의 내용에 후행절의 사실을 덧붙여 말할 때 사용합니다.

この表現は、先行節の内容に後続節の事実を付け加えて言うときに使います。

> 그 기업은 사업 분야를 넓히는가 하면 해외 전문가들을 영입하는 데에도 적극 나서고 있다.
> あの企業は事業分野を広げたかと思うと、海外の専門家たちを迎え入れるのにも積極的に乗り出している。

> 김민혁 선수는 이번 올림픽에서 신기록을 세웠는가 하면 기자들이 선정한 올해의 선수로도 뽑혀 최고의 해를 보내고 있다.
> キム・ミニョク選手は今回のオリンピックで新記録を打ち立てたかと思うと、記者たちの選ぶ今年の選手にも選ばれ、最高の年を送っている。

더 알아볼까요?

Tip
빼돌리다 横領する
공금 公金
펀드 ファンド

이 표현은 과거 상황을 나타낼 때 '–았/었–'을 빼고 '–는가 하면'으로 사용하기도 합니다.

この表現は、過去の状況を表すとき、–았/었–を取って–는가 하면の形で使うこともあります。

- 김 씨는 빼돌린 공금으로 명품을 <u>구입했는가</u> 하면 펀드에 투자했다가 손해를 봤다고 조사됐다.
  = 김 씨는 빼돌린 공금으로 명품을 <u>구입하는가</u> 하면 펀드에 투자했다가 손해를 봤다고 조사됐다.

이럴 때는 어떻게 말할까요?

Track 132

교실에서 만나는 모든 학생들이 다 똑같지는 않지요? 교실에는 어떤 학생들이 있을까요?

가 선생님, 문법 수업을 좋아하는 학생도 있고 그렇지 않은 학생도 있지요?

나 네, 문법 수업을 하면 어떤 학생들은 집중해서 열심히 듣는가 하면 어떤 학생들은 졸기도 해요.

Tip
참여하다 参加する

문법 수업을 좋아하다	문법 수업을 하면 어떤 학생들은 집중해서 열심히 듣다 / 어떤 학생들은 졸다
말하기 수업에 적극적으로 참여하다	말하기 수업을 하면 어떤 학생들은 열심히 자기의 생각을 이야기하다 / 어떤 학생들은 한마디도 안 하고 듣고만 있다
선생님이 말하는 속도에 만족하다	제가 말을 하면 어떤 학생들은 보통 한국 사람이 말하는 속도로 얘기해 달라고 하다 / 어떤 학생들은 아주 천천히 설명해 달라고 하다

1 관계있는 것을 연결하고 '-는가 하면'을 사용해서 문장을 완성하십시오.

(1) 사업을 하다 보면 순탄할 때가 있다

(2) 모델 김연주 씨는 살을 뺀다고 며칠씩 굶다

(3) 올여름 남부 지방은 가뭄으로 고생하다

(4) 그 감독의 작품은 예술성이 높다는 평가를 받다

(5) 돈 때문에 사람을 납치하는 사람이 있다

(6) 인생의 시련을 만나면 어떤 이는 세상을 탓하고 삶을 포기하다

㉠ 이해하기 어렵다는 평가를 받기도 하다

㉡ 어려움을 겪을 때도 있다

㉢ 다른 사람을 구하려고 자신의 목숨을 희생하는 사람도 있다

㉣ 한꺼번에 서너 끼를 먹어 치울 때도 많았다고 하다

㉤ 중부 지방은 폭우로 큰 피해를 입었다

㉥ 어떤 이는 새로운 길로 나가는 기회로 삼고 성장하다

(1) ㉡ - 사업을 하다 보면 순탄할 때가 있는가 하면 어려움을 겪을 때도 있다   .

(2) _____ .

(3) _____ .

(4) _____ .

(5) _____ .

(6) _____ .

2 다음 [보기]에서 알맞은 표현을 골라 '–는가 하면'을 사용해서 이야기를 완성하십시오.

> **보기**
> 채팅을 하다   지나치게 길게 작성하다
> 쓸데없는 질문을 해 대다   습관적으로 야근하다

김 대리는 항상 책상에 앉아 일에 집중하는 듯 보이지만 실상은 그렇지 않다. 컴퓨터 앞에 앉아 친구들과 (1) **채팅을 하는가 하면** 인터넷 쇼핑을 할 때도 있다. 그리고 일찍 퇴근하면 상사에게 찍힌다는 생각에 (2) _____ 30분이면 할 수 있는 일도 하루 종일 하는 경우가 많다. 또 간단하게 쓰면 될 보고서도 열심히 일했다는 인상을 주려고 (3) _____ 별 내용도 없는 프레젠테이션을 한 시간 넘게 할 때도 있다. 회의를 할 때는 적극적으로 참여하는 듯 보이려고 (4) _____ 회의와 관계없는 이야기를 할 때도 있다. 이런 김 대리와 일을 같이 하는 건 피곤한 일이 아닐 수 없다.

02 -느니 -느니 하다

Track 133

가 아내분이 시골로 이사 가는 걸 반대하신다면서요?

나 네, 애들 교육하기가 안 좋으니 편의 시설이 많지 않으니 하면서 반대를 하네요.

가 생활비가 많이 든다느니 공기가 나쁘다느니 해도 도시에 살던 사람에겐 도시가 편하죠.

나 귀농하는 건 은퇴 후에나 생각해 봐야 할 것 같아요.

문법을 알아볼까요?

이 표현은 어떤 생각이나 의견 혹은 이야기를 나열할 때 사용합니다. 어떤 상태나 상황에 대해 이런저런 말을 많이 한다는 의미입니다. 인용을 나타내는 '-(느)ㄴ다'를 붙여 '-(느)ㄴ다느니 -(느)ㄴ다느니 하다'의 형태로도 자주 사용합니다.

この表現は、ある考え・意見・話を羅列するときに使います。ある状態や状況について何だかんだといろいろ言うという意味です。引用を表す-(느)ㄴ다を付けて、-(느)ㄴ다느니 -(느)ㄴ다느니 하다の形でもよく使います。

	A	V	N이다
과거/완료	-았느니/었느니 -았느니/었느니 하다		였느니/이었느니 였느니/이었느니 하다
현재	-(으)니 -(으)니 하다	-느니 -느니 하다	(이)니 (이)니 하다

승주 씨는 시장은 복잡하니 환불이 안 되느니 하면서 백화점만 간다.
スンジュさんは、市場は混雑しているとか払い戻しができないとか言って、デパートばかり行く。

휴가를 가느니 마느니 하다가 결국 못 가고 말았다.
バカンスに行くとか行かないとか言っていて、結局行けずじまいだった。

저출산에 대해 정부는 육아비를 지급하겠다느니 보육 시설을 개선하겠다느니 해도 좀처럼 출산율이 오르지 않고 있다.
少子化に対して政府は育児費を支給するとか保育施設を改善するとか言っているが、なかなか出産率が上がらずにいる。

도입 대화문 번역

가 奥様が田舎に引っ越すのを反対なさっているそうですね。

나 ええ、子どもたちを教育するのによくないとか、便利な施設が多くないとか言って、反対をするんです。

가 生活費がたくさんかかるとか、空気が悪いとか言っても、都市に暮らしていた人にとっては都市が楽でしょう。

나 農家に戻るのは、引退後にでも考えてみなければならないようです。

1 이 표현은 '-(으)네 -(으)네 하다'와 큰 의미 차이 없이 바꿔 쓸 수 있습니다.
この表現は、-(으)네 -(으)네 하다と大きな意味の違いなく言い換えられます。

- 승주 씨는 시장은 복잡하네 환불이 안 되네 하면서 백화점만 간다.
- 휴가를 가네 마네 하다가 결국 못 가고 말았다.

그러나 '-(으)네 -(으)네 하다'는 이 표현과는 달리 인용을 나타내는 '-(느)ㄴ다'가 앞에 오지 않습니다.
しかし、-(으)네 -(으)네 하다は、この表現とは違って、引用を表す-(느)ㄴ다が前に来ません。

- 승주 씨는 시장은 복잡하다네 환불이 안 된다네 하면서 백화점만 간다. (×)
  → 승주 씨는 시장은 복잡하다느니 환불이 안 된다느니 하면서 백화점만 간다. (○)

2 이 표현은 '하다'를 빼고 사용하기도 합니다.
この表現は、하다を取って使うこともあります。

- 내 남자 친구를 보고 가족들은 키가 작으니 몸이 약해 보이느니 모두들
  한마디씩 했다.
- 의류 사업 진출과 관련해서 직원들은 시장성이 없다느니 다른 의류 회사에
  비해 경쟁력이 떨어진다느니 반대 의견을 내놓았다.

Tip
의류 衣類
진출 進出
시장성 市場性

3 이 표현은 '이니 뭐니/어쩌니 하다', '-느니 어쩌니 하다'의 형태로도 많이 쓰이는데 이때 '뭐니'와 '어쩌니'는 앞에 나오는 말 외에도 다른 이야기를 많이 함을 나타냅니다.
この表現は、이니 뭐니/어쩌니 하다、-느니 어쩌니 하다の形でもよく使われますが、この場合、뭐니と어쩌니は前に出てくることのほかにも別のことをよく言うことを表します。

- 민아는 자기가 든 가방이 명품이니 뭐니 하면서 만지지도 못하게 한다.
- 20년 동안 조연만 맡아 온 이중연 씨는 힘드니 어쩌니 해도 배우로 일할 수
  있다는 것에 감사한다고 말했다.

Tip
조연 助演

4 이 표현은 관용적으로 '어쩌니 저쩌니 해도'나 '뭐니 뭐니 해도'로 쓰여 '사람들이 이래저래 얘기해도'
라는 뜻을 나타냅니다.
この表現は、慣用的に어쩌니 저쩌니 해도や뭐니 뭐니 해도の形で使われ、「人々があれこれ言っても」という
意味を表します。

- 뭐니 뭐니 해도 국내 여행지로는 제주도가 최고지요.
- 사람들이 어쩌니 저쩌니 해도 김 대리만큼 일을 열심히 하는 사람은 없어요.

이럴 때는 **어떻게 말할까요?**

돈을 지나치게 아끼는 사람을 '구두쇠'라고 하지요? 구두쇠들은 어떤 이유로 돈을 안 쓸까요?

안 돼!

가 소희 씨 남편이 구두쇠라서 해외여행을 못 가게 한다면 서요?

나 네, 비행기 값이 아깝다느니 사람 사는 데가 거기서 거기 라느니 하면서 해외여행을 못 가게 한대요.

Tip
거기서 거기다 大差がない　　　조미료 調味料

해외여행을 못 가다	비행기 값이 아깝다 / 사람 사는 데가 거기서 거기다 / 해외여행을 못 가다
외식을 못 하다	식당에서 먹을 돈이면 집에서 다섯 끼를 먹겠다 / 밖에서 먹는 음식에는 조미료를 많이 넣다 / 외식을 못 하다
집에 자동차를 세워 놓고 못 타다	요즘 기름 값이 얼마나 올랐는지 알다 / 걷는 게 건강에 좋다 / 자동차를 못 타다

다음 그림을 보고 '-느니 -느니' 또는 '-(느)ㄴ다느니 -(느)ㄴ다느니'를 사용해서 문장을 완성하십시오.

(1) 소피아 씨를 보고 심사 위원들이 **노래 실력이 부족하다느니 춤을 잘 못 춘다느니** 하더라고요.

(2) 남편은 _____
하며 매일 12시가 넘어서 들어와요.

(3) 부장님은 제가 만든 구두에 대해 _____
_____ 하시며 다시 만들라고 하셨어요.

(4) 경수는 몇 달째 _____
고민만 하고 있다.

(5) 아빠는 나만 보면 _____
_____ 잔소리만 하신다.

(6) 야당 의원들은 여당에 대해 _____
_____ 하며 거세게 비판했다.

Track 135

가 커피숍에서 아르바이트하니까 좋아하는 커피는 실컷 마시겠네요.

나 저도 그럴 줄 알았어요. 그런데 아르바이트생 하나가 갑자기 그만두는 바람에 얼마나 바쁜지 몰라요. 주문 받으랴 갖가지 커피 만들랴 정신이 하나도 없다니까요.

가 아사미 씨는 낮에는 학교에서 공부하랴 저녁에는 커피숍에서 일하랴 힘들겠어요.

나 요즘은 너무 바빠서 하루가 어떻게 가는지 모르겠어요.

문법을 알아볼까요?

이 표현은 여러 가지 일을 하는 것을 나열할 때 사용하는 것으로, 그러한 일들을 두루두루 하느라 애쓰고 있음을 나타냅니다. 주로 여러 가지 일을 하느라 바쁘고 정신없는 상태를 나타내는 경우가 많습니다. 동사에만 붙습니다.

この表現は、いろいろなことをすることを羅列し、それらを全部しようとがんばっていることを表します。主にいろいろなことをするのに忙しくあわただしい状態を表す場合が多いです。動詞にのみ付きます。

맞벌이 하는 주부들은 아이 키우랴 직장 생활하랴 쉴 틈이 없다.
共働きする主婦たちは、子どもを育てたり仕事をしたり、休む暇がない。

고등학생들은 학원 가랴 밀린 숙제 하랴 공부하느라 바빠서 친구들과 어울리지 못하는 경우가 많다.
高校生は、塾に行ったりたまった宿題をしたり勉強するのに忙しくて、友人たちと交友できない場合が多い。

40대 가장들은 노후 준비도 하랴 아이들 교육도 시키랴 이래저래 돈 들어갈 데가 많다.
40代の家長たちは、老後の準備をしたり子どもたちの教育をさせたり、あれこれお金がかかることが多い。

도입 대화문 번역

가 コーヒーショップでアルバイトしているから、好きなコーヒーは思う存分に飲めそうですね。

나 私もそう思っていたんです。でも、アルバイトが一人急にやめたせいで、どれだけ忙しいかわかりません。注文を受けたり、いろんなコーヒーを作ったり、めちゃくちゃ忙しいんです。

가 あさみさんは、昼は学校で勉強して、夜はコーヒーショップで働いて、大変そうですね。

나 最近はすごく忙しくて、一日がどうやって過ぎていくかわかりません。

Track 136

이럴 때는 어떻게 말할까요?

여러분은 현재 하고 있는 일에 만족하시나요? 여러분은 어떤 점 때문에 힘들고 어떤 점 때문에 즐거운가요?

가 어릴 때부터 꿈이었던 올림픽 국가 대표가 돼서 좋으시죠?

나 네, 하루 종일 훈련하랴 체중 조절하랴 힘든 일이 한두 가지가 아니지만 국가 대표가 된다는 건 정말 영광스러운 일 같아요.

Tip

국가 대표 國家代表	체중 조절하다 体重調節をする 논문 論文
화재를 진압하다 鎮火する	긴장을 놓다 緊張を解く

올림픽 국가 대표	하루 종일 훈련하다 / 체중 조절하다 / 힘든 일이 한두 가지가 아니지만 국가 대표가 된다는 건 정말 영광스럽다
교수	강의 준비하다 / 논문 쓰다 / 무척 바쁘긴 하지만 학생들을 가르치는 건 정말 즐겁다
소방관	불이 나면 화재 진압하다 / 사람 구하다 / 한순간도 긴장을 놓을 수 없긴 하지만 누군가를 돕는 건 정말 보람 있다

연습해 볼까요?

単語・表現 pp.401~402

1 관계있는 것을 연결하고 '-(으)랴 -(으)랴'를 사용해서 문장을 완성하십시오.

(1) 회사 일 배우다 ●	●	㉠ 연애하다
(2) 전공 공부하다 ●	●	㉡ 선배들 잔심부름하다
(3) 사건 취재하러 다니다 ●	●	㉢ 부족한 한국어 공부하다
(4) 사인해 주다 ●	●	㉣ 사진 같이 찍어 주다

(1) 최근 회사에 입사한 김형모 씨, ㉡<u>회사 일 배우랴 선배들 잔심부름하랴</u> 책상에 앉아 있을 틈이 없다.

(2) 한국 대학교에 다니는 일본인 사토 씨, _____ 일주일이 어떻게 가는지 모르겠다.

(3) 평소 짝사랑하던 소희 씨와 사귀기 시작한 박태민 기자, _____ _____ 몸이 두 개라도 모자랄 것 같다.

(4) 인기 연예인 홍민수 씨, 밥이라도 먹으려고 식당에 가면 팬들이 달려들어 _____ _____ 밥 한 술 뜨기가 힘들다.

2 다음 [보기]에서 알맞은 표현을 골라 '-(으)랴 -(으)랴'를 사용해서 이야기를 완성하십시오.

> **보기** 낯선 외국 생활에 적응하다/프랑스어를 배우다   방송하다/요리책을 집필하다
> 설거지하다/음식 서빙하다   식당 일을 하다/요리 연습을 하다
> 낮에는 메뉴 개발하다/저녁에는 주방에서 요리하다

윤혜주 씨는 15년 전 요리를 공부하기 위해 무작정 프랑스로 떠났다. 처음에는 **(1) 낯선
외국 생활에 적응하랴 프랑스어를 배우랴** 정신이 없었다. 요리 학원의 비싼 수강료를 댈
형편이 되지 않았던 윤혜주 씨는 프랑스어를 어느 정도 하게 되자 식당에서 아르바이트를
하기 시작했다. 식당에서 (2) _____ 바쁜 와중에서도 틈틈이 다른
요리사들이 요리하는 것을 지켜봤고 영업이 끝나면 식당에 남아 요리 연습을 했다.
그렇게 5년 동안 (3) _____ 하루 4시간 이상 잠을 자지 않았다.
이제는 유럽 5개 도시에 큰 식당을 열 정도로 성공한 그녀는 최근 한 방송에서 그녀의
식당이 소개되면서 TV에도 출연하고 있다. (4) _____ 정신없는
나날을 보내고 있지만 여전히 (5) _____ 요리에 대한
식지 않은 열정을 보여 주고 있다. 그녀의 이야기는 오는 11일 방송될 예정이다.

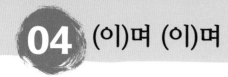

Track 137

가 결혼 준비하느라 바쁘시죠?

나 네, 결혼식장이며 신혼여행이며 챙길 게 한두 가지가
아니네요.

가 맞아요, 돈도 엄청 들 거예요.

나 그렇긴 해도 살림살이 사는 거며 집 꾸미는 거며 모두
재미있는 것 같아요. 저랑 제 신랑이 같이 살 집이라고
생각하니 너무 설레고 좋아요.

문법을 알아볼까요?

이 표현은 둘 이상의 사물이나 사실을 나열할 때 사용합니다. 나열되는 단어가 많다는 느낌과 나열된 것들 외에도
더 있을 수 있다는 느낌을 줍니다. 형용사나 동사와 같이 쓰일 때는 명사형으로 만들어 각각 '-(으)ㄴ 것이며'와
'-는 것이며'로 사용하는데 주로 '-(으)ㄴ 거며'와 '-는 거며'와 같이 줄여 씁니다. 보통 격식적인 상황에서는
사용하지 않습니다.

この表現は、二つ以上のものや事実を羅列するときに使います。羅列される単語が多いという感じや、羅列され
たこと以外にもありうるという感じを与えます。形容詞や動詞と一緒に使われるときは、名詞形にしてそれぞれ
-(으)ㄴ 것이며や-는 것이며の形で使いますが、主に-(으)ㄴ 거며と-는 거며のように縮めて使います。普通、フォー
マルな状況では使いません。

오빠는 떡이며 한과며 할머니가 좋아하시는 것들을 잔뜩 사 들고 왔다.
兄は餅やら韓菓やら祖母が好きなものをたっぷり買いこんできた。

사기를 당하는 바람에 집이며 돈이며 자동차며 모두 잃었다.
詐欺にあったせいで、家もお金も車も、すべて失った。

손을 다쳐서 글을 쓰는 거며 운전하는 거며 불편한 게 너무 많다.
手をけがして、文章を書いたり、運転したり、不便なことがすごく多い。

도입 대화문 번역

가 結婚の準備でお忙しいでしょう。

나 ええ、結婚式場やら新婚旅行やら、準備することが一つや二つじゃないですね。

가 そうですよ。お金もすごくかかると思います。

나 でも、所帯道具を買ったり、家を飾ったり、全部楽しいです。私と夫が一緒に住む家だと思うと、すごくわくわくし
ていいです。

1 이 표현에서 나열하는 명사들은 한 부류로 묶을 수 있어야 합니다.

この表現で羅列する名詞は、一つの部類としてくくることができなければなりません。

- 그 가게에 가면 에어컨이며 컴퓨터며 모든 전자제품을 살 수 있습니다.
- 그 회사는 커피숍이며 헬스클럽이며 직원들을 위한 다양한 편의 시설을 갖춰 놓고 있습니다.

2 이 표현은 큰 의미 차이 없이 '(이)니'나 '하며'로 바꾸어 쓸 수 있습니다. 그러나 '(이)니'는 형용사나 동사 다음에 사용하면 어색합니다.

この表現は、大きな意味の違いなく、(이)니や하며と言い換えられます。しかし、(이)니は形容詞や動詞の後に使うと、不自然です。

- 오빠는 떡이니 한과니 할머니가 좋아하시는 것들을 잔뜩 사 들고 왔다.
- 오빠는 떡하며 한과하며 할머니가 좋아하시는 것들을 잔뜩 사 들고 왔다.

- 손을 다쳐서 글을 쓰는 거니 운전하는 거니 불편한 게 너무 많다. (×)
  → 손을 다쳐서 글을 쓰는 거하며 운전하는 거하며 불편한 게 너무 많다. (○)

여러분은 아버지와 어머니 중 누구를 더 닮았나요? 그리고 어떤 점이 비슷한가요?

Track 138

가   어렸을 때는 잘 모르겠더니 크니까 네 아빠랑 어쩜 그렇게 똑같니.

나   엄마도 그러시는데 눈이며 코며 얼굴이 아빠 젊었을 때랑 똑같대요.

> **Tip**
> 식성 食べ物の好み   덜렁대다 そそっかしい   털털하다 気さくだ

엄마	눈 / 코 / 얼굴이 아빠 젊었을 때
삼촌	매운 음식을 잘 먹다 / 고기를 좋아하다 / 식성이 아빠
할머니	덜렁대다 / 털털하다 / 성격이 아빠

다음 [보기]에서 알맞은 표현을 골라 '(이)며 (이)며'를 사용해서 이야기를 완성하십시오.

보기

화장 안 한 얼굴/유행이 지난 옷	가방/옷/구두	주식/땅	사무실/회의실
무뚝뚝하다/말투가 퉁명스럽다	커피/주스	상냥하다/애교가 많다	
신용 카드비/은행 대출금	몸매/얼굴	보고서/발표 준비	

한수진 씨는 (1) **화장 안 한 얼굴이며 유행이 지난 옷이며** 정말 자기를 꾸밀 줄 모르는 사람이다. 게다가 어찌나 정리정돈을 못하는지 (2) _____ 한수진 씨가 있던 장소는 서류나 볼펜 등이 여기저기 널려 있다. 성격도 (3) _____ 여자다운 구석이 하나도 없다.

그와 반대로 여세나 씨는 (4) _____ 모델과 같은 외모에다 (5) _____ 정말 사랑스러운 여자이다. 회사에서는 당연히 여세나 씨가 인기가 많다. 남자들은 틈만 나면 여세나 씨에게 (6) _____ 마실 것을 갖다 주고 (7) _____ 세나 씨의 업무까지 도와준다.

그런데 얼마 전 놀라운 소문을 들었다. 그렇게 평범해 보이기 짝이 없던 한수진 씨가 사실은 우리 회사 회장님 손녀라는 것이다. 벌써 회장님으로부터 (8) _____ 엄청난 재산을 상속받았다고 한다. 반면 수많은 남자들의 사랑을 받는 여세나 씨는 (9) _____ 모두 명품으로 사는 탓에 (10) _____ 갚아야 할 돈이 몇천만 원이나 된다는 것이다.

이런 사실이 모두에게 알려졌으니 앞으로 남자들의 관심은 누구에게로 향하게 될까?

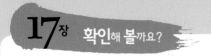

※ 〔1~2〕 다음 밑줄 친 부분과 바꾸었을 때 의미가 가장 비슷한 것을 고르십시오.

1 정부는 <u>예산이 없느니 인력이 부족하니 하면서</u> 정책 실행을 미루고 있다.

① 예산만큼 인력도 부족해서   ② 예산과 인력이 부족하다고 치더라도
③ 예산이 없네 인력이 부족하네 하면서   ④ 예산을 비롯해서 인력도 부족해서

2 어머니는 명절을 맞이하여 <u>불고기며 전이며</u> 이것저것을 차리셨다.

① 불고기하며 전하며   ② 불고기는 불고기대로 전은 전대로
③ 불고기는 고사하고 전도   ④ 불고기와 전마저

※ 〔3~4〕 다음 (   )에 알맞은 대답을 고르십시오.

3   한쪽에서는 부족한 식량으로 (   ) 한쪽에서는 넘쳐나는 음식물 쓰레기로 골머리를 앓고 있다.

① 굶어 죽기가 무섭게   ② 굶어 죽는가 하면
③ 굶어 죽을뿐더러   ④ 굶어 죽노라면

4   오디션 프로그램이 끝나면 심사 위원들의 평가에 대해 (   ) 하는 비판이 쏟아지기 마련이다.

① 심사 기준이 모호하랴 개인적인 감정으로 평가하랴
② 심사 기준이 모호하나 개인적인 감정으로 평가했으므로
③ 심사 기준이 모호하다느니 개인적인 감정으로 평가한다느니
④ 심사 기준이 모호한 마당에 개인적인 감정으로 평가까지 했으니

※ 다음 (   )에 들어갈 수 <u>없는</u> 것을 고르십시오.

5   항상 시간에 쫓기며 사는 워킹맘들은 아침마다 (   ) 현실이 여간 힘들지 않다.

① 출근 준비하랴 아이들 챙기랴   ② 출근 준비도 해야 하고 아이들도 챙겨야 해서
③ 출근 준비며 아이들 챙기는 거며   ④ 출근 준비는커녕 아이들 챙기는 것까지

※ 다음 밑줄 친 부분이 틀린 것을 고르십시오.

6 ① 동수 씨는 <u>유학을 가느니 마느니</u> 1년째 고민을 하고 있다.
    ② 수영 씨는 <u>날씨가 춥다네 피곤하다네 하며</u> 외출을 안 하겠다고 했다.
    ③ 사람들은 영진 씨에 대해 <u>외모며 학벌이며</u> 부족한 게 없다며 칭찬을 한다.
    ④ 그 식당은 단골 고객에게 10%씩 <u>할인해 주는가 하면</u> 특별 쿠폰도 나눠 준다.

18장

결과와 회상을 나타낼 때
結果と回想の表現

본 장에서는 결과와 회상을 나타내는 표현들에 대해 배웁니다. 결과나 회상을 나타내는 표현은 중급에서 다루었는데, 결과를 나타내는 표현으로는 '–다(가) 보면, –더니, –았더니/었더니, –다가는, –는 셈이다'를, 회상을 나타내는 표현으로는 '–던, –더라고요, –던데요'를 배웠습니다. 고급에서 배우는 표현들도 중급에서 배운 표현들 못지않게 많이 사용되는 것이므로 주의해서 잘 익히시기 바랍니다.

　この章では、結果と回想を表す表現について学びます。結果や回想を表す表現は中級で扱いましたが、結果を表す表現として–다(가) 보면、–더니、–았더니/었더니、–다가는、–는 셈이다を、回想を表す表現として–던、–더라고요、–던데요を学びました。上級で学ぶ表現も中級で学んだ表現に劣らずよく使われるものなので、注意してよく覚えてください。

01 -(으)ㄴ 끝에

가 윤광래 작가님, 이번에 발표하신 소설은 조선 시대 역사책에 짧게 실린 한 궁녀의 이야기를 보고 영감을 얻었다고 들었습니다.

나 네, 그렇습니다. 그런데 자료가 없어서 1년 넘게 박물관이며 역사학자며 쫓아다니면서 조사한 끝에 소설을 써 나가기 시작했습니다.

가 쉬운 작업이 아니셨겠네요. 저는 개인적으로 이 소설의 결말 부분이 의외였는데 머릿속에 미리 생각해 두신 게 있으셨나요?

나 아닙니다, 결말이 마음에 안 들어서 고치기를 여러 번 했지요. 원고를 다섯 번이나 수정한 끝에 이번 작품이 완성된 것입니다.

문법을 알아볼까요?

이 표현은 오랜 시간 후에 혹은 어려운 과정을 지나 얻게 되는 결과를 나타낼 때 사용합니다. 이전 동작의 진행 과정이 길고 아주 힘들었음을 나타냅니다. 동사에만 붙습니다.

この表現は、長い時間や困難な過程を経て結果を得ることを表すときに使います。以前の動作の進行過程が長くとても大変だったことを表します。動詞にのみ付きます。

그 성악가는 5번 넘게 성대 수술을 받은 끝에 잃어버렸던 목소리를 되찾을 수 있었다.
その声楽家は5回以上も声帯手術を受けた末に、失った声を取り戻すことができた。

우리나라 팀은 상대 팀과 연장전까지 치른 끝에 2:1로 극적인 승리를 거두었다.
わが国のチームは相手チームと延長戦まで行った末に、2:1で劇的な勝利を収めた。

가수 김수지 씨는 5년이라는 공백 기간에도 불구하고 피나는 노력을 한 끝에 재기에 성공했다.
歌手のキム・スジさんは、5年というブランクにもかかわらず、血のにじむ努力をした末に、再起に成功した。

도입 대화문 번역

가 作家のユン・グァンネさん、今回発表なさった小説は、朝鮮時代の歴史書に短く載った一人の宮女の話を見てインスピレーションを得たと聞きました。

나 はい、そうです。ところが、資料がなくて、1年以上博物館やら歴史学者やら訪ね回って調査した末に、小説を書きはじめました。

가 簡単な作業じゃなかったでしょうね。私は個人的にこの小説の結末部分が意外だったんですが、頭の中に前もって考えておいたことがおありでしたか。

나 いいえ、結末が気に入らなくて何度も修正をしましたよ。原稿を5回も修正した末に、今回の作品が完成したんです。

더 알아볼까요?

이 표현은 명사 다음에 사용할 때 '끝에'를 씁니다.
この表現は、名詞の後に使うとき、끝에を使います。

Tip
노사 갈등 労使の葛藤
밤샘 협상 徹夜の協議

• 그는 10번의 <u>도전 끝에</u> 외교관 시험에 합격하여 꿈을 이룰 수 있었다.
• 임금 인상과 관련하여 노사 갈등을 거듭하던 회사가 <u>밤샘 협상 끝에</u> 합의에 도달했다.

이럴 때는 어떻게 말할까요?

Track 140

우리 주변에는 어려움을 극복하고 성공한 사람들이 있지요? 그 사람들에게는 어떤 어려움이 있었을까요?

가 홍상준 선수가 이번 올림픽에서 우리나라 최초로 체조
    에서 금메달을 따서 화제가 되고 있지요?

나 네, 그렇습니다. 허리 부상에도 불구하고 불굴의 투혼을
    발휘한 끝에 딴 것이라서 많은 사람들에게 감동을 주고
    있습니다.

Tip
체조 体操	불굴의 투혼 不屈の闘魂
발휘하다 発揮する	천연 天然
비만 肥満	지원 支援
여우 주연상 主演女優賞	무명 생활 無名の生活

홍상준 선수가 이번 올림픽에서 우리나라
최초로 체조에서 금메달을 따다

윤철호 박사가 이번에 천연 비만 치료제
개발에 성공하다

배우 김명주 씨가 이번에 국제 영화제에서
여우 주연상을 받다

허리 부상에도 불구하고 불굴의 투혼을 발휘했다 / 딴 것이라서 많은
사람들에게 감동을 주고 있다

거듭되는 실패로 정부의 지원이 끊겼음에도 포기하지 않고 개발에
전념했다 / 성공한 것이라서 언론의 관심이 집중되는 것 같다

10년이 넘는 무명 생활 / 받은 것이라서 본인은 물론 많은 영화 관계자들
이 기뻐하고 있다

1 다음 [보기]에서 알맞은 표현을 골라 '-(으)ㄴ 끝에' 혹은 '끝에'를 사용해서 대화를 완성하십시오.

> **보기**
>
> | 고심하다 | 기다리다 | 논란 | 준비하다 |
> | 공부하다 | 말다툼 | 암 투병 | |

(1) 가 그 집을 사기로 결정했어요?

　　나 네, 우리 형편에 조금 비싸기는 하지만 너무 마음에 들어서 몇 날 며칠을 **고심한 끝에** 대출을 받아서라도 사기로 했어요.

(2) 가 세계적인 피아니스트 제이슨 장 씨가 사망했다면서요?

　　나 3년이 넘는 _____ 오늘 오후에 사망했다고 합니다.

(3) 가 그렇게 바쁘신 윤 회장님과 어떻게 인터뷰를 하셨어요?

　　나 회장실 앞에서 하루 종일 _____ 인터뷰를 할 수 있었어요.

(4) 가 정부가 무상 교육 정책을 실시해야 된다느니 하면 안 된다느니 말이 많던데 결론이 어떻게 났대요?

　　나 수많은 _____ 결국 안 하기로 결정이 났대요.

(5) 가 세준 씨가 외국 명문대에 입학했다면서요?

　　나 네, 매일 밤을 새우다시피 하면서 _____ 장학금을 받고 입학하게 되었대요.

(6) 가 김 과장님이 갑자기 회사를 왜 그만두었는지 아세요?

　　나 그동안 부장님과 사이가 안 좋았잖아요. 얼마 전에 부장님과 심한 _____ 사표를 냈다고 하더라고요.

(7) 가 여성 그룹 슈퍼걸즈가 오랜만에 새 앨범을 냈더라고요.

　　나 네, 2년 이상 _____ 발표한 앨범이라 그런지 노래들이 다 좋던데요.

2 다음을 읽고 '-(으)ㄴ 끝에' 혹은 '끝에'를 사용해서 신문 기사를 완성하십시오.

오늘 새벽 경기도 한 공장에 큰불, 진압 6시간 만에 불길이 잡혀

오늘 새벽 경기도의 한 공장에서 전기 누전으로 의심되는 큰 화재가 발생해 10억에 가까운 재산 피해를 입혔다. 소방차가 5대나 출동하여 6시간이 넘도록 화재를 (1) <u>진압한 끝에</u> 아침이 돼서야 불길이 잡혔다.

뺑소니 음주 운전자, 경찰이 추격해 대전에서 체포

어젯밤 11시에 경찰의 음주 단속을 피해 달아나던 이 모 씨는 횡단보도를 건너던 행인 두 사람을 치고 뺑소니를 쳤다. 경찰은 1시간 넘게 이 모 씨를 (2) ＿＿＿＿＿＿＿＿＿ 대전에서 체포했다.

배우 윤수현, 4년 열애 후 결혼

배우 윤수현 씨가 다음 주 강남에서 결혼식을 올린다. 구두 디자이너 이세화 씨와 팬과 배우로 만난 두 사람은 4년간의 (3) ＿＿＿＿＿＿＿＿＿＿＿＿ 백년가약을 맺기로 했다고 전했다.

한국대 암센터 연구 팀, 획기적인 암 치료법 개발

지난 11일 한국대 암센터 연구 팀이 획기적인 암 치료법을 개발했다고 밝혔다. 5년여에 걸쳐 다양하게 암에 대해 (4) ＿＿＿＿＿＿＿＿＿＿ 암세포만을 제거할 수 있는 획기적인 치료법 개발에 성공했다고 전했다.

02 –아/어 내다

특허청

가 우리 회사 연구 팀이 이번에 개발한 제품이 무척 잘
팔린다면서요?

나 네, 기존 제품에 없는 기능도 많아서 특허도 5개나
땄대요. 그래서인지 경쟁 회사 제품보다 열 배 이상
더 잘 팔린다고 하더라고요.

가 정말 대단하군요. 강세호 팀장이 그 오랜 세월 묵묵히
일하더니 그런 좋은 성과를 이루어 냈군요.

나 그런데 강 팀장님 말로는 이렇게 많은 특허를 딸 수 있
었던 데에는 아내의 힘이 컸다고 하더라고요. 아내분이
여러 가지 아이디어를 많이 생각해 낸 덕분이래요.

문법을 알아볼까요?

이 표현은 어려운 과정을 거쳐서 어떤 일을 완성하거나 스스로의 힘으로 어떤 일을 결국 끝냄을 나타낼 때
사용합니다. 따라서 어떤 일을 완수하거나 종결했다는 의미를 갖는 동사나 어떤 일을 극복했다는 의미를 갖는
동사와 같이 사용합니다. 그러나 '놓다', '두다', '가지다' 등 '보유'를 의미하는 동사와는 같이 사용하지 않습니다.

この表現は、困難な過程を経てあることを完成することや、自らの力であることを完遂することを表すときに
使います。したがって、あることを完遂・終結したという意味を持つ動詞や、あることを克服したという意味
を持つ動詞と一緒に使います。しかし、놓다、두다、가지다など「保有」を意味する動詞とは一緒に使いません。

동훈 씨는 극심한 가난과 온갖 어려움을 다 이겨 내고 성공했다.
トンフンさんは、極度の貧困とあらゆる困難に打ち勝って成功した。

김주희 씨는 신체장애가 있는 딸을 세계적인 피아니스트로 길러 냈다.
キム・ジュヒさんは、身体障害のある娘を世界的なピアニストに育て上げた。

김세윤 박사는 우리나라 최고의 외과 의사로 그가 수술로 살려 낸 사람만도 200명이 넘는다.
キム・セユン博士は、わが国最高の外科医であり、彼が手術で救った人だけでも200名を超える。

도입 대화문 번역

가 うちの会社の研究チームが今回開発した製品がとてもよく売れているそうですね。

나 はい、既存の製品にない機能も多く、特許を五つも取ったそうです。そのせいか、ライバル会社の製品より10倍以上
も売れていると言っていました。

가 本当にすごいですね。カン・セホチーム長が長年黙々と働いていましたけど、そんないい成果を出したんですね。

나 ところが、カンチーム長の話では、こんなに多くの特許を取ることができたのには、奥さんの力が大きかったと言っ
ていましたよ。奥さんがいろいろなアイディアをたくさん考え出したおかげだそうです。

이 표현은 '알다', '찾다', '하다', '밝히다' 등의 단어와 같이 사용할 때 '알아내다', '찾아내다', '해내다', '밝혀내다' 등과 같이 한 단어로 붙여 씁니다.

この表現は、알다、찾다、하다、밝히다などの単語と一緒に使うとき、알아내다、찾아내다、해내다、밝혀내다などのように一つの単語として付けて書きます。

- 여기저기 수소문하여 초등학교 동창의 연락처를 알아냈다.
- 경찰은 사건을 해결할 수 있는 결정적인 증거를 찾아냈다.
- 배우 류승호 씨는 위험한 액션 연기를 대역 배우 없이 해냈다.

> **Tip**
> 수소문하다 調べ回る
> 대역 배우 スタントマン

Track 142

여러분 나라에는 어떤 위인들이 있나요? 그 위인들은 나라와 다른 사람들을 위해서 어떤 업적을 남겼나요?

가 소희 씨, 여기 만 원짜리 지폐에 있는 사람은 누구예요?

나 세종 대왕이에요. 한자를 못 읽는 백성들을 위해 세상에서 가장 간단하고 과학적인 문자를 만들어 낸 분이지요.

> **Tip**
> 위인 偉人　　　업적 業績　　　동상 銅像
> 임진왜란 壬辰倭乱(文禄の役)　　　거북선 亀甲船
> 의원 医者　　　한의학도 韓医学(漢方医学)の学生

여기 만 원짜리 지폐에 있는 사람	세종 대왕이다 / 한자를 못 읽는 백성들을 위해 세상에서 가장 간단하고 과학적인 문자를 만들다
저기 광장에 서 있는 동상	이순신 장군이다 / 임진왜란 때 거북선을 만들어서 위험에 빠진 나라를 구하다
저 TV 드라마에 나오는 인물	허준이라는 조선 시대 의원이다 / 오늘날까지도 한의학도들에게 널리 읽히는 의학서 '동의보감'이란 책을 오랜 시간에 걸쳐 완성하다

연습해 볼까요?

1 다음 [보기]에서 알맞은 단어를 골라 '-아/어 내다'를 사용해서 대화를 완성하십시오.

> 보기   발명하다   풀다   발견하다   키우다
>   그리다   막다   털다

(1) 가 전구를 누가 발명했는지 알아요?

    나 에디슨이죠. 천 번이 넘는 실험을 거듭한 끝에 전구를 **발명해 냈다고 해요**.

(2) 가 준호 씨가 여행을 간다면서요?

    나 네, 이번에 여행하면서 그동안의 고민과 걱정을 _____ 오겠다고
하더군요.

(3) 가 윤하가 영재이긴 영재인가 봐요.

    나 맞아요. 대학생들도 풀기 힘든 수학 문제를 초등학생이 _____
것을 보면요.

(4) 가 이시호 박사님, 이번에 간암과 관련해서 큰 성과를 거두었다면서요?

    나 네, 수백 명의 간암 환자를 대상으로 연구해서 간암 발생과 관련 있는 유전자를
_____.

(5) 가 어제 축구 봤어요? 윤재호 골키퍼 정말 잘하는 것 같아요.

    나 네, 맞아요. 윤재호 선수가 상대 팀의 슛을 잘 _____ 우리 팀이
승리할 수 있었던 것 같아요.

(6) 가 요즘 배우 정준수가 나오는 드라마 봐요? 시청률이 아주 높대요.

    나 네, 저도 봐요. 10년 넘게 일해 온 회사에서 언제 해고될지 모르는 직장인의 애달픈
삶을 잘 _____ 많은 사람들의 공감을 얻고 있나 봐요.

(7) 가 상현 씨가 어렸을 때 아버지께서 돌아가셨대요. 그래서 어머니께서 홀로 형제 둘을
키우시느라 고생이 많으셨다더군요.

    나 힘든 상황 속에서도 상현 씨 어머니께서 형제를 정말 잘 _____.
둘 다 훌륭한 의사가 된 걸 보면요.

2 다음 [보기]에서 알맞은 단어를 골라 '-아/어 내다'를 사용해서 이야기를 완성하십시오.

> **보기**   밝히다   기억하다   담다   받다   닦다

신문 기자 박태민 씨는 올해 초 오랜 취재 끝에 한 국회 의원이 대기업 간부로부터 거액의 뇌물을 받은 사실을 (1) **밝혀냈다**. 그리고 지난여름에는 중앙아시아 지역을 돌아다니며 사진을 찍어 왔는데 많은 사람들로부터 중앙아시아의 정서와 풍경을 사진에 잘 (2) _____ 평가를 받았다.

얼마 전 박태민 씨는 신문사 근처 커피숍에 갔다가 한 직원이 탁자에 묻은 얼룩을 열심히 (3) _____ 있는 모습을 보고 마음이 설레었다. 왠지 낯설지 않았던 그녀는 태민 씨 눈에 너무나 사랑스러워 보였다. 태민 씨는 그 여자에게 몇 번이고 전화번호를 물어봤지만 그 여자는 알려 주지 않았다. 그러던 중 태민 씨는 그녀의 얼굴이 왜 낯이 익었는지 알게 됐다. 그녀가 자신과 고등학교 동창이라는 사실을 (4) _____ 것이다. 이 사실을 알면 그녀도 마음을 열 것이며 그녀에게서 전화번호도 (5) _____ 생각에 마음이 들떴다. 태민 씨는 바로 그녀에게 달려가 서로가 고등학교 동창임을 말했다. 그러자 그녀는 알고 있었으며 고등학교 때 태민 씨가 그녀를 사람들 앞에서 크게 망신을 준 것은 기억하지 못하냐며 되물었다.

그 후 태민 씨는 다시는 그 커피숍에 가지 않았다.

03 -(으)ㄴ 나머지

가 투안 씨, 어제 발표 잘했어요?

나 잘하기는요. 발표 때문에 너무 긴장한 나머지 말도 더듬거리고 딸꾹질까지 했다니까요.

가 아, 그래서 오늘 사람들이 투안 씨만 보면 '딸꾹딸꾹' 하는군요. 딸꾹질이 발표 도중 나왔으면 굉장히 당황 했겠어요.

나 당황한 나머지 사람들이 질문을 하는데 아무 생각도 안 나고 멍하게 쳐다만 보고 있었어요. 정말 너무 창피 해서 생각하고 싶지도 않아요.

문법을 알아볼까요?

이 표현은 어떤 행동이나 상황이 계속되어 결과적으로 어떤 상태에 이르렀음을 나타낼 때 사용합니다. 주로 선행절의 내용이 너무 지나치거나 무리하게 이루어져 후행절의 결과가 생겼음을 나타냅니다.

この表現は、ある行動や状況が続いて、結果的にある状態に至ったことを表すときに使います。主に、先行節の内容が過度にまたは無理に成立し、後続節の結果が生じたことを表します。

> 그 회사는 무리하게 확장한 나머지 재정적 위기를 맞게 되었다.
> その会社は、無理に拡張したあまり、財政的危機を迎えることになった。

> 남편은 아내의 임신 소식을 듣자 너무 기쁜 나머지 크게 소리를 질렀다.
> 夫は妻の妊娠の知らせを聞くや、あまりのうれしさに大声で叫んだ。

> 수지 씨는 오디션에서 떨어졌다는 말에 크게 실망한 나머지 진로를 바꿀까 고민도 했었다고 한다.
> スジさんは、オーディションに落ちたということばにひどく失望したあまり、進路を変えようかと悩んだりしたらしい。

가 トゥアンさん、昨日の発表、うまくいきましたか。

나 うまくだなんて。発表のために緊張しすぎて、ことばはつっかえるし、しゃっくりまでしたんですから。

가 ああ、それで今日、みんながトゥアンさんを見るたびに「ヒックヒック」って言っているんですね。発表の途中でしゃっくりが出て、ものすごくあわてたでしょうね。

나 あわてたあまり、人たちが質問をしても、何も考えられずにぼうっと眺めてばかりいました。本当にすごく恥ずかしくて思い出したくもありません。

이 표현은 선행절과 후행절의 주어가 같아야 합니다.
この表現は、先行節と後続節の主語が同じでなければなりません。

• 실수로 경기를 망친 <u>김 선수는</u> 속상한 나머지 <u>유진 씨는</u> 3일 내내 울었다. (×)
  → 실수로 경기를 망친 <u>김 선수는</u> 속상한 나머지 <u>(김 선수는)</u> 3일 내내 울었다. (○)

Track 144

이럴 때는 **어떻게 말**할까요?

종종 감정을 잘 다스리지 못해 사고를 일으키는 사람들 얘기를 뉴스에서 볼 수 있지요? 어떤 사건 사고가 뉴스에
나올까요?

가 어제 인천 야구 경기장에서 관중 난동 사건이 있었습니다.
    밤사이 사건 사고 소식, 박태민 기자입니다.

나 어제 저녁 야구를 관람하던 30대 김 모 씨가 심판의 판정
    에 흥분한 나머지 경기장에 뛰어들어 난동을 부렸습니다.
    이 남성은 경기장에 있던 경찰에 의해 바로 제압당했습니
    다.

난동을 부리다 大暴れする	제압당하다 制圧される
투신자살 投身自殺	생명에 지장이 없다 命に別条がない
앙심을 품다 根に持つ	돌진하다 突進する

어제 인천 야구 경기장에서 관중 난동	어제 저녁 야구를 관람하던 30대 김 모 씨가 심판의 판정에 흥분하다 / 경기장에 뛰어들어 난동을 부리다 / 이 남성은 경기장에 있던 경찰에 의해 바로 제압당하다
오늘 새벽 한강에서 투신자살을 시도했다	오늘 새벽 4시경 20대 여성이 실연의 상처를 이기지 못하고 괴로워하다 / 한강 다리에서 투신자살을 시도하다 / 다행히 이 여성은 119구조대에 바로 구조돼 생명에는 지장이 없는 것으로 알려지다
어젯밤에 한 남성이 차를 몰고 경찰서로 돌진했다	어젯밤 11시경에 40대 황 모 씨가 경찰의 불법 주차 단속에 앙심을 품다 / 자신의 차를 몰고 경찰서로 돌진하다 / 이 사고로 경찰차 두 대가 파손되었으나 인명 피해는 없다

연습해 볼까요?

다음 글을 읽고 'ㄴ/(으)ㄴ 나머지'를 사용해서 문장을 완성하십시오.

　　오늘 아침 회사에 출근한 강세호 부장은 결근한 사람이 너무 많아 깜짝 놀랐습니다. 그래서 강 부장은 김소희 씨에게 사람들이 결근한 이유를 물어봤습니다.

가　케빈 씨는 왜 결근했지요?

나　케빈 씨는 모레 있을 승진 시험 때문에 스트레스를 많이 받아 잠도 설치고 밤새 화장실을 들락거렸대요. 그래서 오늘 몸이 너무 안 좋아 못 나오겠대요.

가　그럼 아사미 씨는 왜 안 나온 거지요?

나　아사미 씨는 무리하게 다이어트를 하다가 건강에 문제가 생겨 병원에 입원했다는데요.

가　그래요? 그럼 투안 씨는요?

나　투안 씨는 자기 마음을 몰라주는 소피아 씨 때문에 마음이 상해서 부산으로 바람 쐬러 간다고 했어요.

가　그러고 보니 소피아 씨도 안 보이네요.

나　소피아 씨는 베이징에서 열리는 슈퍼보이즈 공연이 너무 보고 싶다며 며칠 휴가를 내고 중국에 갔는데요.

가　회사도 안 나오고 공연을 보러 갔다고요? 그런데 여양 씨도 안 나온 건가요?

나　여양 씨는 어제 술을 너무 많이 마신 탓에 이성을 잃고 사람들과 싸움을 벌였대요. 그래서 지금 경찰서에 있대요.

가　아이고, 오늘 일은 다 했군요. 그래도 김소희 씨라도 있어서 다행이에요.

나　부장님, 사실은 저도 오늘 출근하는 길에 급하게 서두르다가 앞 자동차를 받았어요. 그래서 사고 처리 때문에 조금 있다가 나가 봐야 할 것 같은데요.

가　뭐라고요?

(1) 케빈

　모레 있을 승진 시험 때문에 스트레스를 많이 받은 나머지 잠도 설치고 밤새 화장실을
　들락거렸다 _____ .

(2) 아사미

　_____
　_____ .

(3) 투안

　_____
　_____ .

(4) 소피아

　_____
　_____ .

(5) 여양

　_____
　_____ .

(6) 김소희

　_____
　_____ .

04 −데요

가 지난 토요일에 결혼식에 간다고 하셨죠?

나 네, 친구가 한국 남자와 결혼했는데 민속촌에서 한국 전통 결혼식으로 했어요. 청사초롱이며 전통 음악 연주며 TV 드라마에서만 보던 것을 직접 보니까 색다르고 신기하데요.

가 신랑과 신부가 전통 혼례복을 입었겠네요.

나 네, 한복을 입은 신부가 연지곤지를 찍고 수줍어하는 모습이 너무 사랑스러워 보이데요. 금발 머리에 파란 눈하고 한복 색깔이 그렇게 잘 어울릴지 몰랐어요. 그걸 보고 있자니 저도 나중에 전통 혼례식으로 하고 싶어지데요.

문법을 알아볼까요?

이 표현은 말하는 사람이 과거에 직접 경험하여 새롭게 알게 된 사실이나 느낌을 지금 회상하면서 다른 사람에게 전달할 때 사용합니다. 주로 입말에서 사용합니다.

この表現は、話し手が過去に直接経験して新たに知った事実や感じたことを、いま回想しながらほかの人に伝えるときに使います。主に口語で使います。

	A	V	N이다
과거	−았데요/었데요		였데요/이었데요
현재	−데요		(이)데요
추측	−겠데요		(이)겠데요

★ 말하고자 하는 사실이나 느낌은 이미 과거에 일어난 것이므로 그 시점에서의 과거, 현재 그리고 추측을 말하는 것입니다.

言おうとする事実や感じたことはすでに過去に起きたことなので、その時点での過去・現在・推測を言うものです。

도입 대화문 번역

가 この前の土曜日に結婚式に行くとおっしゃっていたでしょう。

나 ええ、友だちが韓国の男性と結婚したんですけど、民俗村で韓国の伝統的な結婚式をしたんです。青紗燈籠とか伝統音楽の演奏とかTVドラマでしか見たことのないものを直接見て、目新しかったし珍しかったです。

가 新郎と新婦が伝統婚礼服を着たんでしょうね。

나 ええ、韓服を着た新婦が、頬と額に紅をさしてはにかむ姿がすごく愛らしく見えました。金髪に青い目と韓服の色があんなによく合うとは思いませんでした。それを見ていたら、私もあとで伝統婚礼式でしたくなりましたよ。

민이가 중국어를 배운 지 얼마 안 됐다고 하던데 꽤 잘하데요.
ミニが中国語を習いはじめていくらも経っていないと言っていたけど、かなり上手でしたよ。

아침에 수지 씨를 봤는데 오늘 무슨 특별한 일이 있는지 정장을 입고 왔데요.
朝、スジさんに会ったんですが、今日何か特別なことがあるのか、スーツを着て来てましたよ。

옆집 아들은 공부도 잘하고 운동도 잘해서 그 집 부모가 자랑하고 다닐 만하겠데요.
隣の家の息子は勉強もスポーツもできて、親が自慢してまわるだけあります。

더 알아볼까요?

1 이 표현은 말하는 사람 자신이 주어인 경우에는 사용할 수 없습니다.
この表現は、話し手自身が主語の場合には使うことができません。

- 나는 초등학교 때 친구가 없데요. (×)
  → 나는 초등학교 때 친구가 없었어요. (○)

그러나 자신의 의도나 의지로 하지 않는 상황에서는 1인칭 주어도 가능합니다.
しかし、自分の意図や意志でしない状況では1人称主語も可能です。

- 그 춤이 중독성이 있어서 (나는) 나도 모르게 따라 하게 되데요.
- 그 소식을 들으니까 (저는) 갑자기 슬퍼지데요.

2 사람의 심리나 기분, 감정을 나타낼 때 주어가 2 · 3인칭의 경우에는 '형용사 + −아하다/어하다'의 형태로 사용해야 합니다.
人の心理・気分・感情を表すとき、主語が2・3人称の場合には、形容詞+−아하다/어하다の形で使わなければなりません。

- 너 아까 우진 씨가 회사 그만둔다고 하니까 기쁘데. (×)
  → 너 아까 우진 씨가 회사 그만둔다고 하니까 기뻐하데. (○)
- 남자 친구가 청혼을 하자 은미 씨는 무척 행복하데요. (×)
  → 남자 친구가 청혼을 하자 은미 씨는 무척 행복해하데요. (○)

3 이 표현은 큰 의미 차이 없이 '−더라고요', '−더군요'와 바꿔 사용할 수 있습니다.
この表現は、大きな意味の違いなく−더라고요や−더군요と言い換えられます。

- 민이가 중국어를 배운 지 얼마 안 됐다고 하던데 꽤 잘하더라고요.
- 민이가 중국어를 배운 지 얼마 안 됐다고 하던데 꽤 잘하더군요.

'–데요'와 '–대요'는 형태나 발음이 비슷하여 혼동될 수 있지만 다음과 같은 차이가 있습니다.
–데요と–대요は形態や発音が似ていて混同しやすいですが、次のような違いがあります。

–데요	–대요
과거에 직접 경험한 내용을 말할 때 쓰입니다. 過去に直接経験した内容を言うときに使われます。	'–다고 해요'의 준말로 다른 사람의 말을 인용할 때 쓰입니다. –다고 해요の縮約であり、ほかの人のことばを引用するときに使われます。
• 그 여자가 참 예쁘데요.	• 그 여자가 참 예쁘대요.
☞ 말하는 사람이 직접 그 여자를 보고 예쁘다고 느낀 것을 지금 말하는 것입니다. 話し手が直接その女性を見てきれいだと感じたことを、いま言うものです。	☞ 말하는 사람은 그 여자를 보지 못한 상태에서 다른 사람에게서 들은 대로 그 여자가 예쁘다고 말하는 것입니다. 話し手はその女性を見ていない状態で、ほかの人から聞いて、その女性がきれいだと伝えるものです。

이럴 때는 어떻게 말할까요?

Track **146**

사회생활을 잘하려면 여러 가지 모임이나 행사에 참석해야 할 때도 생기는데요. 그 모임에서 느낀 것을 어떻게 말할까요?

예쁘다

가 학교 선배의 집들이는 잘 다녀오셨어요?

나 네, 집은 조금 작은 편이었는데 신혼부부라 집을 아주 예쁘고 아기자기하게 꾸며 놓았데요.

> **Tip**
>
> 아기자기하다 きれいだ　　　꾸며 놓다 飾り整える
> 쏙 빼닮다 うりふたつだ　　　팔순 잔치 傘寿のお祝い
> 정정하다 かくしゃくとしている

학교 선배의 집들이	집은 조금 작은 편이었는데 신혼부부라 집을 아주 예쁘고 아기자기하게 꾸며 놓았다
회사 동료의 아기 돌잔치	그 집 딸아이가 아빠를 쏙 빼닮아서 보자마자 한눈에 알아보겠다
부장님 어머니의 팔순 잔치	어머니께서 나이가 그렇게 많으신데도 흰머리만 좀 많으실 뿐이지 아직도 정정하시다

1 다음 [보기]에서 알맞은 표현을 골라 '–데요'를 사용해서 대화를 완성하십시오.

> 보기   상쾌해지다   살이 많이 빠지다   몰라보겠다   고등학교 동창이다

(1) 가 지난 일요일에 지현 씨하고 등산을 하셨다면서요? 어땠어요?

　　 나 올라갈 때는 힘들었는데 산꼭대기에 올라서 시내 전경을 바라보니까 몸과 마음이
　　　 상쾌해지데요.

(2) 가 선영 씨 남자 친구하고 어떻게 아는 사이예요?

　　 나 알고 보니까 제 ＿＿＿＿＿＿＿＿＿＿＿＿＿. 세상 참 좁지요?

(3) 가 아이들 크는 걸 보면 시간이 진짜 빨리 가는 것 같아요.

　　 나 맞아요. 사촌 조카를 유치원 때 보고 몇 년 만에 보니까 너무 커 버려서 ＿＿＿＿＿＿
　　　 ＿＿＿＿＿＿＿.

(4) 가 현정 씨가 요즘 다이어트를 열심히 한다면서요?

　　 나 네, 얼마 전에 길에서 우연히 봤는데 진짜 ＿＿＿＿＿＿＿＿＿＿＿＿＿.

2 다음 글을 읽고 '–데'를 사용해서 대화를 완성하십시오.

> 　　지난 휴가 때 제주도에 다녀왔다. 제주도는 이번이 처음인데 같은 한국이지만 느낌이
> 또 달랐다. 여름은 덥다고 하던데 태풍이 지나간 후라 그런지 생각보다 덥지 않았다.
> 제주도가 처음이긴 하지만 유명한 관광 명소를 구경하기보다는 친구가 추천해 준 올레길을
> 걸어 보기로 했다. 올레길은 아름다운 해안 길을 따라 느긋하게 걸으면서 여유롭게
> 생각할 수 있는, 그야말로 사색의 길이었다. 생각을 정리하면서 천천히 걷다 보니 몸과
> 마음이 치유가 되는 것 같았다. 또한 제주도는 흑돼지, 옥돔, 갈치 등 음식의 종류도
> 다양하고 정말 맛있었다. 이번에는 일정이 짧아서 다른 구경은 하지 못했지만 다음에
> 기회가 된다면 꼭 다시 가고 싶다.

가 지난 휴가 때 제주도에 갔다 왔다며?

나 응. 제주도는 이번이 처음인데 같은 한국이지만 (1) **느낌이 또 다르데**.

가 여름이라 더웠을 텐데 날씨는 어땠어?

나 내가 가기 얼마 전에 태풍이 지나가서 그런지 (2) ＿＿＿＿＿＿＿＿＿＿＿＿＿＿＿.

가 어디 어디에 가 봤어?

나 이번에는 친구가 추천해 준 올레길만 걸었어. 아름다운 해안 경관을 보면서 느긋하게
　 걷다 보니 생각도 정리되면서 (3) ＿＿＿＿＿＿＿＿＿＿＿＿＿＿＿.

가 음식은 어땠어? 입에는 잘 맞았어?

나 응. (4) ＿＿＿＿＿＿＿＿＿＿＿＿＿＿. 다음에 기회가 되면 다시 가고 싶어.

18장 확인해 볼까요?

※ [1~2] 다음 밑줄 친 부분과 바꾸었을 때 의미가 가장 비슷한 것을 고르십시오.

1 김동수 의원은 선거에서 실패하자 <u>너무 절망한 나머지</u> 자살까지도 생각했었다고 고백했다.

① 절망할지라도 　　　　　　② 절망하다 못해
③ 절망한들 　　　　　　　　④ 절망하리만치

2 한때 우리 회사는 속도만을 <u>강조한 결과</u> 정확성을 무시해 사고가 일어나는 경우가 종종 있었다.

① 강조하는가 하면 　　　　② 강조한 다음에
③ 강조한 마당에 　　　　　④ 강조한 나머지

※ [3~4] 다음 (　　　)에 알맞은 것을 고르십시오.

3 지난 토요일 혼자 속리산을 등반하던 40대 여성 김 모 씨가 3m 밑 낭떠러지로 떨어져 중상을 입고 47시간 만에 구조됐습니다. 당시 경찰이 실종 신고를 받고 속리산 일대를 샅샅이 (　　　) 겨우 이 여성을 찾았다고 합니다.

① 뒤진 끝에 　　　　　　② 뒤진 김에
③ 뒤진다는 것이 　　　　④ 뒤지려다가

4 한 만화 영화의 배경이 되었던 '푸른 새들의 숲'이 개발 위기에 처했다가 시민들의 힘으로 보존되었다. 서울 근교 주택가에 위치한 이 숲은 그리 크지는 않지만 시민들의 쉼터가 되고 있는 곳이다. 그런데 올봄에 구청에서 이 숲에 주차장과 스포츠 센터를 짓기로 함에 따라 사라질 위기에 처하게 되었다. 그러자 시민들과 환경 단체들이 앞장서 모금을 했고 그 결과 이 숲을 구청에서 사들여 공원으로 만들었다. 시민들의 자발적인 노력이 이 숲을 개발 위험에서 (　　　).

① 지키다시피 했다 　　　② 지킬 듯했다
③ 지켜 낸 것이다 　　　　④ 지켰을 게 뻔하다

※ 다음 밑줄 친 부분과 바꿔 쓸 수 <u>없는</u> 것을 고르십시오.

5 오늘 새벽에 동대문 시장에 갔었는데 이른 시간인데도 사람들이 <u>많데요</u>.

① 많았을걸요 　　　　　② 많더라고요
③ 많더군요 　　　　　　④ 많았어요

※ 다음 밑줄 친 부분이 <u>틀린</u> 것을 고르십시오.

6 ① 윤미 씨는 남편의 해고 소식을 듣고 무척 <u>힘들데</u>.
② 한 달 이상 <u>알아본 끝에</u> 마음에 드는 집을 구할 수 있었다.
③ 이윤 추구에 <u>치중한 나머지</u> 사회적 책임에 소홀한 기업들이 많다.
④ 우리 회사는 예정보다 3개월이나 앞당겨 신제품을 <u>생산해 낼 수 있을 듯하다</u>.

19장

상황이나 기준을 나타낼 때
状況や基準の表現

본 장에서는 어떤 동작이 일어날 때의 상황이나 상태를 나타내는 표현과 어떤 기준에 의해서 내용을 판단하거나 그 기준에 따라 어떤 결과가 나타날 때 사용하는 표현을 공부합니다. 이 표현들은 고급에서 처음 배우는 것들로 나타내고자 하는 상황이 긍정적인지 부정적인지에 따라 사용되는 표현들이 달라지므로 잘 구별해서 사용해야 합니다. 이런 것들을 잘 익혀서 사용한다면 한국말로 다양한 상황 표현을 할 수 있을 것입니다.

　この章では、ある動作が起こるときの状況や状態を表す表現と、ある基準によって内容を判断したりその基準によってある結果が現れたりするときに使う表現を勉強します。この表現は、上級で初めて学ぶもので、表そうとする状況が肯定的か否定的かによって使われる表現が異なるので、よく区別して使わなければなりません。これらをしっかり習得して使えば、韓国語で多様な状況の表現ができるでしょう。

01 -는 가운데

Track **147**

가 지금 한창 한강 일대에서는 국제 마라톤 경기가 진행되고 있는데요. 그곳 상황을 알아보겠습니다. 박태민 기자, 지금 경기가 시작된 지 30분 정도 지났지요?

나 네, 그렇습니다. 지금 제 뒤쪽으로는 경찰차가 에스코트하는 **가운데** 여러 나라의 마라톤 선수들이 달리고 있는데요. 아직 경기 초반이라 뚜렷하게 선두 그룹이 구별되고 있지는 않습니다.

가 시민들도 거리에 나와서 많이 응원을 하고 있나요?

나 네, 거리에는 지금 각국 응원단들의 응원 열기가 뜨거운 **가운데** 지금 막 한국의 이봉조, 이봉조 선수가 선두로 나서기 시작했습니다.

문법을 알아볼까요?

이 표현은 선행절의 상황이나 상태가 지속되는 중에 후행절의 내용이 일어남을 나타낼 때 사용합니다. 선행절은 후행절이 일어날 때의 배경이나 상황을 말합니다.

この表現は、先行節の状況や状態が持続している間に後続節の内容が起こることを表すときに使います。先行節は後続節が起こるときの背景や状況を表します。

	A	V
과거/완료	–	–(으)ㄴ 가운데
현재	–(으)ㄴ 가운데	–는 가운데

도입 대화문 번역

가 いま漢江一帯では国際マラソン競技が行われている最中です。そこの状況を見てみましょう。パク・テミン記者、いま競技が始まって30分ほど過ぎましたね。

나 はい、そうですね。いま私の後ろではパトカーがエスコートするなか、さまざまな国のマラソン選手たちが走っています。まだ競技の序盤のため、はっきりと先頭グループが区別されてはいません。

가 市民たちも通りに出てきて、たくさん応援をしているんですか。

나 はい、沿道で各国の応援団が熱い応援を送るなか、いままさに韓国のイ・ボンジョ、イ・ボンジョ選手が先頭に出はじめました。

모든 사람들의 시선이 집중되는 **가운데** 그 아이는 비올라 연주를 시작했다.
みんなの視線が集中するなか、その子はビオラの演奏を始めた。

이런 훌륭한 작품을 바쁜 **가운데** 틈틈이 시간을 내서 만들었다니 놀라울 따름이다.
忙しいなかで暇を見つけてこんなすばらしい作品を作ったなんて、驚くばかりだ。

수천여 명의 관객이 공연장을 꽉 채운 **가운데** '불우 청소년 돕기 자선 음악회'가 열리고 있다.
数千名あまりの観客が公演場をぎっしり埋めつくしたなか、「恵まれない青少年援助慈善音楽会」が開かれている。

Track 148

이럴 때는 **어떻게 말할까요?**

여러분이 생각하는 감동적인 순간이란 어떤 건가요? 그 감동의 현장을 묘사할 때는 어떻게 말할까요?

가 얼마 전에 배우 배영준 씨가 야외 결혼식을 할 때 그 현장에 있었다죠? 어땠어요?

나 꽃잎이 꽃비처럼 날리는 **가운데** 신랑과 신부가 결혼 서약을 하는 모습이 너무나도 감동적이었어요.

Tip
꽃비 花の雨(花びらが雨のように舞うこと)
결혼 서약 結婚の誓い　　양궁 アーチェリー
글썽이다 涙ぐむ　　강연회 講演会　　경청하다 傾聴する

얼마 전에 배우 배영준 씨가 야외 결혼식을 하다

지난 올림픽에서 김보배 선수가 양궁에서 금메달을 따다

강 선생님께서 생전에 마지막으로 강연회를 하시다

꽃잎이 꽃비처럼 날리다 / 신랑과 신부가 결혼 서약을 하다

애국가가 울려 퍼지다 / 김 선수가 태극기를 보며 눈물을 글썽이다

모두들 조용히 경청하다 / 강 선생님께서 차분한 목소리로 마지막 인사를 하시다

1 관계있는 것을 연결하고 '―는 가운데'를 사용해서 문장을 완성하십시오.

(1) 청년층의 취업난이 심각하다 •

(2) 한류가 인기를 더해 가고 있다 •

(3) 많은 시민들이 참여했다 •

(4) 때로 해결이 나지 않을 것 같은 문제도 서로 이야기를 나누다 •

• ㉠ 해결의 실마리를 찾게 될 때가 있다

• ㉡ '좋은 이웃 되기 운동'이 펼쳐지고 있다

• ㉢ 환경미화원을 뽑는 시험에 지원자가 대거 몰려 눈길을 끌고 있다

• ㉣ 한류가 단순히 문화 외교의 차원이 아닌 문화 교류의 차원으로 확대되어야 한다는 의견이 제기되고 있다

(1) ㉢ - 청년층의 취업난이 심각한 가운데 환경미화원을 뽑는 시험에 지원자가 대거 몰려 눈길을 끌고 있다.

(2) _____.

(3) _____.

(4) _____.

2 다음 [보기]에서 알맞은 표현을 골라 '―는 가운데'를 사용해서 대화를 완성하십시오.

> 보기　　　이야기하다　　　　모이다　　　　묻고 듣다　　　　어렵다

(1) 가 오늘 정말 유쾌한 시간이었네요.
　　나 네, 즐겁게 **이야기하는 가운데** 벌써 헤어질 시간이 됐네요. 아쉬워요.

(2) 가 정암 씨는 참 존경할 만한 사람 같아요.
　　나 맞아요. 자신의 생활도 _____ 자기보다 더 힘든 주위 사람들을 돕는 걸 보면요.

(3) 가 할아버지께서 갑자기 중대 발표를 하셨다면서요?
　　나 네, 온 가족들이 한 자리에 _____ 유산 분배에 대한 말씀을 하셨어요.

(4) 가 이번 회의에서는 에너지 절약 건에 대한 해결책이 나오겠지요?
　　나 아마 다른 사람들의 의견을 _____ 좋은 해결책이 나올 거예요.

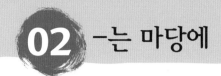

02 -는 마당에

Track 149

가 엄마, 저 아이들 좀 봐요. 미래에 대한 꿈도 희망도 없어 보여요.

나 제대로 먹지도 못하는 마당에 어떻게 그런 걸 꿈꿀 수 있겠니? 참 안됐구나.

가 엄마, 그런데 오늘 저녁은 외식하면 안 돼요? 며칠째 똑같은 반찬만 먹잖아요.

나 지구의 반대편에서는 저렇게 먹을 것이 없어서 죽어 가는 마당에 너처럼 반찬 투정이나 하면 되겠니? 제발 철 좀 들어라. 외식비 아껴서 후원이나 해야겠다.

문법을 알아볼까요?

이 표현은 선행절이 후행절의 행위가 일어나는 상황이나 처지를 나타낼 때 사용합니다. 선행절의 내용은 주로 좋지 않은 상황이나 부정적인 상황이 될 때가 많습니다.

この表現は、後続節の行為が起こる状況や境遇を、先行節が表すときに使います。先行節の内容は、主によくない状況や否定的な状況になることが多いです。

	A	V	N이다
과거/완료	–	–(으)ㄴ 마당에	–
현재	–(으)ㄴ 마당에	–는 마당에	인 마당에

1분 1초가 급한 마당에 이것저것 생각할 겨를이 없어요.
1分1秒を争っているのに、あれこれ考える暇はありません。

이 계획을 반대하는 사람이 대다수인 마당에 이런 회의가 무슨 소용이 있겠어요?
この計画に反対する人が大多数なのに、こんな会議が何の役に立つんですか。

이제 모든 진실이 확실하게 드러난 마당에 범인도 더 이상 거짓말을 할 수가 없을 거예요.
もはやすべての真実が明確になったからには、犯人もこれ以上嘘をつけないでしょう。

도입 대화문 번역

가 ママ、あの子たち、見て。未来に対する夢も希望もないように見えるよ。

나 ろくに食べることすらできないのに、どうしてそんな夢なんか見られるっていうの。本当にかわいそうね。

가 ママ、でも、今日の夕ごはんは外食しちゃダメ？何日も同じおかずばかり食べてるじゃん。

나 地球の反対側ではああやって食べるものがなくて死んでいくのに、あなたみたいにおかずのより好みなんかしてちゃダメよ。ちゃんと考えなさい。外食費を節約して援助でもしなくちゃ。

Track 150

이럴 때는 **어떻게 말할까요?**

이미 엎질러진 물을 다시 주워 담을 수는 없지요? 어떤 일이 이미 벌어져 되돌릴 수 없을 때 어떻게 말할까요?

가 두 사람이 헤어진 이유가 누구의 잘못 때문이라고 생각하십니까?

나 **이미 헤어진 마당에** 누구의 잘못인가를 따져 봤자 무슨 소용이 있겠어요?

> **Tip**
> 따지다 問いただす　　부도가 나다 倒産する
> 흥행 興行　　　　　　스태프 スタッフ

두 사람이 헤어진 이유가 누구의 잘못 때문이다	이미 헤어졌다 / 누구의 잘못이다
회사가 부도가 난 이유가 누구의 책임이다	지금 회사가 망해 가다 / 누구 때문이다
이번 영화가 흥행에 실패한 이유가 무슨 문제 때문이다	고생한 스태프들의 월급도 못 주다 / 문제가 무엇이다

연습해 볼까요?

単語・表現 p.403

1 다음 [보기]에서 알맞은 표현을 골라 '-는 마당에'를 사용해서 대화를 완성하십시오.

> **보기**　　늙어 가다　　배가 고프다　　해고를 당했다　　잘 못 하다　　어렵다

(1) 가 야, 너 자꾸 누나한테 반말할 거야?

　　나 에이, 함께 **늘어 가는 마당에** 새삼스럽게 왜 그래?

(2) 가 이번 연말 보너스는 받을 수 있을까요?

　　나 얼마 전에 투자 유치에 실패해서 회사 사정이 _____ 연말 보너스까지 신경 쓸 수 있겠어요? 월급이나 제대로 나왔으면 좋겠어요.

(3) 가 상욱이가 바쁜 모양인데 네가 좀 도와주지 그러니?

　　나 시간이 없어서 내 할 일도 _____ 어떻게 남의 일까지 도와줘?

(4) 가 어떡하지? 반찬이 별로 없는데.

　　나 괜찮아. _____ 이것저것 가려서 먹겠어? 그냥 밥이랑 김치면 돼.

(5) 가 왜 김주원 씨가 회사를 그만두었대요?

　　나 노조 활동을 같이 한 동료들이 _____ 자기만 회사에 남아 있을 수 없었다고 하더라고요.

2 다음 [보기]에서 알맞은 표현을 골라 '-는 마당에'를 사용해서 대화를 완성하십시오.

> **보기**
> 모범을 보이지 못하다   가족도 못 믿는다고 하다
> 자식이 부모도 속이다   도덕적 불감증에 빠져 있다

초등학교 교사들 이중 고충,
학부모와 학생 모두에게 존경 못 받아

가 이 신문 기사 좀 보세요. 초등학생들이 벌써부터 교사들을 무시하니 커서 뭐가 되려
   고 그러는지 모르겠네요.

나 부모들이 (1) **모범을 보이지 못하는 마당에** 아이들한테 뭘 기대하겠어요?

가 그러게요. 사회 전체가 (2) _____ 아이들만 탓할 수는 없는
   것 같네요.

간 큰 사기꾼, 부모 이어
십년지기 친구 30억 사기 쳐

가 이 신문 기사 좀 보세요. 친한 친구가 사기꾼이라니……. 참 세상에 믿을 만한 사람이
   이렇게 없네요.

나 (3) _____ 친구를 속이는 일은 흔한 일이 된 지 오래됐지요.

가 그러게요. (4) _____ 어떻게 다른 사람을 믿을 수가 있겠
   어요?

---

03 치고

가 태민 씨 생각에 케빈 씨는 어떤 사람인 것 같아요?

나 글쎄요. 어른들 말씀에 동물이나 아이들 좋아하는
사람치고 심성이 나쁜 사람은 없다고들 하시잖아요.
강아지를 좋아하는 걸 보면 마음씨가 좋은 사람일 것
같아요.

가 그렇죠? 보통 금융계에 종사하는 사람들은 약간 냉정
하고 치밀해 보이는데 금융인치고 약간 어수룩하면서
마음도 따뜻하고, 정도 많은 것 같고요.

나 어? 이상하네. 소희 씨 혹시 케빈 씨 좋아하는 거 아니
에요?

문법을 알아볼까요?

1 이 표현은 명사에 붙어 '그 명사의 경우 예외 없이 모두'의 의미를 나타낼 때 사용합니다. 주로 뒤에는 부정문이
오거나 수사 의문문의 형태가 옵니다.

この表現は、名詞に付いて、「その名詞の場合は例外なくすべて」の意味を表すときに使います。主に、後ろ
には否定文か修辞疑問文が来ます。

남자 아이치고 로봇을 안 좋아하는 아이가 어디 있겠어요?
男の子でロボットが好きじゃない子がどこにいますか。

요즘 대학생치고 취업 스트레스를 받지 않는 사람은 없을 거예요.
最近の大学生で、就職のストレスを受けない人はいないでしょう。

도입 대화문 번역

가 テミンさんの考えでは、ケビンさんはどんな人だと思いますか。

나 さあ。大人が言うには、動物や子どもが好きな人で、心根が悪い人はいないっていうじゃないですか。犬が好きなところ
を見ると、気立てがいい人みたいです。

가 そうでしょう。普通は金融界に従事する人たちは少し冷たくて緻密そうに見えますけど、金融界の人にしてはあまり世間
ずれしていなくて、心も温かいし、情も多いようです。

나 あれ、変だな。ソヒさん、ひょっとしてケビンさんのことが好きなんじゃないですか。

2 이 표현은 명사에 붙어 '그 명사가 가지고 있는 일반적인 속성을 고려해 볼 때 예외적으로'의 의미를 나타낼 때 사용합니다. 뒤에 '는'을 붙이면 강조하는 표현이 됩니다.

この表現は、名詞に付いて、「その名詞が持っている一般的な属性を考慮するとき例外的に」の意味を表すとき使います。後ろにーは를 付けると、強調する表現になります。

그 선수는 운동선수치고 몸이 너무 왜소해요.
その選手は、スポーツ選手にしては体が小さすぎます。

정식 교육을 받지 않은 사람이 그린 그림치고는 굉장히 훌륭하네요.
正式な教育を受けていない人が描いた絵にしては、実にすばらしいですね。

더 알아볼까요?

이 표현은 '서'를 붙여 '치고서'로 쓰면 그 의미를 강조하는 표현이 됩니다.
この表現は、서를 付けて치고서の形で使うと、その意味を強調する表現になります。

• 요즘 대학생치고서 취업 스트레스를 받지 않는 사람은 없지요.
• 정식 교육을 받지 않은 사람이 그린 <u>그림치고서는</u> 굉장히 훌륭하네요.

이럴 때는 어떻게 말할까요?

여러분은 사람의 됨됨이를 어떤 기준으로 판단하시나요? 보기에 괜찮은 사람이 진짜 좋은 사람일까요?

가 어제 맞선 본 남성분은 어때요? 자수성가한 젊은 사업가라고 하더니 괜찮았어요?

나 성실한 것 같기는 한데 다른 사람 험담하는 것을 좋아하는 것 같더라고요.

가 그래요? 험담하는 걸 좋아하는 사람치고 진실한 사람 못 봤는데…….

> **Tip**
> 됨됨이 人柄　　자수성가하다 裸一貫から成功する
> 험담하다 悪口を言う　일편단심 一途

성실한 것 같기는 한데 다른 사람 험담하는 것을 좋아하다
매너가 좋은 것 같기는 한데 모든 여자들에게 잘해 주다
능력이 있는 것 같기는 한데 자기 자랑을 너무 많이 하다

험담하는 걸 좋아하는 사람 / 진실한 사람
모든 여자들에게 잘해 주는 남자 / 일편단심인 남자
자기 자랑하는 사업가 / 성공한 사업가

19. 상황이나 기준을 나타낼 때 315

19. 상황이나 기준을 나타낼 때　315

1 다음 [보기]에서 알맞은 표현을 골라 '치고'를 사용해서 대화를 완성하십시오.

> **보기** 유치원 다니는 아이   배우가 나오는 영화
> 사 먹는 음식   영철 씨 얘기

(1) 가 여보, 우리 무진이가 천재인가 봐. 벌써 한글을 다 읽는 거 있지?

    나 요즘 **유치원 다니는 아이치고** 한글을 못 읽는 아이가 어디 있어?

(2) 가 영철 씨가 그러는데 이번에는 근무 연한과는 상관없이 영업 실적대로 승진을 시킨대.

    나 넌 그걸 믿니? _____ 믿을 만한 거 봤어?

(3) 가 소민 씨 말 듣고 '오, 한국!'이라는 영화를 봤는데 너무 감동적이었어요.

    나 그렇지요? 전 김지원이라는 _____ 보고 나서 후회해 본 적이 없던 것 같아요.

(4) 가 여기는 음식에 조미료를 많이 넣는 것 같아.

    나 밖에서 _____ 조미료를 안 넣는 음식이 어디 있겠어?

2 다음 [보기]에서 알맞은 표현을 골라 '치고는'을 사용해서 대화를 완성하십시오.

> **보기** 외국인   중소기업   소문난 맛집   만든 것   오래된 집

(1) 가 유진 씨가 미국 사람인 걸 얼마 전에야 알았어요. 항상 전화 통화만 해서 한국 사람인 줄 알았거든요.

    나 저도요. 유진 씨가 **외국인치고는** 한국말 발음이 정확한 편이라서 저도 처음엔 속았어요.

(2) 가 이거 제가 시간이 날 때마다 만든 건데 한번 봐 주세요.

    나 와, 틈틈이 _____ 꽤 잘 만들었는데요.

(3) 가 어제 인터넷에서 찾은 맛집에 가 본다더니 어땠어요? 맛있었어요?

    나 손님들은 많은데 _____ 음식이 별로라서 실망스러웠어요.

(4) 가 이 집은 지은 지 오래됐으니까 그 점을 감안하고 보세요.

    나 _____ 내부 상태가 아주 깔끔한데요.

(5) 가 그 집 아들이 어느 회사에 다닌다고 했지요?

    나 서울무역이요. _____ 재정이 꽤 튼튼한 회사라고 하더라고요.

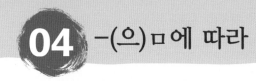

04 -(으)ㅁ에 따라

가 스마트폰이 이제는 생활필수품으로 자리 잡았는데요. 그런데 사용자 수가 증가함에 **따라** 그에 따른 부작용도 만만치 않습니다.

나 부작용이라면 어떤 것들이 있을까요?

가 스마트폰을 장시간 사용함에 **따라** 심한 경우에는 목 디스크 관련 질환이 생기기도 합니다. 또 스마트폰 없이는 아무것도 할 수 없고 심지어 불안, 초조, 공포 까지 느끼는 '노모포비아' 증상을 호소하는 사람도 늘고 있다고 합니다.

나 사람이 편리하기 위해 만든 기기인데 지나치게 기기에 의존하게 되니까 큰 문제네요.

문법을 알아볼까요?

이 표현은 선행절의 상황이나 기준에 의거하여 후행절의 결과가 나타날 때 사용합니다. 글말에서 많이 사용합니다.
この表現は、先行節の状況や基準によって、後続節の結果が現れるときに使います。文語でよく使います。

과학 기술이 발달함에 **따라** 우리의 생활이 점점 편리해졌다.
科学技術が発達することによって、私たちの生活がだんだん便利になった。

부동산 경기가 안정을 되찾음에 **따라** 침체되었던 부동산 시장이 서서히 활기를 띠고 있다.
不動産景気が安定を取り戻すことによって、滞っていた不動産市場が徐々に活気を帯びている。

소비자의 욕구가 다양해짐에 **따라** 기능은 물론 디자인에도 신경을 많이 쓴 가전제품들이 속속 출시되고 있다.
消費者の欲求が多様になることによって、機能はもちろんデザインにも多く気を使った家電製品が続々と市場に出されている。

도입 대화문 번역

가 いまやスマートフォンが生活必需品として定着しました。でも、利用者数が増加することによって、それに伴う副作用も無視できません。

나 副作用というと、どんなものがあるでしょうか。

가 スマートフォンを長時間使うことによって、ひどい場合には首のヘルニア関連疾患が生じることもあります。また、スマートフォンなしでは何も手につかず、果ては不安、焦り、恐怖まで感じる「ノモフォビア」症状を訴える人も増えているそうです。

나 人の便宜のために作った機器なのに、過度に機器に依存するようになると、大きな問題ですね。

이 표현은 앞에 명사가 올 때 '에 따라'의 형태로 사용합니다.
この表現は、前に名詞が来るとき、에 따라の形で使います。

- 정부의 새 교육 방침에 따라 다음 달부터 방과 후 자율 학습이 전면 폐지된다.
- 그해의 업무 성과에 따라 매년 연봉을 새로 협상하자는 안건이 나왔다.

> **Tip**
> 방침 方針
> 자율 학습 自律學習
> 전면 全面
> 폐지되다 廃止される

이럴 때는 **어떻게 말**할까요?

Track 154

여러분이 우리 사회에 바라는 소망은 무엇인가요? 뉴스에서 듣기를 희망하는 좋은 소식이 있나요?

반값 등록금

가 박태민 기자, 오늘 좋은 소식이 있다면서요?

나 네, 다음 학기부터 등록금이 대폭 인하됨에 따라 대학생들이 마음 놓고 공부에만 전념할 수 있게 되었습니다.

가 그것 참 듣던 중 반가운 소식이군요.

> **Tip**
> 대폭 大幅に　　　전념하다 專念する　　　집단 따돌림 集団いじめ
> 완전히 完全に　　　익명 匿名　　　　　무주택자 住宅非保有者

다음 학기부터 등록금이 대폭 인하되다 / 대학생들이 마음 놓고 공부에만 전념할 수 있다

'좋은 학교 만들기 운동'에 교사와 학생들이 적극적으로 참여해 오다 / 학교 폭력과 집단 따돌림 등으로 고통받는 학생들이 이제는 완전히 없어지다

익명의 사업가가 유산 전액을 불우한 이웃들을 위해 써 달라며 사회에 기부하다 / 무주택자 십만 명이 새 집을 마련할 수 있다

연습해 볼까요?

単語·表現 pp.403~404

1 관계있는 것을 연결하고 '–(으)ㅁ에 따라'를 사용해서 문장을 완성하십시오.

(1) 생활수준이 향상되다 ·   · ㉠ 농산물 재배에 어려움을 겪고 있다

(2) 이상 고온 현상이 계속되다 ·   · ㉡ '웹진(웹+매거진)'이라는 새로운 형태의 출판물이 등장하였다

(3) 환경 보호에 대한 관심이 높아 지다 ·   · ㉢ 점점 건강을 생각하는 사람이 많아 졌다

(4) 한국 문화에 대한 관심이 한국 어 학습 열풍으로 이어지다 ·   · ㉣ 전기 차를 비롯한 친환경 사업에 대한 관심도 높아지고 있다

(5) 인터넷의 보급이 확산되다 ·   · ㉤ 해외 한국어 학교의 수강생이 급증 하고 있다고 하다

(1) ㉢ – 생활수준이 향상됨에 따라 점점 건강을 생각하는 사람이 많아졌다 .

(2) _____ .

(3) _____ .

(4) _____ .

(5) _____ .

2 다음 [보기]에서 알맞은 머리기사를 골라 '–(으)ㅁ에 따라'를 사용해서 신문 기사문을 완성하십시오.

○○신문 | 2013년 ○월 ○일 ○○○호

운전 중 휴대 전화 사용 사고 빈번히 발생해

합리적인 소비 선호 소비자 많아져

육아 휴직 수당 인상돼

국내 커피 시장 급성장세 이어가

(1) 운전 중 휴대 전화 사용으로 인해 사고가 빈번히 발생함에 따라 연말부터 운전 중 핸즈프리 사용을 의무화하고 이를 어길 시 높은 범칙금을 부과할 예정이다.

(2) _____ 여러 대기업에서도 커피 시장에 진출하려는 시도를 하고 있다.

(3) 저출산 대책의 하나로 _____ 출산율이 다소 오르고 있다는 조사가 나왔다.

(4) 고물가와 경제 불황으로 _____ 할인 혜택을 받거나 가격이 저렴한 브랜드에서 의류를 구입하는 사례가 늘고 있다.

19. 상황이나 기준을 나타낼 때   319

※ 〔1~3〕 다음 (   )에 알맞은 것을 고르십시오.

1 환경에 대한 관심이 (   ) 일부 비양심적 판매자들이 일반 제품을 친환경 제품으로 속여 비싸게 팔고 있어 소비자들의 각별한 주의가 요구되고 있다.

① 높아 가고 있는 이상 ② 높아 가고 있는 바람에
③ 높아 가고 있는 한 ④ 높아 가고 있는 가운데

2 가 요즘 날씨가 추워서 꼼짝도 못하겠어요.
  나 그래도 오늘은 겨울 날씨(   ) 따뜻한 편인걸요.

① 조차도 ② 치고는
③ 마저도 ④ 끼리는

3 가 이번 추석 연휴에는 좀 편히 쉬었으면 좋겠어요.
  나 회사가 언제 문을 닫을지도 (   ) 연휴라고 맘 편히 쉴 수나 있겠어요?

① 모르는 대신에 ② 모르더라도
③ 모르는 마당에 ④ 모르는 반면에

※ 다음 밑줄 친 부분과 바꾸었을 때 의미가 가장 비슷한 것을 고르십시오.

4 최근 혼인율이 감소함에 따라 출산율도 감소하고 있는데 이는 결혼을 기피하는 풍조와 결혼을 해도 아이를 낳지 않는 경우가 많아졌기 때문이다.

① 감소하는 반면 ② 감소하는 이상
③ 감소하면서 ④ 감소한다고 해도

※ 빈칸에 가장 알맞은 것을 고르십시오.

5 가 이번 우리 회사 신제품 홍보에 많은 시간과 돈을 투자했다고 들었는데 결과는 어떨대요?
  나 _____ 그다지 큰 효과가 없다고 하는 것 같아요.

① 유명한 모델까지 기용하면서 홍보한 것치고는
② 유명한 모델을 기용하느라고 투자한 것쯤이야
③ 유명한 모델까지 기용하면서 홍보한 것이야말로
④ 유명한 모델을 기용하면서 투자한 것은 말할 것도 없고

※ 다음 중 틀린 문장을 고르십시오.

6 ① 부부치고 대부분 한 번쯤 싸우면서 살아요.
  ② 경기가 회복됨에 따라 실업률이 감소하고 있는 추세이다.
  ③ 일이 이렇게 끝나 버린 마당에 다시 그 사람들과 연락하고 싶지 않아요.
  ④ 전 세계 사람들이 지켜보는 가운데 올림픽 개막식이 TV 생방송으로 중계되고 있다.

20장

강조를 나타낼 때
強調の表現

본 장에서는 강조를 나타낼 때 사용하는 표현을 공부합니다. 중급에서는 '얼마나 -는지 모르다, -(으)ㄹ 수밖에 없다, -(으)ㄹ 뿐이다, (이)야말로'를 배웠습니다. 고급에서 배우는 표현들 역시 중급에서 배우는 표현들 못지않게 한국 사람들이 자주 사용하며 쉽게 접할 수 있는 것들입니다. 잘 익혀서 여러분의 생각을 좀 더 다양하고 고급스럽게 표현할 수 있게 되기를 바랍니다.

　この章では、強調を表すときに使う表現を勉強します。中級では얼마나 -는지 모르다、-(으)ㄹ 수밖에 없다、-(으)ㄹ 뿐이다、(이)야말로を学びました。上級で学ぶ表現も、やはり中級で学ぶ表現に劣らず韓国人がよく使い、よく接するものです。しっかり習得して、みなさんの考えをもっと多様で上級らしく表現できるようになってください。

01 여간 -지 않다
02 -기가 이를 데 없다
03 -(으)ㄹ래야 -(으)ㄹ 수가 없다

01 여간 -지 않다

Track 155

가 조금 전에 집에 오는 길에 갑자기 큰 개가 뛰어나와서
여간 놀라지 않았어요.

나 괜찮았어요? 소희 씨는 원래 개를 무서워하잖아요.

가 그러니까요. 그런데 그 개 주인이 여간 이상하지 않더
라고요. 제가 놀라서 소리를 지르는 바람에 자기 개가
충격을 받았다면서 오히려 화를 내지 뭐예요.

나 별 황당한 일도 다 있네요.

문법을 알아볼까요?

이 표현은 동사나 형용사를 강조해서 표현할 때 사용하며 강한 긍정을 나타냅니다. 항상 부정문의 형태로 사용
합니다.

この表現は、動詞や形容詞を強調して表現するときに使い、強い肯定を表します。常に否定文の形で用います。

타고난 성격을 바꾸는 것은 여간 어렵지 않다.
生まれつきの性格を変えるのは、難しいなんてものじゃない。

지난 주말에는 난방이 고장 나서 집이 여간 춥지 않았어요.
このあいだの週末には、暖房が壊れて、家がめちゃくちゃ寒かったです。

여름이면 태풍으로 여간 피해를 많이 입지 않는다.
夏には、台風で被害を多く被るなんてもんじゃない。

도입 대화문 번역

가 さっき家に帰る途中、いきなり大きな犬が飛び出してきて、めちゃくちゃ驚きました。

나 大丈夫でしたか。ソヒさんはもともと犬を怖がってるじゃないですか。

가 そうなんですよ。でも、その犬の飼い主がおかしいなんてもんじゃなかったんですよ。私が驚いて叫んだせいで自分
の犬がショックを受けたって言って、逆ギレするんですよ。

나 本当にとんでもないこともあるものですね。

1 이 표현은 동사와 함께 사용하는 경우 동사 앞에 항상 부사를 사용합니다. 이때 '여간'은 명사 앞이나 뒤에 모두 쓸 수 있습니다.

この表現は、動詞と一緒に使う場合、動詞の前に常に副詞を用います。このとき여간は名詞の前にも後ろにも使えます。

- 그 가수는 여간 <u>춤</u>을 잘 추지 않아요.
  = 그 가수는 <u>춤</u>을 여간 잘 추지 않아요.

2 이 표현은 명령형, 청유형에는 쓰지 않습니다.

この表現は命令形・勧誘形には使いません。

- 대회가 얼마 안 남았지만 <u>여간 스트레스를 많이 받지 마라</u>. (×)
  → 대회가 얼마 안 남았지만 스트레스를 많이 받지 마라. (○)

- 옆에서 수업 중이니 <u>여간 큰 소리로 얘기하지 맙시다</u>. (×)
  → 옆에서 수업 중이니 큰 소리로 얘기하지 맙시다. (○)

3 이 표현은 '여간 -는 것이 아니다'와 큰 의미 차이 없이 바꿔 쓸 수 있습니다.

この表現は、여간 -는 것이 아니다と大きな意味の違いなく言い換えられます。

- 타고난 성격을 바꾸는 것은 <u>여간 어려운 것이 아니다</u>.
- 지난 주말에는 난방이 고장 나서 집이 <u>여간 추운 게 아니었어요</u>.

4 명사가 사용될 때는 '여간 이/가 아니다'의 형태로 사용합니다.

名詞が使われるときは여간 이/가 아니다の形で使います。

- 우리 선생님은 <u>여간 친절한 분이 아니세요</u>.
- 내 남동생은 <u>여간 고집불통이 아니라</u> 누구의 말도 듣지 않는다.

Track 156

집을 떠나 타지에서 생활하다 보면 다른 사람과 같이 방을 사용하기도 하지요? 이런 경우에는 어떤 어려움이 있을까요?

가 여양 씨, 여러 사람들과 같이 자취해 보니까 어때요?

나 말도 마세요. 화장실을 같이 사용하니까 아침마다 여간 불편하지 않아요.

> **Tip**
> 타지 よその土地　자취하다 自炊する

화장실을 같이 사용하니까 아침마다 / 불편하다

친구들끼리 잘 지내야 하니까 / 눈치를 봐야 하다

생활 습관이 다르다 보니까 서로 맞춰 가는 게 / 신경 쓰이다

1 다음 [보기]에서 알맞은 표현을 골라 '여간 −지 않다'를 사용해서 글을 완성하십시오.

> **보기** 불안하다　　　손이 많이 가다　　　부담스럽다　　　잘 팔리다
> 　　　　　보기가 좋다　　　돈을 많이 쓰다　　　자랑스럽다

(1) 요즘 뉴스를 보면 유괴니 교통사고니 위험한 일이 끊이질 않고 나온다. 중학생 여자 아이를 밖에 혼자 다니게 하자니 **여간 불안하지 않다.**

(2) 우리 아들 루이는 지난 시험에서는 1등을 하더니 이번에는 학교 대표로 축구 대회에 나간다고 한다. 운동도 잘하고 공부도 잘하는 우리 아들이 ＿＿＿＿＿＿＿＿＿＿.

(3) 남편은 김치 없이는 한 끼도 못 먹는다. 그런데 김치를 담그는 것은 배추를 일일이 씻고 다듬고 절이고 배추 속도 만들어야 해서 ＿＿＿＿＿＿＿＿＿＿.

(4) 이번 토요일은 어머니 생신이시다. 어머니는 취향이 독특하시고 까다로우신 분이라 생일 때마다 어머니 선물을 고르는 것은 ＿＿＿＿＿＿＿＿＿＿.

(5) 얼마 전 프랑스에 다녀왔다. 오랜만에 부모님과 친구도 만나서 좋긴 했는데 비행기 값이니 가족과 친구들 선물비니 해서 ＿＿＿＿＿＿＿＿＿＿. 당분간 허리띠를 졸라매야 할 것 같다.

(6) 결혼한 지 50년이 넘었다는 옆집 노부부는 아직도 서로를 아끼고 챙겨 주는 모습이 ＿＿＿＿＿＿＿＿＿＿. 나도 남편과 그렇게 늙어 가고 싶다.

(7) 내 친구 수지는 아프리카에서 10여 년간 고아들을 돌보아 온 선교사이다. 얼마 전 자신이 아프리카에서 겪은 아픔과 기쁨을 책으로 펴냈는데 그 책이 서점가에서 ＿＿＿＿＿＿＿＿＿＿. 다른 이들을 위해 헌신하는 수지의 삶이 많은 사람에게 감동을 주고 있는 듯 하다.

2　다음 이야기를 읽고 '여간 –는 게 아니다'를 사용해서 문장을 완성하십시오.

　　30년 넘게 해물탕 집을 운영해 오신 우리 할머니는 정말 부지런하시다. 새벽 4시만 되면 일어나셔서 수산 시장으로 향하신다. 아직 어두컴컴한 새벽이지만 수산 시장에는 해산물을 사러 온 사람들로 꽤나 붐빈다. 가격을 흥정하는 사람들의 시끌벅적한 소리, 비릿한 바다 냄새, 새벽 수산 시장에서만 경험할 수 있는 풍경이다.

　　할머니는 해물탕의 맛은 뭐니 뭐니 해도 재료의 신선도에 달려 있다고 하신다. 할머니가 끓이시는 해물탕은 재료를 아끼지 않으시는 데다 재료까지 신선해 얼마나 맛있는지 모른다. 거기다 양도 무척 많다. 다른 식당의 두세 배는 되는 것 같다. 그래서 할머니 식당에는 단골들이 많다. 10년째 단골이신 한 할아버지는 일주일에 서너 번을 할머니 해물탕을 드실 정도로 식당에 정말 자주 오신다. 할머니는 그런 오래된 손님들이 할머니가 30년 넘게 이 식당을 운영해 온 힘이라고 하셨다.

(1)　30년 넘게 해물탕 집을 운영해 오신 우리 할머니는 <u>**여간 부지런하신 게 아니다.**</u>

(2)　새벽인데도 수산 시장은 해산물을 사러 나온 사람들로 _____.

(3)　할머니는 재료를 아끼지 않으시는 데다 신선한 재료를 쓰셔서 해물탕이 _____
_____.

(4)　다른 식당의 두세 배는 될 만큼 양도 _____.

(5)　10년째 단골이신 한 할아버지는 할머니 식당에 _____.

02 -기가 이를 데 없다

Track 157

가 지난 주말에 '명성황후'라는 오페라를 봤는데 배우들의 연기가 훌륭하기가 이를 데 없었어요.

나 그래요? 저도 보고 싶던 공연인데요. 무대 규모도 엄청나다면서요?

가 네. 무대도 웅장하기가 이를 데 없고 배우들의 의상 또한 화려하기가 이를 데 없었어요. 다음 달에는 유럽으로 공연을 간다고 하더라고요.

나 그럼 저도 이번 달 안에 꼭 보러 가야겠네요.

문법을 알아볼까요?

이 표현은 어떤 상태나 정도가 이루 다 말할 수 없다는 뜻으로, 그 상태나 정도가 매우 대단하거나 심함을 강조하여 나타낼 때 사용합니다. '-기 이를 데가 없다'와 '-기 이를 데 없다' 모두 사용할 수 있습니다. 보통 글말에서 사용하며 주로 형용사에 붙습니다.

この表現は、ある状態や程度がことばで言い表せないという意味で、その状態や程度がものすごいことやはなはだしいことを強調して表すときに使います。-기 이를 데가 없다と-기 이를 데 없다、どちらも使えます。普通、文語で用い、主に形容詞に付きます。

> 그동안 많은 도움을 주셨는데 이런 일로 폐를 끼치게 되어 죄송스럽기가 이를 데 없네요.
> これまでいろいろとお世話になったのに、こんなことでご迷惑をおかけして、誠に申し訳ございません。

> 여러 나라 사람들이 모여 사는 도시답게 식당에서 파는 음식들도 다양하기 이를 데가 없었다.
> いろいろな国の人たちが集まって暮らす都市らしく、食堂で売っている料理もこの上なく多様でした。

> 지켜보는 관중 하나 없는 경기장은 쓸쓸하기 이를 데 없었지만 선수들은 최선을 다해 경기에 임했다.
> 見守る観衆が一人もいない競技場はこの上なく寂しかったけれど、選手たちは最善を尽くして競技に臨んだ。

도입 대화문 번역

가 このあいだの週末に「明成皇后」というオペラを見たんですけど、俳優たちの演技が最高でした。

나 そうですか。私も見たかった公演なんです。舞台の規模もものすごいそうですね。

가 ええ。舞台もすごく豪華で、俳優たちの衣装もすごく華やかでした。来月にはヨーロッパへ公演に行くそうですよ。

나 じゃあ、私も、今月中にぜひ見に行かないといけませんね。

1 이 표현은 큰 의미 차이 없이 '–기가 그지없다'로 바꿔 쓸 수 있습니다.

この表現は、大きな意味の違いなく、–기가 그지없다と言い換えられます。

- 그동안 많은 도움을 주셨는데 이런 일로 폐를 끼치게 되어 <u>죄송스럽기가 그지없네요.</u>
- 여러 나라 사람들이 모여 사는 도시답게 식당에서 파는 음식들도 <u>다양하기가 그지없었다.</u>

2 이 표현과 비슷한 표현으로 '–기 짝이 없다'가 있습니다. 이것은 어떤 것이 비교할 데가 없이 매우 대단하거나 정도나 상태가 심함을 강조해서 나타낼 때 사용합니다. 이 표현은 점잖은 상황이나 말하는 사람보다 나이가 많거나 윗사람에 대해서는 사용하지 않는 것이 좋습니다.

この表現と似た表現として、–기 짝이 없다があります。これは、あることが比較にならないほどものすごいこと、程度や状態がはなはだしいことを強調して表すときに使います。この表現は、フォーマルな状況や話し手より年上や目上の人に対しては使わないほうがいいです。

- 초등학교 때 쓴 일기를 보니 <u>유치하기 짝이 없네요.</u>
- 그날 가르치는 학생들 앞에서 실수했던 것을 생각하면 <u>부끄럽기 짝이 없다.</u>

> **Tip**
> 유치하다 幼稚だ

Track 158

여러분은 어렸을 때 동화책 읽는 것을 좋아했나요? 동화에 나오는 인물들은 어떤 사람들이었나요?

가 엄마, 그래서 왕은 어떻게 했어요?

나 그 왕은 교활하기가 이를 데 없는 사람이라 자기에게 바른말을 하는 충신들은 다 감옥으로 보냈단다.

> **Tip**
> 교활하다 狡猾だ   바른말 直言
> 충신 忠臣   사악하다 邪悪だ
> 인자하다 慈しみ深い

왕	그 왕은 교활하다 / 자기에게 바른말을 하는 충신들은 다 감옥으로 보내다
왕비	그 왕비는 사악하다 / 자기보다 똑똑하고 예쁜 사람들은 모두 죽이다
공주	그 공주는 인자하고 착하다 / 살기 편한 왕궁을 나와 가난하고 고통받는 백성들을 돕기 시작하다

다음 [보기]에서 알맞은 단어를 골라 '-기가 이를 데 없다'를 사용해서 이야기를 완성하십시오.

보기	깨끗하다	뻔뻔하다	무책임하다	사랑스럽다
	불편하다	기쁘다	불안하다	

〈나의 동창들〉

고등학교 때부터 깔끔하기로 유명한 윤주가 얼마 전 집들이에 초대를 해서 갔었다. 하루에도 대여섯 번씩 청소를 하는 친구라 어느 정도 예상은 했었지만 윤주의 집은 작은 먼지 하나 없는 게 (1) **깨끗하기가 이를 데 없었다.** 윤주랑은 숨이 막혀 같이 못 살 것 같다.

평소 돈 안 쓰기로 유명한 창준이, 그래도 집은 꾸미고 살 줄 알았는데 창준이의 집에 가 보고 깜짝 놀랐다. 현재는 생산이 중단된 구식 가전제품들에다 화장실은 낡고 냄새가 났으며, 난방도 잘 되지 않았다. 창준이는 그 많은 돈을 놔두고 왜 이렇게 (2) _____ 집에서 살고 있는 것인지 이해가 안 된다.

지윤이는 자기 결혼식은 물론이고 아이들 세 명의 돌잔치, 심지어 우리가 한 번도 본 적이 없는 자기 동생의 결혼식에도 초대장을 보내는 사람이지만 다른 동창들 일은 전혀 챙기지 않는다. 지난달에 있었던 은주 결혼식에도 오지 않았던 지윤이는 은주를 보자마자 하는 말이 신혼여행 가서 자기 선물을 뭐 사 왔냐고 묻는 것이다. 정말 그 애는 (3) _____.

어릴 때부터 부유한 집안에서 부족함 없이 자랐던 동민이는 얼마 전 주식에 투자를 했다가 전 재산을 모두 날렸다. 요즘 경기 불황으로 주식 시장이 (4) _____ 어떻게 그 모든 재산을 주식에 다 투자를 했는지 모르겠다. 하루아침에 재산을 모두 잃은 동민이는 아내와 아이들을 데리고 방 하나짜리 집으로 이사해야 했고 그런 힘든 생활을 해 본 적이 없던 동민이는 아내와 아이들을 놔두고 그만 가출을 하고 말았다. 아무리 삶이 힘들기로서니 가장이 가족을 버리다니 동민이는 (5) _____.

얼마 전 고등학교 때 짝사랑했던 소연이가 우리 회사 근처에 왔다며 잠깐 보자고 해서 나갔다. 나는 소연이의 연락을 받고 (6) _____. 고등학교를 졸업한 지 벌써 10년이나 지났지만 소연이는 예전 그대로의 모습이었다. 분홍색 원피스를 입고 나를 보고 환하게 웃는 소연이의 그 모습이 (7) _____. 앞으로 이런 행복한 순간이 계속 이어질 수 있을까?

03 -(으)ㄹ래야 -(으)ㄹ 수가 없다

가 부장님, 항상 일찍 출근하시더니 오늘은 웬일로 지각을 하셨어요?

나 나도 이제 나이가 들어서 그런지 체력이 예전 같지가 않네. 어제 모처럼 운동을 열심히 했더니 너무 피곤해서 아침에 일찍 일어날래야 일어날 수가 없었어.

가 아, 맞다. 옆 동네 사회인 축구 팀하고 친선 경기 한다고 하셨죠? 이기셨어요?

나 그쪽 팀원들이 워낙에 젊어서 말이야. 젖 먹던 힘까지 다 내서 뛰었는데도 이길래야 이길 수가 없더라고.

문법을 알아볼까요?

이 표현은 말하는 사람이 어떤 의도를 가지고 행동을 하려고 해도 어떤 이유나 상황으로 인해 그 행동을 하는 것이 불가능함을 강조하여 나타낼 때 사용합니다. 글말보다는 입말에서 많이 사용하며 동사에만 붙습니다.

この表現は、話し手がある意図を持って行動しようとしても、ある理由や状況のためにその行動ができないことを強調して表すときに使います。文語より口語でよく使い、動詞にのみ付きます。

> 그 사람은 일 처리가 꼼꼼하지 않아서 일을 맡길래야 맡길 수가 없는 사람이다.
> その人は、仕事の処理が几帳面でなく、仕事を任せようと思っても任せられない人だ。

> 요즘 물가가 너무 올라서 돈을 아껴 쓸래야 아껴 쓸 수가 없다.
> 最近、物価がすごく上がって、お金を節約しようとしてもできない。

> 거짓말이 들통 났는데도 미안해하기는커녕 오히려 뻔뻔하게 변명을 하니까 화를 참을래야 참을 수가 없었어요.
> 嘘がばれても、悪びれるどころか、むしろずうずうしく言い訳をするから、怒りを抑えようとしても抑えられませんでした。

도입 대화문 번역

가 部長、いつも早く出勤なさるのに、今日はどうして遅刻をなさったんですか。

나 私ももう年のせいか、以前のように体力がないね。昨日久しぶりに一生懸命運動したら、すごく疲れて、朝早く起きようとしても起きられなかったんだ。

가 あ、そういえば、隣町の社会人サッカーチームと親善試合をするとおっしゃってましたね。勝たれたんですか。

나 相手チームのメンバーがなんせ若くてさ。ありったけの力をふりしぼって走ったんだけど、どうしても勝てなかったよ。

한껏 기대를 하고 간 여행에서 예기치 않은 일들이 생기는 경우가 있지요? 어떤 일들이 생길 수 있을까요?

가 이번 여행 어땠어? 열대 과일이며 해산물이며 많이 먹고 오겠다더니 마음껏 먹었어?

나 마음껏 먹기는. 하필 여행 첫날 배탈이 났지 뭐야? 먹기만 하면 화장실에 달려가야 하는 바람에 먹을래야 먹을 수가 없었어.

> **Tip**
>
> | | |
> |---|---|
> | 열대 熱帯 | 하필 よりによって |
> | 명승지 名勝地 | 북적거리다 ごった返す |

열대 과일이며 해산물이며 많이 먹고 오겠다더니 마음껏 먹다	마음껏 먹다 / 여행 첫날 배탈이 나다 / 먹기만 하면 화장실에 달려가야 하는 바람에 먹다
명승지며 박물관이며 여기저기 구경하고 오겠다더니 실컷 구경하다	실컷 구경하다 / 도착한 다음 날 폭설이 내리다 / 교통이 통제되는 바람에 구경하다
맑은 공기며 아름다운 경치며 여유롭게 자연을 즐기면서 충분히 쉬고 오겠다더니 푹 쉬다	푹 쉬다 / 그때 단체 관광객이 오다 / 어딜 가나 사람들이 북적거리는 바람에 쉬다

1 다음 [보기]에서 알맞은 단어를 골라 '-(으)ㄹ래야 -(으)ㄹ 수가 없다'를 사용해서 대화를 완성하십시오.

> **보기**   오다   잊다   입다   알아듣다   피하다

(1) 가 공연 시작 시간이 몇 시인데 이제 와? 벌써 시작해서 다 들어갔잖아.
    나 미안해. 오다가 택시하고 접촉 사고가 나서 일찍 **올래야 올 수가 없었어.**

(2) 가 내가 지난번에 사 준 옷은 왜 안 입어? 마음에 안 들어?
    나 아니, 그게 아니라 요즘 살이 많이 쪄서 _____.

(3) 가 방금 안내 방송에서 뭐라고 한 거예요? 무슨 말인지 하나도 모르겠네요.
    나 소리도 작은 데다가 말을 빨리 하니까 저도 _____.

(4) 가 어머, 어떻게 제 생일을 아직도 기억하고 계세요?
    나 사실은 저희 엄마도 오늘 생신이시거든요. 날짜가 똑같아서 _____.

(5) 가 이 일만은 안 하고 싶은데 부장님께서 꼭 저보고 하라고 하시네요.
    나 사회생활을 하다 보면 _____ 일도 생기는 법이에요.

2 다음 [보기]에서 알맞은 표현을 골라 '-(으)ㄹ래야 -(으)ㄹ 수가 없다'를 사용해서 대화를 완성하십시오.

> **보기**   안 사다   사 주다   믿다   거절하다   안 내다

아내 여보, 집에 정수기가 있는데 정수기를 또 샀어?
남편 영업하는 친구가 하도 부탁을 해서 (1) **안 살래야 안 살 수가 없었어.**
아내 그 친구한테 돈도 빌려 줬다면서?
남편 안 빌려 주면 굶어 죽는다고 하는데 (2) _____.
아내 그리고 지난달 카드 명세서를 보니까 술값이 100만 원이 넘었던데 그건 어떻게 된 거야?
남편 승진했다고 회사 사람들이 한턱내라고 하니까 술값을 (3) _____.
아내 진짜 회사 사람들한테 한턱낸 거 맞아?
남편 당신은 다른 사람들 말은 잘 믿으면서 왜 내 말은 안 믿어?
아내 당신이 툭하면 거짓말을 하니까 (4) _____. 그런데 다른 사람들한테는 돈을 잘 쓰면서 왜 나한테는 선물도 하나 안 해 줘?
남편 선물을 사 줘도 당신이 항상 마음에 안 든다고 하니까 (5) _____.

※ 〔1~2〕 다음 밑줄 친 부분과 바꾸었을 때 의미가 가장 비슷한 것을 고르십시오.

1   우리나라 사람들이 노후에 가장 살고 싶은 곳으로 선정된 적도 있는 통영은 문화 예술가들이 많이 태어난 곳이기도 하다. 통영은 한려수도의 중간 지점에 있는데 그 풍경이 <u>아름답기가 이를 데 없다.</u>

① 아름다울 듯하다   ② 아름다운 셈이다
③ 아름답기 그지없다   ④ 아름다울 수밖에 없다

2   한국인의 식탁에 빠지지 않는 음식 중의 하나가 국물 음식이다. 특히 한국 남자들은 국물이 없으면 밥 먹기를 힘들어한다. 그런데 국물 요리는 이것저것 준비할 것도 많고 오랜 시간 정성껏 끓여야 맛이 좋아지기 때문에 <u>여간 번거롭지 않다.</u>

① 번거로울 수도 있다   ② 전혀 번거롭지 않다
③ 번거로울 리가 없다   ④ 상당히 번거롭다

※ 다음 (　　)에 알맞은 것을 고르십시오.

3   가족 단위의 여가 활동이나 나들이를 할 여유가 별로 없었던 1970~80년대에는 학교 운동회가 동네잔치이자 가족의 여가 활동의 역할을 했다. 그런데 그런 학교 운동회가 점차 사라지고 있다. 학교 측이나 학생 학부모 모두 별 관심이 없는 데다 아파트 단지에 둘러싸인 학교는 시끄럽다는 민원 때문에 (　　　　).

① 할래야 할 수가 없다고 한다   ② 할 게 뻔하다고 한다
③ 하기 마련이라고 한다   ④ 하려고 들었다고 한다

※ 다음 (　　)에 들어갈 수 <u>없는</u> 것을 고르십시오.

4   현재 한국의 출산율은 세계 최저 수준으로, 저출산 문제가 (　　　　). 이를 해결하려면 보육 시설 설치나 육아 휴직 활성화, 탄력 근로 시간제 확대 등 국가적으로 여러 보육 대책을 내놓아야 할 듯하다.

① 여간 심각하지 않다   ② 심각한 법이다
③ 심각하기 짝이 없다   ④ 심각하기가 이를 데 없다

※ 다음 밑줄 친 부분이 <u>틀린</u> 것을 고르십시오.
5 ① 아무리 설득을 해도 안 가겠다고 하니 <u>여간 고집이 세요.</u>
   ② 북한에 가족을 두고 온 사람들에게 고향은 <u>갈래야 갈 수 없는</u> 곳이다.
   ③ 영어로 인사밖에 할 줄 모르니 영국 여행이 <u>여간 불편한 게 아니었어요.</u>
   ④ 명절을 맞아 선물을 사러 나온 차량들로 백화점 주변은 <u>혼잡하기 이를 데가 없다.</u>

21장

높임법을 나타낼 때
待遇法の表現

본 장에서는 높임법 중에서 말을 듣는 상대를 높이는 방법(상대 높임법)에 대해 공부합니다. 상대 높임법은 말하는 사람이 나이, 신분, 지위, 친분 관계를 고려하여 문장 끝의 서술어에 듣는 사람을 높이거나 안 높이는 기능을 하는 종결 어미를 붙이는 것입니다. 상대 높임법은 아주높임, 예사 높임, 예사 낮춤, 아주낮춤의 네 등급으로 분류되는데, 이 중 나이가 많은 사람들 사이에서 가끔 사용되는 하오체(예사 높임체)와 하게체(예사 낮춤체)를 배웁니다. 이 표현들은 공공장소의 지시 문이나 역사극 드라마, 그리고 영화 등에서 많이 사용되므로 잘 익힌다면 보다 풍부한 한국 문화 를 느낄 수 있을 것입니다.

　この章では、待遇法のうち、聞き手を高める方法(対者待遇)について勉強します。対者待遇 とは、話し手が年齢・身分・地位・親疎関係を考慮し、聞き手を高める/高めない機能を持つ終 結語尾を文末の述語に付けるものです。対者待遇は格別上称・普通上称・普通下称・格別下称の 4段階に分類されますが、このうち年配の人たちの間でたまに使われる하오体(普通上称体)と하게 体(普通下称体)を学びます。この表現は、公共の場の指示文、時代劇のドラマや映画などでよく 使われるので、しっかり習得すれば、より豊かな韓国文化を感じることができるでしょう。

01 하오체
02 하게체

극장에서 사진을
찍지 마시오.

가 영화가 생각보다 재미있네요. 여양 씨는 어땠어요?

나 아주 재미있었소. 하하하. 영화 속 말투로 하니까 재미
있네요.

가 그럼 우리 영화 속 주인공들처럼 말해 볼까요? 지금
몇 시오? 배가 고프니 식사하러 갑시다.

나 나는 잠깐 화장실에 갔다 오겠소. 그동안 무엇을
드실지 생각하고 계시오.

문법을 알아볼까요?

이 표현은 듣는 사람이 말하는 사람과 나이가 비슷하거나 아랫사람인 경우에, 서로 잘 모르는 사이거나 그리
친한 사이가 아니어서 그 사람을 약간 높여 표현할 때 사용합니다. 나이가 많은 사람들 사이에 가끔 쓰이며,
주로 표지판이나 안내문과 같은 글말에서 사용되는데 이때는 명령형으로 사용합니다.

この表現は、聞き手が話し手と同年代または目下の場合で、互いによく知らない間柄や、さほど親しい間柄でな
いため、その人を少し高めて表現するときに使います。年配の人たちの間でたまに使われ、主に標識や案内文の
ような文語で使われますが、このときは命令形で使います。

		A	V	N이다
평서형	과거/완료	–았소/었소		였소/이었소
	현재	–오/소		(이)오
	미래/추측	–겠소		이겠소
의문형		–오/소?		(이)오?
명령형		–	*–(으)오, –(으)시오	–
청유형		–	–(으)ㅂ시다	–
감탄형		–구려	–는구려	(이)구려

★ 명령형의 경우 '–(으)오'와 '–(으)시오' 둘 다 가능합니다.

도입 대화문 번역

가 映画が思ったよりおもしろいですね。ヨヤンさんはどうでしたか。

나 格別におもしろかったでござる。ハハハ。映画の中のことばづかいで話すとおもしろいですね。

가 じゃあ、私たち、映画の中の主人公たちみたいに話してみましょうか。いま、何時でござるか。おなかがすいたから、
食事しに行きましょう。

나 私はしばしトイレに行って来るでござる。それまでに何を召し上がるかお考えくだされ。

1 동사의 어간에 받침이 없는 경우는 '-오', 받침이 있는 경우는 '-소(가끔 '-(으)오'도 사용)'를 사용합니다.

動詞の語幹が母音で終わる場合は-오、子音で終わる場合は-소(たまに-(으)오も使用)を用います。

가 어디에 가오?
どこに行くんですか。

나 학교에 가오.
学校に行きます。

가 무엇을 하오?
何をしているんですか。

나 책을 읽소/읽으오.
本を読みます。

2 자기 자신은 '나'를, 상대방은 '당신'을 주로 사용합니다.

自分自身には나を、相手には당신を、主に使います。

나는 제주도 사람이오. 당신은 어디에서 왔소?
私は済州島の人です。あなたはどこから来ましたか。

실례지만, 당신은 누구시오?
失礼ですが、あなたはどなたですか。

3 입말에서는 '-오'를 '-우'로 발음하는 경우가 많습니다.

口語では-오を-우と発音することが多いです。

지금 어디에 가는 길이우?
いま、どこに行くところですか。

점심시간이 지났는데 식사는 했우?
昼休みが過ぎましたが、食事はしましたか。

4 표지판, 안내문 같은 글말에서 명령형으로 자주 사용합니다.

標識や案内文のような文語で、命令形でよく使います。

미시오. 당기시오.
押す。引く。

사진을 찍지 마시오.
写真を撮らないでください。

더 알아볼까요?

동사에 형용사의 감탄문 형태인 '-구려'를 붙이면 부드럽게 명령하는 표현이 됩니다.

形容詞の感嘆形-구려を動詞に付けると、やわらかく命令する表現になります。

- 늦었으니 어서 <u>가구려</u>. (동사의 명령문)
- 산이 참 <u>아름답구려</u>. (형용사의 감탄문)
- 참 빨리 <u>가는구려</u>. (동사의 감탄문)

이럴 때는 **어떻게 말**할까요?

도움이 필요한 나이 드신 분들을 도와 드린 적이 있나요? 우리가 도움을 드리면 그분들은 어떻게 말씀하실까요?

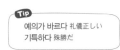

가 할머니, 멀리 가시면 제 차로 같이 가시겠어요?

나 요 앞 사거리에 가는 길이오. 물어봐 줘서 고맙구려.

> **Tip**
> 예의가 바르다 礼儀正しい
> 기특하다 殊勝だ

멀리 가시면 제 차로 같이 가시다
제가 만든 건데 좀 드시다
여기서부터 혼자 찾아갈 수 있으시다

요 앞 사거리에 가는 길이다 / 물어봐 줘서 고맙다
고맙게 잘 먹겠다 / 예의가 바른 청년이다
수고가 많았다 / 세상에 이렇게 기특한 청년도 살다

연습해 **볼**까요?

単語·表現 pp.404

1 다음 그림을 보고 [보기]에서 알맞은 표현을 골라 '하오체'를 사용해서 문장을 완성하십시오.

> 보기
> 안전선 안에 서다   손대다   걷거나 뛰다
> 기대다   문이 닫힐 때 뛰어들다

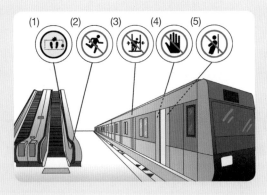

(1) <u>안전선 안에 서시오</u> .   (2) _____.

(3) _____.   (4) _____.

(5) _____.

2 다음 대화를 읽고 '하오체'를 사용해서 밑줄 친 부분을 바꾸십시오.

태민 **(1)** 여양 씨, 오랜만이네요.

여양 태민 씨, 반가워요. **(2)** 요즘 어떻게 지내요?

태민 **(3)** 저는 잘 지내고 있어요. 오늘 날씨가 참 좋
네요.

여양 네, 날씨가 좋아서 등산이나 갈까 하는데 **(4)** 태민
씨도 시간 있으면 같이 가요.

태민 여양 씨가 **(5)** 등산을 좋아하는 것을 몰랐어요.
그런데 오늘은 약속이 있어서 가야 해요. 다음
에 같이 가요.

여양 좋아요. **(6)** 다음에 가기로 한 약속 잊지 마세요.

두 사람이 조선 시대로 돌아간다면 어떻게 대화를 나눌까요?

박 대감 **(1)** 여 대감, 오랜만이구려.

여 대감 박 대감, 반갑소. **(2)** _____
_____?

박 대감 **(3)** _____
오늘 날씨가 참 좋구려!

여 대감 날씨가 좋아서 등산이나 갈까 하는데
(4) _____
_____.

박 대감 여 대감이 **(5)** _____
_____. 오늘은 약속이 있어서 가야 하오.
다음에 같이 갑시다.

여 대감 좋소. **(6)** _____
_____.

02 하게체

Track 163

가 박 군. 오래간만이네. 어서 오게. 무슨 일인가?

나 교수님, 그동안 안녕하셨습니까? 다른 게 아니라 이번에 제가 졸업 논문을 쓰는데 조언을 얻고자 왔습니다.

가 벌써 자네가 졸업할 때가 됐나? 세월이 빠르구먼. 서서 그러지 말고 앉아서 차라도 마시면서 이야기하게.

나 네, 감사합니다.

문법을 알아볼까요?

이 표현은 듣는 사람이 말하는 사람과 나이가 비슷하거나 아랫사람인 경우에, 듣는 사람이 친숙한 사이라서 그 사람을 약간 낮춰 표현할 때 사용합니다. 나이 많은 교수가 제자를, 상사가 부하 직원을, 장인이나 장모가 사위를, 그리고 나이 든 친구들끼리 상대방을 아주 낮춰 표현하지 않는 경우에 사용합니다.

この表現は、聞き手が話し手と同年代または目下の場合で、聞き手が親しい間柄で、その人を少し低めて表現するときに使います。年配の教授が弟子を、上司が部下の職員を、妻の両親が婿(むこ)を、また、年配の友人同士で、相手を非常に低めて表現しない場合に使います。

		A	V	N이다
평서형	과거/완료	\-았네/었네		였네/이었네
	현재	\-네		(이)네
	미래/추측	\-겠네		이겠네
	의문형	\-(으)ㄴ가?	*-나?, \-는가?	(이)ㄴ가?
	명령형	–	\-게, \-지 말게	–
	청유형	–	\-세	–
	감탄형	\-구먼	\-는구먼	(이)구먼

★ 동사의 의문형의 경우 '-나?'와 '-는가?' 둘 다 가능합니다.

도입 대화문 번역

가 朴君。久しぶりだな。よく来たね。どうしたんだ。

나 先生、その間、お変わりございませんでしたか。実は、今度私が卒業論文を書くんですが、アドバイスをいただきたいと思って参りました。

가 もう君が卒業する時期になったのか。早いものだな。立ち話も何だから、座ってお茶でも飲みながら話そう。

나 はい、ありがとうございます。

1 평서형의 경우 형용사에는 '-(으)이', 명사에는 '일세'를 쓰기도 합니다.

平叙形の場合、形容詞には-(으)이、名詞には(이)ㄹ세を使うこともあります。

> 고마우이. 수고가 많으이.
> ありがとう。お疲れさま。

> 참 오래간만일세. 여기가 내 방일세.
> 本当に久しぶりだね。ここが私の部屋だ。

2 자기 자신은 '나'를, 상대방은 '자네'를 주로 사용합니다.

自分自身には나を、相手には자네を、主に使います。

> 나는 집에 가는 길이네. 자네는 어디에 가나?
> 僕は家に帰るところだよ。君はどこに行くんだい。

> 오랜만에 자네를 보니 반갑구면.
> 久しぶりに君に会ってうれしいな。

3 상대방을 부를 때는 '이보게', '여보게'란 표현을 주로 사용합니다.

相手を呼ぶときは이보게や여보게という表現を主に使います。

> 이보게, 이것 좀 도와주게.
> なあ、これちょっと手伝ってくれ。

> 여보게, 같이 가세.
> おい、一緒に行こう。

이럴 때는 **어떻게 말할까요?**

Track 164

직장 생활을 해 보셨나요? 나이가 많은 직장 상사들은 나이가 어린 부하 직원에게 어떻게 말할 때가 많을까요?

가   부장님, 이 서류를 언제까지 다 해야 합니까?

나   그걸 꼭 물어봐야 아나? 오늘 안으로 끝내도록 하게.

> **Tip**
> 회식 会食
> 야외 행사 野外イベント

이 서류를 언제까지 다 해야 하다	그걸 꼭 물어봐야 알다 / 오늘 안으로 끝내도록 하다
오늘 저녁 회식은 어디에서 하다	자네는 뭘 먹고 싶다 / 자네가 정해서 식당을 예약하도록 하다
내일 비가 오면 야외 행사는 취소되는 거다	취소될까 봐 걱정되다 / 비가 와도 할 테니 걱정하지 말다

1 다음은 나이 든 친구들끼리의 대화입니다. '하게체'를 사용해서 밑줄 친 부분을 바꾸십시오.

> 가　아니, 이게 누군가? 일봉이 아닌가? (1) 그동안 어떻게 지냈니?
>
> 나　나는 잘 지냈네. 작년에 퇴직하고 (2) 미국 아들네 집에 갔다 왔어.
>
> 가　그래서 (3) 통 소식이 없었구나. 그래 자네 집사람하고 아들은 잘 지내는가?
>
> 나　덕분에 잘 지내네. (4) 너는 어떠니? 별일 없지?
>
> 가　나야 늘 똑같지, 뭐. 우리 집사람이 자네가 좋아하는 모과차 만들어 놓았네.
>
> 　　시간 나면 (5) 우리 집에 한번 들러라.
>
> 나　그러겠네. (6) 조만간 다시 연락하자.

(1) <u>그동안 어떻게 지냈나</u>_____?

(2) _____.

(3) _____.

(4) _____?

(5) _____.

(6) _____.

2 다음은 장인이 사위가 될 사람에게 쓴 이메일입니다. '하게체'를 사용해서 밑줄 친 부분을 바꾸십시오.

제목

파일첨부 ⊕ | 내 PC | ☐ 클라우드 | × 삭제 | ↩ 기본모드 사용 | 일반첨부 : 0KB/25MB 대용량 : 무제한(30일간저장) ⓘ

에디터 ▾ | 돋움 ▾ | 10pt ▾ | 가 가 가 과 가 ▾ ▦ ▾ | 를 를 를 ▤ | ◎ ◉ URL ▦ ▦ ▤ ▤ ▾ | ▦ ▦ ⊘ ✂ ※ ▦ 가 | 편지지 서식

노 군 보게.

자네가 준 감사의 편지를 받고 나도 답장을 써야겠기에 (1) <u>이렇게 몇 자 적어 봐</u>.
어제 집에는 잘 들어갔나? 내가 자네한테 이런 편지를 쓰게 될 줄은 몰랐네.
내 딸이 신랑감이라고 데려온 사람이 항상 연구실에서 보던 (2) <u>자네일 줄 누가 알았겠어?</u>
겉으로 표현은 안 했지만 (3) <u>속으로는 아주 많이 놀랐어</u>.
어떻게 그동안 말 한 마디도 없이 숨기고 있었나? (4) <u>둘 다 대단하군</u>.
그래도 자네와 내 딸이 이렇게 부부로 인연을 맺어 가족이 된다고 생각하니 기쁘네.
내 딸이 나이만 먹었지 아직 철도 없고 부족한 것도 많으니까 (5) <u>자네가 많이 이해해 줘</u>.
이제는 노 서방이라고 불러야 되겠지?
내 딸을 데려가 줘서 고맙네.
조만간 다시 (6) <u>좋은 자리를 만들어 보자</u>.
그럼, 이만 줄이네.

(1) <u>이렇게 몇 자 적어 보네</u>_____.

(2) _____?

(3) _____.

(4) _____.

(5) _____.

(6) _____.

21장 확인해 볼까요?

※ 다음 ( )에 알맞은 것을 고르십시오.

1

이것은 운전할 때 볼 수 있는 교통 안내 표지판의 하나로 '( ).'라는 의미이다. 최근 최소한의 안전거리를 확보하지 않아서 생긴 교통사고가 빈번히 발생하고 있으므로 운전자들의 각별한 주의가 요구된다.

① 앞차의 50m 뒤에 따라가시오   ② 시속 50m로 운전하시오
③ 앞차와의 간격을 50m로 유지하시오   ④ 시속 50m 이상으로 과속하지 마시오

※ 〔2~3〕 다음 대화에서 자연스럽지 <u>않은</u> 것을 하나 골라 바르게 고쳐 쓰십시오.

2

가 벌써 한 해가 ① 지났군요. 새해에는 건강하시고 하는 일이 모두 잘되시기를 ② 바라오.
나 전화 줘서 ③ 고맙소. 김 사장도 새해에 복 많이 받고 ④ 건강하시구려.

(   )

3

가 지네는 커피를 왜 그렇게 많이 ① 마시는가? 몸에도 안 좋은데 너무 많이 ② 마시지 마오.
나 안 그래도 요즘 줄이려고 ③ 노력하고 있네. 내 걱정해 주는 사람은 ④ 자네밖에 없구먼.

(   )

※ 빈칸에 가장 알맞은 것을 고르십시오.

4

가 할아버지, 혹시 이 근처에 한국 식당이 어디에 있는지 아세요? 아주 큰 식당이라고 하던데요.
나 나도 잘 모르오. _____.
그 근처에 큰 식당들이 많으니까 거기쯤 있겠지 싶소.

① 이 길 따라 가면 사거리가 나와. 거기에 가서 다시 물어봐
② 이 길 따라 가면 사거리가 나와요. 거기에 가서 다시 물어보세요
③ 이 길 따라 가면 사거리가 나온다오. 거기에 가서 다시 물어보시오
④ 이 길 따라 가면 사거리가 나옵니다. 거기에 가서 다시 물어보십시오

※ 다음 중 틀린 문장을 고르십시오.

5

① 여보게, 난 내일 고향으로 떠나네.
② 벌써 1시가 넘었구먼. 자네는 점심은 먹었소?
③ 김 군, 더 늦으면 차가 막힐 시간이니 어서 가게.
④ 그 아이가 당신 딸이우? 아이가 참 예쁘게 생겼구려.

22장

기타 유용한 표현들
その他の有用な表現

본 장에서는 글말에서 많이 사용되는 연결 어미와 중급에서 다루지 않았던 피동과 사동 표현, 그리고 빈도수가 매우 높지는 않지만 한국어능력시험(TOPIK)에 출제되었던 표현들에 대해 공부합니다. 여기서 배우는 표현들을 잘 익힌다면 글말이나 고급스러운 한국어를 구사하는 데 도움을 많이 받을 수 있을 것입니다.

　この章では、文語でよく使われる連結語尾と、中級で扱わなかった受身や使役の表現、そして、さほど高頻度ではないけれども、韓国語能力試験に出題された表現について勉強します。ここで学ぶ表現をしっかり習得すれば、文語や上級の韓国語を駆使するのにとても役立つでしょう。

01 -(으)므로, -(으)나, -(으)며

여기에서 배우는 표현들은 주로 글말이나 연설, 발표와 같은 공식적인 상황에서 사용되는 것으로, 초급에서 배운 '-(으)니까', '-아서/어서', '-지만', '-고', '-(으)면서'와 각각 바꿔서 사용할 수 있습니다.

ここで学ぶ表現は、主に文語や演説・発表のような公式的な状況で使われるもので、初級で学んだ-(으)니까、-아서/어서、-지만、-고、-(으)면서と、それぞれ言い換えることができます。

1 -(으)므로

이 표현은 후행절의 원인이나 이유, 근거를 나타낼 때 사용합니다. 주로 글말이나 연설, 발표와 같은 공식적인 표현으로 사용됩니다.

この表現は、後続節の原因・理由・根拠を表すときに使います。主に文語や演説・発表のような公式的な表現で使われます。

	A/V	N이다
과거/완료	-았으므로/었으므로	였으므로/이었으므로
현재	-(으)므로	(이)므로

다리를 꼬고 앉거나 비스듬히 기대앉으면 척추가 비뚤어지므로 좋지 않다.
脚を組んで座ったり斜めに寄りかかって座ったりすると、脊椎が歪むので、よくない。

이 상품은 중도에 해지가 안 되므로 계약하기 전에 신중하게 생각하십시오.
この商品は中途解約できないので、契約する前に慎重にお考えください。

선호가 아무 말도 안 하고 가만히 있었으므로 모두들 그가 화가 났다고 생각했다.
ソノが何も言わないで黙っていたので、みんな彼が怒っていると思った。

더 알아볼까요?

이 표현은 추측이나 미래를 나타내는 '-겠-'과 같이 사용할 수 없습니다.
この表現は、推測や未来を表す-겠-と一緒には使えません。

• 이번 주말에는 바람도 강하고 기온 변화도 <u>심하겠으므로</u> 건강 관리에 신경 쓰십시오. (×)
→ 이번 주말에는 바람도 강하고 기온 변화도 <u>심하겠으니</u> 건강 관리에 신경 쓰십시오. (○)

2 -(으)나

이 표현은 선행절과 반대가 되거나 대립되는 상황 혹은 동작을 이어 말할 때 사용합니다. 주로 글말에서 사용합니다.

この表現は、先行節と反対または対立する状況・動作を続けて言うときに使います。主に文語で使います。

	A/V	N이다
과거/완료	-았으나/었으나	였으나/이었으나
현재	-(으)나	(이)나

유명한 전문가들로 팀을 구성해서 해외에 출장을 보냈으나 성과는 기대에 못 미쳤다.
有名な専門家たちでチームを構成して海外に出張させたが、成果は期待に及ばなかった。

정부는 나라를 안정시키고자 애를 쓰고 있으나 테러는 좀처럼 잦아들지 않고 있다.
政府は国を安定させようと努めているが、テロはなかなか減らずにいる。

어느새 3월 중순이나 아직 아침과 저녁은 겨울만큼 쌀쌀하다.
もう3月中旬なのに、まだ朝夕は冬みたいに肌寒い。

3 -(으)며

(1) 두 가지 이상의 행동이나 상태를 대등하게 나열할 때 사용합니다. 주로 글말이나 격식적인 상황에서 사용합니다.

二つ以上の行動や状態を対等に羅列するときに使います。主に文語やフォーマルな状況で使います。

	A/V	N이다
과거/완료	-았으며/었으며	였으며/이었으며
현재	-(으)며	(이)며

소비자들이 주로 어떤 제품을 구입했으며 언제 구입했는지 조사할 필요가 있다.
消費者たちが主にどんな製品を購入し、いつ購入したか、調査する必要がある。

이곳은 드라마 촬영지로 유명세를 타면서 외국 관광객들이 많이 찾고 있으며 드라마 관련 상품들도 눈에 많이 띈다.
ここはドラマのロケ地として有名になって外国の観光客たちがたくさん訪れており、ドラマ関連品もよく目につく。

(2) 두 가지 이상의 행동이 동시에 일어나거나 두 가지 이상의 상태를 겸하고 있음을 나타낼 때 사용합니다.
   二つ以上の行動が同時に起こることや、二つ以上の状態を兼ねていることを表すときに使います。

   요즘은 동영상 강의를 들으며 출퇴근하는 사람이 많다.
   最近は、映像講義を聞きながら、通勤する人が多い。

   그 사람은 군인이며 정치가였다.
   その人は、軍人であり、かつ政治家だった。

더 알아볼까요?

1 이 표현은 (1)번의 의미로 사용할 경우, 세 개 이상의 문장을 나열할 때는 같은 말을 반복해서 사용하지
   않는 느낌을 주기 위해 '-고'와 '-(으)며'를 번갈아 사용하는 것이 좋습니다.
   この表現は(1)の意味で使う場合、三つ以上の文を羅列するときは同じことばを繰り返し使わないために—고
   と—(으)며を交互に使うといいです。

   • 그곳은 마치 고향처럼 <u>아늑하고 포근하며</u> 정겨운 느낌을 주는 곳이다.
   • 우리나라의 궁들은 전쟁을 거치면서 일부 건물이 <u>사라지고 훼손되었으며</u>
     복원 사업을 거치면서 변형되기도 하였다.

   > **Tip**
   > 아늑하다 居心地がいい
   > 포근하다 ぽかぽかしている
   > 훼손되다 壊れる
   > 복원하다 復元する

2 이 표현은 (2)번의 의미로 사용할 경우, 선행절과 후행절의 주어는 반드시 같아야 하며 그 주어는
   선행절에 한 번만 나와야 합니다.
   また、この表現は(2)の意味で使う場合、先行節と後続節の主語は必ず同じでなければならず、その主語は先行
   節に一度だけ現れます。

   • <u>수진 씨는</u> 회사에 다니며 <u>동호 씨는</u> 공부하느라 무척 바쁘다. (×)
   → <u>수진 씨는</u> 회사에 다니며 공부하느라 무척 바쁘다. (○)

   그리고 '-(으)면서'와 큰 의미 차이 없이 바꿔서 사용할 수 있습니다. 그러나 '-(으)며'가 '-(으)면서'에
   비해 좀 더 문어적인 느낌이 있습니다.
   また、—(으)면서と大きな意味の違いなく言い換えることができます。しかし、—(으)며のほうが—(으)면서に比
   べてより文語的なニュアンスがあります。

   • 요즘은 동영상 강의를 <u>들으면서</u> 출퇴근하는 사람이 많다.
   • 그 사람은 <u>군인이면서</u> 정치가였다.

1 다음 [보기]에서 알맞은 표현을 골라 한 문장으로 만드십시오.

> **보기**   　　 –(으)며　　　　　　　　–(으)므로　　　　　　　　–(으)나

(1) 이 드라마는 한 가족이 여러 가지 갈등을 겪다 / 성장해 가는 내용을 그렸다

　　→ <u>이 드라마는 한 가족이 여러 가지 갈등을 겪으며 성장해 가는 내용을 그렸다</u>.

(2) 피해 지역 복구에 최선을 다하고 있다 / 서너 달은 더 걸릴 듯하다

　　→ _____.

(3) 구두의 굽이 높은 것은 발목과 무릎에 무리를 줄 수 있다 / 주의해야 한다

　　→ _____.

(4) 그녀는 고등학교를 중퇴한 뒤 모델로 활동하기 시작했다 / 이후 최고의 영화배우가
　　되었다

　　→ _____.

2 다음 [보기]에서 하나를 사용하여 같은 뜻이 되도록 밑줄 친 부분을 바꾸십시오.

> **보기**   　　 –(으)며　　　　　　　　–(으)나　　　　　　　　–(으)므로

> 　국내의 한 자전거 단체가 다양한 어린이 자전거 타기 프로그램으로 안전 문화를 이끌고
> 있다. 어린이 자전거 학교는 6세 이상을 대상으로 성인이 함께하는데 <u>도심 주요 도로를
> 달리면서 현장 경험을 쌓는다</u>. 혼잡한 교차로 통행이나 차로 주행법 등이 핵심이다.

(1) <u>도심 주요 도로를 달리며 현장 경험을 쌓는다</u> _____.

> 　강추위가 이어지면서 빙판에 미끄러져 골절상을 입는 환자가 속출하고 있다. 특별히
> 노인들은 갑자기 찬 공기를 쐬면 심혈관계의 이상으로 쓰러지면서 <u>골절을 입는 경우가
> 많기 때문에</u> 외출할 때 마스크 등을 착용하는 게 좋다.

(2) _____.

> 　거제 해금강은 아름다운 경치와 여러 드라마의 촬영지로 알려져 남녀노소를 가릴 것
> 없이 많은 여행객들이 찾는다. 그동안 <u>거리가 멀어 일정을 잡기 쉽지 않았지만</u> 지난해
> 말에 고속도로가 완전히 개통되어 서울에서도 하루 일정으로 다녀올 수 있게 되었다.

(3) _____.

02 피동과 사동

여기에서 배우는 표현들은 일부 단어에 접사를 붙여 피동이나 사동을 나타내는 표현들입니다. 중급에서는 피동을 나타내는 표현으로는 동사의 어간에 '-이/히/리/기-'를 붙여서 만드는 단어 피동과 '-아지다/어지다' 혹은 '-게 되다'를 붙이는 표현을 배웠고, 사동을 나타내는 표현으로는 동사의 어간에 '-이/히/리/기-'를 붙여서 만드는 단어 사동과 '-게 하다'를 붙이는 표현을 배웠습니다.

ここで学ぶ表現は、一部の単語に接辞を付けて受身や使役を表す表現です。中級では、受身を表す表現として、動詞の語幹に-이/히/리/기-を付けて作る単語受身と-아지다/어지다または-게 되다を付ける表現を学び、使役を表す表現として、動詞の語幹に-이/히/리/기-を付けて作る単語使役と-게 하다を付ける表現を学びました。

1 -되다

이 표현은 일부 명사에 붙어 피동의 뜻을 나타내는데 다른 주체에 의해 그 동작이나 상태가 이루어졌음을 나타낼 때 사용합니다. 주로 한자어로 된 단어 다음에 붙습니다.

この表現は一部の名詞に付いて受身の意味を表しますが、別の主体によってその動作や状態が成立したことを表すときに使います。主に漢字語の後に付きます。

> 1492년 콜럼버스는 아메리카 대륙을 발견**했다**.
> 1492年、コロンブスはアメリカ大陸を発見した。

> ⇒ 1492년 아메리카 대륙은 콜럼버스에 의해 발견**됐다**.
> 1492年、アメリカ大陸はコロンブスによって発見された。

> 나는 이 노래를 사랑하는 아내를 위해 작곡**했다**.
> 私はこの歌を愛する妻のために作曲した。

> ⇒ 이 노래는 사랑하는 아내를 위해 작곡**됐다**.
> この歌は愛する妻のために作曲された。

> 노사 문제를 해결**하려고** 아침부터 노사 양측이 모여 회의를 시작했다.
> 労使問題を解決しようと、朝から労使双方が集まって会議を始めた。

> ⇒ 5시간에 걸친 회의를 하고서야 노사 문제가 해결**됐다**.
> 5時間に及ぶ会議をしてようやく、労使問題が解決した。

1 일부 명사에 '–하다'가 붙으면 문장의 주어가 그 동작을 하는 주체임을 나타내 조사 '을/를'이 앞에 오는 반면 '–되다'가 붙으면 피동의 의미를 나타내 조사 '이/가'가 앞에 옵니다.
一部の名詞に–하다が付くと、文の主語がその動作をする主体であることを表し、助詞을/를が前に来る反面、–되다が付くと、受身の意味を表し、助詞이/가が前に来ます。

- 정부가 낙후된 <u>지역을</u> 개발하겠다고 발표했다.
- 내년 하반기부터 낙후된 <u>지역이</u> 개발될 예정이다.

> **Tip**
> 낙후되다 後れる

2 다음은 능동형 '–하다'가 붙는 단어와 피동형 '–되다'가 붙는 단어입니다.
次は、能動形–하다が付く単語と受身形–되다が付く単語です。

–하다	–되다	–하다	–되다
결정하다	결정되다	사용하다	사용되다
마무리하다	마무리되다	연구하다	연구되다
준비하다	준비되다	반영하다	반영되다
배달하다	배달되다	좌우하다	좌우되다
발명하다	발명되다	예방하다	예방되다
분실하다	분실되다	추방하다	추방되다

2 –당하다

이 표현은 행동을 나타내는 말에 붙어 피동의 의미를 나타내는데, 어떤 사람에게서 거부당하거나 원하지 않는 일을 겪을 때 또는 좋지 않은 일을 겪을 때 사용합니다.
この表現は行動を表すことばに付いて受身の意味を表しますが、ある人から不当なことや望まないことを経験するとき、またはよくないことを経験するときに使います。

직장 상사한테 무시당하는 것도 한두 번이지 이제 회사를 그만두어야겠어요.
職場の上司に無視されるのも一度や二度ならともかく、もう会社をやめなくてはなりません。

부당하게 해고당했다며 몇몇 사람들이 회사를 상대로 고소를 했다.
不当に解雇されたと言って、何人かの人たちが会社を相手に告訴をした。

수익률이 높다며 친구가 투자하래서 했다가 사기당했다.
収益率が高いから友だちが投資しろと言うので、したら詐欺にあった。

1 이 표현은 동사와 접미사로 모두 사용할 수 있는데 동사로 사용할 때는 앞에 조사 '을/를'을 쓰고 접미사로 사용할 때는 앞의 명사에 붙여 씁니다.
この表現は、動詞としても接尾辞としても使うことができますが、動詞として使うときは前に助詞을/를を使い、接尾辞として使うときは前の名詞に付けて書きます。

- 직장 상사한테 <u>무시를 당하는</u> 것도 한두 번이지 이제 회사를 그만두어야겠어요.
- 회사에서 부당하게 <u>해고를 당했다면</u> 몇몇 사람들이 회사를 상대로 고소를 했다.

2 다음은 능동형 단어와 피동형 '-당하다'가 붙는 단어입니다.
次は、能動形の単語と受身形-당하다が付く単語です。

능동형	-당하다	능동형	-당하다
거절하다	거절당하다	고통(을) 주다	고통당하다
무시하다	무시당하다	사고(를) 내다	사고당하다
외면하다	외면당하다	사기(를) 치다	사기당하다
이용하다	이용당하다	망신(을) 주다	망신당하다
해고하다	해고당하다	창피(를) 주다	창피당하다
이혼하다	이혼당하다	놀리다	놀림당하다

3 -시키다

이 표현은 일부 명사에 붙어 사동의 뜻을 나타내는데, 문장의 주어가 다른 사람이나 동물, 사물 등에 어떤 일이나 행동을 하게 할 때 혹은 어떤 상태에 이르게 할 때 사용합니다.
この表現は、一部の名詞に付いて使役の意味を表しますが、文の主語がほかの人・動物・物などにあることや行動をさせるとき、あるいはある状態に至らしめるときに使います。

정부는 우리 문화를 외국인들에게 알리고 이해시키기 위해 문화 공연을 할 예정이다.
政府はわが国の文化を外国人に知らしめ理解させるために文化公演をする予定だ。

집안 사정이 어려웠던 윤호 씨는 아르바이트를 하면서 동생을 대학까지 교육시켰다.
家庭の事情が厳しかったユノさんは、アルバイトをしながら弟/妹を大学まで教育を受けさせた。

대현 씨는 결혼기념일에 직접 쓴 편지와 꽃다발로 아내를 감동시켰다.
テヒョンさんは結婚記念日に直筆の手紙と花束で妻を感動させた。

1 이 표현은 동사와 접미사로 모두 사용할 수 있는데 동사로 사용할 때는 앞에 조사 '을/를'을 쓰고 접미사로 사용할 때는 앞의 명사에 붙여 씁니다.
  この表現は、動詞としても接尾辞としても使うことができますが、動詞として使うときは前に助詞을/를を使い、接尾辞として使うときは前の名詞に付けて書きます。

• 정부는 우리 문화를 외국인들에게 알리고 <u>이해를 시키기</u> 위해 문화 공연을 할 예정이다.

• 집안 사정이 어려웠던 윤호 씨는 아르바이트를 하면서 동생을 대학까지 <u>교육을 시켰다.</u>

2 '-하다'가 붙는 동사 중 사동의 의미를 갖는 것들이 있는데 이때는 '-하다'와 '-시키다'를 둘 다 사용할 수 있습니다. 그러나 '-시키다'를 붙여 쓰는 것보다는 '-하다'를 쓰는 것이 한국어 어법상 더 좋습니다.
  -하다가 付く動詞のうち使役の意味を持つものがありますが、この場合は-하다でも-시키다でも使うことができます。しかし、韓国語の語法として、-시키다より-하다を使ったほうがいいです。

• 담배는 신체 조직을 파괴하며 심장병과 각종 암을 <u>유발한다.</u>

  = 담배는 신체 조직을 파괴하며 심장병과 각종 암을 <u>유발시킨다.</u>

• 정부는 불법 체류자들을 나라 밖으로 <u>추방했다.</u>

  = 정부는 불법 체류자들을 나라 밖으로 <u>추방시켰다.</u>

> **Tip**
> 파괴하다 破壊する
> 유발하다 誘発する
> 불법 체류자 不法滞在者

3 다음은 능동형 '-하다'가 붙는 단어와 사동형 '-시키다'가 붙는 단어입니다.
  次は、能動形-하다が付く単語と使役形-시키다が付く単語です。

-하다	-시키다	-하다	-시키다
구경하다	구경시키다	열광하다	열광시키다
결혼하다	결혼시키다	입원하다	입원시키다
등록하다	등록시키다	진정하다	진정시키다
발전하다	발전시키다	취소하다	취소시키다
배달하다	배달시키다	탈락하다	탈락시키다
변신하다	변신시키다	화해하다	화해시키다

연습해 볼까요?

1   다음에서 맞는 것을 고르십시오.

(1) 아프리카 대륙은 세계 2차 대전 전에 유럽의 여러 나라들로부터 (지배했다, 지배받았다).

(2) 구조 조정을 해야 했던 그 회사는 전체 직원의 20퍼센트를 (해고당하고, 해고시키고) 말았다.

(3) 지진이 발생하자 학교에서 수업 중이던 한 교사는 자신도 놀랐을 텐데 학생들을 (진정하려고, 진정시키려고) 안간힘을 썼다.

(4) 한 운전기사가 운전 중 휴대 전화로 문자를 보내려다가 (사고를 내, 사고당해) 길 가던 사람 십여 명을 죽거나 다치게 했다.

(5) 평소 일본어를 잘한다고 자랑하던 경수 씨는 관광지에서 우연히 만난 일본 사람과 인사도 제대로 못 해 친구들 앞에서 톡톡히 (망신당했다, 망신 주었다).

(6) 애니메이션 '신나는 가족' 제작진은 아빠들이 자녀와 함께하는 시간이 점점 늘어나는 사회적 분위기를 (반영해, 반영돼) 만들었다고 밝혔다.

2   다음 글을 읽고 [보기]에서 하나를 사용하여 (   ) 안을 바꾸십시오.

보기	-되다	-당하다	-시키다

가수 엠의 새 노래 '파란 일요일'의 인기가 하늘 높은 줄 모르고 치솟고 있다. 노래가 (1) (발표하다) 지 두 달이 채 안 되어 해외 유명 동영상 사이트 조회 수가 1억 건을 넘었다. 또한 세계 곳곳에서 '빨간 일요일', '하얀 월요일', '파란 주말' 등으로 (2) (패러디하다) 있다. 온 세계가 이 노래에 (3) (점령하다) 해도 과언이 아닐 것이다. 그렇다면 이 노래가 인기 있는 이유는 무엇일까? 따라 부르기 쉬운 멜로디와 리듬도 그 이유일 테지만 무엇보다 코믹하고 재미있는 춤이 전 세계인들을 (4) (열광하다) 있는 것이다.

(1) __발표된__

(2) _____

(3) _____

(4) _____

03 -(으)ㄹ세라, -는 양, -는 한편, -(으)ㄹ 턱이 없다

여기에서 배우는 표현들은 21장까지 나온 표현들만큼 빈도수가 높지는 않지만 한국어능력시험에서 가끔씩 출제되는 것들입니다. 이 표현들을 잘 알아 두면 한국어능력시험을 볼 때나 한국 사람들과 대화를 할 때 도움이 될 것입니다.

ここで学ぶ表現は、21章までに出てきた表現ほど頻度が高くありませんが、韓国語能力試験でときどき出題されるものです。これらの表現をよく知っておくと、韓国語能力試験を受けるときや、韓国の人たちと会話をするとき、役に立つでしょう。

1 -(으)ㄹ세라

이 표현은 선행절의 일이 일어날까 염려해서 후행절의 일을 한다는 뜻으로 이유나 근거를 나타낼 때 사용합니다.

この表現は、先行節のことが起こるのではないかと懸念して後続節のことをするという意味で、理由や根拠を表すときに使います。

> 아내는 아이들이 추울세라 장갑에 목도리까지 하게 했다.
> 妻は子どもたちが寒くないようにと、手袋にマフラーまでさせた。

> 세영이는 자신의 하얀색 원피스에 뭐라도 묻을세라 무척이나 조심을 했다.
> セヨンは自分の白のワンピースに何かつかないように、非常に気をつけた。

> 강연자의 이야기를 한마디라도 놓칠세라 청중들은 부지런히 메모를 했다.
> 講演者の話をひとことも聞き逃しはすまいと、聴衆たちはこまめにメモをした。

더 알아볼까요?

이 표현은 큰 의미 차이 없이 '-(으)ㄹ까 봐'와 바꿔 쓸 수 있습니다. 그러나 '-(으)ㄹ세라'가 '-(으)ㄹ까 봐'보다 좀 더 문어적이고 예스러운 느낌이 있습니다.

この表現は、大きな意味の違いなく、-(으)ㄹ까 봐と言い換えられます。しかし、-(으)ㄹ세라のほうが-(으)ㄹ까 봐よりもう少し文語的で古風な感じがあります。

- 아내는 아이들이 <u>추울까 봐</u> 장갑에 목도리까지 하게 했다.
- 세영이는 자신의 하얀색 원피스에 뭐라도 <u>묻을까 봐</u> 무척이나 조심을 했다.

2 -는 양

이 표현은 후행절의 상태나 동작을 보고 마치 선행절과 같거나 그렇게 보임을 추측해서 말할 때 사용합니다.

この表現は、後続節の状態や動作を見て、まるで先行節と同じであるかそのように見えると、推測して言うときに使います。

	A	V	N이다
과거/완료	–	–(으)ㄴ 양	–
현재	–(으)ㄴ 양	–는 양	인 양

동호 씨는 자신이 사장이라도 된 **양** 나에게 이것저것을 시키더라고요.
トンホさんは自分が社長にでもなったかのように、私にあれこれさせるんですよ。

윤주 씨는 항상 모든 걸 다 아는 **양** 행동해서 사람들의 미움을 샀다.
ユンジュさんはいつも何でも知っているかのように行動して、人々の憎しみを買った。

그 사람은 마치 오래 전부터 알고 지냈던 사이인 **양** 친숙하게 말을 걸었다.
その人は、まるでかなり前から知っていて付き合っていた間柄のように、親しげに声をかけた。

더 알아볼까요?

이 표현은 큰 의미 차이 없이 '–는 듯이'와 바꿔 쓸 수 있습니다. 그러나 '–는 듯이'보다 좀 더 문어적인 느낌이 있습니다.

この表現は、大きな意味の違いなく、–는 듯이と言い換えられます。しかし、–는 듯이よりもう少し文語的な感じがあります。

• 동호 씨는 자신이 상사라도 된 <u>듯이</u> 나에게 이것저것을 시키더라고요.
• 윤주 씨는 항상 모든 걸 다 <u>아는 듯이</u> 행동해서 사람들의 미움을 샀다.

---

3 -는 한편

이 표현은 어떤 행동을 하면서 동시에 또 다른 행동을 하거나 혹은 어떤 상황에 또 다른 상황이 이어질 때 사용합니다.

この表現は、ある行動をしながら同時にまたほかの行動をするとき、あるいはある状況下でまた別の状況が続くときに使います。

안박문 후보자는 유세에서 자신의 업적을 드러내는 **한편** 상대 후보의 정책을 비난했다.
アン・バンムン候補者は遊説で、自分の業績を際立たせる一方、相手候補の政策を非難した。

윤 교수는 암 치료에 관한 연구를 꾸준히 하는 **한편** 후배 의사들을 양성하는 데에도 게을리하지 않았다.
ユン教授は、ガン治療に関する研究をたゆまず行う一方、後輩の医者たちを養成するのも怠らなかった。

사회가 변화함에 따라 새로운 직업들이 대거 생겨나는 **한편** 기존의 직업들도 많이 사라지고 있다.
社会が変化することによって、新しい職業が多く生じる一方、既存の職業もたくさんなくなりつつある。

4 -(으)ㄹ 턱이 없다

이 표현은 과거의 경험으로 추측해 볼 때 어떤 내용이 확실히 사실이 아님을 강하게 표현할 때 사용합니다. 부정적인 느낌이 강하므로 점잖은 표현으로는 쓰지 않습니다.

この表現は、過去の経験から推測して、ある内容が明らかに事実でないことを強く表現するときに使います。否定的なニュアンスが強いので、フォーマルな表現では使いません。

	A/V	N이다
과거/완료	-았을/었을 턱이 없다	였을/이었을 턱이 없다
현재	-(으)ㄹ 턱이 없다	일 턱이 없다

가 산골이긴 해도 인터넷은 되지요?
　山奥だといってもインターネットはできるでしょう。

나 전기도 제대로 들어오지 않는 이곳에 인터넷이 될 턱이 없잖아요.
　電気もろくに通っていないこんなところで、インターネットができるわけがないじゃないですか。

가 월급이 깎인다는 얘기를 듣고 직원들 반응이 어때요?
　月給が削られるという話を聞いて、職員たちの反応はどうですか。

나 월급을 삭감한다는데 사람들 기분이 좋을 턱이 없지요.
　月給を削減するというのに、みんなの気分がいいわけがないでしょう。

가 영주 씨가 발표를 잘했을까요?
　ヨンジュさんが発表をうまくできたでしょうか。

나 그렇게 준비를 하는 둥 마는 둥 했는데 잘했을 턱이 없어요.
　あんなふうに準備を適当にしていたのに、うまくできたわけがないです。

더 알아볼까요?

이 표현은 '없다' 대신 '있다'를 사용해서 말할 수도 있는데 이때는 '-(으)ㄹ 턱이 있어요?', '-(으)ㄹ 턱이 있겠어요?'의 형식으로 쓰여 같은 의미를 나타냅니다.

この表現は、없다のかわりに있다を使って言うこともできますが、この場合は-(으)ㄹ 턱이 있어요?や-(으)ㄹ 턱이 있겠어요?の形で使われ、同じ意味を表します。

• 전혀 움직이지 않고 먹어 대는데 살이 빠질 턱이 있어요?

• 네가 수영 씨에게 그렇게 잔소리를 하는데 수영 씨인들 널 좋아할 턱이 있겠어?

1 다음 [보기]에서 알맞은 표현을 골라 한 문장으로 만드십시오.

> **보기**   -(으)ㄹ 턱이 없다   -는 한편   -(으)ㄹ세라   -는 양

(1) 퇴근 후에 회식이 있다는 말이 반갑다 / 직원들은 얼굴을 찌푸렸다

→ _퇴근 후에 회식이 있다는 말이 반가울 턱이 없는 직원들은 얼굴을 찌푸렸다_.

(2) 성주 씨는 잠이 든 아이가 깨다 / 작은 목소리로 귀에 대고 속삭였다

→ _____.

(3) 승우 씨는 목이 조금 부은 것 가지고 암이라도 걸리다 / 얼마나 죽는 소리를 하는지 몰라요

→ _____.

(4) 그동안 중소기업 박람회는 우수한 중소기업을 홍보하다 / 일자리를 구하는 사람들과 직원 채용을 원하는 중소기업을 연결해 주는 역할을 해 왔다

→ _____.

2 다음 [보기]에서 알맞은 표현을 골라 같은 뜻이 되도록 밑줄 친 부분을 바꾸십시오.

> **보기**   -는 양   -(으)ㄹ세라   -는 한편   -(으)ㄹ 턱이 없다

> 한국은 전통적으로 남존여비 사상이 강한 나라였다. 얼마 전까지만 해도 <u>딸만 낳은 여성은 무엇인가 잘못한 일이 있는 것처럼 고개도 들지 못하고 다녔고</u>, 또 이에 대해 주위에서도 안되었다는 듯이 바라보곤 했었다.

(1) _딸만 낳은 여성은 무엇인가 잘못한 일이 있는 양 고개도 들지 못하고 다녔고_,

> 사람들이 비싼 커피 전문점에서 커피를 마시는 이유는 전문점은 커피 전문가들이 커피를 타 주기 때문에 커피가 더 맛있다고 생각하기 때문이다. 그러나 사실 커피 전문점에서 일하는 사람들의 대부분은 아르바이트생이다. <u>2주 동안 반짝 커피 만드는 법을 배운 이들이 내 놓는 커피가 전문가들이 만든 커피의 맛과 같을 리가 없다.</u>

(2) _____.

우리 회사는 나이, 성별, 학력, 장애 등에 전혀 차별을 두지 않는 채용을 지향함으로써 우리 사회 일자리 창출에 기여하는 동시에 직원들에게 다양한 성장의 기회를 제공하며 체계적인 교육 프로그램을 통해 인재를 개발하는 데 최선의 노력을 다하고 있습니다.

(3) _____

　　주영 씨는 계약직 직원인 도경 씨에게 힘든 일이 없냐고 물었다. 그러자 항상 다른 직원들의 눈치를 보며 살아 왔던 도경 씨는 혹시라도 누가 들을까 봐 주위에 다른 사람들이 없는지를 확인하고 그간 마음에 담아 두었던 이야기를 털어놓았다.

(4) _____

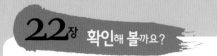

※ 〔1~2〕 다음 밑줄 친 부분과 바꾸었을 때 의미가 가장 비슷한 것을 고르십시오.

1 스트레스가 쌓이면 몸속의 비타민과 무기질이 많이 <u>소모되므로</u> 신선한 야채와 과일을 많이 먹어 피를 맑게 하고 두뇌 회전이 빨라지도록 해야 한다.

① 소모되며 ② 소모되는 까닭에
③ 소모되기는커녕 ④ 소모되기에 망정이지

2 한 TV 프로그램은 가족들을 돌보느라 자신을 전혀 가꿀 수 없었던 50~60대 어머니들을 모셔다 머리부터 발끝까지 <u>변신시켜 주는</u> 코너를 새로 만들어 많은 호응을 얻고 있다.

① 변신하게 해 주는 ② 변신당해 주는
③ 변신하는 가운데 ④ 변신될세라

※ 〔3~4〕 다음 (   )에 알맞은 것을 고르십시오.

3 아이는 꾸지람도 듣고 칭찬도 (   ) 자라야 균형 잡힌 인격체로 자라나게 된다.

① 들으며 ② 듣는 양
③ 듣는 한편 ④ 들으나

4 올해 100만 부 이상이 팔린 '마법사 이야기'는 처음부터 출판사에서 환영을 받은 것은 아니었다. '마법사 이야기'의 작가 김윤호 씨는 완성된 원고를 들고 여러 출판사를 찾았지만 말도 안 되는 이야기라면서 번번이 (   ). 하지만 포기하지 않고 계속 출판사 문을 두드린 결과 한 출판사 편집장의 눈에 들어 출판을 하게 되었고 올해의 베스트셀러까지 오르게 되었다.

① 거절시켰다 ② 거절할 턱이 없었다
③ 거절당했다 ④ 거절하였다

※ 다음 (   )에 들어갈 수 <u>없는</u> 것을 고르십시오.

5 김 회장은 공부가 하고 싶어 무작정 서울로 올라왔던 때가 (   ) 생생하게 기억이 난다고 회고했다.

① 어제 일같이 ② 어제 일인 것처럼
③ 어제 일인 양 ④ 어제 일이다시피

※ 다음 중 틀린 문장을 고르십시오.

6 ① 그는 젊지는 않았으나 얼굴에는 생기가 넘쳐흘렀다.
② 맞벌이 부부의 증가로 반찬을 배달시켜 먹는 가정이 늘고 있다.
③ 어머니는 아들이 점심을 굶을세라 도시락을 들고 학교에 찾아왔다.
④ 그 감독은 영화가 해외에서 호평을 받으며 배우들이 명성을 얻었다.

付録

- 正解

- 이럴 때는 어떻게 말할까요? スクリプト

- 연습해 볼까요? & 확인해 볼까요? 単語·表現

- 文法索引

正解

1장 선택을 나타낼 때

연습해 볼까요?

01 -느니

1 (2) 기다리느니   (3) 되느니
    (4) 부탁하느니   (5) 다니느니

2 (2) 저런 야한 옷을 입느니/입고 다니느니
    (3) 저런 촌스러운 구두를 신느니/신고 다니느니
    (4) 저런 구식 휴대 전화를 사용하느니/들고 다니느니
    (5) 집에(만) 있느니

02 -(으)ㄹ 바에야

1 (2) 일을 맡길 바에야
    (3) 앉아서 걱정만 할 바에야
    (4) 부당한 대우를 받을 바에야

2 (2) 죽음을 기다릴 바에야
    (3) 취직을 보장받지 못할 바에야
    (4) 가지고만 있을 바에야

03 -건 -건

1 (2) 재미있건 재미없건
    (3) 한식이건 양식이건
    (4) 다 왔건 안 왔건
    (5) 예쁘건 안 예쁘건/못생겼건

2 (2) 전공과목이건 교양 과목이건 간에 아주 열심히
      공부합니다
    (3) 날씨가 좋건 나쁘건 간에 (하루도 빠짐없이)
      운동을 합니다
    (4) 식사를 하건 운동을 하건 간에 MP3를 들으며
      영어 공부를 합니다
    (5) 듣건 말건/안 듣건 간에 큰 소리로 따라 해서
      사람들의 눈총을 받기도 합니다

04 -(느)ㄴ다기보다는

1 (2) 맛이 있다기보다는
    (3) 잘생겼다기보다는
    (4) 잘 맞는다기보다는

2 (2) 이런 장르를 고집한다기보다는
    (3) 몸이 힘들었다기보다는
    (4) 홀가분하다기보다는

확인해 볼까요?

1 ②   **2** ④   **3** ③
4 성공하건 실패하건/성공하든(지) 실패하든(지)
5 ④ (→ 불안해하느니)

2장 인용을 나타낼 때

연습해 볼까요?

01 보고

1 (2) 수지 씨보고/더러 요리 학원에라도 다녀야겠다
    (3) 투안 씨보고/더러 여성스러운 옷을 입으라
    (4) 소피아 씨보고/더러 돈을 헤프게 쓰는 것 같다
    (5) 소희 씨보고/더러 더 예뻐졌다
    (6) 투안 씨보고/더러 새로 출시된 은하수2 스마트
      폰의 기능이 다양해서 좋다

02 -(느)ㄴ다니까

    (2) 늦었는데 좀 서두르라니까
    (3) 아직도 이해가 안 가(느)냐니까
    (4) D를 받았다니까
    (5) 결혼하자니까
    (6) 오후에 비가 온다니까/올 거라니까

03 -(느)ㄴ다면서

1 (2) 친하게 지내자면서
    (3) 그 책 재미있(느)냐면서
    (4) 특종이라면서

2 (2) 여행이 재미있었다면서 다음에는 같이 가자고
      했어요
    (3) 주말에 시간 있(느)냐면서 같이 영화 보겠(느)냐고
      했어요
    (4) 순두부를 먹으러 가자면서 자기가 맛있는 식당을
      안다고 했어요

04 에 의하면

1 (2) 신문 기사에 의하면 남미에 지진이 났다고 한다
   (3) TV 뉴스에 의하면 한국에서 제일 수출이 많이
      되는 것은 IT 관련 제품이라고 한다
   (4) 계약서에 의하면 1년 내에 연금 보험을 해지할
      경우 원금을 보장해 주지 않는다고 한다
   (5) 제품 설명서에 의하면 이 제품은 2년 동안 무상
      수리를 받을 수 있다고 한다

2 (2) 인터넷에 따르면 50% 정도 더 싸대요
   (3) 승무원 말에 따르면 20분 정도 남았대요
   (4) 한 건강 잡지에 따르면
   (5) 여행사 직원 말에 따르면 오사카 호텔이 시내에
      있어서 교통이 편리하다고 해요

확인해 볼까요?

1 ②   2 ③   3 ①   4 ④
5 ② (→ 덥다니까)
6 ① (→ 동생에게/한테)

3장 명사화됨을 나타낼 때

연습해 볼까요?

01 −(으)ㅁ

1 (2) 죄가 없음을   (3) 자신이 한 일임을
   (4) 뇌물을 주었음도   (5) 판단할 수 없음을

2 (2) 쉼   (3) 취해야 함
   (4) 금함   (5) 맑아지겠음
   (6) 비가 오겠음

02 −는 데

1 (2) 줄이는 데   (3) 예방하는 데
   (4) 없애는 데   (5) 파악하는 데

2 (2) 살을 빼는 데
   (3) 균형 잡힌 몸매를 만들어 주는 데
   (4) 키를 키우는 데
   (5) 체질을 개선하는 데

03 −는 바

(2) ㉠ − 한 이동 통신 회사가 조사한 바에 의하면
   SNS에 접속한 사람의 52%가 모바일을 통해 접속
   한다고 한다
(3) ㉢ − 용기와 힘을 가지고 옳다고 생각하는 바를
   행동으로 옮긴다면 세상을 바꿀 수 있을 것이다
(4) ㉣ − 정부는 공공요금 인상에 대해 아직까지
   확정된 바가 없다고 전하고 있다
(5) ㉤ − 찰스 씨는 해외 NGO 단체에서 수년간 일한
   바가 있으므로 빈곤 지역 개발 프로젝트에 적임
   자라는 생각이 듭니다
(6) ㉥ − 김 교수님께서도 말씀하신 바와 같이 아시아
   의 개발 도상국에 투자하는 것이 좋을 듯합니다

확인해 볼까요?

1 ③   2 ①   3 ③   4 ④   5 ②
6 ④ (→ 무사하였음을)

4장 원인과 이유를 나타낼 때

연습해 볼까요?

01 (으)로 인해서

(2) 홍수로 인해서
(3) 극심한 가뭄으로 인해서
(4) 지진으로 인해서
(5) 쓰나미로 인해서
(6) 해수면이 상승함으로 인해서/해수면 상승으로
   인해서
(7) 지구 온난화로 인해서

02 −는 통에

(2) 나가자고 떼를 쓰는 통에
(3) 불이 나는 통에
(4) 조르는 통에
(5) 울려 대는 통에
(6) 짜증을 내는 통에

03 (으)로 말미암아

(2) 폭설로 말미암아
(3) 탈수 현상으로 말미암아
(4) 경제 위기가 지속됨으로 말미암아
(5) 부상으로 말미암아
(6) 지은 죄로 말미암아/죄를 지음으로 말미암아

04 -느니만큼

1 (2) 그 나라에는 이민지가 많으니만큼
(3) 요즘 전국적으로 오디션 열풍이 뜨거우니만큼
(4) 이번 행사가 외국에서 열리느니만큼
(5) 최근 세계 문화유산으로 등재되었으니만큼

2 (2) 온 국민이 축구에 열광하느니만큼
(3) 우리나라와 지리적으로 가까우니만큼
(4) 그쪽 분야에서 오래 일했으니만큼
(5) 때가 때(이)니만큼

05 -는 이상

1 (2) ⓒ - 학생들을 가르치는 이상 교사로서 학생들에게 모범을 보여야 할 것이다
(3) ㉠ - 가격을 내리지 않는 이상 우리도 물건을 구입할 수가 없습니다
(4) ⑩ - 제품에서 하자가 발견된 이상 제품 구매자들에게 적절한 보상을 해야 할 것이다
(5) ㉣ - 한 나라의 대통령인 이상 좀 더 책임 있는 모습을 보여 줄 필요가 있다

2 (2) 어렵게 공부를 시작한 이상
(3) 정치인의 아내인 이상
(4) 기부를 하기로 마음먹은 이상
(5) 서식지로 판명된 이상

06 -기로서니

(2) 아무리 급한 일이 생겼기로서니
(3) 아무리 생활고에 시달리기로서니
(4) 아무리 날씨가 덥기로서니
(5) 아무리 담배가 피우고 싶기로서니 금연 구역에서 담배를 피우(시)면 어떻게 합니까
(6) 아무리 주차할 데가 없기로서니 장애인 주차 공간에 주차하(시)면 어떻게 합니까

07 -기에 망정이지

(2) 아랫집 할머니가 귀가 어둡기에 망정이지 항의했을 것이다
(3) 사람들이 많이 오지 않았기에 망정이지 부서 사람들이 회식 장소에 다 못 들어갔을 것이다/들어갈 뻔했다
(4) 요즘 방학이기에 망정이지 학교에 며칠 결석했을 것이다/결석할 뻔했다
(5) 할인 쿠폰이 있었기에 망정이지 식사비로 한 달 용돈을 다 썼을 것이다/쓸 뻔했다
(6) 친구 부부가 이해심이 많기에 망정이지 다른 사람들 같으면 화가 나서 가 버렸을 것이다

08 -(느)ㄴ답시고

(2) 아이랑 놀아 준답시고 아이를 데리고 가더니 하루 종일 아이랑 TV만 보고 있다
(3) 친구들과 운동을 한답시고 비싼 자전거를 구입하더니 베란다에 세워만 놓고 있다
(4) 옷을 싸게 산답시고 인터넷 쇼핑을 하더니 싸다고 많이 사서 돈을 더 지출했다
(5) 멋을 낸답시고 얇게 입고 나가더니 감기에 걸렸다
(6) 다이어트를 한답시고 한동안 야채만 먹더니 일주일도 안 돼 폭식을 해 댄다

09 -(으)ㅁ으로써

1 (2) ㉠ - 그 나라의 독재자가 사망함으로써 수십만 명의 목숨을 앗아간 내전이 막을 내리게 되었다
(3) ⓒ - 정부로부터 투자를 받음으로써 신제품 개발에 가속도가 붙을 예정이다
(4) ㉣ - 외국인을 배우자로 맞이하는 사람들이 증가함으로써 다문화 가정에 대한 사회적 관심도 높아지고 있다

2 (2) 정기적으로 건강 검진을 함으로써
(3) 비상근무 체제를 운영함으로써
(4) 직접 작곡한 곡을 들려 드림으로써

10 -기에

1 (2) 바빴기에   (3) 높기에
(4) 있기에/있었기에   (5) 적기에

2　(2) 폭설이 내린다기에/내릴 거라기에
　　(3) 브라질에서 왔다기에
　　(4) 라면 가격이 오른다기에/오를 거라기에
　　(5) 택배비를 내야 한다기에

11　-길래

1　(2) 외출 중이길래
　　(3) 들어왔길래
　　(4) 네티즌들의 평이 괜찮길래
　　(5) 하도 맛있게 먹길래

2　(2) 옆집 남편이 암에 걸렸다길래
　　(3) 용돈을 올려 달라길래
　　(4) 도대체 어떤 자동차길래
　　(5) 도대체 돈이 뭐길래

확인해 볼까요?

1 ②　　2 ④　　3 ①　　4 ③

5 ② (→ 맛있어서/맛있기에)

6 ② (→ 많으니까)

5장　가정 상황을 나타낼 때

연습해 볼까요?

01　-더라도

1　(2) 말했더라도
　　(3) 불편하시더라도
　　(4) 선배더라도

2　(2) 거절하기 곤란하더라도
　　(3) 말을 걸더라도
　　(4) 귀찮게 하더라도
　　(5) 초인종을 누르더라도
　　(6) 졸리시더라도

02　-(으)ㄹ지라도

1　(2) 실수했을지라도
　　(3) 피할 수 있을지라도
　　(4) 떨어질지라도

2　(2) 잘못했을지라도
　　(3) 개성 존중의 시대일지라도
　　(4) 비난받을 수는 있을지라도
　　(5) 건강에 좋을지라도
　　(6) 비쌀지라도

03　-(으)ㄴ들

1　(2) 후회한들
　　(3) 뭘 먹은들
　　(4) 많이 받은들

2　(2) (시설도) 좋고 편한들
　　(3) 친절하고 잘해 준들
　　(4) 맛있은들
　　(5) 외로운들

04　-(으)ㄹ망정

1　(2) 월급은 못 올려 줄망정
　　(3) 회식 자리에서 졸망정
　　(4) 굶어 죽을망정
　　(5) 돈은 못 벌었을망정

2　(2) 쓰레기통에 버릴망정 다른 사람들에게는 절대로
　　　나눠 주지 않는 욕심쟁이였다
　　(3) 목숨을 잃을망정 진실에 대해 입을 다물지 않겠
　　　다며 협박에 굴하지 않았다
　　(4) 도와주지는 못할망정 성을 쌓는 일에 동원에서는
　　　안 된다는 비판도 있었다고 한다
　　(5) 감싸 주지는 못할망정 오히려 학생들 앞에서 망신
　　　을 줘 물의를 빚었다

05　-(느)ㄴ다고 치다

1　(2) 그만둔다고 치자
　　(3) 간다고 쳐도
　　(4) 그림만 잘 그리면 된다고 치자
　　(5) 받는다고 쳐도

2　(2) 야영한다고 치고
　　(3) 면접관이라고 치고
　　(4) 본다고/봤다고 치고

2 (2) 얼마나 친절하냐에 달려 있어요

(3) 얼마나 자기 관리를 잘하(느)냐에 달려 있어요

(4) 오늘 경기 결과가 어떻게 나오(느)냐에 달려 있어요

05 −기 나름이다

(2) 훈련시키기 나름이에요

(3) 배치하기 나름이에요/나름이지요

(4) 요리하기 나름인데

(5) 개척하기 나름이야

(6) 예산을 짜기 나름이에요

(7) 설명하기 나름인데

확인해 볼까요?

1 ①　　**2** ③　　**3** ④　　**4** ④　　**5** ②

6 ① (→ 가능한 한)

8장 따로 함과 같이 함을 나타낼 때

연습해 볼까요?

01 은/는 대로

1 (2) 재즈는 재즈대로 국악은 국악대로

(3) 밥은 밥대로 빵은 빵대로

(4) 편지는 편지대로

(5) 고양이는 고양이대로 강아지는 강아지대로

2 (2) 주택은 주택대로 삶을 풍요롭게 즐길 수 있어서

(3) 시장은 시장대로 값도 싼 데다가 덤도 많이 줘서

(4) 아이들은 아이들대로 (산과 들을) 맘껏 뛰어다니며 놀 수 있어서

(5) 우리 부부는 우리 부부대로 (집 안팎의 일을 직접 하느라 따로 운동할 필요 없이) 건강해지는 것 같아서

02 −는 김에

(2) 생각난 김에

(3) 물어보는 김에

(4) 도와주는 김에

(5) 부탁하는 김에

확인해 볼까요?

1 ③　　**2** ④

3 고기는 고기대로 나물은 나물대로

4 이 근처에 온 김에

5 ①

9장 대조와 반대를 나타낼 때

연습해 볼까요?

01 −건만

(2) 매번 일찍 와서 기다리건만 오늘도 늦게 와서 미안하단 말도 없니

(3) 손으로 힌트를 계속 주건만 아직도 모르는 눈치네

(4) 분명히 뭔가 달라진 것 같건만 뭐가 달라졌는지 잘 모르겠네

(6) 어제 'D−1. 꽃 한 송이면 돼~'라는 문자 메시지까지 받았건만 모르면 난 바보지

(7) 그냥 농담으로 한 말이건만 진짜로 꽃 한 송이만 사 왔니

(8) 선물도 사 왔건만 기분이 안 좋은지 별로 말을 안 하네

(10) 그냥 말로 하면 되겠건만 왜 항상 사람을 고민하게 만드니

02 −고도

(2) 밟고도

(3) 도와주고도

(4) 졸업하고도

(5) 먹고도

(6) 사귀고도

(7) 가지 않고도

03 −(으)ㅁ에도 불구하고

1 (2) ⓑ − 애완동물은 또 다른 가족이라는 인식이 높아지고 있음에도 불구하고 아직도 사회의 무관심 속에 버려진 유기견들이 많다

(3) ㉠ − 할 일이 산더미처럼 쌓였음에도 불구하고 감기 몸살로 인해 몸을 움직일 수가 없다

(4) ㉡ − 어린 나이임에도 불구하고 무대에서 긴장하는 모습이 없어 관객들을 감탄하게 만들었다

(5) ㉣ − 저녁까지 굶으면서 노력했음에도 불구하고 살은 좀처럼 빠지지 않았다

2 (2) 환경 단체의 대대적인 홍보에도 불구하고

(3) 추운 날씨에도 불구하고

(4) 거듭되는 스캔들과 부상에도 불구하고

(5) 90세의 고령에도 불구하고

10장 유사함을 나타낼 때

01 −듯이

1 (2) ㉠ − 사람마다 외모가 다르듯이 가치관과 성격도 다르다

(3) ㉣ − 장수하는 사람들의 생활에서 살펴봤듯이 오래 사는 비결은 긍정적인 마음을 갖는 데 있다

(4) ㉤ − 이번 일의 성공 여부는 앞에서도 언급했듯이 소비자의 요구를 얼마나 정확하게 읽어 내느냐에 달려 있다

(5) ㉢ − 얼마 전 원자력 발전소 사고에서 알 수 있듯이 절대적인 안전성을 보장하는 기술이란 없다

2 (2) 가뭄에 콩 나듯이　　(3) 게 눈 감추듯이

(4) 밥 먹듯이　　　　　　(5) 비 오듯이

(6) 눈 녹듯이　　　　　　(7) 제 집 드나들듯이

02 −다시피 하다

1 (2) 천재 피아니스트 장성주 씨는 모차르트의 모든 곡을 외우다시피 한다/하고 있다

(3) 자동차의 대중화로 기름도 라면이나 쌀처럼 필수품이 되다시피 하였다

(4) 몇 년째 계속된 전쟁으로 폐허가 되다시피 한 도시를 보니 마음이 아팠다

(5) 이 소설은 1930년대 남미의 농장으로 팔려가다시피 한 우리 선조들의 삶을 소재로 하고 있다

2 (2) 일하다시피 했어요

(3) 뛰어다니다시피 하면서

(4) 먹고 자다시피 하면서

3 (2) 빼앗다시피 해서

(3) 맡다시피 한다

(4) 녹초가 되다시피 한다

(5) 침묵하다시피 했다

11장 추가와 포함을 나타낼 때

01 −거니와

1 (2) 가깝거니와　　　　(3) 제철이거니와

(4) 좋거니와　　　　　(5) 아팠거니와

(6) 물론이거니와　　　(7) 들거니와

2 (2) 반 친구들도 재미있거니와 선생님도 친절하게 잘 가르쳐 주셔

(3) 시설도 깨끗하거니와 주인아주머니의 음식 솜씨도 아주 좋아

(4) 교통도 편리하거니와 먹을거리나 볼거리도 많아서 좋아

02 −기는커녕

1 (2) 만 원은커녕　　　　(3) 꽃구경은커녕

(4) 한 시간은커녕

2 (2) 사과를 하기는커녕

(3) 멋있기는커녕

(4) 피로가 풀리기는커녕

(5) 기분 전환이 되기는커녕

(6) 잘못을 뉘우치기는커녕

03 −(으)ㄹ뿐더러

1 (2) ㉣ − 우리는 말 한마디로 사람을 울고 웃게도 할뿐더러 더 나아가 한 사람의 인생을 변화시키기도 한다

(3) ㉠ − 요즘은 여성의 사회 진출이 크게 늘었을뿐더러 진출 분야도 많이 전문화되었다

(4) ㉢ − 나무는 산소의 주요 공급원일뿐더러 대기의 오염 물질을 흡수하여 정화를 해 주기도 한다

(5) ㉤ − 지도자는 조직을 관리하는 통솔력을 갖춰야 할뿐더러 변화하는 상황에 잘 대처하는 능력도 있어야 한다

2 (2) 능력이 없을뿐더러　　(3) 해로울뿐더러

(4) 재미있을뿐더러　　　(5) 벌어야 할뿐더러

04 -되

1 (2) 쓰되　　　　(3) 바꾸되
　　(4) 하되

2 (2) (텔레비전을) 보기는 보되
　　(3) (옷을) 입기는 입되
　　(4) (MP3를) 듣기는 듣되

05 마저

　　(2) 선배마저　　　(3) 막내딸마저
　　(4) 희망마저　　　(5) 너마저
　　(6) 부모님마저　　(7) 의욕마저

06 을/를 비롯해서

1 (2) 음료를 비롯해서　　(3) 선생님을 비롯해서
　　(4) 저를 비롯해서　　(5) 가족을 비롯해서
　　(6) 아시아를 비롯해서　(7) 고궁을 비롯해서

2 (2) 텔레비전을 비롯해서
　　(3) 미녀시대를 비롯해서
　　(4) 소년소녀가정을 비롯해서

확인해 볼까요?

1 ②　　2 ③　　3 ③　　4 ④　　5 ①
6 ③ (→ 우체국을 비롯한/비롯해서 공공 기관이)

12장 습관과 태도를 나타낼 때

연습해 볼까요?

01 -아/어 대다

1 (2) 울어 대서
　　(3) 피워 대는데
　　(4) 질러 대서
　　(5) 놀려 댔나 봐요/놀려 댔대요

2 (2) 찍어 대면서
　　(3) 말을 해 대고
　　(4) 뽀뽀를 해 대고/대기도 하고
　　(5) 웃어 댄다/대기까지 한다
　　(6) 전화를 해 댄다/대기도 한다

02 -기 일쑤이다

1 (2) 사람 얼굴을 못 알아보기 일쑤이다
　　(3) 여러 번 가 본 길도 헤매기 일쑤예요
　　(4) 버스에 우산을 놓고 내리기 일쑤였다
　　(5) 나하고 한 약속을 잊어버리기 일쑤여서

2 (2) 깨기 일쑤예요
　　(3) 자기 일쑤래요
　　(4) 넘어지기 일쑤였대요
　　(5) 늦기 일쑤예요/일쑤였어요

03 -는 둥 마는 둥 하다

1 (2) 영화도 보는 둥 마는 둥 하던데
　　(3) 화장을 지우는 둥 마는 둥 하고
　　(4) 학원에 다니는 둥 마는 둥 했어요
　　(5) 책상도 정리하는 둥 마는 둥 해
　　(6) 창문을 닦는 둥 마는 둥 하고(서는)/해 놓고(서는)

2 (2) 쳐다보는 둥 마는 둥 하고
　　(3) 대답을 하는 둥 마는 둥 했다
　　(4) 듣는 둥 마는 둥 했다
　　(5) 저녁을 먹는 둥 마는 둥 했더니

확인해 볼까요?

1 ②　　2 ④　　3 ②　　4 ④
5 ③ 듣거나 말거나 → 듣는 둥 마는 둥

13장 정도를 나타낼 때

연습해 볼까요?

01 -(으)리만치

1 (2) 냉정하리만치
　　(3) 상상할 수 없으리만치
　　(4) 생각하기조차 싫으리만치
　　(5) 눈썹 하나 까딱하지 않으리만치

2 (2) 값으로 따질 수 없으리만치
　　(3) 견줄 수 없으리만치
　　(4) 믿겨지지 않으리만치

02 −다 못해

1 (2) 웃다 못해 (3) 아름답다 못해
(4) 견디다 못해 (5) 시끄럽다 못해
(6) 부끄럽다 못해 (7) 창백하다 못해

2 (2) 고맙다 못해
(3) 기가 막히다 못해
(4) 괘씸하다 못해
(5) 생각하다 못해/생각다 못해

확인해 볼까요?

1 ② **2** ③ **3** ② **4** ①
5 ③ 시원하지 못해 → 시원하다 못해

14장 의도를 나타낼 때

연습해 볼까요?

01 −(느)ㄴ다는 것이

1 (2) 내린다는 것이 (3) 부른다는 것이
(4) 넣는다는 것이 (5) 잔다는 것이

2 (2) 빨리 간다는 게 길이 막혀서 오히려 더 늦었다
(3) 정신을 차리고 잘 듣는다는 게 긴장이 풀리니까 졸렸다
(4) 친구한테 문자 메시지를 보낸다는 게 부장님에게 잘못 보냈다
(5) (정신을 차리려고) 물을 마신다는 게 소주를 마셨다

02 −(으)려고 들다

1 (2) 따라 하려고 들어서
(3) 알려고 드니
(4) 배우려고 들지
(5) 따지려고 드는 게/들어서
(6) 해결하려고 드는
(7) 챙기려고 드니

2 (2) 가지려고 든다
(3) 숨기려고 든다
(4) 만들려고 든다
(5) 행동하려고 든다

03 −(으)려다가

1 (2) 기르려다가
(3) 보내려다가
(4) 포기하려다가

2 (2) ㉢㉯ – 선물을 사 드리려다가 현금이 나을 것 같아서 돈으로 드리려고 해요
(3) ㉣㉮ – 못 본 척하고 지나가려다가 그래도 내가 아랫사람이니까 먼저 가서 인사했어
(4) ㉡㉰ – 얇은 옷을 입으려다가 뉴스를 듣고 다시 두꺼운 옷으로 바꿔 입었어요

확인해 볼까요?

1 ② **2** ④ **3** ③ **4** ③ **5** ④
6 ① (→ 하려다가)

15장 추측과 가능성을 나타낼 때

연습해 볼까요?

01 −는 듯이

1 (2) 헤어지기 아쉬운 듯이 (3) 뛸 듯이
(4) 죽은 듯이 (5) 잡아먹을 듯이

2 (2) 하늘을 찌를 듯이 (3) 쏟아져 내릴 듯이
(4) 숨이 막힐 듯이

02 −(느)ㄴ다는 듯이

1 (2) 이해한다는 듯이 (3) 지루하다는 듯이
(4) 잘 모르겠다는 듯이 (5) 마음에 안 든다는 듯이

2 (2) 귀찮다는 듯이 (3) 입맛이 없다는 듯이
(4) 언제 그랬냐는 듯이 (5) 쳐다본다는 듯이

03 −는 듯하다

1 (2) 잘되어 가는 듯해서
(3) 비용을 아낄 수 있을/있는 듯하던데
(4) 큰 영향을 미칠 듯해요
(5) 낭비한 듯해서

2 (2) 돌파할 듯하며 (3) 팔리고 있는 듯합니다
(4) 유행할 듯해서 (5) 알 듯해요
(6) 누리고 싶어 하는 듯한

04 -(으)ㄹ 게 뻔하다

1 (2) 떨어질 게 뻔하니까
(3) 하락할 게 뻔하니까
(4) 여행 갔을 게 뻔해요
(5) 놓고 왔을 게 뻔해요

2 (2) 쉽지 않을 게 뻔했지만
(3) 알려 주지 않을 게 뻔해서/뻔하니까
(4) 듣지 않을 게 뻔하기 때문이다
(5) 실패할 게 뻔하다

05 -(으)ㄹ 법하다

1 (2) 최고 대학을 졸업한 변호사라면 유명 법률 회사에서 큰돈 받으며 일할 법한데, 시민 단체에 들어가 무료로 법률 상담을 하고 있다
(3) 그 정도로 많은 돈을 모았으면 편하게 살 법한데, 여전히 병원 청소며 식당 일을 하러 다니신다
(4) 친한 친구들이 다 결혼을 해 가정을 꾸리면 결혼이 하고 싶어질 법한데, 남자한테는 관심도 없고 글만 쓰고 있다
(5) 매일 똑같은 음식을 먹으면 질릴 법한데, 식당에 갈 때마다 김치찌개만 시킨다

2 (2) 들고 다녔을 법한   (3) 해변에서나 입을 법한
(4) 한 번쯤 꿈꿨을 법한 (5) 당연히 궁금해할 법한

06 -(으)ㄹ 리가 없다

1 (2) 만들었을 리가 없어요
(3) 유출됐을 리가 없어요
(4) 고장이 났을 리가 없어요

2 (2) 그런 사기를 쳤을 리가 없어요
(3) 그새 바뀔/바뀌었을 리가 없는데
(4) 없을 리가 없어요
(5) 성공할 리가 없다

07 -기 십상이다

1 (2) 손님들의 외면을 받기 십상이에요
(3) 손해 보기 십상이에요
(4) 안 되기 십상이니까

2 (2) 삐기 십상입니다
(3) 빠지기 십상입니다
(4) 포기하기 십상인 데다
(5) 발생하기 십상입니다

확인해 볼까요?

1 ②   **2** ①   **3** ④   **4** ③   **5** ④
6 ① (→ 따르기 마련이다)

16장 당연함을 나타낼 때

연습해 볼까요?

01 -기 마련이다

1 (2) 쉽게 얻은 것은 쉽게 잃기 마련이죠
(3) 눈에서 멀어지면 마음에서도 멀어지기 마련이에요
(4) 사람은 누구나 변하기 마련이죠
(5) 아이들은 싸우면서 크기 마련이에요

2 (2) 누구나 장점이 있으면 단점도 있게 마련이죠
(3) 사랑을 하면 눈이 멀게 마련이라더니
(4) 연애를 하면 예뻐지게 마련이에요
(5) 오는 것이 있으면 가는 것이 있게 마련이에요

02 -는 법이다

1 (2) 아무리 맛있는 음식도 매일 먹으면 싫증이 나는 법이라고/법이야
(3) 뭐든지 지나치면 해가 되는 법이니까
(4) 실력이 주는 법이에요

2 (2) 열 번 찍어 안 넘어가는 나무가 없는 법이다
(3) 발 없는 말이 천 리를 가는 법이다
(4) 고생 끝에 낙이 오는 법이다

확인해 볼까요?

1 ③   **2** ①   **3** ③   **4** ②
5 ① (② → 뭐든지 시작은 쉽지 않은 법입니다.
③ → 가는 말이 고와야 오는 말이 고운 법입니다.
④ → 항상 꾸준히 노력하는 사람은 어디 가서도 살아남는 법입니다.)
6 ② (→ 져야 하는 법이다)

17장 나열함을 나타낼 때

01 –는가 하면

1 (2) ㉣ – 모델 김연주 씨는 살을 뺀다고 며칠씩 굶었
는가/굶는가 하면 한꺼번에 서너 끼를 먹어 치울
때도 많았다고 한다
(3) ㉤ – 올여름 남부 지방은 가뭄으로 고생했는가/
고생하는가 하면 중부 지방은 폭우로 큰 피해를
입었다
(4) ㉠ – 그 감독의 작품은 예술성이 높다는 평가를
받는가 하면 이해하기 어렵다는 평가를 받기도
한다
(5) ㉢ – 돈 때문에 사람을 납치하는 사람이 있는가
하면 다른 사람을 구하려고 자신의 목숨을 희생
하는 사람도 있다
(6) ㉥ – 인생의 시련을 만나면 어떤 이는 세상을
탓하고 삶을 포기하는가 하면 어떤 이는 새로운
길로 나가는 기회로 삼고 성장한다

2 (2) 습관적으로 야근하는가 하면
(3) 지나치게 길게 작성하는가 하면
(4) 쓸데없는 질문을 해 대는가 하면

02 –느니 –느니 하다

(2) 야근이니 회식이니/야근이라느니 회식이라느니
(3) 디자인이 촌스러우니 구두가 불편해 보이느니/
디자인이 촌스럽다느니 구두가 불편해 보인다느니
(4) 운동을 하느니 마느니
(5) 공부 좀 하라느니 용돈 좀 아껴 쓰라느니
(6) 예산을 낭비하느니 대기업 배만 불리는 정책만
펼치느니/예산을 낭비한다느니 대기업 배만
불리는 정책만 펼친다느니

03 –(으)랴 –(으)랴

1 (2) ㉢ – 전공 공부랴 부족한 한국어 공부랴
(3) ㉠ – 사건 취재하러 다니랴 연애하랴
(4) ㉣ – 사인해 주랴 사진 같이 찍어 주랴

2 (2) 설거지하랴 음식 서빙하랴
(3) 식당 일을 하랴 요리 연습을 하랴
(4) 방송하랴 요리책을 집필하랴
(5) 낮에는 메뉴 개발하랴 저녁에는 주방에서 요리
하랴

04 (이)며 (이)며

(2) 사무실이며 회의실이며
(3) 무뚝뚝한 거며 말투가 퉁명스러운 거며
(4) 몸매며 얼굴이며
(5) 상냥한 거며 애교가 많은 거며
(6) 커피며 주스며
(7) 보고서며 발표 준비며
(8) 주식이며 땅이며
(9) 가방이며 옷이며 구두며
(10) 신용 카드비며 은행 대출금이며

1 ③   2 ①   3 ②   4 ③   5 ④
6 ② (→ 날씨가 춥네 피곤하네 하며)

18장 결과와 회상을 나타낼 때

01 –(으)ㄴ 끝에

1 (2) 암 투병 끝에   (3) 기다린 끝에
(4) 논란 끝에   (5) 공부한 끝에
(6) 말다툼 끝에

2 (2) 추격한 끝에   (3) 열애 끝에
(4) 연구한 끝에

02 –아/어 내다

1 (2) 털어 내고   (3) 풀어 낸/풀어 내는
(4) 발견해 냈습니다   (5) 막아 내서
(6) 그려 내서   (7) 키워 내셨네요

2 (2) 담아냈다는
(3) 닦아 내고
(4) 기억해 낸
(5) 받아 낼 수 있으리라는/있을 거라는

370

03 −(으)ㄴ 나머지

(2) 무리하게 다이어트를 한 나머지 건강에 문제가 생겨/무리하게 다이어트를 하다가 건강에 문제가 생긴 나머지 병원에 입원했다

(3) 자기 마음을 몰라주는 소피아 씨 때문에 마음이 상한 나머지 부산으로 바람 쐬러 갔다

(4) 베이징에서 열리는 슈퍼보이즈 공연이 너무 보고 싶은 나머지 며칠 휴가를 내고 중국에 갔다

(5) 어제 술을 너무 많이 마신 나머지 이성을 잃고 사람들과 싸움을 벌였다

(6) 오늘 출근하는 길에 급하게 서두른 나머지 앞 자동차를 받았다

04 −데요

1 (2) 고등학교 동창이데요

(3) 몰라보겠데요

(4) 살이 많이 빠졌데요

2 (2) 생각보다 덥지 않데

(3) 몸과 마음이 치유가 되는 것 같데

(4) 음식의 종류도 다양하고 정말 맛있데

확인해 볼까요?

1 ② 　2 ④ 　3 ① 　4 ③ 　5 ①

6 ① (→ 힘들어하데)

19장 상황이나 기준을 나타낼 때

연습해 볼까요?

01 −는 가운데

1 (2) ② – 한류가 인기를 더해 가고 있는 가운데 한류가 단순히 문화 외교의 차원이 아닌 문화 교류의 차원으로 확대되어야 한다는 의견이 제기되고 있다

(3) ⓒ – 많은 시민들이 참여한 가운데 '좋은 이웃 되기 운동'이 펼쳐지고 있다

(4) ① – 때로 해결이 나지 않을 것 같은 문제도 서로 이야기를 나누는 가운데 해결의 실마리를 찾게 될 때가 있다

2 (2) 어려운 가운데/가운데(에)도/가운데(에)서도

(3) 모인 가운데

(4) 묻고 듣는 가운데

02 −는 마당에

1 (2) 어려운 마당에　　(3) 잘 못 하는 마당에

(4) 배가 고픈 마당에　(5) 해고를 당한 마당에

2 (2) 도덕적 불감증에 빠져 있는 마당에

(3) 자식이 부모도 속이는 마당에

(4) 가족도 못 믿는다고 하는 마당에

03 치고

1 (2) 영철 씨 얘기치고

(3) 배우가 나오는 영화치고

(4) 사 먹는 음식치고

2 (2) 만든 것치고는　　(3) 소문난 맛집치고는

(4) 오래된 집치고는　(5) 중소기업치고는

04 −(으)ㅁ에 따라

1 (2) ① – 이상 고온 현상이 계속됨에 따라 농산물 재배에 어려움을 겪고 있다

(3) ② – 환경 보호에 대한 관심이 높아짐에 따라 전기 차를 비롯한 친환경 사업에 대한 관심도 높아지고 있다

(4) ⓜ – 한국 문화에 대한 관심이 한국어 학습 열풍으로 이어짐에 따라 해외 한국어 학교의 수강생이 급증하고 있다고 한다

(5) ⓛ – 인터넷의 보급이 확산됨에 따라 '웹진(웹+매거진)'이라는 새로운 형태의 출판물이 등장하였다

2 (2) 국내 커피 시장이 급성장세를 이어감에 따라

(3) 육아 휴직 수당이 인상됨에 따라

(4) 합리적인 소비를 선호하는 소비자가 많아짐에 따라

확인해 볼까요?

1 ④ 　2 ② 　3 ③ 　4 ③ 　5 ①

6 ① (→ 부부치고 한 번도 안 싸우는 부부가 어디 있어요?/부부치고 한 번도 안 싸우는 부부는 없어요/없을 거예요.)

20장 강조를 나타낼 때

01 여간 -지 않다

1 (2) 여간 자랑스럽지 않다
　(3) 여간 손이 많이 가지 않는다/손이 여간 많이 가지
　　 않는다
　(4) 여간 부담스럽지 않다
　(5) 여간 돈을 많이 쓰지 않았다/돈을 여간 많이 쓰지
　　 않았다
　(6) 여간 보기가 좋지 않다/보기가 여간 좋지 않다
　(7) 여간 잘 팔리지 않는다
2 (2) 여간 붐비는 게 아니다
　(3) 여간 맛있는 게 아니다
　(4) 여간 많은 게 아니다
　(5) 여간 자주 오시는 게 아니다

02 -기가 이를 데 없다

　(2) 불편하기가 이를 데 없는
　(3) 뻔뻔하기가 이를 데 없다
　(4) 불안하기가 이를 데 없는데
　(5) 무책임하기가 이를 데 없다
　(6) 기쁘기가 이를 데 없었다
　(7) 사랑스럽기가 이를 데 없었다

03 -(으)ㄹ래야 -(으)ㄹ 수가 없다

1 (2) 입을래야 입을 수가 없어
　(3) 알아들을래야 알아들을 수가 없었어요
　(4) 잊을래야 잊을 수가 없어요
　(5) 피할래야 피할 수 없는
2 (2) 거절할래야 거절할 수가 없었어
　(3) 안 낼래야 안 낼 수가 없었어
　(4) 믿을래야 믿을 수가 없잖아
　(5) 사 줄래야 사 줄 수가 없는 거지

1 ③　2 ④　3 ①　4 ②
5 ① (→ 여간 고집이 세지 않아요/여간 고집이 센 게
　 아니에요)

21장 높임법을 나타낼 때

01 하오체

1 (2) 걷거나 뛰지 마시오
　(3) 문이 닫힐 때 뛰어들지 마시오
　(4) 손대지 마시오
　(5) 기대지 마시오
2 (2) 요즘 어떻게 지내오
　(3) 나는 잘 지내고 있소
　(4) 박 대감도 시간 있으면 같이 갑시다
　(5) 등산을 좋아하는 것을 몰랐소
　(6) 다음에 가기로 한 약속 잊지 마시오

02 하게체

1 (2) 미국 아들네 집에 갔다 왔네
　(3) 통 소식이 없었구먼
　(4) 자네는 어떤가
　(5) 우리 집에 한번 들르게
　(6) 조만간 다시 연락하세
2 (2) 자네일 줄 누가 알았겠나
　(3) 속으로는 아주 많이 놀랐네
　(4) 둘 다 대단하구먼
　(5) 자네가 많이 이해해 주게
　(6) 좋은 자리를 만들어 보세

1 ③
2 ① 지났군요 → 지났구려
3 ② 마시지 마오 → 마시지 말게
4 ③
5 ② (→ 벌써 1시가 넘었구먼. 자네는 점심은 먹었나?)

22장 기타 유용한 표현들

01 ㅡ(으)므로, ㅡ(으)나, ㅡ(으)며

1 (2) 피해 지역 복구에 최선을 다하고 있으나 서너
   달은 더 걸릴 듯하다
   (3) 구두의 굽이 높은 것은 발목과 무릎에 무리를
   줄 수 있으므로 주의해야 한다
   (4) 그녀는 고등학교를 중퇴한 뒤 모델로 활동하기
   시작했으며 이후 최고의 영화배우가 되었다

2 (2) 골절을 입는 경우가 많으므로 외출할 때 마스크
   등을 착용하는 게 좋다
   (3) 일정을 잡기 쉽지 않았으나 지난해 말에 고속도로
   가 완전히 개통되어

02 피동과 사동

1 (2) 해고시키고   (3) 진정시키려고
   (4) 사고를 내   (5) 망신당했다
   (6) 반영해

2 (2) 패러디되고   (3) 점령당했다고
   (4) 열광시키고

03 ㅡ(으)ㄹ세라, ㅡ는 양, ㅡ는 한편,
   ㅡ(으)ㄹ 턱이 없다

1 (2) 성주 씨는 잠이 든 아이가 깰세라 작은 목소리로
   귀에 대고 속삭였다
   (3) 승우 씨는 목이 조금 부은 것 가지고 암이라도
   걸린 양 얼마나 죽는 소리를 하는지 몰라요
   (4) 그동안 중소기업 박람회는 우수한 중소기업을
   홍보하는 한편 일자리를 구하는 사람들과 직원
   채용을 원하는 중소기업을 연결해 주는 역할을
   해 왔다

2 (2) 2주 동안 반짝 커피 만드는 법을 배운 이들이 내
   놓는 커피가 전문가들이 만든 커피의 맛과 같을
   턱이 없다
   (3) 우리 사회 일자리 창출에 기여하는 한편 직원들
   에게 다양한 성장의 기회를 제공하며
   (4) 혹시라도 누가 들을세라 주위에 다른 사람들이
   없는지를 확인하고

1 ②   **2** ①   **3** ①   **4** ③   **5** ④
6 ④ (→ 그 감독은 영화가 해외에서 호평을 받으며
명성을 얻었다.)

1장 선택을 나타낼 때

01 -느니

가 짝사랑을 고백하는 게 쉽지 않았을 텐데 어디서 그런 용기가 났어요?

나 혼자서 끙끙 앓느니 차라리 거절을 당해도 제 마음을 표현하는 게 나을 것 같았어요.

가 자기의 실수를 인정하는 게 쉽지 않았을 텐데 어디서 그런 용기가 났어요?

나 언젠가 알려질까 봐 마음을 졸이느니 차라리 인정하고 벌을 받는 게 나을 것 같았어요.

가 거의 다 완성된 일을 그만두는 게 쉽지 않았을 텐데 어디서 그런 용기가 났어요?

나 남에게 피해를 주면서까지 일을 계속 진행하느니 차라리 그쯤에서 포기하는 게 나을 것 같았어요.

02 -(으)ㄹ 바에야

가 요즘 채소 값이 너무 비싸져서 채소를 사 먹을 수가 없어요.

나 그러게요. 이렇게 채소를 비싸게 주고 사 먹을 바에야 번거로워도 직접 집에서 길러 먹어야겠어요.

가 요즘 전세금이 너무 올라서 전셋집을 구하기가 어려워요.

나 그러게요. 이렇게 비싼 돈 내고 전세로 살 바에야 대출을 받아서라도 집을 하나 장만해야겠어요.

가 요즘 폭력이나 집단 따돌림 등의 문제가 너무 심각해서 아이를 학교에 보내기가 두려워요.

나 그러게요. 이렇게 걱정하면서 일반 학교에 보낼 바에야 모험을 하더라도 대안 학교에 보내거나 홈 스쿨링을 해야겠어요.

03 -건 -건

가 항상 기분 좋게 일을 하시는 것 같아요.

나 좋건 싫건 간에 어차피 제가 해야 하는 일이라면 즐기면서 해야지요.

가 작은 일에도 최선을 다하시는 것 같아요.

나 중요한 일이건 중요하지 않은 일이건 간에 제가 맡은 일이니까 최선을 다해야지요.

가 다른 사람의 평가를 별로 신경 쓰지 않으시는 것 같아요.

나 사람들이 칭찬을 하건 비난을 하건 간에 제가 옳은 일을 했다면 신경 쓰지 말아야지요.

04 -(느)ㄴ다기보다는

가 그 집 딸이 논술 대회에서 우승을 했다니 머리가 좋은가 봐요.

나 머리가 좋다기보다는 어려서부터 책을 많이 읽도록 한 게 도움이 된 것 같아요.

가 그 집 딸이 수학 경시대회에서 일등을 했다니 천재인가 봐요.

나 천재라기보다는 어려서부터 아빠랑 숫자를 가지고 놀이를 하도록 한 게 도움이 된 것 같아요.

가 그 집 딸이 배운 지 얼마 안 돼서 피아노 경연 대회에서 대상을 받았다니 원래 소질이 있었나 봐요.

나 원래 소질이 있었다기보다는 어려서부터 피아노를 장난감처럼 여기며 놀도록 한 게 도움이 된 것 같아요.

2장 인용을 나타낼 때

01 보고

가 오늘 회의 때 무슨 일 있었어요? 얼굴이 왜 그래요?

나 글쎄, 김 선배가 우리 팀 사람들보고 일 좀 제대로 하라고 그러잖아요. 내가 기분 안 나쁘게 생겼어요?

가 여기 오다가 무슨 일 있었어요? 얼굴이 왜 그래요?

나 글쎄, 길에서 웬 꼬마가 남자 친구도 없는 나보고 아줌마라고 부르잖아요. 내가 기분 안 나쁘게 생겼어요?

가 오늘 동창회에 간다더니 무슨 일 있었어요? 얼굴이 왜 그래요?

나 글쎄, 동창 한 명이 우리 남편보고 상식 좀 키워야겠다고 그러잖아요. 내가 기분 안 나쁘게 생겼어요?

02 -(느)ㄴ다니까

가 태민 씨의 발표 준비를 또 도와주기로 했다면서요?
  왜 그랬어요?

나 발표 때문에 걱정이 돼서 잠을 못 잔다니까 도와줘야
  겠더라고요. 사실 저도 그러고 나서 후회했어요.

가 동호 씨 대신 또 야근하기로 했다면서요? 왜 그랬
  어요?

나 아내가 많이 아프다니까 대신 야근해 줘야겠더라고요.
  사실 저도 그러고 나서 후회했어요.

가 옆집 아기를 또 봐 주기로 했다면서요? 왜 그랬어요?

나 나 말고는 안심하고 아기를 맡길 데가 없다니까 봐
  줘야겠더라고요. 사실 저도 그러고 나서 후회했어요.

03 -(느)ㄴ다면서

가 태민 씨가 저한테 관심이 있나 봐요.

나 왜요?

가 며칠 전에 내 생각이 나서 샀다면서 스카프 하나를
  주더라고요.

가 태민 씨가 저한테 관심이 있나 봐요.

나 왜요?

가 어제 우리 집이 어디냐면서 집까지 태워다 주겠다고
  하더라고요.

가 태민 씨가 저한테 관심이 있나 봐요.

나 왜요?

가 좀 전에 졸리면 마시라면서 나한테만 커피를 갖다
  주더라고요.

04 에 의하면

가 요즘 청소년들이 담배를 많이 피우는 것 같아서 걱정
  이에요.

나 한 통계 자료에 의하면 우리나라 청소년 흡연율이
  매년 증가하고 있다고 해요.

가 요즘 청소년들이 인터넷을 너무 많이 하는 것 같아서
  걱정이에요.

나 여성 가족부의 조사 결과에 의하면 우리나라 청소년
  의 30%가 인터넷에 중독되어 있다고 해요.

가 요즘 청소년들의 학교 폭력이 심각한 것 같아서 걱정
  이에요.

나 서울시가 조사한 바에 의하면 학교 폭력 피해자 중
  30%가 자살 충동에 시달린다고 해요.

3장 명사화됨을 나타낼 때

01 -(으)ㅁ

가 엄마는 아빠랑 어떻게 만나셨어요?

나 엄마랑 아빠는 같은 동아리에 있었는데 아빠가 참 남자
  다웠어. 엄마는 아빠의 그런 남자다움에 마음이 끌렸
  단다.

가 두 분은 중간에 헤어진 적은 없으셨어요?

나 외할아버지가 반대를 심하게 하셔서 한 번 헤어진 적이
  있었어. 그런데 그 헤어짐이 서로의 사랑을 확인하는
  계기가 되었단다.

가 엄마는 어떻게 결혼을 결심하셨어요?

나 아빠한테 여러 가지 어려움이 많았는데 아빠는 좌절
  하는 법이 없었어. 어떤 상황에도 아빠가 좌절하지
  않음을 보고 평생을 같이하고 싶다는 마음이 생겼
  단다.

02 -는 데

가 개강했죠? 한국말로 하는 강의는 들을 만해요?

나 교수님 말씀이 워낙 빠르고 어려운 말도 많이 쓰셔서
  못 알아들을 때가 있어요. 더 열심히 노력해서 강의를
  듣는 데 부족함이 없도록 해야죠.

가 개강했죠? 한국말로 된 전공 책은 읽을 만해요?

나 전공 책에 모르는 전문 용어도 많고 읽어야 할 분량도
  많아서 시간이 많이 걸리긴 해요. 더 열심히 노력해서
  전공 책을 읽는 데 시간이 덜 걸리게 해야죠.

가 개강했죠? 한국말로 발표는 할 만해요?

나 모국어가 아닌 말로 많은 사람들 앞에서 발표를 하다
  보니 긴장을 해서 발음이 꼬이고 말이 헛나올 때가
  있어요. 더 열심히 노력해서 제 생각을 전달하는 데
  어려움이 없도록 해야죠.

03 -는 바

가 가수 김민수 씨와 이하연 씨가 사귄다는 소문이 있던데 사실인가요?

나 주변 사람들이 전하는 바로는 같이 광고를 찍으면서 가까워졌다고 합니다.

가 가수 김민수 씨와 이하연 씨가 결혼한다는 소문이 있던데 사실인가요?

나 두 사람이 진지하게 사귀는 것은 맞지만 결혼에 대해서는 아직 정해진 바가 없다고 합니다.

가 가수 김민수 씨와 이하연 씨가 헤어졌다는 소문이 있던데 사실인가요?

나 한 잡지사가 인터뷰한 바에 따르면 두 사람은 바쁜 스케줄로 인해 사이가 멀어졌다고 합니다.

4장 원인과 이유를 나타낼 때

01 (으)로 인해서

가 요즘 탈모 환자가 늘고 있다지요?

나 네, 스트레스로 인해 탈모 환자가 증가하고 있다고 해요.

가 겨울철에는 아토피 증상이 심해진다지요?

나 네, 춥고 건조한 날씨로 인해 가려움증이 더 심해진다고 해요.

가 수험생들 중에 허리가 아픈 사람들이 많다지요?

나 네, 장시간 잘못된 자세로 공부함으로 인해 허리에 문제가 많이 생긴다고 해요.

02 -는 통에

가 아이들이 뛰어다니는 통에 밥이 코로 들어가는지 입으로 들어가는지 모르겠네요.

나 저도 그래요. 식당에서는 부모들이 아이들을 못 뛰게 해야 하는 거 아닌가요?

가 옆 사람이 계속 들락날락하는 통에 영화에 전혀 집중이 안 되네요.

나 저도 그래요. 영화가 시작되면 다른 사람들에게 방해가 안 되도록 조심해야 하는 거 아닌가요?

가 아랫집 아저씨가 술에 취해 소리를 질러 대는 통에 도통 잠을 못 자겠네요.

나 저도 그래요. 한밤중에는 이웃 사람들을 위해서 좀 조용히 해야 하는 거 아닌가요?

03 (으)로 말미암아

가 요즘 나이 드신 분들이 꽤 일을 많이 하시는 것 같아요.

나 고령 인구의 증가로 말미암아 은퇴 이후에도 계속 일을 하는 사람들이 늘고 있대요.

가 요즘 제3세계에서 민주화 운동이 거센 것 같아요.

나 소셜 네트워크 서비스 확대로 말미암아 제3세계에 민주화 도미노 현상이 일어나고 있대요.

가 요즘 다문화 가정이 많아진 것 같아요.

나 세계화로 말미암아 국제결혼에 대한 가치관이 변화하면서 다문화 가정이 증가하고 있대요.

04 -느니만큼

가 얼마 전에 그 나라에 갔다 오셨잖아요. 준비해 가야 할 게 있으면 좀 알려 주세요.

나 가시는 곳이 자외선이 강하니만큼 자외선 차단 제품은 꼭 가지고 가도록 하세요.

가 얼마 전에 그 나라에 갔다 오셨잖아요. 조심해야 할 게 있으면 좀 알려 주세요.

나 가시는 곳이 이슬람 국가(이)니만큼 노출이 심한 옷은 삼가도록 하세요.

가 얼마 전에 그 나라에 갔다 오셨잖아요. 갈 만한 곳이 있으면 좀 알려 주세요.

나 가시는 곳이 고대 유적지가 잘 보전되어 있는 곳이니만큼 고대 유적지는 꼭 돌아보도록 하세요.

05 -는 이상

가 케빈 씨는 팀장이 되고 나서 대하기가 불편해진 것 같아요.

나 팀장이 된 이상 예전처럼 직원들과 편하게 농담을 주고받을 수는 없겠지요.

가 케빈 씨는 결혼하고 나서 돈 관리를 철저하게 하는 것 같아요.

나 이제 한 집안의 가장인 이상 총각 때처럼 마음대로 돈을 쓸 수는 없겠지요.

가 케빈 씨는 프로젝트 책임자가 되고 나서 많이 엄격해진 것 같아요.

나 자신이 모든 일을 책임져야 되는 이상 일을 건성건성 할 수는 없겠지요.

06 -기로서니

가 뉴스에서 보니까 국회에서 정치인들끼리 욕하며 싸우더라고요.

나 아무리 서로 의견이 다르기로서니 국회에서 막말을 해서는 안 되지요.

가 선거철만 되면 양로원이나 고아원에 가는 정치인들이 많더라고요.

나 아무리 지지율을 높이고 싶기로서니 외롭고 불쌍한 사람들을 이용해서는 안 되지요.

가 일부 정치인들이 돈을 받고 대기업의 불법 행위를 눈감아 줬더라고요.

나 아무리 돈이 좋기로서니 국민의 존경을 받아야 하는 정치인이 양심을 파는 일을 해서는 안 되지요.

07 -기에 망정이지

가 회사 앞 짬뽕집이 그렇게 맛있다고들 하던데 정말 소문대로던가요?

나 소문대로긴요. 배가 고팠기에 망정이지 아니었으면 많이 남겼을 거예요.

가 그 드라마에 나왔던 여행지에 그렇게 볼 게 많다고들 하던데 정말 소문대로던가요?

나 소문대로긴. 하루로 일정을 잡았기에 망정이지 이틀로 잡았으면 시간이 남아돌았을 거예요.

가 태영 씨가 그렇게 통역을 잘한다고들 하던데 정말 소문대로던가요?

나 소문대로긴요. 그 회사 직원이 한국말을 잘하기에 망정이지 그렇지 않으면 투자를 못 받았을 거예요.

08 -(느)ㄴ답시고

가 요즘 우리 집 아들은 속만 썩이는데 그 집 아들은 어때요?

나 말도 마세요. 얼마 전에는 영어를 배운답시고 미국 드라마를 새벽 3시까지 보더라고요.

가 요즘 우리 집 아들은 속만 썩이는데 그 집 아들은 어때요?

나 말도 마세요. 얼마 전에는 동영상 강의를 듣는답시고 컴퓨터를 사 놓고 게임만 하더라고요.

가 요즘 우리 집 아들은 속만 썩이는데 그 집 아들은 어때요?

나 말도 마세요. 얼마 전에는 공부한답시고 학원을 3개월 치나 끊어 놓고 일주일도 안 나가더라고요.

09 -(으)ㅁ으로써

가 우리나라에서 세계 정상 회의가 개최된다지요?

나 네, 그렇습니다. 이번 정상 회의를 개최함으로써 국제 사회에 우리나라의 위상을 한층 더 높일 수 있을 거라고 예상됩니다.

가 우리나라가 남미 국가들과 FTA를 체결하게 되었다지요?

나 네, 그렇습니다. 남미 국가들과 FTA를 체결함으로써 남미에 전자 제품 수출이 증가될 것으로 기대됩니다.

가 정부가 새로 조성하는 공원에서는 전기 차와 자전거만 이용하게 한다지요?

나 네, 그렇습니다. 전기 차와 자전거만 이용하게 함으로써 탄소 배출을 줄일 것으로 생각됩니다.

10 -기에

가 얼마 전에 사무실 사람들에게 한마디 하셨다면서요?

나 네, 최근에 지각들이 하도 잦기에 한마디 좀 했습니다.

가 오전에 김 대리한테 뭐라고 하셨다면서요?

나 네, 꼼꼼하지 못하고 하도 덜렁대기에 뭐라고 좀 했습니다.

가 어제 동현 씨한테 싫은 소리를 하셨다면서요?

나 네, 지난번에 하라고 한 보고서를 아직 못 끝냈기에 싫은 소리 좀 했습니다.

11 -길래

가 소희 씨, 한 달이나 사용한 세탁기를 새 제품으로 교환했다면서요?

나 네, 계속 고장이 나더라고요. 세 번 이상 고장이 나면 새 제품으로 교환이 가능하다길래 바꿨어요.

가 소희 씨, 학원비를 환불받았다면서요?

나 네, 강의가 별로 마음에 안 들더라고요. 강의가 만족스럽지 못하면 전액 돌려준다길래 환불받았어요.

가 소희 씨, 이번 출장에서 돌아오면서 일등석을 탔다면서요?

나 네, 비행기 예약이 잘못되어 있더라고요. 항공사 측의 실수라 추가 비용 없이 바꿔 준다길래 일등석으로 타고 왔어요.

5장 가정 상황을 나타낼 때

01 −더라도

가 회사 상사가 자꾸 개인적인 일까지 부탁하는데 거절하면 관계가 불편해질까 봐 어떻게 해야 할지 모르겠어요.

나 관계가 불편해지더라도 공과 사는 명확히 구분하는 게 좋으니까 단호히 거절하는 게 좋을 것 같아요.

가 같은 부서 동료를 좋아하게 됐는데 고백하면 거절을 당할까 봐 어떻게 해야 할지 모르겠어요.

나 거절을 당하더라도 나중에 후회하는 것보다 고백을 하는 게 좋을 것 같아요.

가 영화 관련 일이 너무 좋아서 하고 싶은데 사람들 말대로 돈벌이가 안 될까 봐 어떻게 해야 할지 모르겠어요.

나 처음에는 돈을 많이 못 벌더라도 좋아하는 일을 열심히 하다 보면 돈도 따라오는 법이니까 하고 싶은 일을 하는 게 좋을 것 같아요.

02 −(으)ㄹ지라도

가 태민 씨가 다른 사람들에 비해 나이가 어린데 팀장을 맡기면 잘할 수 있을까요?

나 비록 나이는 어릴지라도 책임감도 강하고 이쪽 분야에서 일한 적도 있으니까 잘해 낼 수 있을 겁니다.

가 태민 씨가 다른 사람들에 비해 실무 경험이 부족한데 팀장을 맡기면 잘할 수 있을까요?

나 비록 실무 경험은 부족할지라도 관련 업무의 연수도 받았고 전공도 이쪽이니까 잘해 낼 수 있을 겁니다.

가 태민 씨가 다른 사람들에 비해 마음이 여린데 팀장을 맡기면 잘할 수 있을까요?

나 비록 마음은 여릴지라도 결정적인 순간에는 정확한 판단력으로 강하게 추진해 나가니까 잘해 낼 수 있을 겁니다.

03 −(으)ㄴ들

가 외국어 점수가 높으면 취직할 때 도움이 되겠지요?

나 글쎄, 요즘은 아무리 외국어 점수가 높은들 유창하게 구사하지 못한다면 그리 도움이 되지 않는 것 같아.

가 좋은 대학을 졸업하면 취직할 때 도움이 되겠지요?

나 글쎄, 요즘은 아무리 좋은 대학을 졸업한들 실력을 제대로 갖추지 못한다면 그리 도움이 되지 않는 것 같아.

가 자격증을 많이 따 놓으면 취직할 때 도움이 되겠지요?

나 글쎄, 요즘은 아무리 자격증을 많이 따 놓은들 업무와 관련된 인턴 경험이 없다면 그리 도움이 되지 않는 것 같아.

04 −(으)ㄹ망정

가 투안 씨가 다니는 회사는 규모가 그리 크지 않다면서요? 좀 더 규모가 큰 회사로 옮기고 싶지 않으세요?

나 우리 회사는 규모는 작을망정 역사와 전통은 자랑할 만하거든요. 다른 데로 옮기고 싶지 않아요.

가 투안 씨가 다니는 회사는 직원 수가 그리 많지 않다면서요? 좀 더 직원이 많은 회사로 옮기고 싶지 않으세요?

나 우리 회사는 직원 수는 많지 않을망정 복리 후생이 잘되어 있거든요. 다른 데로 옮기고 싶지 않아요.

가 투안 씨가 다니는 회사는 지방에 있다면서요? 서울에 있는 회사로 옮기고 싶지 않으세요?

나 우리 회사는 지방에 있을망정 해외 연수 기회가 많거든요. 다른 데로 옮기고 싶지 않아요.

05 −(느)ㄴ다고 치다

가 과장님, 이번 주에 야근을 할 것 같아요.

나 지난주는 어머님이 병원에 입원하셔서 못 했다고 치고 이번 주는 또 무슨 일이 있는데요?

가 과장님, 오늘까지 보고서를 못 끝낼 것 같아요.
나 출장 가는 거는 오빠 결혼식과 겹쳐서 못 간다고 치고 보고서는 왜 못 끝내는데요?

가 과장님, 다음 주에 있는 외국어 시험은 못 볼 것 같아요.
나 지난번 시험은 손을 다쳐서 못 봤다고 치고 이번에는 왜 또 못 보는데요?

06 −는 셈 치다

가 주말에 출장을 간다면서요?
나 네, 남들 쉴 때 출장을 가서 우울하기는 하지만 그냥 맘 편하게 여행 가는 셈 치고 즐겁게 다녀오려고요.

가 친구한테 빌려준 옷을 아직까지 돌려받지 못했다면서요?
나 네, 아끼는 옷이라 빌려 간 후로 몇 달째 아무 연락도 없어서 어이없기는 하지만 그냥 맘 편하게 선물한 셈 치고 잊어버리려고요.

가 병원 측의 실수로 받지 않아도 되는 진료를 받았다면서요?
나 네, 혹시 큰 병이 아닐까 해서 마음을 졸인 시간 때문에 화가 나기는 하지만 그냥 맘 편하게 이번 기회에 건강 검진 제대로 받은 셈 치고 참고 넘어가려고요.

6장 순차적 행동을 나타낼 때

01 −기가 무섭게

가 수업 후 시간을 어떻게 보내나요?
나 수업이 끝나면 교수님이 나가시기가 무섭게 학교 식당으로 달려갑니다.

가 저녁 식사를 한 후에 무엇을 하나요?
나 저녁을 먹기가 무섭게 아르바이트를 하는 편의점으로 가서 밤 12시까지 일합니다.

가 공부는 언제 하나요?
나 아르바이트가 끝나기가 무섭게 집으로 돌아가서 그때부터 공부를 시작합니다.

02 −자

가 금메달을 따는 걸 알게 된 순간 기분이 어떠셨습니까?
나 결과가 발표되자 처음에는 아무 생각도 안 나고 이게 꿈인가 했어요.

가 시상대 위에서 많이 우시던데 특별한 이유가 있으셨습니까?
나 애국가가 울리자 그동안의 일들과 응원해 주셨던 분들이 생각나면서 눈물이 왈칵 났어요.

가 고향에 계신 부모님께서는 어떤 반응을 보이셨습니까?
나 금메달 소식을 듣자 어머니께서도 너무 감격스러워서 한동안 말도 못 하고 눈물만 흘리셨다고 해요.

7장 조건과 결정을 나타낼 때

01 −는 한

가 수십 번이나 운전면허 시험에 떨어지고도 어떻게 계속 시험을 보실 생각을 하셨나요?
나 희망을 가지고 계속 도전하는 한 꼭 합격할 수 있다고 믿었기 때문이지요.

가 중간에 실패도 많이 하셨을 텐데 30년 넘게 한 분야에서 어떻게 이 일을 계속하실 생각을 하셨나요?
나 꿈을 가지고 열심히 노력하는 한 수많은 실패는 언젠가 성공으로 이어질 수 있다고 믿었기 때문이지요.

가 늦은 나이에 영어 공부를 시작해서 어려움이 많으셨을 텐데 어떻게 통역사가 되실 생각을 하셨나요?
나 할 수 있다는 믿음을 가지고 포기하지 않는 한 나이는 아무 상관없다고 믿었기 때문이지요.

02 −(으)ㄹ라치면

가 주말이라 집에서 쉬면서 낮잠이나 실컷 잘 거라더니 안 자고 뭐 해요?
나 낮잠 좀 잘라치면 옆집 아이가 피아노를 쳐 대니 자고 싶어도 잘 수가 있어야지.

가 집안 대청소하는 날이라 도와준다더니 안 도와주고 어디 나가요?
나 모처럼 집안일 좀 도와줄라치면 꼭 나가야 할 일이 생기니 도와주고 싶어도 도와줄 수가 있어야지.

가 지난번에 산 책을 오늘까지 다 읽어야 한다고 조용히
　 하라더니 안 읽고 졸고 있었어요?

나 오래간만에 마음잡고 책 좀 읽을라치면 갑자기 잠이
　 쏟아지니 읽고 싶어도 읽을 수가 있어야지.

③ －노라면

가 한강 근처로 자주 산책을 나가시는 것 같던데 거기로
　 가시는 특별한 이유가 있나요?

나 강 옆으로 난 길을 걷노라면 마음이 차분해지고 몸도
　 가벼워지는 것 같거든요.

가 운동광이시라고 하던데 그렇게 운동을 많이 하시는
　 특별한 이유가 있나요?

나 헬스클럽에 가서 몇 시간씩 땀을 흠뻑 흘리노라면
　 잡념이 사라지고 어느새 기분이 좋아지거든요.

가 유치원에서 봉사 활동을 하신다고 하던데 거기에서
　 봉사하시는 특별한 이유가 있나요?

나 아이들과 어울려 뛰노노라면 저도 모르게 마음이
　 순수해지고 정화되는 느낌이 들거든요.

④ －느냐에 달려 있다

가 가진 것이 많으면 행복하겠죠?

나 행복은 얼마나 많이 가지고 있느냐가 아니라 얼마나
　 자기의 삶에 만족하느냐에 달려 있다고 봐요.

가 운동을 많이 하면 건강해지겠죠?

나 건강은 얼마나 많이 운동하느냐가 아니라 얼마나 규칙
　 적으로 운동하느냐에 달려 있다고 봐요.

가 유명한 배우들이 나오면 영화가 흥행에 성공하겠죠?

나 영화의 흥행은 얼마나 많이 유명한 배우가 나오느냐가
　 아니라 어떻게 관객들의 마음을 사로잡느냐에 달려
　 있다고 봐요.

⑤ －기 나름이다

가 주위 사람들과 문제없이 잘 지낸다는 것은 쉬운 일이
　 아닌 듯해요.

나 맞아요. 하지만 인간관계는 서로 이해하려고 노력하기
　 나름인 것 같아요. 먼저 상대방의 입장이 되어 생각해
　 보고 배려하려 한다면 좋은 관계를 유지할 수 있지
　 않을까요?

가 경쟁 사회에서 살아야 한다는 것은 쉬운 일이 아닌
　 듯해요.

나 맞아요. 하지만 모든 일은 생각하기 나름인 것 같아요.
　 한 목표를 향해 같이 도전할 선의의 경쟁자가 있다면
　 동기 부여도 되고 성공했을 때의 성취감도 크지 않을
　 까요?

가 다른 사람의 비판과 충고를 수용한다는 것은 쉬운
　 일이 아닌 듯해요.

나 맞아요. 하지만 그런 이야기는 받아들이기 나름인 것
　 같아요. 사람들 이야기를 자기 성찰의 기회로 삼는
　 다면 더 성숙하고 발전할 수 있는 좋은 자극제가 될
　 수 있지 않을까요?

8장　따로 함과 같이 함을 나타낼 때

① 은/는 대로

가 그 회사의 임금 협상이 결렬되었다면서요?

나 네, 경영자는 경영자대로 이번에 책정된 임금은 현
　 회사 상황을 반영한 최적의 임금이라고 하고, 노조는
　 노조대로 실제 물가를 반영하지 않은 최저의 임금
　 수준이라고 주장한대요.

가 그 폭력 사건에 대한 합의가 안 됐다면서요?

나 네, 가해자는 가해자대로 그 사건은 우연적인 사건이
　 었다고 하고, 피해자는 피해자대로 계획적인 행동이
　 었다고 주장한대요.

가 그 회사 제품의 원료 공개에 대한 찬반 논란이 계속
　 되고 있다면서요?

나 네, 생산업자는 생산업자대로 원료 공개는 회사 기밀
　 이니까 밝힐 수가 없다고 하고, 소비자는 소비자대로
　 알 권리가 있으니까 밝혀야 한다고 주장한대요.

② －는 김에

가 이번에 시간이 좀 생겨서 관광도 하고 휴식도 취할
　 겸 제주도에 갈까 해요.

나 그럼, 제주도에 가는 김에 감귤 초콜릿과 한라봉 쿠키
　 좀 사다 주세요.

가 이번에 시간이 좀 생겨서 집에서도 쓰고 선물도 할
　 겸 도자기 만드는 법을 배울까 해요.

나 그럼, 만드는 김에 제 것도 기념으로 하나 만들어
　 주세요.

가 이번에 시간이 좀 생겨서 집 안 분위기도 바꾸고
　 기분 전환도 할 겸 가구 배치를 새로 할까 해요.
나 그럼, 가구 배치를 새로 하는 김에 벽지 색깔도 바꿔
　 보세요.

9장 대조와 반대를 나타낼 때

01 -건만

가 요즘도 새벽마다 운동하러 다니세요?
나 아니요, 마음은 아직도 청춘이건만 몸이 말을 듣지 않
　 아서 일찍 못 일어나겠더라고요. 나이가 들었나 봐요.

가 다시 시작한 영어 공부는 잘되세요?
나 아니요, 같은 단어를 몇 번씩 반복해서 외우고 있건만
　 단어가 도통 외워지지 않더라고요. 나이가 들었나
　 봐요.

가 다음 달부터 바뀌는 컴퓨터 프로그램은 다 익히셨
　 어요?
나 아니요, 여러 번 자세하게 설명을 들었건만 무슨 말
　 인지 도무지 모르겠더라고요. 나이가 들었나 봐요.

02 -고도

가 선의의 거짓말을 해 본 적이 있나요?
나 얼마 전에 할머니를 찾아뵈었는데 밥상을 차려 놓고
　 기다리고 계셔서 밥을 먹고 가고도 안 먹은 척한 적이
　 있었어요.

가 선의의 거짓말을 해 본 적이 있나요?
나 어렸을 때 아빠가 산타클로스 복장을 하고 선물을 들고
　 계시는 걸 봤는데 산타가 아빠인 걸 알고도 모르는
　 척한 적이 있었어요.

가 선의의 거짓말을 해 본 적이 있나요?
나 극장에서 여자 친구가 속이 안 좋은지 방귀를 뀌었
　 는데 여자 친구의 방귀 소리를 듣고도 못 들은 척한
　 적이 있었어요.

03 -(으)ㅁ에도 불구하고

가 이번에 우리 대학 졸업생 대표가 된 학생이 화제라면
　 서요?
나 네, 대학 시절 내내 공부하면서 생활비를 직접 벌어야
　 함에도 불구하고 시간을 쪼개어 자신보다 어려운 학생
　 들을 돕는 봉사 활동을 했대요.

가 서울역 앞 편의점 사장님이 '노숙자들의 어머니'라고
　 불린다면서요?
나 네, 쓸데없는 일에 시간과 돈을 낭비한다는 주위의
　 비난에도 불구하고 노숙자들의 자활과 자립을 도와
　 줬대요.

가 한국인 최초의 시각 장애인 박사님이 얼마 전에 돌아
　 가셨다면서요?
나 네, 본인이 앞을 보지 못하는 장애를 가졌음에도 불구
　 하고 평생을 다른 장애인들의 인권 운동을 위해 사시다
　 돌아가셨대요.

10장 유사함을 나타낼 때

01 -듯이

가 제가 이번 세계 선수권 대회에서 우승할 수 있을까요?
나 그럼요. 평소에 하듯이 하면 금메달을 딸 수 있을
　 거예요.

가 제가 새 직장 동료들과 잘 지낼 수 있을까요?
나 그럼요. 학교 친구들을 대하듯이 대하면 새 직장 동료
　 들과 잘 지낼 수 있을 거예요.

가 제가 이번 사업에서 성공할 수 있을까요?
나 그럼요. 지금까지 최선을 다했듯이 앞으로도 최선을
　 다하면 성공할 수 있을 거예요.

02 -다시피 하다

가 최영주 선수는 어떻게 해서 골프를 그렇게 잘 치게
　 되었대요?
나 초등학교 때부터 골프장에서 살다시피 하면서 연습을
　 해 오늘날의 최영주 선수가 되었대요.

가 한경미 회장은 어떻게 해서 회사를 그렇게 크게 키울
　 수 있었대요?
나 10년 이상 밤을 새우다시피 하면서 제품 개발에 힘을
　 써 세계 제일의 화장품 회사로 키울 수 있었대요.

가 김수진 씨는 어떻게 해서 그렇게 유명한 디자이너가
　 될 수 있었대요?
나 20대 초반부터 백화점과 동대문 시장에 매일 출근
　 하다시피 하면서 디자인을 연구해 세계적인 연예인
　 들이 찾는 디자이너가 되었대요.

11장 추가와 포함을 나타낼 때

01 –거니와

가 그동안 꾸준히 해 오던 다이어트를 그만두었다면서요? 무슨 일 있었어요?

나 음식 조절을 계속하는 것도 힘들거니와 건강에도 이상이 생기니까 그만하고 싶더라고요.

가 그동안 만나 오던 홍보부 김 대리와 헤어졌다면서요? 무슨 일 있었어요?

나 성격도 반대거니와 가치관도 너무 다르니까 그만 만나고 싶더라고요.

가 그동안 준비해 오던 대회에 안 나간다면서요? 무슨 일 있었어요?

나 준비도 제대로 못 했거니와 같이 준비하던 친구와도 사이가 안 좋아지니까 나가고 싶지 않더라고요.

02 –기는커녕

가 남편이 집안일을 잘 도와주지요?

나 잘 도와주기는요. 집안일을 도와주기는커녕 퇴근하고 집에 와서는 손가락 하나도 까딱 안 하는걸요.

가 날마다 아침밥을 챙겨 주니까 남편이 고마워하지요?

나 고마워하기는요. 고마워하기는커녕 아침마다 반찬 투정을 하는걸요.

가 남편이 아이랑 잘 놀아 주지요?

나 잘 놀아 주기는요. 잘 놀아 주기는커녕 울리기 일쑤인걸요.

03 –(으)ㄹ뿐더러

가 왜 그 많은 서점 중에서 유독 그 서점에만 자주 가는 거예요?

나 그 서점은 자유롭게 책을 읽을 수 있는 공간도 많이 있을뿐더러 '중고 책' 코너도 있어서 책을 싸게 살 수 있거든요.

가 왜 그 많은 옷가게 중에서 특히 그 옷가게에만 자주 가는 거예요?

나 그 옷가게는 참신한 디자인의 옷이 많을뿐더러 같이 매치할 수 있는 액세서리나 가방 같은 것도 팔아서 여기저기 왔다 갔다 할 필요가 없거든요.

가 왜 그 많은 식당 중에서 유달리 그 식당에만 자주 가는 거예요?

나 그 식당은 사용하는 재료가 다 유기농일뿐더러 인공 조미료를 사용하지 않아서 다른 식당과는 맛이 다르거든요.

04 –되

가 우리 아이가 컴퓨터 게임만 하려고 하는데 무작정 못 하게 할 수는 없고 어떻게 하지요?

나 컴퓨터 게임을 하게 하되 하루에 한 시간 이상은 하지 못하게 하세요.

가 우리 아이가 강아지를 키우자고 떼를 쓰는데 계속 안된다고 할 수는 없고 어떻게 하지요?

나 강아지를 키우게 하되 강아지 산책과 먹이 주는 것을 담당하게 하세요.

가 우리 아이가 친구들과 밖에서 축구만 하려고 하는데 무조건 못 나가게 할 수는 없고 어떻게 하지요?

나 밖에 나가서 축구를 하게 하되 숙제나 그날 해야 할 일을 다 끝내고 나가게 하세요.

05 마저

가 요즘 태민 씨한테 무슨 일이 있어요? 안색이 너무 안 좋아 보여요.

나 아버지께서 사고로 얼마 전에 돌아가셨는데 어머니마저 병들어 누워 계셔서 여러 가지로 힘든가 봐요.

가 요즘 태민 씨한테 무슨 일이 있어요? 안색이 너무 안 좋아 보여요.

나 아는 사람에게 사기를 당해서 재산도 다 날린 데다가 동업하던 친구마저 회사 공금을 가지고 야반도주해 버려서 여러 가지로 힘든가 봐요.

가 요즘 태민 씨한테 무슨 일이 있어요? 안색이 너무 안 좋아 보여요.

나 회사가 부도가 나는 바람에 회사도 남의 손에 넘어가고 집마저 비워 줘야 하는 상황이라서 여러 가지로 힘든가 봐요.

06 을/를 비롯해서

가 이번 영화제에 주로 어떤 작품들이 출품됐나요?

나 상업 영화를 비롯해서 예술적 가치가 있는 예술 영화까지 다양한 장르의 작품들이 출품되었습니다.

가 이번 영화제에 누가 참석할 예정인가요?

나 국내 영화계 감독들과 배우들을 비롯해서 해외 유명 영화인 등 각계각층의 인사들이 참석할 예정입니다.

가 이번 영화제에 출품된 영화를 미리 볼 수 있는 방법이 있나요?

나 영화제 공식 사이트에서 개막작과 폐막작을 비롯해서 주요 상영작 50여 편의 하이라이트와 영화 정보를 미리 보실 수 있습니다.

12장 습관과 태도를 나타낼 때

01 -아/어 대다

가 옆집 사람들끼리 이러면 되겠습니까? 좀 참으시지 그랬어요.

나 밤마다 술을 마시고 떠들어 대는데 시끄러워서 참을 수가 있어야지요.

가 친한 친구들끼리 이러면 되겠습니까? 좀 참으시지 그랬어요.

나 자기가 잘못을 해 놓고 잘못이 하나도 없다고 우겨 대는데 기가 막혀서 참을 수가 있어야지요.

가 배우신 분들끼리 이러면 되겠습니까? 좀 참으시지 그랬어요.

나 저쪽에서 먼저 욕을 해 대는데 화가 나서 참을 수가 있어야지요.

02 -기 일쑤이다

가 왜 친구하고 동업하다가 그만뒀어요?

나 친구가 꼼꼼하지 않아서 계산이 틀리기 일쑤였어요. 그러니까 믿고 돈을 맡길 수가 없더라고요.

가 왜 동생하고 인터넷 쇼핑몰을 같이 하다가 그만뒀어요?

나 동생이 덤벙거려서 자꾸 주문한 물건을 빠뜨리기 일쑤였어요. 그러니까 고객들의 불만이 많더라고요.

가 왜 대학 선배하고 식당을 같이 운영하다가 그만뒀어요?

나 선배가 고집이 세서 사소한 일로 다투기 일쑤였어요. 그러니까 직원들 보기에도 안 좋은 것 같더라고요.

03 -는 둥 마는 둥 하다

가 엄마, 내일 날씨가 춥다고 하니까 내일은 그냥 쉬어야겠어요.

나 네 꿈이 학교 축구 대표 팀에 들어가는 거라고 하더니 그렇게 운동을 하는 둥 마는 둥 하면 꿈을 이룰 수 있겠니?

가 엄마, 어제 공부를 많이 했으니까 오늘은 그냥 쉬어야겠어요.

나 네 꿈이 외교관이 되는 거라고 하더니 그렇게 공부를 하는 둥 마는 둥 하면 꿈을 이룰 수 있겠니?

가 엄마, 오전에 충분히 연습했으니까 오후에는 그냥 쉬어야겠어요.

나 네 꿈이 세계적인 첼리스트가 되는 거라고 하더니 그렇게 연습을 하는 둥 마는 둥 하면 꿈을 이룰 수 있겠니?

13장 정도를 나타낼 때

01 -(으)리만치

가 처음 아내를 만났을 때 느낌이 어떠셨나요?

나 버스에서 우연히 처음 봤는데 눈을 뗄 수 없으리만치 눈부시게 아름답더라고요.

가 처음 아기를 가졌다는 소식을 들었을 때 느낌이 어떠셨나요?

나 회사에서 바쁘게 일하다가 처음 들었는데 뭐라고 표현할 수 없으리만치 기쁘더라고요.

가 처음 '아빠'라는 소리를 들었을 때 느낌이 어떠셨나요?

나 수화기 너머로 처음 들었는데 눈물이 왈칵 쏟아지리만치 감동적이더라고요.

02 -다 못해

가 소희 있잖아, 걔는 보기랑 다르게 성격이 참 별나더라.

나 어떤데 그래?

가 글쎄, 깔끔하다 못해 하루에 청소를 다섯 번이나 한다더라고. 그 정도면 병 아니니?

가 소희 있잖아, 걔는 생긴 거랑 다르게 성격이 참 답답하더라.

나 어떤데 그래?

가 글쎄, 우유부단하다 못해 점심에 먹을 메뉴를 고르는데에도 30분이 걸린다더라고. 그 정도면 병 아니니?

가 소희 있잖아, 걔는 외모랑 다르게 성격이 참 특이하더라.

나 어떤데 그래?

가 글쎄, 꼼꼼하다 못해 하루 계획을 삼십 분 단위로 세운다더라고. 그 정도면 병 아니니?

14장 의도를 나타낼 때

01 -(느)ㄴ다는 것이

가 시험공부는 많이 했니?

나 잠깐 자고 일어나서 공부를 한다는 것이 그만 지금까지 자 버리고 말았어요. 어떻게 해요?

가 이 큰 케이크를 혼자 다 먹었니?

나 동생 것을 남긴다는 것이 맛있어서 조금씩 먹다 보니 다 먹어 버렸어요. 어떻게 해요?

가 엄마 선물이라면서 옷이 왜 이렇게 작니?

나 여성용을 산다는 것이 디자인이 똑같아서 아동용을 샀나 봐요. 어떻게 해요?

02 -(으)려고 들다

가 우리 아이는 동생 것을 무조건 다 빼앗으려고 들어서 걱정이에요.

나 동생에게 부모님의 사랑을 빼앗겼다고 생각해서 그래요. 부모님이 형과 동생을 똑같이 사랑한다고 느끼도록 신경 써 보세요.

가 우리 아이는 하지 말라는 것만 골라서 하려고 들어서 걱정이에요.

나 아직 좋은 것과 나쁜 것을 구별하지 못해서 그래요. 잘한 일은 칭찬해 주시고 잘못한 일은 아이가 확실히 인지하도록 가르쳐 보세요.

가 우리 아이는 골고루 먹지 않고 좋아하는 음식만 먹으려고 들어서 걱정이에요.

나 안 먹어 본 음식은 익숙하지 않아서 그래요. 아이들이 거부감이 들지 않도록 아이들도 좋아할 수 있는 다양한 요리법을 연구해 보세요.

03 -(으)려다가

가 생일 선물로 받은 돈으로 뭐 하셨어요?

나 친구들에게 한턱내려다가 재수하는 동생이 힘들어하는 것 같아서 용돈을 줬어요.

가 연말 보너스로 받은 돈으로 뭐 하셨어요?

나 모처럼 여행을 가려다가 시골에서 고생하시는 부모님이 생각나서 보내 드렸어요.

가 복권 당첨금으로 뭐 하셨어요?

나 나중에 집을 살 때 보태려다가 더 좋은 일에 쓰고 싶어서 아동 복지 시설에 기부했어요.

15장 추측과 가능성을 나타낼 때

01 -는 듯이

가 태민 씨를 왜 그렇게 못마땅하게 생각해요?

나 나랑 입사 동기이면서 내 상사인 듯이 이것저것 시키잖아요. 정말 마음에 안 들어요.

가 태민 씨를 왜 그렇게 못마땅하게 생각해요?

나 내가 하는 일마다 사사건건 문제가 있는 듯이 말하잖아요. 정말 마음에 안 들어요.

가 태민 씨를 왜 그렇게 못마땅하게 생각해요?

나 다른 사람들이 한 일을 가지고 자기가 다 한 듯이 행동하잖아요. 정말 마음에 안 들어요.

02 -(느)ㄴ다는 듯이

가 소희 씨가 부장님을 싫어하지 않았어요?

나 네, 맞아요. 그런데 왜요?

가 좀 전에 부장님이 농담을 하시니까 너무 재미있다는 듯이 한참을 소리 내어 웃더라고요.

가　소희 씨가 산 낙지를 잘 먹지 않았어요?

나　네, 맞아요. 그런데 왜요?

가　회식 때 남자 직원들이 먹어 보라고 하니까 그런 걸 어떻게 먹(느)냐는 듯이 몸서리를 치더라고요.

가　소희 씨가 정수기 물통을 혼자서도 잘 갈지 않았어요?

나　네, 맞아요. 그런데 왜요?

가　아까 여양 씨가 옆에 있으니까 자기는 연약한 여자라는 듯이 무거운 척 끙끙거리더라고요.

03 -는 듯하다

가　세계 엑스포에 갔다 왔다면서요? 관람객이 많던가요?

나　네, 전시회장마다 줄을 길게 서 있는 모습이 하루 입장객만 5만 명은 넘을 듯하더라고요.

가　세계 엑스포에 갔다 왔다면서요? 볼거리가 다양하던가요?

나　네, 곳곳에서 하루 종일 펼쳐지는 이색적인 거리 공연으로 외국에 와 있는 듯하더라고요.

가　세계 엑스포에 갔다 왔다면서요? 독특한 음식을 맛볼 수 있던가요?

나　네, 여간해서는 접하기 힘든 세계 각국의 전통 음식들이 다 모인 듯하더라고요.

04 -(으)ㄹ 게 뻔하다

가　태민 씨가 다시 퇴근 후에 운동하기로 했다네요. 이번 결심은 오래 갈까요?

나　태민 씨가 워낙 친구들 만나는 것을 좋아해서 이번에도 얼마 못 갈 게 뻔해요. 이런 결심을 한 게 한두 번이 아니잖아요.

가　태민 씨가 다시 아침마다 학원을 다니기로 했다네요. 이번 결심은 오래 갈까요?

나　태민 씨가 워낙 아침잠이 많아서 이번 학기도 며칠 못 다닐 게 뻔해요. 이런 결심을 한 게 한두 번이 아니잖아요.

가　태민 씨가 다시 술을 끊기로 했다네요. 이번 결심은 오래 갈까요?

나　태민 씨가 워낙 술로 스트레스 풀기를 좋아해서 벌써 술을 다시 마셨을 게 뻔해요. 이런 결심을 한 게 한두 번이 아니잖아요.

05 -(으)ㄹ 법하다

가　몇 달 전에 선을 본 남자한테서 아직도 연락이 온다면서요?

나　네, 내가 그 정도로 여러 번 시간이 없다고 말을 하면 눈치를 챌 법도 한데 계속 전화를 하더라고요.

가　어제도 승주 씨한테 저녁 내내 붙들려 있었다면서요?

나　네, 내가 집에 가서 할 일이 많다고 하면 알아들을 법도 한데 헤어진 남자 친구 얘기를 계속 늘어놓더라고요.

가　부장님이 말실수한 걸 가지고 소영 씨가 그렇게 웃었다면서요?

나　네, 사람들이 그렇게 눈치를 주면 알아차릴 법도 한데 계속 웃어 대서 부장님이 많이 민망해하시더라고요.

06 -(으)ㄹ 리가 없다

가　소희 씨가 회의가 오후에 있는 줄로 착각하고 늦게 왔다고 하더라고요.

나　제가 세 번이나 말했는데 착각했을 리가 없어요. 분명히 늦게 일어났을 거예요.

가　소희 씨가 보고서를 제출하라는 얘기를 못 들어서 못 냈다고 하더라고요.

나　과장님이 얘기하실 때 그 자리에 있었는데 못 들었을 리가 없어요. 분명히 깜빡했을 거예요.

가　소희 씨가 혼자서 PT 준비를 해야 돼서 우리 팀을 못 도와주겠다고 하더라고요.

나　그 팀 사람들이 전부 PT 준비로 바쁘다고 하는 걸 들었는데 소희 씨 혼자서 다 할 리가 없어요. 분명히 우리를 도와주기 싫어서 핑계를 대는 걸 거예요.

07 -기 십상이다

가　엄마, 친구들이 주말에 야영도 할 겸 지리산에 가재요. 갔다 와도 돼요?

나　요즘같이 집중 호우가 잦은 장마철에 산에서 야영을 하다가는 조난당하기 십상이야. 다른 데로 놀러가는 게 어떠니?

가　엄마, 친구들이 주말에 바닷바람도 쐴 겸 부산에 가재요. 갔다 와도 돼요?

나　요즘같이 햇볕이 강한 여름철에 바닷가에 있다가는 피부에 화상을 입기 십상이야. 다른 데로 놀러 가는 게 어떠니?

가 엄마, 친구들이 주말에 해돋이도 볼 겸 정동진에
  가재요. 갔다 와도 돼요?
나 요즘같이 날씨가 추운 때에 해 뜨는 것 본다고 바깥
  에서 떨다가는 감기 걸리기 십상이야. 다른 데로 놀러
  가는 게 어떠니?

16장 당연함을 나타낼 때

01 -기 마련이다

가 지원하는 데마다 번번이 떨어지는 걸 보니 전 운이
  없는 거 같아요.
나 실력이 있으면 언젠가는 운도 따르기 마련이니까
  너무 걱정하지 마세요.

가 이번에 회사에서 처음으로 프레젠테이션을 했는데
  크게 실수를 했어요.
나 처음에는 누구나 다 실수하기 마련이니까 너무 걱정
  하지 마세요.

가 요즘 하는 일마다 안 풀리고 힘든 일만 생겨요.
나 열심히 하다 보면 좋은 결과가 생기기 마련이니까
  너무 걱정하지 마세요.

02 -는 법이다

가 저는 회사에서 정말 열심히 일하는데 모두들 저를
  안 좋아하는 것 같아요.
나 여양 씨가 너무 단점만 지적해서 그런 것 같아요.
  단점을 지적하되 칭찬도 같이 해 보세요. 사람은
  누구나 자기를 칭찬하는 사람을 좋아하는 법이거
  든요.

가 저는 회사에서 정말 열심히 일하는데 모두들 저를
  안 좋아하는 것 같아요.
나 여양 씨가 너무 자기 얘기만 해서 그런 것 같아요.
  여양 씨 얘기는 좀 줄이고 다른 사람들의 이야기를
  들어 주도록 하세요. 사람은 누구나 자기 얘기를
  진심으로 들어 주는 사람에게 마음을 여는 법이거
  든요.

가 저는 회사에서 정말 열심히 일하는데 모두들 저를
  안 좋아하는 것 같아요.
나 여양 씨가 너무 불평불만이 많아서 그런 것 같아요.
  주위 사람이나 상황을 좀 더 긍정적으로 바라보도록
  하세요. 사람은 누구나 긍정적이고 즐겁게 일하는
  사람에게 호감을 느끼는 법이거든요.

17장 나열함을 나타낼 때

01 -는가 하면

가 선생님, 문법 수업을 좋아하는 학생도 있고 그렇지
  않은 학생도 있지요?
나 네, 문법 수업을 하면 어떤 학생들은 집중해서 열심히
  듣는가 하면 어떤 학생들은 졸기도 해요.

가 선생님, 말하기 수업에 적극적으로 참여하는 학생도
  있고 그렇지 않은 학생도 있지요?
나 네, 말하기 수업을 하면 어떤 학생들은 열심히 자기의
  생각을 이야기하는가 하면 어떤 학생들은 한마디도
  안 하고 듣고만 있기도 해요.

가 선생님, 선생님이 말하는 속도에 만족하는 학생도
  있고 그렇지 않은 학생도 있지요?
나 네, 제가 말을 하면 어떤 학생들은 보통 한국 사람이
  말하는 속도로 얘기해 달라고 하는가 하면 어떤 학생
  들은 아주 천천히 설명해 달라고 하기도 해요.

02 -느니 -느니 하다

가 소희 씨 남편이 구두쇠라서 해외여행을 못 가게 한다
  면서요?
나 네, 비행기 값이 아깝다느니 사람 사는 데가 거기서
  거기라느니 하면서 해외여행을 못 가게 한대요.

가 소희 씨 남편이 구두쇠라서 외식을 못 하게 한다면
  서요?
나 네, 식당에서 먹을 돈이면 집에서 다섯 끼를 먹겠다느
  니 밖에서 먹는 음식에는 조미료를 많이 넣는다느니
  하면서 외식을 못 하게 한대요.

가 소희 씨 남편이 구두쇠라서 집에 자동차를 세워 놓고
  못 타게 한다면서요?
나 네, 요즘 기름 값이 얼마나 올랐는지 아(느)냐느니
  걷는 게 건강에 좋다느니 하면서 자동차를 못 타게
  한대요.

03 -(으)랴 -(으)랴

가 어릴 때부터 꿈이었던 올림픽 국가 대표가 돼서 좋으
  시죠?
나 네, 하루 종일 훈련하랴 체중 조절하랴 힘든 일이 한두
  가지가 아니지만 국가 대표가 된다는 건 정말 영광
  스러운 일 같아요.

가 어릴 때부터 꿈이었던 교수가 돼서 좋으시죠?

나 네, 강의 준비하랴 논문 쓰랴 무척 바쁘긴 하지만 학생들을 가르치는 건 정말 즐거운 일 같아요.

가 어릴 때부터 꿈이었던 소방관이 돼서 좋으시죠?

나 네, 불이 나면 화재 진압하랴 사람 구하랴 한순간도 긴장을 놓을 수 없긴 하지만 누군가를 돕는 건 정말 보람 있는 일 같아요.

04 (이)며 (이)며

가 어렸을 때는 잘 모르겠더니 크니까 네 아빠랑 어쩜 그렇게 똑같니.

나 엄마도 그러시는데 눈이며 코며 얼굴이 아빠 젊었을 때랑 똑같대요.

가 어렸을 때는 잘 모르겠더니 크니까 네 아빠랑 어쩜 그렇게 똑같니.

나 삼촌도 그러시는데 매운 음식을 잘 먹는 거며 고기를 좋아하는 거며 식성이 아빠랑 똑같대요.

가 어렸을 때는 잘 모르겠더니 크니까 네 아빠랑 어쩜 그렇게 똑같니.

나 할머니도 그러시는데 덜렁대는 거며 털털한 거며 성격이 아빠랑 똑같대요.

18장 결과와 회상을 나타낼 때

01 -(으)ㄴ 끝에

가 홍상준 선수가 이번 올림픽에서 우리나라 최초로 체조에서 금메달을 따서 화제가 되고 있지요?

나 네, 그렇습니다. 허리 부상에도 불구하고 불굴의 투혼을 발휘한 끝에 딴 것이라서 많은 사람들에게 감동을 주고 있습니다.

가 윤철호 박사가 이번에 천연 비만 치료제 개발에 성공해서 화제가 되고 있지요?

나 네, 그렇습니다. 거듭되는 실패로 정부의 지원이 끊겼음에도 포기하지 않고 개발에 전념한 끝에 성공한 것이라서 언론의 관심이 집중되는 것 같습니다.

가 배우 김명주 씨가 이번에 국제 영화제에서 여우 주연상을 받아서 화제가 되고 있지요?

나 네, 그렇습니다. 10년이 넘는 무명 생활 끝에 받은 것이라서 본인은 물론 많은 영화 관계자들이 기뻐하고 있습니다.

02 -아/어 내다

가 소희 씨, 여기 만 원짜리 지폐에 있는 사람은 누구예요?

나 세종 대왕이에요. 한자를 못 읽는 백성들을 위해 세상에서 가장 간단하고 과학적인 문자를 만들어 낸 분이지요.

가 소희 씨, 저기 광장에 서 있는 동상은 누구예요?

나 이순신 장군이에요. 임진왜란 때 거북선을 만들어서 위험에 빠진 나라를 구해 낸 분이지요.

가 소희 씨, 저 TV 드라마에 나오는 인물은 누구예요?

나 허준이라는 조선 시대 의원이에요. 오늘날까지도 한의학도들에게 널리 읽히는 의학서 '동의보감'이란 책을 오랜 시간에 걸쳐 완성해 낸 분이지요.

03 -(으)ㄴ 나머지

가 어제 인천 야구 경기장에서 관중 난동 사건이 있었습니다. 밤사이 사건 사고 소식, 박태민 기자입니다.

나 어제 저녁 야구를 관람하던 30대 김 모 씨가 심판의 판정에 흥분한 나머지 경기장에 뛰어들어 난동을 부렸습니다. 이 남성은 경기장에 있던 경찰에 의해 바로 제압당했습니다.

가 오늘 새벽 한강에서 투신자살을 시도한 사건이 있었습니다. 밤사이 사건 사고 소식, 박태민 기자입니다.

나 오늘 새벽 4시경 20대 여성이 실연의 상처를 이기지 못하고 괴로워한 나머지 한강 다리에서 투신자살을 시도했습니다. 다행히 이 여성은 119구조대에 바로 구조돼 생명에는 지장이 없는 것으로 알려졌습니다.

가 어젯밤에 한 남성이 차를 몰고 경찰서로 돌진한 사건이 있었습니다. 밤사이 사건 사고 소식, 박태민 기자입니다.

나 어젯밤 11시경에 40대 황 모 씨가 경찰의 불법 주차 단속에 앙심을 품은 나머지 자신의 차를 몰고 경찰서로 돌진했습니다. 이 사고로 경찰차 두 대가 파손되었으나 인명 피해는 없었습니다.

04 **—데요**

가 학교 선배의 집들이는 잘 다녀오셨어요?

나 네, 집은 조금 작은 편이었는데 신혼부부라 집을
　 아주 예쁘고 아기자기하게 꾸며 놓았데요.

가 회사 동료의 아기 돌잔치는 잘 다녀오셨어요?

나 네, 그 집 딸아이가 아빠를 쏙 빼닮아서 보자마자
　 한눈에 알아보겠데요.

가 부장님 어머니의 팔순 잔치는 잘 다녀오셨어요?

나 네, 어머니께서 나이가 그렇게 많으신데도 흰머리
　 만 좀 많으실 뿐이지 아직도 정정하시데요.

19장 상황이나 기준을 나타낼 때

01 **—는 가운데**

가 얼마 전에 배우 배영준 씨가 야외 결혼식을 할 때
　 그 현장에 있었다죠? 어땠어요?

나 꽃잎이 꽃비처럼 날리는 가운데 신랑과 신부가 결혼
　 서약을 하는 모습이 너무나도 감동적이었어요.

가 지난 올림픽에서 김보배 선수가 양궁에서 금메달을
　 딸 때 그 현장에 있었다죠? 어땠어요?

나 애국가가 울려 퍼지는 가운데 김 선수가 태극기를 보며
　 눈물을 글썽이는 모습이 너무나도 감동적이었어요.

가 강 선생님께서 생전에 마지막으로 강연회를 하실 때
　 그 현장에 있었다죠? 어땠어요?

나 모두들 조용히 경청하는 가운데 강 선생님께서 차분한
　 목소리로 마지막 인사를 하시는 모습이 너무나도
　 감동적이었어요.

02 **—는 마당에**

가 두 사람이 헤어진 이유가 누구의 잘못 때문이라고
　 생각하십니까?

나 이미 헤어진 마당에 누구의 잘못인가를 따져 봤자
　 무슨 소용이 있겠어요?

가 회사가 부도가 난 이유가 누구의 책임이라고 생각
　 하십니까?

나 지금 회사가 망해 가는 마당에 누구 때문인가를 따져
　 봤자 무슨 소용이 있겠어요?

가 이번 영화가 흥행에 실패한 이유가 무슨 문제 때문
　 이라고 생각하십니까?

나 고생한 스태프들의 월급도 못 주는 마당에 문제가
　 무엇인가를 따져 봤자 무슨 소용이 있겠어요?

03 **치고**

가 어제 맞선 본 남성분은 어때요? 자수성가한 젊은
　 사업가라고 하더니 괜찮았어요?

나 성실한 것 같기는 한데 다른 사람 험담하는 것을
　 좋아하는 것 같더라고요.

가 그래요? 험담하는 걸 좋아하는 사람치고 진실한
　 사람 못 봤는데……

가 어제 맞선 본 남성분은 어때요? 자수성가한 젊은
　 사업가라고 하더니 괜찮았어요?

나 매너가 좋은 것 같기는 한데 모든 여자들에게 잘해
　 주는 것 같더라고요.

가 그래요? 모든 여자들에게 잘해 주는 남자치고 일편
　 단심인 남자 못 봤는데……

가 어제 맞선 본 남성분은 어때요? 자수성가한 젊은
　 사업가라고 하더니 괜찮았어요?

나 능력이 있는 것 같기는 한데 자기 자랑을 너무 많이
　 하는 것 같더라고요.

가 그래요? 자기 자랑하는 사업가치고 성공한 사업가
　 못 봤는데……

04 **—(으)ㅁ에 따라**

가 박태민 기자, 오늘 좋은 소식이 있다면서요?

나 네, 다음 학기부터 등록금이 대폭 인하됨에 따라 대학
　 생들이 마음 놓고 공부에만 전념할 수 있게 되었습
　 니다.

가 그것 참 듣던 중 반가운 소식이군요.

가 박태민 기자, 오늘 좋은 소식이 있다면서요?

나 네, '좋은 학교 만들기 운동'에 교사와 학생들이 적극적
　 으로 참여해 옴에 따라 학교 폭력과 집단 따돌림 등으로
　 고통받는 학생들이 이제는 완전히 없어지게 되었습
　 니다.

가 그것 참 듣던 중 반가운 소식이군요.

가 박태민 기자, 오늘 좋은 소식이 있다면서요?

나 네, 익명의 사업가가 유산 전액을 불우한 이웃들을 위해 써 달라며 사회에 기부함에 따라 무주택자 십만 명이 새 집을 마련할 수 있게 되었습니다.

가 그것 참 듣던 중 반가운 소식이군요.

20장 강조를 나타낼 때

❶ 여간 –지 않다

가 여양 씨, 여러 사람들과 같이 자취해 보니까 어때요?

나 말도 마세요. 화장실을 같이 사용하니까 아침마다 여간 불편하지 않아요.

가 여양 씨, 여러 사람들과 같이 자취해 보니까 어때요?

나 말도 마세요. 친구들끼리 잘 지내야 하니까 여간 눈치를 봐야 하지 않아요.

가 여양 씨, 여러 사람들과 같이 자취해 보니까 어때요?

나 말도 마세요. 생활 습관이 다르다 보니까 서로 맞춰 가는 게 여간 신경 쓰이지 않아요.

❷ –기가 이를 데 없다

가 엄마, 그래서 왕은 어떻게 했어요?

나 그 왕은 교활하기가 이를 데 없는 사람이라 자기에게 바른말을 하는 충신들은 다 감옥으로 보냈단다.

가 엄마, 그래서 왕비는 어떻게 했어요?

나 그 왕비는 사악하기가 이를 데 없는 사람이라 자기보다 똑똑하고 예쁜 사람들은 모두 죽였단다.

가 엄마, 그래서 공주는 어떻게 했어요?

나 그 공주는 인자하고 착하기가 이를 데 없는 사람이라 살기 편한 왕궁을 나와 가난하고 고통받는 백성들을 돕기 시작했단다.

❸ –(으)ㄹ래야 –(으)ㄹ 수가 없다

가 이번 여행 어땠어? 열대 과일이며 해산물이며 많이 먹고 오겠다더니 마음껏 먹었어?

나 마음껏 먹기는. 하필 여행 첫날 배탈이 났지 뭐야? 먹기만 하면 화장실에 달려가야 하는 바람에 먹을래야 먹을 수가 없었어.

가 이번 여행 어땠어? 명승지며 박물관이며 여기저기 구경하고 오겠다더니 실컷 구경했어?

나 실컷 구경하기는. 하필 도착한 다음 날 폭설이 내렸지 뭐야? 교통이 통제되는 바람에 구경할래야 구경할 수가 없었어.

가 이번 여행 어땠어? 맑은 공기며 아름다운 경치며 여유롭게 자연을 즐기면서 충분히 쉬고 오겠다더니 푹 쉬었어?

나 푹 쉬기는. 하필 그때 단체 관광객이 왔지 뭐야? 어딜 가나 사람들이 북적거리는 바람에 쉴래야 쉴 수가 없었어.

21장 높임법을 나타낼 때

❶ 하오체

가 할머니, 멀리 가시면 제 차로 같이 가시겠어요?

나 요 앞 사거리에 가는 길이오. 물어봐 줘서 고맙구려.

가 할머니, 제가 만든 건데 좀 드시겠어요?

나 고맙게 잘 먹겠소. 예의가 바른 청년이구려.

가 할머니, 여기서부터 혼자 찾아갈 수 있으시겠어요?

나 수고가 많았소. 세상에 이렇게 기특한 청년도 사는구려.

❷ 하게체

가 부장님, 이 서류를 언제까지 다 해야 합니까?

나 그걸 꼭 물어봐야 아나? 오늘 안으로 끝내도록 하게.

가 부장님, 오늘 저녁 회식은 어디에서 합니까?

나 자네는 뭘 먹고 싶은가? 자네가 정해서 식당을 예약하도록 하게.

가 부장님, 내일 비가 오면 야외 행사는 취소되는 겁니까?

나 취소될까 봐 걱정되나? 비가 와도 할 테니 걱정하지 말게.

연습해 볼까요? & 확인해 볼까요? 単語・表現

1장 선택을 나타낼 때

01 -느니 pp.15~16

1
유능하다	有能だ
기분이 상하다	気分を害する
당분간	当分の間

2
촌스럽다	ダさい
구식	旧式
야하다	エロい
괴상하다	妙だ
단정하다	端正だ
복장	服装
출시되다	リリースされる
최신	最新

02 -(으)ㄹ바에야 pp.18~19

1
부당하다	不当だ
대우를 받다	待遇を受ける
사직서	辞職願

2
보장받다	保証される
전업주부	専業主婦
이유식	離乳食
손이 많이 가다	手がかかる
말기	末期
전국 일주	全国一周
가만히	じっと
소유하다	所有する

03 -건 -건 p.22

1
(수업을) 빠지다	(授業を)サボる
느끼하다	脂っこい

2
한창	盛んに
취업 준비	就職準備
교양 과목	教養科目
하루도 빠짐없이	一日も欠かさず

체력	体力
눈총을 받다	にらまれる

04 -(느)ㄴ다기보다는 p.25

1
젊은 층	若年層
호감이 가다	好感が持てる

2
휴먼	ヒューマン
장르	ジャンル
고집하다	固執する
도전하다	挑戦する
부상	負傷
시선	視線
홀가분하다	(身も心も)軽い
개봉하다	封切る

확인해 볼까요? p.26

어차피	どうせ
영업부	営業部
평가	評価
부담감	負担
목표를 향하다	目標に向ける
결과야 어찌됐든	結果がどうなろうと
성숙되다	成熟する
한 끼	一食

2장 인용을 나타낼 때

01 보고 p.30

헤프다	(金遣いなどが)荒い

03 -(느)ㄴ다면서 pp.36~37

1
손을 내밀다	手を差し伸べる
특종	特ダネ

맞이하다	迎える	
앗아가다	奪い去る	
내전	内戦	
가속도가 붙다	加速度がつく	

2
저소득층	低所得層	
지원하다	支援する	
비상근무	非常勤務	
체제	体制	
완치율	完治率	
대책	対策	
재난	災難	
대처하다	対処する	

10 −기에 pp.89~90

1
유전적	遺伝的	
요인	要因	
빡빡하다	ぎっしりつまっている	
(일정을) 소화하다	(日程を)こなす	
눈코 뜰 새 없다	(目まぐるしいほど)忙しい	
입소문이 돌다	口コミで広がる	
함량	含有量	
과용하다	飲みすぎる	
경쟁력을 키우다	競争力をつける	
발판	足場	
계층	階層	
싱글족	シングル族(独身貴族)	
부양	扶養	
주를 이루다	主である	
매출	売上	
전년 대비	前年比	

11 −길래 pp.94~95

1
네티즌	ネットユーザー	
평	評価	

2
욕심을 부리다	欲張る	
보험 설계사	ライフプランナー	
출시되다	リリースされる	
납치하다	拉致する	
요구하다	要求する	

확인해 볼까요? p.96
학력	学歴	
위조하다	偽造する	
침체되다	沈滞する	
획기적이다	画期的だ	
활기를 불어넣다	活気を吹き込む	
출전하다	出場する	
악화	悪化	
사적이다	私的だ	
삼가다	慎む	

5장 가정 상황을 나타낼 때

01 −더라도 p.100

1
고물가	物価高	
필수	必須	
받아들이다	受け入れる	

2
초인종	ベル	
잔소리꾼	口うるさい人	
붙들다	つかまえる	
챙겨 먹다	しっかり食べる	

02 −(으)ㄹ지라도 pp.103~104

1
입사	入社	
원서	願書	
(실수를) 저지르다	(ミスを)犯す	
성숙하다	成熟する	
설문 조사	アンケート調査	
도피하다	逃避する	
응답하다	回答する	
당장(의 상황)	当面(の状況)	
재능	才能	
감각	感覚	
전반적인	全般的な	
운영 관리	運営管理	
팀워크	チームワーク	

2
비난받다	非難される	
개성	個性	

확고하다	確固としている
특권	特権
너도나도	猫も杓子も
자가용	自家用車

개장하다	開場する
북새통	どさくさ
순식간	瞬く間
(교통이) 마비되다	(交通が)麻痺する
코스모스	コスモス
한창이다	真っ盛りだ
발매되다	発売される
급증하다	急増する

6장 순차적 행동을 나타낼 때

01 -기가 무섭게 pp.123~124

1
개봉하다	封切る
낚시광	釣りキチ
속도(를) 내다	スピードを出す

2
내놓다	差し出す
실감하다	実感する
매회	毎回
순위	順位
(어떤 사람이) 바르다	(ある人が)正しい
문의	問い合わせ
불황	不況

02 -자 pp.128~129

1
까마귀	カラス
당선되다	当選する
하필	よりによって
예상외(로)	予想外(に)
자백을 하다	自白をする
동아리	サークル
자자하다	口に上る
공약	公約
창립 기념식	創立記念式

2
뜯다	食(は)む
양치기	羊飼い
장난을 치다	いたずらをする
고함을 치다	怒鳴る
숨을 헐떡이다	息を切らす
잡아먹히다	食われる

확인해 볼까요? p.130

날개(가) 돋치다	飛ぶ
유난히	とりわけ

7장 조건과 결정을 나타낼 때

01 -는 한 p.134

1
귀담아 듣다	心して聞く
고집하다	固執する
과반수	過半数
여건	与件
화합하다	和合する
법안	法案
통과되다	通過する

2
인류	人類
신생아	新生児

02 -(으)ㄹ라치면 p.137

수다를 떨다	おしゃべりをする
시식	試食

03 -노라면 pp.139~140

1
마음을 붙이다	心を寄せる
가슴이 탁 트이다	胸がすっとする

2
금세	すぐに
동기	同期
평사원	平社員
인정을 받다	認められる

04 -느냐에 달려 있다 pp.143~144

1
회복되다	回復する
되도록(이면)	なるべく
반영하다	反映する

10장 유사함을 나타낼 때

11장 추가와 포함을 나타낼 때

13장 정도를 나타낼 때

14장 의도를 나타낼 때

15장 추측과 가능성을 나타낼 때

영업이 끝나다	営業が終わる	
열정	情熱	

18장 결과와 회상을 나타낼 때

19장 상황이나 기준을 나타낼 때

文法索引